СОЦИАЛЪ-ДЕМОКРАТЪ

ТРИМѢСЕЧЕНЪ ОБЩЕСТВЕННО-ЛИТЕРАТУРЕНЪ СБОРНИКЪ.

КНИГА ПЪРВА

МАРТЪ — АПРИЛЪ — МАЙ.

Севлиево

Скоропечатницата на П. Мутафовъ & С-ие.

1892

СѢДЪРЖАНИЕ.

Стр.

I. ОТЪ РЕДАКЦИЯТА. I
II. КЪМЪ БЪЛГАРИЯ (Стихотворение).—Х. М-к-нъ. 1
III. КОЙ Е КРИВЪ? (расказъ).—К. 1
IV. ЖЕНАТА ВЪ БѪДѪЩЕ.—Августъ Бебель . 15
V. КЛАССОВАТА БОРБА.—Карлъ Марксъ . . 19
VI. ЛЮЛКАТА НА ГИГАНТА.—Жюлъ Гедъ . . 24
VII. СЪВРѢМЕН. НАЦИОНАЛНОСТЬ.—К. Каутски . 30
VIII. CORSI E RICORSI.—Д-ръ Шарлъ Летурно . . 64
IX. СОЦИАЛ. ХАРАКТЕРЪ НА РЕВОЛЮЦИЯТА ВЪ 1848 ГОДИНА.—Христовъ. 68

СЪВРѢМЕНЕНЪ ПРѢГЛЕДЪ.

X. СОЦИАЛИЗМА ВЪ ГЕРМАНИЯ.—Фр. Енгелсъ . 103
XI. РАПОРТА НА РОМѪНСКАТА СОЦИАЛИСТИЧЕСКА ПАРТИЯ НА БРЮКСЕЛ. КОНГРЕССЪ (1891 г.). 112
XII. МЕЖДУНАРОДНИЯ КОНГРЕССЪ НА СТУДЕНТИТѢ-СОЦИАЛИСТИ ВЪ БРЮКСЕЛЪ (1891 г.).— Христовъ 137
XIII. СОЦИАЛИСТ. ДВИЖЕНИЕ ВЪ СТРАНСТВО.—К. Р. 155

XIV. Вѫтрѣшенъ прѣгледъ.—А—овъ . . . 192

Критика и библиография:

XV. ХРИСТО БОТЙОВЪ. (Критическа студия отъ Ив. Вазовъ).—Z 219
XVI. ЛЕВЪ ТОЛСТОЙ. (Критически бѣлѣжки).— Х. М—нъ 271

XVII.	„СОЦИАЛЬ-ДЕМОКРАТЪ". (Трехмѣсечное литературно-политическое обозрѣніе, № 1, 2, 3.— (Женева).—**Хр**.	290
XVIII.	„DIE NEUE ZEIT". Revue des geistigen und offentlichen Lebens, Dahrgang X. 1891.—**Хр**.	298
XIX.	„LE SOCIALISTE". Organe centrale du parti ouvrier, 3-em ennée.—**Хр**.	300
XX.	БЪЛГАРСКА СОЦИАЛЪ-ДЕМОКР. БИБЛИОТЕКА, № 1, 2, 3 и 4; 2) БЪЛГАРСКА СОЦИАЛ. БИБЛИОТЕКА.—№ 1, 2, 3 и 4	300

ОТЪ РЕДАКЦИЯТА

Формата на общественнитѣ и политическитѣ учрѣждения зависи отъ формата и характера на экономическото устройство на обществото, отъ начина на производството. Като се измѣнятъ экономическитѣ форми, измѣнятъ се и свързанитѣ съ тѣхъ обществени и политически нарѣдби, или, наопъки казано, за да се измѣнятъ общественнитѣ и политически учрѣждения, трѣбва да се измѣнятъ экономическитѣ нарѣдби, да се измѣнятъ экономическитѣ условия на живота. А пъкъ никой не може да отрѣче, че тия условия постоянно се видоизмѣняватъ. Но тѣ се видоизмѣняватъ въ туй или онуй направление не подъ влияшието на таквизъ или онаквизъ идеи, не отъ дѣйствието на отдѣлни еденици или на цѣли партии, колкото смѣли и прѣдадени да сѫ на дѣлото си, а сами по себе си: неизбѣжно минаватъ отъ една форма въ друга, която фатално иде подирѣ ѝ. Всѣка экономическа форма съдържа въ себе си и разложителни, и прогрессивни елементи. Първитѣ, като я разлагатъ постоянно, изработватъ си въ сѫщото врѣме и елементитѣ за една нова по-прогрессивна, по-напрѣдничева экономическа форма, за единъ новъ по-рационаленъ начинъ на производството. На хората не остава друго, освѣнъ да видятъ, кой е този по рационаленъ, създаденъ отъ самитѣ сѫществующи экономически условия, начинъ на производството; да раскриятъ, каква е неговата историческа тенденция при днешнитѣ экономически условия и да работятъ съобразно съ нея.

Съврѣменната экономическа форма е капиталистическата, начина на производството е капиталистическия — произвеждание на едро. Неизбѣженъ и логически плодъ на тая форма е *социализма*, такъвъ, какъвто го виждаме днесь, т. е., като учение, което изразява непосрѣдственно интереситѣ на единъ само общественъ классъ — пролетариата; сѫщия социализмъ, когото самитѣ буржуа наричатъ *наученъ*. Капитализма подкопава, събаря старитѣ прѣдразсѫдъци и отживелитѣ нрави и обичаи на массата, разрушава религията, уничтожава и послѣднитѣ останки отъ патриархалната фамилия, изравнява юридическитѣ и политическитѣ права на всичкитѣ граждани, уничтожава дребното, рѫчно производство и въвежда коллективната форма на производството; съ една дума — прави революции по всичкитѣ направления на общественния животъ, които революции остава само да се утвърдятъ юридически, за да се създаде една нова обществена форма. Социализма не е можалъ да се появи по-рано, но пъкъ веднъжъ изникналъ отъ самитѣ условия на производството, на живота — не може да се не осѫществи.

Това осѫществление и юридическо утвърждение искатъ социалиститѣ. Тѣ искатъ да утвърдятъ колективния характеръ, който капитализма е далъ на производството. За това тѣ искатъ да прѣмахнѫтъ днешната анархия и слѣпота въ производството, които сѫщия този капитализъмъ неизбѣжно води подирѣ си. Тѣ искатъ, най-сетнѣ, щото работническия класъ, който едничъкъ коллективно зема участие въ производството, който едничъкъ коллективно обработва земята и туря въ дѣйствие орѫдията на производството — да бѫде и единственния коллективенъ притежатель на тази земя и тѣзи срѣдства за производството. Социалиститѣ искатъ коллективното владение на срѣдствата за производството и коллективното ползуване отъ продуктитѣ на това производство, което нѣщо е право и логическо слѣдствие отъ сѫществующето днесъ *коллективно-капиталистическо* производство.

Но по кой начинъ могѫтъ да осѫществятъ социалиститѣ тѣзи си искания? Капитализмътъ, който роди самитѣ искания на социализма, показва пѫтя за тѣхното осѫществление, създава елементитѣ, които ще ги осѫществятъ. „Като обръща постояно възрастующето мнозинство на населението въ пролетарии, капиталистическия начинъ на производството създава сила, която трѣбва да осѫществи исканията на научния социализъмъ, ако не иска да загине. Като тласка все по-вече и по-вече грамаднитѣ общественни срѣдства за производството по пѫтя, който ги води къмъ държавна собственность, капитализма самъ показва пѫтя, по който трѣбва да стане това осѫществление. *Пролетариата взема въ рѫцѣтѣ си държавната власть и прѣобръща срѣдствата на производството въ държавна или общественна собственность*"*). Пролетариата обявява смъртоносна война на капитализма. Но „всѣка класова борба е борба политическа". Пролетариата се организира въ самостоятелна политическа партия и се бори съ буржуазията, до като не ѝ отнеме отъ рѫцѣтѣ държавната власть. Съ помощьта на властьта той прѣобръща срѣдствата за производство въ общественна собственность. Но съ това пролетариата прѣкратява сѫществуванието си като пролетариатъ, унищожава разнитѣ класове и тѣхния антагонизъмъ, а съ туй — и самата държавна

---

*) Фр. Енгелсъ: Развитие на научния социализъмъ, стр. 53.

власть, която не е нищо друго, освѣнъ властвувание на единъ общественъ классъ надъ другъ и нѣма, слѣдователно, никакъвъ raison d'être тамъ, гдѣто никакви общественни классове не съществуватъ. Пролетарията тогазъ е изигралъ вече историческата си роля като такъвъ и слиза отъ сцената. Обществото се организира споредъ изискванията на приложеното вече коллективно производство и коллективно владение на общественните богатства.

Отъ всичкитѣ казани до тукъ общи разсъждения по научния социализмъ е явно, че въ една страна до толкова може да има дума за социализма, до колкото въ нея е развитъ капитализма. Социализма е стъпилъ на *международна* почва. Правилата на научния социализъмъ, които сѫ плодъ отъ дълбоко научната критика на съврѣменнитѣ и на всичкитѣ минали общественно-економически отношения, не могътъ да бѫдътъ чужди за България, като единица отъ международното тѣло. Ако у насъ научния социализъмъ има почва, това не е затуй, че у насъ има сиромашия, несправедливости, беззакония и др. такива нѣща, които сѫ сѫществували въ всичкитѣ врѣмена и мѣста, а най-главно за туй, че капитализма се вече въдворява, развива се съ бързи крачки и съ още по-бързи ще се развива за напрѣдъ. А пъкъ бърже се развива и ще се развива заради туй, че економическия процессъ у насъ върви подъ натиска на западно-европейското економическо развитие. Западъ се явява като присадникъ на всички наредби у насъ. Като присѣва капиталистическия начинъ на производството, Западъ измѣня общественнитѣ и политическитѣ ни отношения, измѣня и градския, и селския ни животъ, като създава елементитѣ за една силна работническа партия. Какъ върви това измѣнение въ живота—това ще бѫде прѣдмѣтъ на *Вѫтрѣшния прѣгледъ* въ прѣдлагаемия сборникъ, гдѣто ний ще се стараемъ съ всички възможни сили да разглеждаме, да рисуваме различнитѣ фазиси, които нашия животъ прѣминува. Сега считаме за потрѣбно да спомѣнѣмъ, че общественнитѣ ни интереси захванѫхъ да се изострюватъ, че нашето общество захванѫ да се дѣли на два класа съ право противоположни интереси. Силата, която прави това измѣнение, расте. Въ нашия народъ отъ година на година захванѫхъ да се явяватъ по-много и по-много съзнателни елементи, които взематъ активно участие въ общест.-економическото ни свѣстявание.

Но каза се по-рано, че обществата се развиватъ не подъ влиянието на таквизъ или онаквизъ идеи, а сами по себе си, вслѣдствие самостоятелното развитие на економическитѣ условия. Веднъжъ възбуденъ капиталистическия процессъ у насъ, намъ не ни остава друго, освѣнъ да слѣдваме по пѫтя на това развитие. Ний,

IV

новата „интелигенция", като сме дълбоко убѣдени въ мисъльта, че социалъ-демократическата сила е силата, която ще събори гнилитѣ основи, на които е стѫпилъ живота на народитѣ, че социалъ-демократическото движение ще възтържествува, защото се рѫководи отъ истинскитѣ и здравитѣ потрѣбности на народитѣ, че тѣхнитѣ прогрессивни идеали сѫ плодъ на най-съврѣменнитѣ икономически условия — ний, благодарение на общественното си положение, което ни е дало възможностьта да се запознаемъ съ науката и да изучимъ живота на народа, не можемъ да не влѣземъ въ крѫга на тази дѣятелность, която се създава отъ историческото развитие на обществата. Ето защо нашитѣ усилия ще бѫдѫтъ съсрѣдоточени въ това: да дадемъ възможность на младитѣ си другари, било то въ рѣдоветѣ на интелигенцията, било то на работницитѣ изобщо, да се запознаятъ съ главнитѣ начала на общественнитѣ науки, които начала да имъ служѫтъ като мѣрило при изучванието и оцѣняванието на нашия народенъ обществено-икономически животъ. Веднъжъ запознати съ принципитѣ на научния социализъмъ и съ всесвѣтското работническо движение, младежитѣ, живи и пълни съ енергия и вѣра въ бѫдѫщето, не могѫтъ да се не наредятъ въ нашитѣ рѣдове и заедно съ насъ да понесѫтъ знамето на социалната революция. Тѣ ще видятъ, че тѣхнитѣ интереси сѫ еднакви съ интереситѣ на промишленнитѣ работници и че, слѣдователно, условията на живота ги блъскатъ въ рѣдоветѣ на пролетариата, освобождението на когото трѣбва да прѣдставлява най-възвишенния имъ и краенъ идеалъ.

Такъвъ е цѣльта на нашия журналъ, такъвъ е и неговата программа.

18-ий Май 1892 год.,
г. Севлиево

КЪМЪ БЪЛГАРИЯ.

Облаци мрачни окол' насъ се растилатъ
И отъ ужасъ поблѣднява нашето лице...
Бурята рѣве, крака ни се прѣвиватъ,
Веслата се изскубватъ изъ нашитѣ ржцѣ!...

И ти се плашишъ, о̀ Българио мила!
Ти плачешъ—въ твоитѣ очи блѣсти сълза...
Но не! не съмнявай се в' нашата сила!
Не забравяй—смѣла е крачката ни бърза!...

Не само сега, не за пръвъ пжть срѣщашъ ти
Вълни страховити и камъни подводни!...
С' смѣла ржка управяме лодката ний
И скоро отъ буритѣ ще бждемъ свободни!..

Наокол' е тъмно, да!... но я погледни!—
Тамъ—недалеко—свѣтлѣятъ веч' небесата.......
О, почакай, потърпи още малко дни—
Ний изново ще си възрадваме сърдцата!....

25/XII—91 год.   Х. М--к--нъ.

КОЙ Е КРИВЪ?
Расказъ.

(Посвѣщава се на младитѣ).

I

Прѣди четире години лично мѣсто между момитѣ въ града ни заемаше Ивановата Марийка. Тя бѣше млада, около на седемнадесеть-осемнадесеть години, но физически бѣше вече напълно развита. Нейната стройность, крѫглото ѝ лице, дългитѣ ѝ, като коприна жълти, коси, огненнитѣ ѝ очи, склюценитѣ ѝ вежди, малкитѣ ѝ устица—всичко това бѣше въ състояние да запали въ сърдцето на всѣкой младъ момъкъ оня „божественъ огънь", що се нарича „любовь". Хелѣ па когато заговореше!—просто да ти е мило да слушашъ: гласътъ ѝ не бѣ гласъ, а звънецъ. Когато пѫкъ се засмѣяше, тя ставаше трижъ по-симпатична. Но не само външно тя бѣ привлѣкателна, а и вѫтрѣшно: ней и бѣхѫ чужди злобата, завистьта, гордостьта, мързельтъ, на даже и прикритостьта, която е толкозъ присѫща на всичкитѣ жени. Едно й само недостигаше — широко умствено развитие. Но затова тя не бѣше крива, а родителитѣ й. Тя бѣше свършила само два класса въ мѣстното дѣвическо училище, когато по-голѣмата и сестра се омѫжи, и я оставихѫ да помага на майка си въ домашнитѣ работи. При все това, Марийка се отличаваше съ природния си умъ да схваща и разбира нѣщата. Майка й бѣше разваленичка жена — обичаше често да се напива и плаче. Сѫщо тъй обичаше да се напива и дѣдо Иванъ; само че, когато се напияше, неплачаше, а се караше и се бияше съ домашнитѣ си. Той бѣше „тѣломъ и духомъ" консерваторъ въ най широкия смисълъ на тая дума; ето защо и го наричахѫ старъ *кърджалия*. Той се занимаваше съ земледѣлие и джелепство, а тримата му синова — съ търговия. Най-стария синъ отдавна вече бѣше се отдѣлилъ отъ баща си и си караше самостоятелна работа; другитѣ двама не бѣхѫ още женени, и за това живѣяхѫ въ бащината си кѫща. Тѣ отдавна бихѫ си излѣзли, ако да не съжелявахѫ Марийка и по-малкитѣ си двѣ сестричета.

Въ сѫщото врѣме, между момцитѣ въ града ни заемаше по-прѣдно мѣсто Колю Д. Колювъ; но не по вънкашната или вѫтрѣшната си хубость, а по-паритѣ си. Той бѣше срѣдний синъ на дѣда Добря. Послѣдний бѣше извѣстенъ още отъ турското врѣме за чорбаджия. Него го знаяхѫ стари и млади, селяни и граждани. Единъ бѣше Добрйоолу въ града, не толкозъ поради богатството си, колкото поради изѣдничеството си. Той бѣше хасѫлъ типъ на едноврѣмешнитѣ турски чорбаджии, пъкъ и между тѣхъ бѣ отраснѫлъ и спечелилъ. Всички се плашехѫ отъ рода му. Когато по-стария му синъ попска да се ожени, сумма порти хлопа, до като си намѣри жена; никой се не рѣшаваше да си даде момичето на сина на Добрйоолу. Сѫщо тъй никой се не рѣшаваше и да попска една отъ стигнѫлитѣ се вече двѣ моми на дѣда Добря.

Колю бѣше момъкъ на около тридесеть години. Той бѣ свършилъ единъ само класъ още въ турско врѣме. Него го вземахѫ войникъ още на втория наборъ. Тамъ се той поспракса: цѣла година се учи въ „*учебна команда*" и го произведохѫ младши унтеръ-офицеръ. Послѣ той постѫпи въ дружинната канцелария като старши писарь. Когато го уволнихѫ, той нѣмаше ни пукнѫта пара́ и затуй се залови за прошенописство. Слѣдъ малко той се сдружи съ другъ единъ момъкъ, на име Пеню. Въ него врѣме прошенописците бѣхѫ кѫт, а работа имаше доста: всѣкой день градътъ бѣше пъленъ съ Турци, които си продавахѫ имуществата и си вадяхѫ пасиорти за прѣзъ граница. Ето отъ кѫдѣ нашитѣ млади съдружници вѫтрѣ въ двѣ години бѣхѫ спечелили по три-четирестотинь жълтици. На третата година Колю се раздѣли и си отвори свое частно писалище. Той минаваше и за членъ на „либералната партия", но въ сѫщность той бѣше човѣкъ за парата. Водяше се съ младитѣ, защото тъй го изискваше интереса му.

Колю се познаваше съ Марийкинитѣ братя и често ходяше у тѣхъ. Не се мина много и Марийка му се хареса. Това нѣщо забѣлѣзахѫ Марийкинитѣ братя. Забѣлѣза го и Марийка, но малко и мрѣднѫ сърдцето. Тя се отнасяше вѣжливо съ Коля, но бѣше далечь отъ всѣкоя обичь; тя силно се страхуваше отъ страшнитѣ анегдоти, съ които бѣ свързано името *Добрйоолу*. Една вечерь, като се завърнѫ отъ Марийкини, Колю сѣднѫ до массата и почнѫ, да пише. Той написа и испрати на Марийка любовно писмо, съ което, като исказваше своята готовность да умре за нея, просяше и ѫката. Марийка го получи и го прочете; но рѣши да му не отговаря. Слѣдъ три недѣли Колю и прати второ писмо, още по-пламенно, но Марийка пакъ замлъча. Това усилваше мѫкитѣ на Коля: той хванѫ по-често да ходи у Марийкини. Послѣдната продължаваше да е сѐ тъй сериозна въ своитѣ обноски, както и по-напрѣдъ. Колю не можаше вече да търпи: откри всичко на братята и, като ги помоли да попитатъ Марийка и му обадятъ мнѣнието й. Марийкинитѣ братя се зарадвахѫ отъ това, а най-вече по-старий, който съ нетърпение очакваше да омѫже сестра си, та да се ожени и той. Тѣ прѣдложихѫ на Марийка; но, за голѣмо тѣхно очудванне, тя имъ отказа. Всѣкакъ я убѣждавахѫ, но не можихѫ да я склонятъ. Най-послѣ тѣ обадихѫ на Коля, че още не искала да се омѫжва. Послѣдний се отчая и намисли да се махне отъ града, та да я не гледа барѣ. И наистинна, наскоро слѣдъ въстържественнието на „либералната партия" него го назначихѫ за сѫдебенъ приставъ въ града Н. Това бѣше прѣзъ лѣтото.

II

Три мѣсеци слѣдъ това, една сутрина дѣдо Иванъ каза на жена си да приготви на Марийка даръ, защото скоро ще стане свадбата.

— Че за кого? запита тя зачудено.

— За кого, за кого — що ти трѣбва ти да знаешъ?

— Хайде-де-е-е! ами чи нали и азъ съмъ майка ужъ? Нали ще трѣбва да кажа и на Марийка?

— Какво ще ѝ кажишъ?... Азъ ще ѝ кажа, когато му доде врѣмето.

— Е, добрѣ, но кажи барѣ на мене!

— За Петка дѣдо Станювъ, нашия съсѣдъ. Отдавна съмъ го харесалъ азъ това момче. То е трудолюбиво момче, има си и парици; пъкъ и дѣдо Станю е харенъ човѣкъ, каза дѣдо Иванъ и излѣзе навънъ.

Баба Иваница бѣше сега съ ума си и за това се позамисли. Позамисли се тя, защото знаяше, че дѣдо Ивановата дума не става на двѣ; пъкъ и Марийка надали ще склони да земе Петка, защото е старъ и „дебелакъ човѣкъ". Слѣдъ малко Марийка влѣзе при майка си и, като я видѣ замислена, попита я:

— Какво мислишъ, мале?

Баба Иваница си подигнѫ очитѣ, погледна я, помисли малко, но се не рѣши тутакси да ѝ убади. Марийка я запита втори пѫть. Баба Иваница клюмнѫ съ глава и каза:

— Като толкозъ искашъ, да ти обадя: за тебе мисля, Марийке!

— Че какво има да мислишъ за мене? запита Марийка съвсѣмъ хладно.

— Мисля, защото баща ти иска да те омѫжи, а пъкъ....

— А пъкъ какво? запита Марийка съ сѫщата хладнина, като си помисли, че това е пакъ за Коля.

— А пъкъ не ми се харесва младоженицътъ — домашнитѣ му сѫ саможиви хора...

— Че пъкъ кой ще да е? прѣкѫснѫ я Марийка, като се позасмѣ.

Кой ли? — Петко дѣдо-Станювъ, нашия съсѣдъ.

— Тъй ли? запита Марийка стрѣснѫто.

— Тъй зеръ, каза баба Иваница: ей-сега ми убади баща ти; ама да мълчишъ, зерѣ ме убивва, ако се научи, че съмъ ти казала!

— Както щѣло тъй? ами че нали трѣбва да зная азъ това? Вижъ ти: да съмъ мълчала!... Затуй ли азъ става нѣколко пѫти виждамъ татя ту съ него, ту съ дѣда Станя?...

— Е, какъ мислишъ ти: ще го вземешъ ли?

— Какво говоришъ, мале! Какъ ще го взема! За чудо ли на цѣлия градъ? Та той е три пѫти по-старъ отъ мене!... Азъ до скоро мислях, че той е женeнъ... Кажи ти на татя, хичъ да си не прави и прикаска барѣ, каза Марийка и излѣзе.

И наистина, Петко бѣше старъ и дебелакъ човѣкъ. Той не знаяше друго мѣсто, освѣнъ бащината си кѫща и табаханата. Съ никого се не събираше и никого почти не познаваше, освѣнъ своитѣ еснафлии-работници. Той още ходяше съ турски дрѣхи.

Марийка се доста стрѣснѫ отъ тая новина, защото добрѣ знаяше характера на баща си. Тя си спомни за сестра си, която дѣдо Иванъ насила бѣ омѫжилъ за единъ вдовецъ.

Прѣзъ деня, когато дѣдо Иванъ се завърнѫ да обѣдва, баба Иваница му каза, че Марийка не ще Петка, та да не дава барѣ дума на дѣда Станя и домашнитѣ му.

— Тъй ли? викнѫ дѣдо Иванъ силно разгнѣвенъ: та кой я пита нея?... Ами азъ нали ти казахъ, да не й обаждашъ?! Или вий сте сторили наетъ да ме уморите?!... Но азъ ще ви дамъ да разберете!... Скоро я викни да доде!...

Баба Иваница излѣзе да повика Марийка, която бѣше току до вратата и подслушваше. Тя се бѣ вкаменила отъ страхъ и срамъ. Дѣдо Иванъ станѫ отъ софрата, безъ да си доѣде, и почнѫ да се расхожда сърдито изъ стаята. Марийка не искаше да влѣзе при баща си отначало, но послѣ склони и влѣзи съ майка си.

— Е, ти си не щѣла Петка, а? Истина ли е? запита я дѣдо Иванъ.

Марийка мълчеше и не смѣяше да си дигне очитѣ.

Думай де! защо мълчишъ? Да не си опѣмяла я? подкачи пакъ дѣдо Иванъ малко по-стрѣснато.

Марийка пакъ мълчеше. Дѣдо Иванъ още по-вече се разгнѣви. Той пристѫпи още по-близо до Марийка и, като се втренчи въ нея, захванѫ пакъ:

— Тебе питамъ, говѣдо! Истина ли е, че си не щѣла Петка? Думай де!

Марийка цѣла трепереше отъ страхъ: тя знаяше, че у баща й почти нѣмаше прѣдѣлъ между ударитѣ съ думи и ония — съ рѫцѣ. Тя инстинктивно си бѣ подигнѫла раменатѣ и бѣ готова да си заварди бузитѣ още при първия ударъ. Колкото по-продължаваше да стои въ това положение, толкова пò се окоражаваше да отговори на баща си. Тя знаяше, че съ отговора си ще го разсърди толкова, колкото и съ мълчанието си; ето защо най-послѣ тя прѣдпочете първото и му каза плачѫшката:

Че толкова ли съмъ ви дотѣгнѫла, бе тате, та искате тъй млада да ме омѫжите?... И нали ще ми се смѣе цѣлий градъ... Азъ го не познавамъ билѣ....

— Не го познавашъ!.... А познавашъ разнитѣ вчерашни копои.... И не те е срамъ?.... Но азъ нѣма да ти говоря много-много. Утрѣ е недѣля: хората ще додѫтъ на годежъ съ попа наедно; имай честь само да ме засрамишъ, та че тогава ще видишъ ти!.... Чувашъ ли?....

Марийка се расплака още по-силно, прибъбра нѣщо и искочи изъ вратата. Дѣдо Иванъ разбра, че току-тъй нѣма да стане тая работа: ще трѣбва да ги сплаши. Ето защо, като се накара хубаво съ баба Иваница, излѣзе и се тропи въ механата.

Надвечерь дѣдо Иванъ се завърнѫ добрѣ узрѣлъ. Още съ влизаннето си отъ портата захванѫ да вика и псува:

— Пено! Марийо? Кѫдѣ сте бе, брудници окапали!.... Ще ми заповѣдвате, хѫ?!.... Чакай да видя, кой е онзи, дѣто ще ми заповѣдва!...

Баба Иваница бѣше горѣ. Горката, тя се посвети на мѣстото си, като чу дрезгавия гласъ на мѫжа си. Марийка съ дѣцата бѣше долу. Щомъ почнѫ да вика дѣдо Иванъ, Марийка остави дѣцата и се смугнѫ въ избата. Тя трепереше като листъ. Дѣцата, като останѫхѫ сами, писнѫхѫ. Дѣдо Иванъ се спрѣ прѣдъ стѫпалата, които водятъ на горния катъ, и почнѫ пакъ да вика. Баба Иваница я не сдържа: ней ѝ доде на умъ, че, ако дѣдо Иванъ излѣзе горѣ, нѣма на кѫдѣ да бѣга—ще я съсипи съ бой. Ето защо тя слѣзе и съ сълзи на очи го моляше, да не расплаква дѣцата и да не събира пакъ комшиитѣ. Моляше му се тя, като на Христа; но дѣдо Иванъ не разбираше отъ молба. Викнѫ той по-яката и юмруцитѣ му хванѫхѫ да се стоварятъ върху тѣлото на баба Иваница. Тя почнѫ да вика, а слѣдъ нея викнѫхѫ по-силно и дѣцата. Дѣдо Иванъ се спуснѫ къмъ дръвника и за брадвата. Баба Иваница, Марийка и дѣцата търтихѫ да бѣгатъ къмъ портата, гдѣто ги посрѣщнѫ по-младий синъ на дѣда Ивана. Той ги спрѣ и отиде къмъ баща си. Слѣдъ дѫлги молби и обѣщания, че всичко ще стане по волята му, най-послѣ успѣ да го прикотка вѫтрѣ.

Вечерьта, когато дѣдо Иванъ засна, домашнитѣ се събрахѫ на съвѣщание. Слѣдъ дълги и широки размишления най-послѣ рѣшихѫ да телеграфиратъ на Коля въ Н., та, ако приема, да доде и направи годежъ и свадба едноврѣменно.

Обаче, това рѣшение не утѣшаваше Марийка. Тя разбра, че се намира между двѣ злини: тя не искаше да прави изборъ, а—да се отърве и отъ двѣтѣ. Тя не склопи око до срѣдъ нощъ—сѐ плака. Часа около единъ слѣдъ полунощь тя станѫ полегичка, запали свѣщьта, зе кутията съ кибритя и излѣзе въ хаяовото. Тукъ тя се бави около десеть минути; послѣ се върнѫ и си легнѫ.

Лицето на Марийка изглеждаше малко по-спокойно. Тя си стискаше очитѣ и искаше да заспи, но сънътъ бѣгаше отъ нея. Видимото спокойствие скоро се замѣни съ безпокойствие. Отъ минута на минута ней й ставаше сè по-зле и по-зле на сърдцето. Тя станѫ по едно врѣме и почнѫ силно да блюва и плаче. Баба Иваница и братята й се събудихѫ и тутакси слѣзохѫ при нея. Отъ миризмата, съ която се бѣ заразила цѣлата стая, тѣ разбрахѫ каква е работата. Баба Иваница донесе едно мѣнче съ прѣсно млѣко и накара Марийка да пие. По-стария синъ излѣзе и подиръ малко се върнѫ съ доктора. Послѣдний констатира, че болѣстьта е „отроввание съ кибритъ"; но че опасностьта е прѣваряна— едно, съ млѣкото, а друго, защото отровата е била въ малка доза. Той написа една рецепта и си отиде. По-младий братъ се затече до аптеката и донесе едно стъкло съ лѣкарство. Послѣдното подѣйствува благотворно на Марийка и тя заспа. При все това, баба Иваница останѫ при нея до съмване.

На сутриньта никой не смѣяше да каже за това нѣщо на дѣда Ивана. Послѣдний, както всѣкога, се попрѣмѣни и отиде на черкова. Слѣдъ черковний отпускъ, часа около деветь прѣдъ обѣдъ, портата се отвори и сватоветѣ съ попа и годеника, прѣдвождани отъ дѣда Ивана, излѣзохѫ горѣ. Баба Иваница и синоветѣ й се смаяхѫ. Какво да правятъ? Не бѣхѫ приели още никакъвъ отговоръ отъ Коля. Чудихѫ се, маяхѫ се, най-послѣ рѣшихѫ да излѣзе Марийка и да склони само за лице; а че сетнѣ ще видятъ, какво трѣбва да се прави. Но Марийка не склони на това. Тѣ викнѫхѫ попа и му расказахѫ каква е работата. Той имъ се изсмѣ и каза имъ, че не трѣбва да я слушатъ, че тъй бива съ всѣкое младо, че ней ще й лѣгне сърдцето, щомъ като ги вѣнчѣе и др. т. и си влѣзе пакъ при сватоветѣ. Дѣдо Иванъ се сѣти. Той излѣзе и повика Марийка въ другата стая.

— Какво си се начумарила? каза дѣдо Иванъ на Марийка, като я изглеждаше кръвнишки. Скоро да си отриваш очитѣ, зеръ ей-сега дяволътъ те зима, хѫ!.... Хората додохѫ, а ти още необлечена?!.... Скоро да се облѣчешъ де! Ей-сега ще те викне попътъ. Хемъ чуваш ли? само да кажешъ, че го не щешъ, та сетнѣ има да си видишъ — като на птичка ще ти откѫснѫ главата!.... Хубаво да помнишъ това!....Хѫ, върви се обличай де!....

Дѣдо Иванъ влѣзе пакъ при сватоветѣ. Домашнитѣ сполучихѫ да убѣдятъ Марийка, да склони за лице и да каже, каквото я кара баща й. Слѣдъ малко попътъ завика и Марийка влѣзе съ майка си. Баба Иваница поздрави изобщо сватоветѣ и се исправи до собата. До нея стоеше Марийка и не смѣяше да си дигне очитѣ. Дѣдо Иванъ я извини прѣдъ гоститѣ, че била много срамежлива. При все това, присѫтствующитѣ разбрахѫ каква е работата. Настана мълчание. Попътъ пръвъ го наруши. Той каза, защо е дошълъ съ сватоветѣ и попита Марийка, какво ще каже на това отгорѣ. Марийка мълчеше. Дѣдо Иванъ я поизгледа мечешката и каза:

— И ти, дѣдо попе, като да си вчерашенъ: хичъ ще кажи ли тя прѣдъ толкова хора: искамъ го, или не щѫ го?—нали е срамота!...

Намѣсто да отговори, попътъ си тури патрахиля и почнѫ да мърмори. Слѣдъ малко обрѣдътъ се свърши и баба Иваница изведе Марийка, която едвамъ стоеше на краката си. Тя слѣзе долу и почнѫ пакъ да плаче. При нея останѫ леля й Ирина, а другитѣ испратихѫ сватоветѣ. Щомъ се смрѣкнѫ, Ирина прибра Марийка у дома си. Тя бѣше жена съ широко сърдце, около на 40 години, вдовица и безъ дѣца: имаше си своя кѫща и не бѣше „съ праздни рѫцѣ". Тя много обичаше Марийка и за това я прибра при себе си. Още отъ вечерьта тя почнѫ да я убѣждава, да се прѣвие къмъ Келя, който бѣше вече отговорилъ, че приема и тръгва.

III

Слѣдъ два дена Колю довтаса. Цѣлия градъ вече знаяше за тая траги-комедия. Нѣмаше какво: вѣнчахѫ ги въ кѫщата на Ирина и слѣдъ три дни си заминѫхѫ въ града Н.

Това бѣше голѣмо засрамване за Петка. Още на първия день, когато вѣнчахѫ Марийка за Коля, той върнѫ мѣната на годеницата си и си зе своята. Но не по-малко засрамване бѣше и за дѣда Ивана. Сега той заприлича хасълъ на звѣръ—день се не минаваше, да не събере комшиитѣ. Синоветѣ му не можахѫ вече да търпятъ: хванѫхѫ си кѫща съ кирия и се отдѣлихѫ, като оставихѫ майка си и сестритѣ си на произвола на дѣда Ивана!....

Марийка скоро забрави миналото и обикнѫ Коля; но и послѣдний обикнѫ Марийка повече, отколкото напрѣдъ—вижда се, страданията на Марийка уголѣмихѫ „любовьта" на Коля. Какъ и да е, но тѣ прѣживѣхѫ прѣкрасно три мѣсеци въ г. Н.

На четвъртия мѣсецъ Колю изработи чрѣзъ своитѣ съпартизани да го прѣмѣстятъ на сѫщата длъжность въ родния му градъ. Това съвсѣмъ не бѣше по желанието на Марийка, а по чуднитѣ дребнави икономии на Коля — да не плаща кирия за кѫща: той знаяше, че леля имъ Ирина нѣма да ги остави да отидѫтъ въ чужда кѫща. Освѣнъ това, Колю имаше и друга една причина, която го караше да се прѣмѣсти: той бѣше раздалъ по-голѣмата часть отъ паритѣ си съ лихва на селянитѣ, та искаше да се срѣща по-честичко съ тѣхъ.

Отъ като се прѣмѣстихѫ, животътъ на нашитѣ младоженци хванѫ да се измѣнява, и малко по малко раствори се цѣла една пропасть между характеритѣ имъ. Колю почнѫ да проявява бащиния си табиетъ, отъ което най-много се страхуваше Марийка. Той хванѫ да подозира жена си, че скришомъ давала отъ брашното на леля си Ирина; че отсипвала отъ ѣдението, та пращала у майкини си; че шияла безплатно на сестричетата си и прѣглеждала вдовицитѣ; че гледала на широко и др. и др. Марийка се позамисли, но се пакъ имаше надѣжда, че той ще се поправи; ето защо тя и никому не убаждаше за това. Минѫ се мѣсецъ-два, но Колю, намѣсто да се поправи, ставаше се по за нетърпение. Марийка хванѫ да повѣхва. Ирина разбра всичко и почнѫ да съвѣтва Коля, кото свое чадо. Колю се разсърди, излѣзе си отъ кѫщата й и отиде въ друга една, която пазари за сто и петдесеть гроша за цѣла година — то не бѣше кѫща, а коптор. Колю заповѣда на Марийка да не приима никого въ кѫщи, нито пъкъ да излиза отвънъ прага безъ негово позволение. Той рѣдко внасяше мѣсо въ кѫщи, и то само кога поефтинѣеше. Сѫщо така и вино не внасяше, защото не пияше. Колю и тютюнъ не пушаше. Най-обикновенното му ѣдение бѣ ошафъ отъ сухи дрѣнки, круши и сливи, що му носехѫ селянитѣ *армаганъ*. Безъ това ѣдение той не сѣдаше на софрата. Когато купяше мѣсо, и направяхѫ *гивечь*, три дни наредъ ще го слагатъ на софрата и пакъ се не свършваше. Марийка не смѣяше ни едно кокалче да изѣде безъ него. Единъ пѫть Колю дигнѫ цѣлъ скандалъ заради единъ мамулъ зеленъ мисиръ. Той бѣше донесълъ отъ село четире мамули и накара Марийка да ги свари. Марийка ги свари и, прѣди да си доде Колю, тя изѣде единия. Горката, три пѫти й излѣзи изъ носа!.... Другъ пѫть пъкъ за едно чевре насмалко щѣше да я бие. Работата бѣше тъй. Колю бѣше купилъ бѣло платно и бѣше накаралъ Марийка да направи отъ него чеврета за по-ефтино. Единъ день бѣше дошла Колювата сестра Тодора и, безъ да я забѣлѣжи Марийка, бѣше си зела едно чевре. Наскоро Колю бѣше ходилъ у майкини си и видѣ чеврето у Тодора. Той не й каза нищо; но, като се завърнѫ у дома си, кѫннѫ кѫщата!....

Колю не внасяше за въ кѫщи, а отвънъ той се храняше прѣкрасно. Пъкъ и длъжностьта му бѣ такава, че обикаляше почти всѣкоя недѣля съ конь по селата. Ето защо и бѣше се угоилъ като прасе. Марийка пъкъ, наопъки: бѣше отслабнала като вѣйка. Трудностьта и — отъ една страна, зотворнический ѝ животъ — отъ друга, лошавата ѝ храна — отъ третя: всичко това тъй злѣ се отразяваше на Марийка, щото отъ день на день тя сѐ по-вече и по-вече заприличваше на мощи. Отъ като доби, слабостьта ѝ още по-вече се усили. Всички моляхѫ Коля да повика доктора, за да я прѣгледа и полѣкува; но нему му бѣ свидно за паритѣ. Понеже Марийка бѣ силно отслабихла, та нѣмаше кърма за дѣтето, то едвамъ накарахѫ Коля, да хване чужда жена кърмачка. Обаче, самъ той знаеше, какво му бѣ, когато кърмачката му поискваше въ недѣлята три лева: три пѫти испѫшкване, до като ги дадеше!....

Прѣди още да добие Марийка, Колю не обичаше да се прибира вечерь рано; а откакъ доби, той почнѫ да се връща още по-късно. При все това, нему пакъ му бѣше тѣжко; той не можаше да търпи врякаьнето на дѣтето. Ето защо той и намисли до се отърве отъ тоя „несносенъ" за него животъ. И сполучи въ това: по негово искане началството му го прѣмѣсти на сѫщата длъжность въ близкия градъ X. Той остави жена си и дѣтето си при Ирина и заминѫ самъ. Тукъ нашъ Колю си отдъхнѫ свободно. Той подкачи да живѣе тъй, както си живѣяше прѣди да се ожени. Само на мѣсеца или на двата, колкото за лице, обикаляше Марийка, като ѝ оставаше по 10—15 лева за харчъ. Сега вече Марийка досущъ се отчая. Тя поиска, да се разоставятъ: но роднинитѣ ѝ не даваxѫ, защото: „какво ще кажатъ хората!" Пъкъ и самъ Колю не скланяше на това, защото знаеше, че Марийка ще прибере дѣтето си, и тогасъ ще трѣбва Колю да ѝ даде нѣколко хиляди лева. Освѣнъ това, пъкъ и архиерейский намѣстникъ нѣмаше да имъ позволи тъй като самия фактъ, че тѣ иматъ дѣте, показваше, че Колю е *способенъ* за жена.... А пъкъ по други причини разводъ се не позволява!?....

Благодарение на многото грижи и залѣгания отъ страна на Ирина, Марийка се поправи малко. Единъ день Ирина свика роднинитѣ на Марийка и Коля и, като имъ раскри несносния животъ на младоженката, поиска да викнѫтъ Коля и го склонятъ на едно отъ двѣтѣ: или да прибере Марийка при себе си, или пъкъ да се разведе съ нея. Колю доде и, разбира се, прѣдпочете първото: зе съ себе си Марийка. Но това бѣше само за два-три мѣсеца; послѣ, като станѫ Марийка трудна, той пакъ я испрати съ дѣтето наедно при Ирина.

Сега вече Марийка съвсѣмъ се отчая; тя разбра, че нѣма вече животъ за нея. Хванѫ, да слабѣе отъ день на день. Съ добиванието на второто си дѣте, тя още по-вече отслабнѫ. Колю се възползува отъ това повторно заболѣване на Марийка: той я провъзгласи за охтичава, и съ туй се извиняваше прѣдъ всички ония, които попсквахѫ да го осѫдятъ, за дѣто тъй рѣдко сноходжа жена си. Този слухъ, распръснѫтъ отъ самия Коля, още по-съсипа Марийка: тя хванѫ постоянно да плаче, и въ едно кѫсо врѣме до толкова отслабнѫ, щото лѣгнѫ вече и на лѣгло. Братята ѝ не можахѫ вече да търпятъ: заведохѫ я на свои разноски въ града W. за лѣкуване при тамошния прочутъ лѣкарь. Това силно боднѫ Коля по сърдцето. Боднѫ го, първо, защото той си бѣше харесалъ вече едно тринайсеть-годишно момиче въ X. и съ нетърпение чакаше смъртьта на Марийка; а второ, защото това нѣщо искарваше на лице неговото крайно скѫперничество. Ето защо, като се научи за това нѣщо, нашъ Колю зе за нѣколко дена отпускъ, върнѫ се въ града, накара се добрѣ съ Марийкинитѣ братя, за дѣто безъ негово позволение сѫ я испратили въ гр. W.; послѣ отиде при Марийка и, въпрѣки докторскитѣ настоявания да остане още нѣколко дена, я прибра при себе си въ града X.

Тукъ животътъ на Марийка станѫ още по-несносенъ. Колю се не завръщаше по три дни наредъ дома си, храняше се и спеше на хана. Даже и когато се завърняше, той не ѣдеше заедно съ Марийка: носехѫ му отдѣлно ѣдение отъ хана и по едно стъкло съ вода за пиение. Това съвсѣмъ съсипа здравието на Марийка. Наскоро се разболѣ и по-голѣмото ѝ дѣтенце. Колю го испрати при майка си и сестра си, като имъ каза, да се не прѣзиратъ много-много въ гледанието, защото е заразено и, рано или късно, сé ще умрé. Подиръ малко се разболѣ и по-малкото. Марийка съ сълзи на очи го моляше да повика доктора; но той не ще, и то умрé слѣдъ деветь-дневно болѣдуване.

IV

Положението на Марийка станѫ още по-несносно сега, като останѫ сама-самичка въ кѫщи. Болѣстьта я усили. Тя разбра, че скоро ще се прости съ свѣта и за това само попска да се върне при леля си Ирина. Колю това и диряше: още сѫщия день хванѫ едни кола и я испрати. Тукъ Марийка получи послѣдния ударъ: едвамъ три дни бѣхѫ се изминѫли, отъ като се завърна при леля си Ирина, и ето че се научи за „*грозната*" смърть на по-голѣмото си дѣтенце, което Колю бѣ повѣрилъ въ рѫцѣтѣ на майка си и сестра си. То умрé просто отъ негледание. Марийка не можи да присѫтствува при погрѣбението му, защото лѣжеше вече на леглото си. Обаче, роднините й, които бѣхѫ присѫтствували, казвахѫ, че по тѣлото му имало рани, покрити съ червеи!.... Когато лѣгнѫло вече да лѣжи, нѣмало кой да го прѣбърне, а камо ли и да го полѣкува!?...

Марийка вече лежеше на смъртъ. Докторътъ я спохождаше всѣкой день; но то бѣше само за парите, що земаше отъ братята й. Наближаваше вече послѣдний день. Марийка позна това и каза на леля си Ирина, като си отпочиваше почти на всѣкоя дума:

— Лельо!.... азъ скоро ще се.... отдѣля отъ васъ.... Ахъ, боже!.... Повикайте!.... повикайте моя убиецъ.... Коля.... Азъ искамъ.... искамъ за послѣденъ пѫть да го прокълнѫ.... Ахъ, ахъ!....

Марийка не можя вече да приказва; тя си сбръчка челото, искърца съ зѫби и почнѫ да плаче, а слѣдъ малко — да се смѣе — то бѣ истерическа припадка. Всички наоколо плачехѫ, а най-вече Ирина, защото се смѣташе за главна виновница на това. Слѣдъ малко Марийка се уталожи, и Ирина се распорѣди да телеграфиратъ на Коля.

Колю бѣше на кафенето, при арфянкитѣ, когато разсилния му подаде телеграммата. Той я раствори и нѣкакъ зарадвано прочете думитѣ: „ела скоро, че Марийка умира"! Часътъ бѣше четире слѣдъ обѣдъ и той можаше да стигне; но нарочно не потегли и остави за сутриньта, защото не искаше да завари Марийка жива.

На другия день Колю пристигнѫ, като мисляше, че всичко е вече свършено; обаче, той остана излъганъ: Марийка бѣше още жива. Той влѣзе въ станчката, гдето лежеше Марийка и се спрѣ току до вратата. Той остана незабѣлѣзанъ, защото станчката бѣше пълна съ жени. Тамъ бѣше и Марийкината майка и братята й. Ирина стоеше до главата на Марийка и плачеше. Плачахѫ и другитѣ. Плачахѫ, защото и Марийка плачеше и съ своитѣ прѣдсмъртни думи на всички сърдцата кѫсаше:

— Мили роднини! думаше тя: вие плачите.... Плачете!.... има защо.... азъ скоро ще се отдѣля.... отъ васъ.... но не забравѣйте да плачите.... и за вашитѣ.... дъщери.... за другитѣ жени!... Азъ съмъ млада... малко живѣхъ... но много разбрахъ. Азъ знамъ майка си.... какъ е живѣла... какъ живѣе... и какъ ще доживѣе!... Знамъ и сестра си!... знамъ и стринка си!... знамъ и комшийкитѣ си!... Видѣхъ и въ другитѣ градове!... О!... азъ не съмъ първата жертва... нѣма да съмъ... и послѣдната!... Съ хиляди се мѫчѫтъ.... съ хиляди теглятъ,... съ хиляди мрѫтъ... като мене!... И дълго.... дълго още ще да мрѫтъ!... Ще мрѫтъ.... до като е... тозъ пусти законъ.... тазъ пуста наредба.... туй женение на сила!... Лельо! не плачи.... азъ ти се не сърдя... азъ ти прощавамъ.... прощавамъ всички ви!... Но помнете!... помнете това! Проклетъ да бѫде!... всѣкой отъ васъ.... който насилва чедата си!... Пазете се отъ мѫжетѣ!... Тѣ сѫ прѣкрити.... тѣ сѫ змии.... пиявици.... убийци!... Но най-много... отъ богатскитѣ синове... Тѣхното богатство... пусто да опустѣе!... То е срѣдство да лъжѫтъ.... да прѣмамватъ... невиннитѣ като мене!... Примамватъ ги.... а послѣ?... Послѣ ги убиватъ... съ страшни мѫки!... О!... азъ не съмь казвала... не съмь казвала никому... всички мѫки и тѣгла.... що ме докарахѫ до този редъ... Слушайте!... Азъ ще ви кажа сега... Мене ме уби... уби ме тъй млада... моя мѫжъ!... Уби ме.... за да убие и друго младо като мене!... Да!... за туй уби той... и дѣцата ми!... Богъ да го убие!... Ахъ, боже! защо нѣмамъ сили... защо не съмь здрава... азъ ще го убия.... ще го убия.... безъ да съгрѣшѫ!... Той уби трима!... И други ще убие!... О!... отмъстете... отмъстете за мене!... Ако има грѣхъ... нѣка бѫде мой...

Тукъ Марийка замлъкнѫ: нѣмаше вече сила, за да продължава. Всички плачехѫ излика; само Колювитѣ очи бѣхѫ сухи. Той чу послѣднитѣ нѣколко думи на Марийка. Лицето му се сбръчка, но не отъ жалость, а отъ злоба. Той пристѫпи на вѫтрѣ. Видѣхѫ го. Всички го изгледахѫ прѣзрително, но никой нищо не му каза. Видѣ го и Ирина. Тя убади за това на Марийка. Послѣдната поиска да доде при нея. Колю се доближи и, като си спрѣ погледа върху умирающата, каза съ чудна прѣстореность:

— Какво ти е, Марийке?

Колювий гласъ пронизна сърдцето на Марика: сѣкашъ електрически токъ прѣминѫ по цѣлата й нервна система. Тя се стрѣснѫ, отвори си очитѣ и, като го видѣ, направи едно силно движение съ цѣлото си тѣло — вижда се, за да събере послѣднитѣ си сили — и извика съ прѣдиращъ гласъ:

— Питашъ ме, какво ми е?!... На знаешъ?!.. Не видишъ?!.. Ти?!... Ахъ?!... махни се отъ очитѣ ми!... Остави ме да умрѫ!....

Това бѣхѫ послѣднитѣ думи на Марийка. Тя замлъкнѫ, отпустнѫ се, въздъхнѫ нѣколко пѫти и свърши... Стаята кънѫ отъ плача на присѫтствующитѣ. Всички плачахѫ, колкото ги гласъ държеше; само Колю не плачаше. Той като че се вкамени отъ послѣднитѣ думи на Марийка. Него го уплаши Марийкиното лице: то изразяваше прѣзрѣние, злоба, отмъщение. Но това бѣше за минута. Той извади чевретото си, закри си очитѣ за лице и излѣзе навънъ.

* * *

Тукъ, драгий читателю, трѣбва да свърша вече расказа си. Тъй поне го изисква творческия, естетическия и критическия талантъ на нашия младъ критикъ, който *„отдавна се е калилъ“*, който знае, че *„оня, който всичко критикува, рѣдко е честитъ да бѫде критикуванъ“*...*) Но азъ нѣма да сторя това: ще ти разкажа и по-нататъкъ за Коля. Ето, слушай, ако ти се слуша, разбира се.

На другия день, слѣдъ погребението на Марийка, Колю си заминѫ за X. Неговото сърдце се бѣ покъртило малко, но то беше само за единъ день. Скоро той забрави всичко и намисли да се ожени. Едвамъ единъ мѣсецъ се бѣ изминѫлъ, когато се ожени за онова *тринайсетъ* годишно момиче, което бе „обикнѫлъ“, още до като бѣше Марийка жива. То едва бѣ свършило третия классъ и родителитѣ му го замомяхѫ. Името му бѣше Донка. Донкиния баща бѣше чиновникъ и почти по-младъ на години отъ Коля. Донка твърдѣ малко познаваше Коля — само нѣколко пѫти го бѣ виждала у тѣхъ съ таля си; но тя имаше силна вѣра въ родителитѣ си, които предъ нея го обсипваха съ хиляди похвали. Ето защо и Донка се омѫжи за Коля съ голѣми надѣжди за честитъ животъ. Обаче, скоро тя се разочарова, а заедно съ нея и родителитѣ ѝ. Хорскитѣ думи: *„и нея скоро ще умори“*, се сбѫднѫхѫ: не сключи година и Донка се прости съ свѣта!?... Колю останѫ пакъ ергенъ. Сега се мълви изъ града, че Колю се сгодилъ за друго едно момиче въ гр. Z. Мълви се още и туй нѣщо — че родителитѣ на това момиче дали на Коля *двѣстя* жълтици зестра?!... Истина ли е това — не знамъ; а какъвъ ще бѫде по-нататашния животъ на Коля — оставямъ вамъ, читателю, да си го представите, като въ сѫщото врѣме се помѫчите да си отговорите и на питанието, съ което е озаглавенъ този ми расказецъ. Това ще бѫде наградата на автора.

К.

27/III— 91 г.

---

*) Цитиранитѣ думи сѫ исказани отъ самия критикъ. Гл. списанието му „Критика“, год. I-ва, кн. I-ва, стр. 36-та.

ЖЕНАТА ВЪ БѪДѪЩЕТО.

(Изъ съчинението: „жената и социализма" отъ Бебеля).

Тая глава е, може би, доста малка; но всѣки може лесно да си направи заключението, като какви ще бѫдѫтъ слѣдствията отъ настоящето положение на жената.

Жената въ новото общество ще се наслаждава съ пълна независимость; тя вече не ще бѫде подчинена на подобнитѣ ней въ управлението или въ експлуатацията; тя ще бѫде поставена едно до друго съ мѫжа, еднакво ще се ползува и наслаждава отъ свободата и абсолютното равенство.

Нейното въспитание ще бѫде сѫщо такова, каквото и на мѫжа, като исключимъ случаитѣ, гдѣто половото различие неизбѣжно ще отстѫпи на това правило и ще изиска една особенна метода за развитие. Тя (жената) ще може, въ истинско сгоднитѣ за сѫществувание условия на природата, да развие всичкитѣ си форми, всичкитѣ си морални и физически способности. Тя ще бѫде истински свободна да избира, да упражнява дѣятелностьта си тамъ, гдѣто най-любезно ще й се отзовѫтъ на нейнитѣ искания, на нейнитѣ наклонности, на нейнитѣ распорѣждания. Турена въ сѫщитѣ условия, както и мѫжа, тя ще бѫде сѫщо тъй дѣятелна, както и той. Много по-добрѣ, слѣдъ като стане работница на каква и да е практическа работа, тя ще употрѣби, подиръ единъ часъ, грижитѣ си за въспитанието, за образованието на младежьта; въ продължение на третята часть отъ деня тя ще се учи на извѣстно искуство, на една каква и да е наука, а прѣзъ останѫлото врѣме на деня тя ще занимава нѣкаква си административна длъжность. Тя ще прави развлечения съ подобнитѣ си или съ мѫжетѣ, както й се поиска и споредъ обстоятелствата.

Тя ще се наслаждава, както и мѫжа, съ една пълна свобода при избора на любовьта си. Тя ще се стрѣми къмъ женидбата, ще се старае да изнамѣри и сключи свръскитѣ си, безъ да гледа на друго нѣщо, освѣнъ на наклонностьта си. Тоя съюзъ ще бѫде, както въ първобитнитѣ врѣмена, единъ частенъ контрактъ, безъ посрѣдничеството на нѣкакъвъ си прислужникъ; но тоя съюзъ ще се различава отъ ония на премитивнитѣ (първобитнитѣ) врѣмена по това, че жената не ще испадне, заради единъ даръ или подарѫкъ, въ рѫцѣтѣ на единъ мѫжъ, на когото тя би станѫла робиня и който би можалъ да я напуща, когато му се поиска.

Човѣческото сѫщество трѣбва да има възможность да подчинява най-силнитѣ си инстинкти тъй свободно, както и всичкитѣ си други природни наклонности. Удовлетворението на половия инстинктъ е нѣщо лично за всѣки индивидуумъ, защото на него не може да не се гледа като на инстинктъ, който ни е даденъ отъ природата. Никой нѣма право да се мѣси въ тая лична работа на подобния си. Разумностьта, образованието и независимостьта ще направятъ изборътъ по-лесенъ и ще го рѫководятъ. Ако има несъвмѣстимость, ако сѫпрузитѣ сѫ разубѣдени, ако сѫ станѫли антипатични единъ на другъ — морала разполага съ правото да разрѣши развода, който ще дойде доста противенъ на обичаитѣ.

Мѫжетѣ и женитѣ като бѫдѫтъ равни по число, то и всичкитѣ обстоятелства, които осѫждатъ тия послѣднитѣ на нежепение или проституция, ще изчезнѫтъ; вслѣдствие на това мѫжетѣ не ще иматъ възможность да се извиняватъ съ численната непропорционалность на половитѣ. Отъ друга страна, радикалнитѣ измѣнения, прѣдизвикани отъ социалнитѣ условия, ще прѣмахнѫтъ всичкитѣ препятствия и ще подчинятъ на разрушението всички причини, които дѣйствуватъ днесъ върху съпружеския животъ и тъй често му прѣчкатъ въ развитието. Всичкитѣ тѣзи спѫнки, всичко това, което е противно на природата въ настоящето положение на жената, каратъ ни да признаемъ за цѣла истина това, че избора на любовьта трѣбва да бѫде свободенъ и че съюза може напълно да бѫде разваленъ, безъ нѣкакви си вънкашни препятствия, когато това е необходимо за хора, които въ сѫщность не могѫтъ по-нататѫкъ да търпятъ настоящето социално положение. Това може да се види и отъ водената полемика противъ старанията на Фанни-Левалдъ (Fanny Levald) относително женската еманципация; вслѣдствие на това ето какво казва Матилда Ричардъ — Стромбергъ (Mathilde Reichardt—Stromberg):

„Ако вий искате за жената права, които я правятъ абсолютно равна съ мѫжа въ социалния и политическия животъ, то и Жоржъ-Зандъ има сѫщо тъй пълно право въ еманципационни-тѣ си искания, като иска за жената това, което мѫжа отдавна е спечелилъ беспорно. Защото никакъ не е право, въ сѫщность, щото само главата, а не и сърдцето на жената, да избира; сърдцето е тъй сѫщо заинтересувано въ избора и то трѣбва да бѫде свободно да упражнява такава часть отъ правата си, както и сърдцето на мѫжа. Наспѣки, ако жената, съразмѣрно природата си, има сѫщо право и длъжность — защото не трѣбва да скриваме тягоститѣ, които ний търпимъ — да напрѣга до истощение фибритѣ на мозъка си, за да може да се бори съ разумнитѣ великаши отъ другия полъ — то тя, сѫщо тъй като тѣхъ, трѣбва да има и правото да спазва равновѣсието, да ускорява туптенията на сърдцето си по такъвъ начинъ, както тя намѣра за добрѣ. За най-голѣмъ примѣръ да си вземемъ Г‑те. Ний добрѣ знаемъ (отъ четение) колко пѫти той — Гете — всѣка вечерь е исхарчвалъ горѣщината на сърдцето си и ентусиазма на великата си душа все съ прѣсна (нова) жена. Въ истинската смисъль на думата човѣкъ, не намѣрва нѣщо не природно въ това именно, което великата душа на Гете бѣше трудно да достави. Само тѣсния моралистъ се спира тука и намѣрва възражения. Защо, прочее, вий искате да обръщате въ насмѣшка „великитѣ души“, уважавани между женитѣ?.... Да прѣдположимъ веднъжъ за винаги, че женския полъ цѣлъ цѣленичъкъ, безъ исключение, е съставенъ отъ „велики души“ à la George Sand, тъй щото всѣка жена да бѫде една Лукреция Флориани, на която всичкитѣ дѣца да сѫ дѣца отъ любовьта, но които еднакво да развива и възпитава — какъвъ би станалъ свѣта при подобни условия? Безъ съмнѣние, че свѣта нѣма да прѣстане отъ прогресиранието както днесь, и че той би се намѣрилъ, може би, значително по добрѣ“.

Автора има пълно право. Туй, което Гете е правилъ, хиляди други сѫ го вършили и още го вършѫтъ, безъ да губятъ за това ни най-малкото уважение, ни най-малкото почитание въ обществото. Доста е само да заема, отъ особенна точка зрѣние, едно топло мѣстенце и всичко за него върви по медъ и масло. Женитѣ отъ тая категория сѫ значително много и никакъ се не прѣдпазватъ; но, уважавани въ массата, тѣ се намѣрватъ въ много по неблагоприятни условия, та и затѫ женитѣ отъ характера на Жоржъ-Зандъ сѫ много рѣдки днесь. Но въпрѣки това, едно таквозъ положение е противно днесь на правитѣ, защото то тласка моралнитѣ закони, които сѫ опрѣдѣлени отъ обществото и

2.

които сѫ въ противорѣчие съ самата природа на социалното ни положение. Насилственната женидба за обществото е нормална и единствената „морална" свръска на половитѣ, иначе, всѣка друга полова свръска е „безнравственна". Днесь за днесь, това затѫ си е така. Буржуазната женидба е слѣдствие отъ буржуазната собственость. За тази женидба, тѣсно свързана съ частната собственость, споредъ правото за наслѣдственностьта, изискватъ се „законни" дѣца за „наслѣдници", а за да се постигне тая цѣль, се върши всичко това тъй. Подъ натиска на социалнитѣ условия това е натрапено отъ господствующитѣ классове дори и на тия, които нищо не оставатъ подиръ смъртьта си.

Най-послѣ, като не ще има вече нищо да се завѣщава, особено въ новото общество, то и насилственната женидба ще падне сама по себе си; именно за туй ще падне, защото е излѣзла вече отъ употребение. Доста е да се рѣши въпроса за наслѣдственното право съ това, че социализма не ще има нужда да унищожава.

Жената, слѣдователно, ще бѫде напълно свободна; нейното домакинство и нейнитѣ дѣца, ако тя ги има, ще увеличатъ щастието ѝ, безъ да ѝ отнематъ нѣщо отъ независимостьта. Пазачкитѣ, въспитателкитѣ, приятелкитѣ отъ нейния полъ, младитѣ момичета, ще се намерватъ на разположението ѝ всѣки пѫть, кагато тя има нужда за помощь.

Въпросъ е, дали въ бѫдаще би се намѣрвали още въ усдинение мѫже, които да казватъ като Humboldt: „Азъ не съмь роденъ да бѫдѫ баща на фамилия". „Впрочемъ, азъ признавамъ, че да се женишъ е грѣшно, а да произвождашъ дѣца—прѣстѫпление". Но кой какво може да направи? Силата на природния инстинктъ ще помага за равновѣсието, и ний нѣмаме право да се страхуваме днесь отъ философическия песимизъмъ на Mainlaender или на Von-Hartmann, които въ „идеалния свѣтъ" оставатъ тъй, щото разрушението на обществото да стане само по себе си.

Наопъки, Tr. Ratzel има пълно право, дѣто пише:

„По нататъкъ човѣка не трѣбва да се счита повече отъ едно изключение на природнитѣ закони, той трѣбва, наопъки, да почне да прѣтърсва това, което го е промѣнило въ чиститѣ му дѣйствия и мисли, и да се старай да управлява живота си, като слѣдва тѣзи закони. Той ще достигне да организира бщественния животъ съ подобнитѣ си, т. е., въ фамилията и държавата, не споредъ законитѣ на миналитѣ вѣкове, а споредъ разумнитѣ принципи на разумното разбирание природата. Политиката, морала, основнитѣ принципи на правото, поддържани днесь отъ всевъзможнитѣ срѣдства, трѣбва да се украсятъ, съобразно съ природнитѣ закони. Истински-способното за човѣка сѫществуваше, за което се говори отпрѣди хиляди години, най-послѣ ще се усѫществи".

КЛАССОВАТА БОРБА

Отъ Карлъ Маркса.

Буржуазнитѣ економисти употрѣбяватъ единъ твърдѣ страненъ приймъ въ разсъжденията си. За тѣхъ съществувалъ два рода учреждения: едни естественни, други искуственни. Феодалнитѣ учреждения сѫ искуственни, буржуазнитѣ — естественни. Въ този случай економиститѣ се оприличаватъ на теолозитѣ, които иматъ сѫщо тъй два вида религии. Всѣка чужда религия е за тѣхъ хорска измислица, когато пакъ тѣхната е истинската, и имъ е дадена направо отъ бога. Като казватъ, че сѫществующитѣ отношения, т. е. отношенията на буржуазното производство сѫ естественни, то съ това економиститѣ искатъ да кажатъ, че при тѣзи отношения натрупванието на богатствата и развитието на производителнитѣ сили се извършва съгласно съ законитѣ на природата. Затова и самитѣ тѣзи отношения излѣзва да сѫ естественни закони, независими отъ влиянието на врѣмето. Тѣ сѫ вѣчни закони и вѣчно ще управляватъ обществото. Така щото, по-напрѣдъ е имало история, а сега не. По напрѣдъ е имало история, защото сѫ сѫществували феодалнитѣ учреждения, а пъкъ въ тѣзи феодални учреждения ний срѣщами отношения на производството, които съвсѣмъ не приличатъ на буржуазнитѣ, за които економиститѣ претендиратъ, че сѫ естественни и затова вѣчни.

Феодализмътъ тъй сѫщо си еималъ своитѣ пролетарни — крепостнитѣ, които сѫ съдържали въ себе си всичкитѣ елементи на буржуазията. Феодалното производство, отъ своя страна сѫщо тъй е съдържало два непримирими елемента, които наричатъ *добрата и лошавата страни* на феодализма, безъ да се забѣлѣжи при това, че най-сетнѣ лошавата страна всѣкога взема върхъ надъ добрата. Именно лошавата страна, като поражда борбата, създава историческото движение. Ако въ епохата на феодалното господство економиститѣ, възхитени отъ рицарскитѣ добродѣтели, отъ хармонията между правата и длъжноститѣ, отъ патриархалния животъ на градоветѣ, отъ процъвтяването на домашната промишленость въ селата, отъ развитието на производството, организирано въ корпорации, гилди и еснафи, съ една дума, ако се възхитяхѫ отъ всичко това, което е съставяло добрата страна на феодализма и си поставяхѫ за задача да прѣмахнѫтъ обратната страна на медалътъ — робството, привилегиитѣ, анархията — то до какво ги би довели усилията имъ? Щѣхѫ да прѣмахнѫтъ всичкитѣ елементи, които пораждахѫ борбата, щѣхѫ да прѣкѫснѫтъ развитието на буржуазията още въ самото ѝ начало. Въ такъвъ случай, економиститѣ бихѫ си турнѫли за задача глупавата цѣль да отстранятъ историята.

Когато взе върхъ буржуазията, вече ни дума не ставаше за добрата или лошата страна на феодализма. Буржуазията взе въ рѫцѣтѣ и господството надъ производителнитѣ сили, развити отъ нея още при феодалния режимъ. Но заедно съ това бидохѫ прѣмахнѫти всичкитѣ стари економически форми, всичкитѣ граждански отношения, които имъ съотвѣтствуваха, както и политическия строй, който бѣше официалното изражение на старото общество.

Така щото, за да можеме правилно да сѫдимъ за феодалното производство, трѣбва да го разглеждаме като способъ на производството, основанъ на антагонизмътъ. Трѣбва да покажемъ, какъ се е създавало богатството въ тази срѣда, основана на антагонизмътъ; какъ постепенно съ развитието на класовата борба сѫ се развивали и производителнитѣ сили; какъ една отъ тѣзи классове — който е прѣдставлявалъ въ себе си лошавата, неудобната страна на обществото — постепенно е расълъ до тогава, до като най-сетнѣ узрѣхѫ материалнитѣ условия за неговото освобождение. Но, ако постѫпимъ по този начинъ, не трѣбва ли да се съгласимъ, че способитѣ на производството, както и тѣзи отношения, при които се е извършвало развитието на производителнитѣ сили, съвсѣмъ не съставляватъ вѣчни закони, а отговарятъ на извѣстно развитие на хората и тѣхнитѣ производителни сили? не трѣбва ли да се съгласимъ сѫщо тъй, че всѣко измѣнение въ областьта на човѣшкитѣ производителни сили неизбѣжно води слѣдъ себе си и измѣнение въ отношенията на производството? Тъй като е необходимо, прѣди всичко, да се спазятъ спечеленитѣ вече производителни сили — тѣзи плодове на цивилизацията, то се явява нужда да се разрушѫтъ традиционнитѣ форми, въ които тѣ сѫ били развити. Отъ този моментъ прѣдишния революционенъ класъ се прѣобръща вече на консервативенъ.

Още въ зараждането си буржуазията е била въ тѣсни отношения съ пролетариатътъ, който, отъ своя страна, е остатъкъ отъ пролетариата въ феодалнитѣ времена. Прѣзъ всичкото врѣме на своето историческо развитие буржуазията необходимо е развивала свойственния си антагонически враждебенъ характеръ, който най-напрѣдъ е билъ не ясенъ и като че ли въ скрито състояние. Съ развитието на буржуазията, въ нѣдрата на послѣдната се е развивалъ и развива новъ пролетариатъ, пролетариатътъ на нашето врѣме. Между тоя пролетариатъ и буржуазията се завързва борба, която, прѣди да бѫде почувствувана, схваната, оцѣнена, разбрана, призната и високо провъзгласена и отъ двѣтѣ страни, се проявява само въ нѣкои врѣменни факти, въ частни и прѣходящи спрѣчквания. Отъ друга страна, ако всичкитѣ членове на съврѣменната ни буржуазия иматъ единъ и сѫщъ интересъ, до колкото тѣ съставляватъ особенъ класъ, който се противопоставя на другия класъ, то въ собственнитѣ имъ взаимни отношения тѣхнитѣ интереси сѫ враждебни и противоположни. Тази противоположность въ интереситѣ имъ произлиза отъ икономическитѣ условия на буржуазния имъ животъ. По този начинъ, отъ день на день става по-ясно, че характера на тѣзи отношения въ производството, въ границитѣ на които се движи буржуазията, се отличава съ двойственность, а съвсѣмъ не съ еднообразие и простота; че при тѣзи отношения, при които се създаватъ грамадни богатства, се ражда и крайна сиромашия; че при тѣзи самитѣ отношения, при които става развитието на производителнитѣ сили, се развива сѫщо и силата на угнетението; че тѣзи отношения създаватъ *буржуазното богатство*, т. е., богатството на буржуазния класъ, благодарение на постоянното осиромашаване на отдѣлнитѣ членове на този класъ и създаванието на постоянно растящия пролетариатъ.

Колкото по-вече се уяснява този антагонистически характеръ, толкова по-вече чувствуватъ несъстоятелностьта на собствената си теория научнитѣ прѣдставители на буржуазното производство — възникватъ различни школи.

Има икономисти *фаталисти*, които сѫ тъй равнодушни въ своята теория къмъ туй, което тѣ наричатъ неудобства на буржуазното производство, както и самитѣ буржуа сѫ безчувствителни на практика къмъ страданията на пролетариата, съ помощьта на който тѣ трупатъ богатствата си. Тази фаталистическа школа си има своитѣ класици и своитѣ романтици. Класицитѣ — както, напр., Адамъ Смитъ и Рикардо — се явяватъ прѣдставители на този периодъ въ буржуазното развитие, когато тя, като се намѣрва още въ борба съ останкитѣ на феодалното общество, се е стрѣмила да очисти економическитѣ отношения отъ неджгавоститѣ на феодалния строй, да развий производителнитѣ сили, да даде новъ потикъ за развитието на промишленостьта и търговията Като е приемалъ участие въ тази борба и като е билъ погълнѫтъ отъ тази трѣскава дѣятелность, пролетариатътъ знае отъ този периодъ само временнитѣ, случайнитѣ бѣдствия и самъ гледа на тѣхъ, като на такива. Задачата на економиститѣ, като Адама Смита и Рикардо, които се явяватъ като историци на тази епоха, се заключава въ това, да уяснятъ, по какъвъ начинъ се трупатъ богатствата при отношенията на буржуазното производство, да въздигнѫтъ тѣзи отношения въ закони и категории, и да посочатъ до колко тѣзи закони и категории сѫ по-удобни за производството на богатствата, отколкото законитѣ и категоритѣ на феодалното общество. За тѣхъ бѣдностьта имъ се е прѣдставлявала само като болѣсть, която съпроважда всѣко раждание, както въ природата, тъй и въ промишленостьта.

Романтицитѣ сѫ отъ нашата епоха, въ която буржуазията се намѣрва въ права противоположность съ пролетариатътъ, въ която крайната бѣдность и мизерия се създаватъ въ такова изобилие, както и богатствата. Тѣ, като се поставятъ въ положението на кѫсогледи и разочаровани фаталисти, отъ височината и своето положение хвърлятъ прѣзрителни погледи къмъ тѣзи машини въ човѣчески образи, съ трудътъ на които се създаватъ богатствата. Тѣ подражаватъ въ всичко на своитѣ прѣдшественници — фаталисти, само че индиферинтизмътъ, който въ първитѣ беше наивность, у тѣхъ се прѣобрѫща на кокетство.

Послѣ това вече иде *хумманитарната школа*, която отъ се сърдце се залавя за лошавата страна на днешнитѣ отношения въ производството. За да успокои съвѣстьта си, тя се старай по възможности да примири сѫществующитѣ контрасти; тя искренно оплаква бѣдствията на пролетариатътъ и ожесточената конкуренция срѣдъ буржуазията; тя съвѣтва работницитѣ да бѫдѫтъ умѣрени, да работятъ добрѣ и да произвеждатъ по-малко дѣца. Тя прѣдлага на буржуазията да бѫде по-умѣрена въ дѣятелностьта си — въ производството. Цѣлата теория на тази школа се състои въ нескончаемитѣ раздѣления между теорията и практиката, между принципътъ и неговитѣ послѣдствия, между идеята и нейното приложение, между съдържанието и формата, между сѫщностьта и дѣйствителностьта, между правото и фактътъ, между добрата и лошата страни.

Филантропическата школа е усъвършенствуваната хумманитарна школа. Тя отрича необходимостьта на антагонизмътъ; тя иска да обърши всичкитѣ хора въ буржуа; тя иска да осъществи теорията, до колкото тази теория се отличава отъ практиката и не крий въ себе си антагонизмътъ. Само по себе си се разбира, че не е трудно въ теория да се избѣгнѫтъ всичкитѣ противорѣчия, които се срѣщатъ на всѣка стъпка въ дѣйствителностьта. Такава една теория представлява съ себе си само идеализирана дѣйствителность. По този начинъ, филантропитѣ искатъ да запазятъ категориитѣ, които изразяватъ съ себе си буржуазнитѣ отношения и да отстранятъ този антагонизмъ, който е нераздѣленъ отъ тѣзи категории, защото той именно съставлява тѣхната сѫщность. На филантропитѣ се струва, че тѣ се борятъ сериозно противъ буржуазната практика, когато въ сѫщность излѣзва, че тѣ сѫ по-буржуа и отъ най-върлитѣ буржуа.

Сѫщо тъй, както економиститѣ сѫ научните представители на буржуазния класъ — социалиститѣ и коммуниститѣ сѫ теоретицитѣ на пролетариатътъ. До като още пролетариатътъ не е до тамъ развитъ, за да се организира въ особенъ класъ, слѣдователно, до като самата борба на пролетариатътъ съ буржуазията нѣма още политически характеръ и до като производителнитѣ сили не сѫ се развили още до тази степень въ нѣдрата на буржуазията, та да дадѫтъ материалнитѣ условия, необходими за освобождението на пролетариатътъ и за образуванието на ново общество; до тогава тѣзи теоретици ще се представляватъ като утописти, които, за да помогнѫтъ на нуждитѣ на угнетения класъ, измислюватъ системи и се мъчѫтъ да намѣрятъ възраждающата наука. Но колкото по-вече историята се движи напрѣдъ, а наедно съ това сѐ по-вече и по-вече уяснява борбата на пролетариатътъ — за тѣхъ е вече излишно да търсятъ науката въ собственитѣ си глави; за тѣхъ стига само да си дадѫтъ смѣтка за това, което става прѣдъ очитѣ имъ и да станѫтъ изразители на дѣйствителнитѣ събития. До като тѣ търсятъ науката и прѣдлагатъ разни системи, до като прѣживяватъ само зачалото на борбата, тѣ ще виждатъ въ нищетата, само нищета, като не забѣлѣзватъ разрушителната и революционна страна — тази страна, която ще разруши старото общество. Но веднъжъ забѣлѣзана тази страна, науката става съзнателенъ плодъ на историческото движение; тя прѣстава да бѫде доктринерна, тя става революционна!

Люлката на гиганта

от

Жюлъ-Геда

(Прѣводъ отъ френски).

Франция, а най-вече Парижъ, прѣзъ юлскитѣ дни въ 1830 година, е люлката на гиганта — началото на грандиозното социалистическо нѣмско движение. Всрѣдъ димътъ на *побѣдоносцитѣ*, Парижъ, който бѣше испѫдалъ Бурбонитѣ, въскачени на прѣстолътъ съ помощьта на свещенния съюзъ на царетѣ и императоритѣ, бѣше, споредъ изражението на Анри Хайне, като свещенъ градъ, както Мека на революцията. Всичкитѣ погледи бѣхѫ обърнѫти къмъ него, всичкитѣ изгонени търсяхѫ въ него убѣжище и помощь.

Тамъ бѣше се образувалъ „*Тайния клубъ на изгнанницитѣ*" (geachteter) отъ нѣмскитѣ емигранти, по-вечето работници. Напрѣдъ той бѣше едно републиканско дружество; но най-прогресивнитѣ елементи не закъсняхѫ да се отдѣлятъ и основатъ „*Дружеството на справедливитѣ*" (gerechter), което имаше коммунистически тенденции. Този коммунизъмъ бѣше неопрѣдѣленъ, той имаше общо и съ Равнигѣ и съ Бабйофа, въодушевляваше се отъ Сенъ-Симона и Овена и имаше за символ свещенната троица: Свобода, Братство и Равенство. Между Справедливитѣ бѣше и шивачътъ Вайтлингъ, който взе участие въ несполучливото Лайпцигско въстание. Това дружество бѣше въ сношение съ тайнитѣ френцуски дружества (Сезонитѣ, Человѣческитѣ права и др.), защото членоветѣ му жеднѣяхѫ за дѣятелность и, когато на 12-ий Май 1839 г. Парижъ се дигнѫ съ оржжие въ рѫка, нѣмецътъ Аустенъ, работникъ-кундурджия, падна смъртно раненъ до Барбеса и Бланки. Кръвьта на нѣмскитѣ социалисти и френцускитѣ революционери се смѣси за пръвъ пѫть, но не и за послѣденъ, въ тази неравна геройска борба, гдѣто една шепа хора се боряше противъ буржуазното общество, олицетворено въ правптелството на Луи-Филипа. Тогава бидохѫ арестувани Карлъ Шаперъ и Хенрихъ Бауеръ.

Изгонени отъ Франция, тѣзи послѣднитѣ прѣнесохѫ въ Лондонъ сѣдалището на *„Дружеството на справедливитѣ"*. Въ това сѫщото врѣме Вайтлингъ сполучи да избѣга въ Швейцария, гдѣто той обнародва въ 1843 година съчинението си: *„Гаранциитѣ на хармонията и на свободата"* и по-късно—единъ проектъ за общественната реорганизация, който може се резюмира тъй:

„Трудътъ се дѣли на трудъ, необходимъ за първитѣ нужди на човѣка: храна. дрѣхи, жилище, възпитание и пр., и на трудъ, който служи за удовлетворението нуждитѣ на раскоша. За удовлетворението необходимитѣ нѫжди всѣкой способенъ членъ на обществото трѣбва да се труди; колкото за удовлетворението на луксознитѣ потрѣбности, нека се труди този, който иска да се ползува отъ тѣхъ. За ученитѣ, за изслѣдователитѣ единъ особенъ проектъ бѣше прѣдложенъ".

Както се вижда, ний сме още въ епохата на утопическия социализмъ, макаръ че въ отличие отъ нашитѣ утописти Вайтлингъ, за постиганието на идеалътъ си, не прѣдлагаше да се правятъ разни частни опитвания (като организирането на фаланстерии и икарии), а чакаше общата трансформация на обществото. за да може да вземе работническия класъ властьта въ рѫцѣтѣ си. Вайтлингъ имà голѣмо число послѣдователи, между които се брояхѫ и нѣколко работнически дружества не само въ Швейцария, но и въ Германия.

Въ Лондонъ Шаперъ и Бауеръ се срѣщнѫхѫ съ Жозефа Моля и по-сетнѣ, въ 1843 година, съ Фридриха Енгелса, който живѣ дълго врѣме въ Манчестеръ и можà да изучи отъ близо капиталистическия строй въ всичката му цѣлость, тъй като той въ Англия бѣше много по-развитъ отколкото другадѣ. Тайното дружество на Справедливитѣ биде прѣобразувано: политическата свобода, съ която се ползувахѫ на другия брѣгъ (въ Германия), позволи да си присъединятъ една нова политическа организация: *„Дружеството на нѣмскитѣ работници"*, което се раслони на всѣкѫдѣ подъ разни дружества: пѣвчески, гимнастически и пр.

При тѣзи нови условия не се минѫ дълго врѣме и движението взе други характеръ: то станѫ интернационално; промѣнихѫ името и дружеството се нарѣче *„Коммунистическо работническо дружество"*. На членскитѣ билети имаше написано на двадесеть разни езика: *„Всичкитѣ человѣци сѫ братя"*, и между членоветѣ имаше и Скандинавци, и Холандци, и Унгарци, и Чехи, и Русси, и Алзасци. Въ сѫщото врѣме това дружество се намѣрваше въ сношение съ революционеритѣ на Франция и Полша.

Чартиститѣ бѣхѫ оставени на страна, като не революционери; защото, отъ политическа гледна точка, въ дружеството се придържахѫ всѣкога у француската традиция на насилственитѣ прѣврати; а отъ обществена гледна точка, работницитѣ отъ дрѣбната индустрия (шивачи, обущари и други), които съставляваxѫ болшинството въ дружеството, вслѣдствие на прѣдразсѫдицитѣ, нераздѣлни отъ самитѣ имъ трудови условия, не можаxѫ да се отърватъ отъ метафизиката на Братството, Равенството и Свободата, която тогава бѣше на мода.

Първата стѫпка бѣше направена въ нѣмското революционно движение: отъ либерално и републиканско то се обърнѫ въ социалистическо или коммунистическо, въ смисълта, която имахѫ тогава тѣзи думи въ франция; отъ чисто нѣмско то се обърнѫ въ международно.

Втората стѫпка станѫ, благодарение на двамата извѣстни икономисти-философи, които, чрѣзъ едно ново възрѣние на обществото и неговото развитие, внушихѫ въ мозъцитѣ и политиката на пролетариата ново направление, което слѣдватъ днесъ организованитѣ работнически класове и въ двата свѣта. Думата ни е за Карла Маркса и Фридриха Енгелса.

Тѣ, и двамата бѣхѫ дошле чрѣзъ разни пѫтища и излѣдвания едноврѣменно до еднакви заключения; тѣ констатирахѫ фактътъ, каква нищожна роль бѣше отдаденѫ на икономическитѣ отношения въ Историята, тъй както тя бѣше прѣдставенѫ отъ буржуазията и разглеждана отъ революционеритѣ, когато въ сѫщность тѣзи отношения играятъ главната роль въ съврѣменното общество, на което тѣ сѫ основата. Класовитѣ раздѣления и антагонизма, които сѫ слѣдствие на тѣзи икономически отношения, сѫ основата на всичкитѣ политически борби, и тѣ именно опрѣдѣлятъ ходътъ на политическата история.

Отъ тази гледна точка француския и нѣмския коммунизъмъ и английския чартизъмъ прѣставатъ да бѫдѫтъ като явления отъ второстепенна важность, а трѣбва да се считатъ тъй, както си сѫ, а именно: като усилия на съврѣменния работнически класъ да се освободи въ борбата си съ капиталистическия класъ.

Марксъ и Енгелсъ се срѣщнахѫ въ Парижъ въ 1844 год. и тамъ рѣшихѫ да приложѫтъ на практика теоретическитѣ си взглядове. Тѣ апелирахѫ непосрѣдствено къмъ пролетариата и основахѫ въ Брюкселъ едно *„Нѣмско работническо друже-*

ство". Тѣ имахѫ за органъ „Deutsch Bruxels Zeitung" (Брюкселски нѣмски вѣстникъ) и се сношавахѫ съ чартиститѣ въ Англия, съ революционеритѣ въ Белгия и съ социалисто-радикалитѣ около „La Réforme".

Тѣ се държахѫ на страна отъ *„Дружеството на справедливитѣ"*, като слѣдяхѫ въ сѫщото врѣме за неговото развитие. Вайтлингъ бѣше заминѫлъ за Америка, слѣдъ като се отдѣли отъ обществото. Отъ друга страна пъкъ, членоветѣ-коммунисти на послѣдното, виждахѫ, че вслѣдствие на евангелистическитѣ доктрини на Вайтлинга, които наричахѫ тогава въ Германия „истински социализъмъ", отивахѫ къмъ пропадание. Това помогнѫ още по-вече, да се привържатъ къмъ новата теория на Маркса и Енгелса.

Прѣзъ пролѣтьта на 1847 година Моль дойде въ Брюкселъ и Парижъ и прѣдложи на Маркса и Енгелса да постѫпѫтъ въ лондонското *„Дружество"*, което, между другитѣ членове, броеше и двамата знаменити мѫжа: Карла Шапера и Еккаруса. Така се съединихѫ старитѣ революционни и коммунистически елементи съ по-философскитѣ и научни елементи, които прѣнесохѫ съ себе си двамата новопостѫпивши.

Първия конгрессъ станѫ още прѣзъ лѣтото, сѫщата година, на който Волфъ прѣдставляваше Брюкселската секция, а Енгелсъ — Парижската. Тамъ рѣшихѫ да турнѫтъ на нови основи Дружеството, като го прѣименувахѫ на *„Коммунистическа лига"*, която имаше за цѣль: *„ниспроверганнето на буржуазията, въцаряваннето на пролетарията, падаинието на старото общество, което почива на класовата борба и въздиганието на единъ новъ строй, безъ класове и безъ частна собственность"*.

Втория конгрессъ се държа въ края на Ноемврий и въ началото на Декемврий 1847 година. На него се приехѫ напълно принципитѣ на Маркса и на него се редактира знаменития *Коммунистически манифестъ**). Нѣколко недѣли по-сетнѣ, намѣсто мирната идилическа девиза: *„Всичкитѣ человѣци сѫ братя,"* се чуваше гласътъ на бойна трѫба, която подигаше на кракъ работническия свѣтъ: *„Пролетарии отъ всичкитѣ страни, съединете се!"*

Въ това врѣме избухнѫ февруарската революция. Отъ Лондонъ рѣшихѫ да се прѣнесѫтъ въ Парижъ, растуряхѫ централния комитетъ на партията и натоварихѫ Маркса, изгоненъ изъ Брюкселъ отъ правителството на Леополда, да състави единъ другъ комитетъ въ Парижъ.

---

*) „Манифестъ на коммунистическата партия" отъ Карла Маркса и Фридриха Енгелса, прѣводъ отъ русски, Руссе 1891 година, цѣна 60 стотинки.

Комитета биде съставенъ отъ слѣдующитѣ лица: Карлъ Марксъ, Карлъ Шаперъ, Х. Бауеръ, Фр. Енгелсъ, Ж. Моль и Волфъ. Току слѣдъ съставянието си този комитетъ распрати въ Германия единъ манифестъ, който отъ името на коммунистическата партия искаше слѣдующето:

1) *Прѣобразуванието на цѣла Германия въ Република, една и нераздѣлна;*

2) *Въоржжаванието на народа;*

3) *Прѣобръщанието на минитѣ въ държавна собственность; също и съ феодалнитѣ имущества, въ които трѣбваше да се развие едрото земледѣлие подпомагано отъ най-новитѣ и научни инструменти, въ полза на общината;*

4) *Да вземе държавата отгорѣ си ипотекитѣ, наложени върху земитѣ на селенитѣ, които ще плащатъ лихви на държавата;*

5) *Да станжтъ държавно владение ижтнитѣ срѣдства: желѣзницитѣ, каналитѣ, параходитѣ и проче;*

6) *Ограничението на наслѣдството;*

7) *Въвежданието на прогрессивни даньци, които да замѣстятъ косвеннитѣ налози;*

8) *Създаванието на народни работилници; държавата да усигори прѣпитанието на работницитѣ и да издържа на своя смѣтка всичкитѣ неспособни за работа;*

9) *Всеобщо и безплатно образование на народътъ и*

10) *Да се дава заплата на народнитѣ прѣдставители така щото, работницитѣ да могжтъ да влѣзятъ въ нѣмския парламентъ.*

Като се попрѣчи на емигрантитѣ да се организиратъ въ революционерни легиони, то тѣ по единично навлѣзохж въ Германия и се слѣхж съ движението. Навсѣкждѣ членоветѣ на партията правяхж подвизи, като се турняхж на чело на движението: Волфъ въ Бреслау, Ворнъ въ Берлинъ, а послѣ въ Дрезденъ, гдѣто той се турня на чело на Майското възстание прѣзъ 1849 година.

Когато въ 1849 година, слѣдъ потъпкванието на Юнското възстание, членоветѣ на Лигата се срѣщнжхж въ Лондонъ да се заловятъ пакъ съ тайната организация, единственно възможната тогава, Шаперъ бѣше затворенъ въ Висбаденъ, а Моль — убитъ въ борбата. Всичко, което можахж да направятъ, бѣше испращанието на Бауера въ Германия, да посъживи духоветѣ и да поднови скжсанитѣ свръски на организацията.

Колонския процессъ прѣзъ Октомврий 1852 г., въ който бѣше подсѫдимъ Либкнехтъ, означаваше края на партията или *коммунистическата лига*, на която историческата ролъ бѣше завършенѫ. Реакцията—която плаваше при пъленъ вѣтъръ и се завърши въ Франция съ държавния прѣвратъ—Coup d'État—и съ възгановлението на империята, въ Англия—съ смазванието на чартиститѣ и съ ерата на процъвтяванието на производството, споредъ както се показваше на гледъ, благодарение триумфътъ на крупната индустрия—трѣбваше за врѣме да спѫне вървежа на движението.

Но една сѫщинска революция бѣше станѫла: отъ простия революционеренъ идеалъ на француските републиканци, бѣхѫ минѫли въ социалистическия и коммунистическия идеалъ, който се яви като резултатъ и бѣше подкрѣпенъ отъ откриванието и критическото излѣдване на економическитѣ и общественни отношения. Сѣмето, слѣдъ година почивка, не закъснѣ да поникне: коммунистическитѣ начала, посѣяни въ Германия, се възродихѫ въ съврѣменната имъ дѣйствующа форма наедно съ „*Международното дружество на работницитѣ*" (Интернационала), слѣдъ като дадохѫ потикътъ на Ласалевското избухванне.

СЪВРѢМЕННАТА НАЦИОНАЛНОСТЬ

отъ

К. Каутски*)

(Прѣводъ отъ Русски).

Надали друга дума заема таквозъ видно мѣсто въ нѣмския политически рѣчникъ прѣзъ послѣднитѣ десетилѣтия, както думата „националенъ", national; надали друга дума е произвождала и произвежда такова дѣйствие, както нея. Национал-либералитѣ прѣкрасно разбиратъ, защо се наричатъ така, макаръ тѣхното названние по-вече да прилича на борцитѣ за сувернитета на нацията, народа, който на национал-либералитѣ се вижда като най-страшно плашило. Но, ако робовладелцитѣ въ южнитѣ щати на Америка се наричахж „демократи", защо да не се казватъ „национал-либерали" тѣзи подпорки на юнкерството? Тука първата половина на думата — national звучи още по-примамчиво отъ втората — liberal. И туй не е само въ Германия. Нашитѣ съсѣди правятъ всичко, що могжтъ, за да се сравнятъ съ насъ относително националния начинъ на мислитѣ, макаръ че националната лудость за величието никждѣ не може да се развие толкова, колкото въ мѣстнитѣ нѣмски кржгове. Но най-комичното е, че именно тия, които тъй възхваляватъ нѣмската нация, че въ всичко надминава всичкитѣ други, именно тѣ викатъ, че тая нация е тъй безпомощна, тъй не зрѣла политически, че надали ще се намѣри равна на нея, че тя непрѣмѣнно ще погине, ако и се остави поне сѣнка отъ парламентаренъ режимъ. Че съ думитѣ „националенъ", „националность" често се прикрива просто мошенничество, че на националния духъ често се прѣписватъ различни явления, които въ сжщность сж породени отъ съвсѣмъ други фактори — това е несъмнѣнно. Но всички тия съображения никакъ не могжтъ да отслабятъ тоя фактъ, че националната идея указва гра-

---

*) K Kautscky е единъ отъ най-виднитѣ нѣмски социалъ-демократи и отъ най добритѣ популяризатори на Карла Маркса; сега редактира нѣмското социалъ-демократическо списание «Nei Zeit» («Ново Врѣме»).—Пр.

мадно влияше върху народите на съвременната култура — влияние, което не може да се обясни само съ искуствени машинации. Не може да се отрича, че някои партии експлуатиратъ и националната идея за своите партийни интереси и за това се стараятъ да усилятъ нейното значение, до колкото се може. Но, ако въ това искахме да търсимъ корена на националната идея, ний щехме да паднемъ въ сжщата погрешка, каквато правятъ и тия, които мислятъ, че социалистическото движение е продуктъ отъ деятелността на неколко „*агитатори*", които искатъ да се възползуватъ отъ сиромашките пари на работниците. Стотини хиляди сж отивали на смърть за националната идея, стотини хиляди не само сж се борили за нея, но — което е още по-мжчно — за нея те сж страдали, търпели сж преследвания и гонения. Тя възбуди такъвъ живъ интересъ за самопожертвувание, такова продължително въодушевление, които не могътъ да се възбудятъ съ речи и журнални статии.

Националната идея не е нещо искуствено възбудено отъ вестникарите и политиците. Но, въ такъвъ случай, не се ли корени тя въ самата природа на човека? Принадлежността къмъ тая или оная нация не е ли все тъй строго определено, както и принадлежността къмъ известна раса? Много наши буржуазни идеолози отговарятъ утвърдително на тия въпроси. Но, въ сжщность, какво може да бжде по-смешно отъ туй, дето некой си берлински профессоръ, който по происхождението си е наполвина славянинъ, наполвина французски хугенотъ, може би съ малко прибавка на „семитическа" кръвь — защото, кой може да гарантира, че въ неговите жили не тече ни капка отъ тая кръвь? — какво може да бжде по-смешно, казвамъ, отъ туй, когато тоя мелесъ трактува за „нашите прадеди", които подъ предводителството на вожда на херуските, Армений, паченхж борба съ „наследствения велфски врагъ", борба, която се продължава и до день днешенъ! До колко националностьта не се основава на происхождението, може да се види отъ това, че въ нейния съставъ влизатъ хора, които принадлежжтъ не само къмъ разни племена, но даже и къмъ разни раси. Венгерската нация се състои отъ „Арийци", „Семити" и Монголи. Еврейската националность, която се види тъй рязко отделена отъ всички други, представлява най разнообразни типове: даже и негърската кръвь е представена въ нея. Наистина, кого не поразява чисто негърската коса у много Евреи? Требва да забележимъ, че „Семитите" съвсемъ не сж некой определена нация или раса: това е измислица на филолозите, родово име, което се прилага къмъ всички народи, езиците на които принадлѣжатъ къмъ семейството на езицитѣ, наречени отъ Ейхгорна Семитически, т. е., иматъ мѣстни особенности. Но тия езици бѣхѫ усвоени отъ народи съ най-различно происхождение, и не ще се намери нито единъ човѣкъ, който опрѣдѣлено да каже кои отъ тия народи и до колко принадлѣжатъ къмъ това племе, което наричатъ симитическо. Относително семитическата раса ний оставяме въ мрака на най-пълната неизвѣстность. Даже происхождението на Евренитѣ съвсѣмъ не е напълно разяснено.

До като кръвното родство съединяваше човѣшкитѣ общества, „нацията," въ сегашния смисълъ на тая дума, бѣше неизвѣстна. Вмѣсто нация, ний намѣрваме племена, които отъ своя страна се распадатъ на родове (Gentes oder Sippen.) Принадлѣжностьта на човѣка къмъ племето и рода се опрѣдѣляше отъ неговото происхождение, родство, а не отъ мѣстностьта, въ която той живѣяше. Когато земледѣлието ставаше прѣобладающа форма на производството въ извѣстно племе и вслѣдствие на това то ставаше засѣдиало естественно е, че принадлѣжностьта къмъ племето или рода се опрѣдѣляше сѫщо и отъ принадлѣжностьта къмъ извѣстно мѣсто. Дребнитѣ общини, които се образуваха по тоя начинъ, маркитѣ, се основаваха до толкова върху общностьта на происхождението, колкото и върху общностьта на земята, която тѣ обработваха. Тия общини, както и скотоводскитѣ племена и родове, сѫществуваха съвършено самостоятелно, бѣхѫ съвършено независими отъ външния свѣтъ. Общинската земя, както и полетата и градинитѣ, които слѣдъ врѣме станахѫ частна собственость, доставаше на хората всичкитѣ имъ необходими срѣдства за сѫществуване, като: продукти отъ земледѣлието, скотоводството, лова, риболовството и всѣкакви сурови продукти — кожа, вълна, дърви и пр., които се обработваха отъ отдѣлни челяди, или отъ особни, приспособени за това, занаятчии. Извънъ се получваха понѣкога само нѣкои прѣдмети за раскошъ. Слѣдствие отъ това бѣше пълната независимость на общината (Markgenossenschaft.) Твърдѣ нарѣдко, само при нѣкои особенни опасности, разнитѣ дребни общини се съединяваха за задружни дѣйствия: тоя съюзъ завчасъ се распадаше, щомъ се свършваше опасностьта. За нѣкакво си национално единство, за националенъ езикъ и дума нѣмаше. Економическата независимость спомогнѫ за запазването и образуването на нарѣчия, даже на особни езици въ отдѣлнитѣ племена и общини.

Нѣмскитѣ политици и учени много обичатъ да се оплакватъ отъ *„индивидуализма"* на нѣмцитѣ, който туря личнитѣ интереси по-високо отъ националнитѣ и поражда туй разединение и раздробление на Германия, които, на гледъ, могѫтъ да се прослѣдятъ отъ врѣмето на Арминия до нашитѣ дни. Но туй раздробление на нацията съвсѣмъ не е расова особенность на Нѣмцитѣ: то сѫществува у всѣки народъ, на когото економическото развитие не е прѣминѫло извѣстни граници. И съ „индивидуализма" това явление нѣма нищо общо, защото то навсѣкѫдѣ се изразява толкова по-ясно и по-отчетливо, колкото е по-сплотенъ рода, марката, колкото е по-силенъ първобитния коммунизъмъ. Додѣто дребнитѣ коммунистически общини се удовлетворяваxѫ самички, додѣто нѣмаше никакви материални интереси, които би ги накарали потѣсно да се сплотятъ една съ друга, до тогава и дума не можаше да има за нация. Трѣбва да имаме прѣдъ видъ, прѣди всичко, три отъ най-важнитѣ фактори, който сѫ породили туй сплотяване; тѣ сѫ дѣйствували или отдѣлно, или всички изедно. Всичкитѣ сѫ слѣдствие отъ развитието формата на производството; тѣ сѫ, отъ една страна, прѣобладающата сила на външнитѣ врагове, отъ друга — прѣобладающата сила на природата, съ която неможахѫ да се расправятъ отдѣлнитѣ, разединени общини, и най-сетнѣ, третия и, споредъ насъ, най-важния факторъ бѣше товарното производство и търговията.

Додѣто племето бѣше скотовъдско, като се занимаваше съ ловъ и риболовство, не бѣше твърдѣ необходимо да се съединява съ другитѣ племена за защита отъ враговетѣ. Племето надали разполагаше съ особени богатства, които да привлекѫтъ съсѣдитѣ. Причинитѣ, които можахѫ да породятъ конфликти съ съсѣдитѣ му, бѣхѫ: несъгласията за районитѣ на лова, заради пасбищата и отмъщението. Въ борбата, породена отъ тия причини, твърдѣ рѣдко можахѫ да бѫдѫтъ заинтересувани и нѣкой други племена, освѣнъ непосрѣдственно замѣсенитѣ въ нея. Борящитѣ се страни бѣхѫ приблизително равни по своето въорѫжение и храбрость; даже по численностьта си тѣ не можахѫ особенно да се различаватъ една отъ друга. Ако нѣкога племето се сблъскваше съ дѣйствително прѣобладающа сила, то обикновенно можаше да иде нейдѣ по далечь, тъй като не бѣше привързано у една опрѣдѣлена мѣстность. Съвсѣмъ иначе станѫ, когато земледѣлието се разви и станѫ господствующа форма на производството. Земледѣлческитѣ общини прѣминаваxѫ отъ планинитѣ и горитѣ върху брѣговетѣ на рѣкитѣ и тамъ се заселваxѫ; благосъстоянието имъ порасваше, народонаселението се сгѫстяваше и общинитѣ, които живѣяxѫ на извѣстна територия, ставаxѫ по-вече. Но медаля имаше и обратна страна: все по-голѣмото благосъстояние на тия общини прѣдизвика грабителскитѣ нахлувания на още дивитѣ, скитнически съсѣди, отъ които заседнжлите земледелци не можахж да избегнжтъ. Откритата равнина даваше по-малко средства за защита, отколкото планинските и горски местности. Дивите Номади се упражняваха въ военното дело, имахж стада отъ коне, бехж опитни въ искуството на мореплаванието (дето требваше и можаше) и др. т. Всичко това необходимо се предизвикваше отъ техната форма на производството: жените имъ обработваха земята. У заседналите земледелци военните упражнения означавахж прекъсване на производството: земледелците можахж да посвѣтяватъ на техъ много по-малко време, отколкото номадите и, разбира се, много по-долу стояхж отъ последните въ това отношение. Затова виждаме, че младите земледелчески народи постоянно се подхвърлятъ на честите грабителски нахлувания на номадите: всичко, което беше направено въ туй отношение на Германците отъ страна на Хуните, Аварите, Венгрите и Норманите; всичко това, при такива сжщо условия, постигнж и Китайците, и Индийците, и Египтените, и жителите на Мессопотамската долина преди цели векове и хиляди години. Такива нападания карахж земледелческите общини да се съединяватъ за борба съ общия врагъ и да подчиняватъ военната си сила на общия вождъ. Ако тия нападания се повтаряхж често, съюзътъ ставаше постояненъ и властьта на вожда се запазваше и въ мирно време. По тоя начинъ, съюза на отделните общини ставаше все по-вече постояненъ, сношенията помежду имъ — по-оживени, вследствие на което наречията на отделните дребни общини все по-вече и по-вече се сближавахж, растеше чуството на солидарностьта, вместо многото отделни наречия появи се единъ националенъ езикъ, вместо общинското подразделение — централната власть. Тука вече виждаме зародиша на това, което ний наричаме *националность*.

У некои племена, може би, още по-силно действуваше вторият отъ казаните фактори — задружната борба съ преобладающата сила на природата. Когато земледелческите племена излезохж изъ планините и горите и се поселихж въ речните долни, те станжхж зависими отъ водата, отъ реката; последната станж за техъ богъ, който по своя произволъ можаше да имъ испраща и всекакви блага, и крайна погибель: днесь наводнението унищожаваше всичките надежди на земледелеца, подирь неколко месеца сушата изгаряше житото му въ полето. Въ своята беспомощность той прибегваше до молитви; но опитътъ го запозна най-сетне съ по-рационалните средства. Беше забелезана известна правилность въ настжпванието периодите на сушата и наводнението; беше открито сжщо, че тия периоди се намиратъ въ связка съ известно разположение на звѣздитѣ. Но малко по-малко хората се научихѫ сѫщо да регулиратъ чрѣзъ хидравлически постройки уровенътъ на водата въ рѣката. За регулирането на водата бѣхѫ необходими планомѣрни, задружни работи на прибрѣжното население. По тоя начинъ, борбата съ рѣката, сѫщо както и борбата съ външния врагъ, прѣдизвика съюза на отдѣлнитѣ общини, прѣдизвика у тѣхъ необходимость да турятъ работническитѣ си сили подъ общо управление, прѣдизвика подчинение на централната власть. По тоя начинъ, сѫщо се развиваше зародиша на националната общность. Въ Европа зачатъцитѣ на културата се развивахѫ не на брѣговетѣ на голѣмитѣ рѣки, както на истокъ; сушитѣ и наводненията тука сѫщо не бѣхѫ тъй страшни, както тамъ — особенно въ ранния периодъ, когато планинитѣ бѣхѫ покрити съ гори, които регулирахѫ водата въ рѣкитѣ. Затова задружната борба съ рѣката указваше своето обединяюще дѣйствие прѣимущественно на истокъ: както се види, тя бѣше една отъ най-важнитѣ материални причини, които породихѫ тука древнитѣ културни господарства. Въспоминанията за нея се запазихѫ въ прѣданията още и до днесь. Основатель на египетското царство се счита Менесъ. Херодотъ съобщава, че египетскитѣ жреци му расказвали, че Менесъ устроилъ на Нилъ, сто стадии надъ Менфисъ, ограда и съ това накаралъ рѣката, която по-прѣди протичала прѣзъ Ливийската планинска верига, да се отправи въ сторото си корито и да тече между два рѣда планини. Когато защитената съ ограда земя исъхнѫла, той построилъ тука градъ, който сега (т. е., въ врѣмето на Херодота) се нарича Мемфисъ. На сѣверъ и на западъ отъ този градъ, разказвали жрецитѣ, Менесъ заповѣдалъ да ископаятъ езерото и да го испълнятъ съ вода отъ рѣката. То било грамаденъ резервуаръ, който се напълвалъ съ вода въ врѣме на разливанието на рѣката и по-сетнѣ, въ врѣме на суша, снабдявалъ съ нея полетата. Тъй нарѣченото Меридово езеро бѣше сѫщо такъвъ грамаденъ резервуаръ. По сѫщия начинъ и въ Китай основанието на господарството се свожда къмъ урегулирване на рѣкитѣ. Менций (Mensius), който живѣ слѣдъ Конфуция, расказва:

„Въ врѣмето на Иана (Yan), когато царството не бѣше още урѣдено, водитѣ излѣзохѫ отъ брѣговетѣ си и причинихѫ всеобщо наводнение. Земята се покри съ раскошни растения и дървета; на всѣкѫде бѣше прѣпълнено съ птици и диви звѣрове. Такива плодове на земята не сѫ се появявали вече; птицитѣ и дивитѣ звѣрове надвивахѫ човѣка. Кръстосанитѣ въ всички направления пѫтеки, протѫпкани отъ звѣроветѣ и птицитѣ, покрихѫ небесното царство....Иу (Yu, основатель на царството) раздѣли деветьтѣхъ различни рѫкава на р. Хо (Но), очисти коритата на р. р. Тси и Та и ги насочи въ морето. Той устрои устия за р. р. Ю и Хана (Han), урегулира течението на р. р. Гвай и Сци (Sz'), и ги насочи въ Киангъ. Като направи всичко това, за жителитѣ на Небесното царство бѣхѫ обезпечени срѣдствата за сѫществуване".

Ний знаемъ сѫщо за царствата въ долинитѣ на Тигъръ и Ефратъ и въ долината на Гангъ, че тѣхната материална основа бѣхѫ хидравлическитѣ постройки за урегулиране на водата и че първата длъжность на тѣхнитѣ господари бѣше — да бѫдѫтъ за тия постройки. Англичанитѣ до скоро игнорирахѫ тая длъжность, вслѣдствие на което се породи глада и епидемитѣ*) Господството на Англичанитѣ се крѣпѣше не на економическото прѣобладание, а на военната сила. Задружната борба съ рѣката и борба съ външния врагъ дѣйствувахѫ често едноврѣменно, което много усилваше тѣхнитѣ послѣдствия. При все това, тия два фактора не можахѫ да създадѫтъ националенъ животъ, както ний го разбираме, тъй като тѣ не можахѫ да унищожѫтъ економическата самостоятелность на селскитѣ общини и марки и оставахѫ голѣмъ просторъ за тѣхната исключителность.

Идеалътъ на анархиститѣ е федерация отъ автономни общини. Всѣка община, казватъ тѣ, трѣбва да бѫде домакиня напълно самостоятелна; пъкъ за производството на такива работи, които не сѫ споредъ силитѣ на една община (или группа), тя трѣбва да влиза въ доброволни съюзи съ другитѣ общини. Ний видяхме, че това не е идеала на бѫдѫщето, а фактъ, измѫкнѫтъ изъ побѣлѣлата старина. Резултатътъ отъ осѫществяванието на тоя „идеалъ" бѣше не неограничената лична свобода, а източния *деспотизъмъ*. Дѣйствително, колкото по-често се повтаряхѫ

---

*) Старитѣ раджи на Индия, както и афганскитѣ и монголски завоеватели, които бѣхѫ толкова жестоки къмъ отдѣлнитѣ личности, отбѣлѣзвахѫ поне врѣмето на своето царуване съ полезни за населението прѣдприятия, като въздигахѫ тия чудни постройки, които ний и до сега срѣщаме тука, които можемъ да наречемъ титански постройки. Подъ това безжалостно ясно небе, на което прѣзъ 7—8 мѣсеца не се явява никакво облаче; при тоя климатъ, въ който почвата не се обработва прѣзъ 6 мѣсеца, понеже нѣма периодически наводнения — остава само едно срѣдство, съ помощьта на което човѣкъ може да се занимава съ земледѣлие: необходимо е да се намиратъ езера на възвишенитѣ мѣстности, или да се устрояватъ искуствено, изъ които, като изъ грамадни резервуари, би могло да се получава вода за оросяване. Всичкитѣ паметници и полезни обществении постройки, каквито сѫществуватъ въ Индия, сѫ направени отъ туземнитѣ господари. Компанията (Остъ-индийска) не изкопа нито единъ кладенецъ, нито едно езеро, не прокара нито единъ каналъ, не построи нито единъ мостъ за доброто на своитѣ индийски поданници..... Не само не прѣдприематъ нищо ново, но и старото оставатъ да се разруши, хвърлятъ го на произвола на сѫдбата. Съ исчезванието на езерата и на каналитѣ, исчезна и културата и населението — страната станѫ пустиня. E. de Warren. „L' Jnde andlaise en 1843". Paris, 1844.

войнитѣ съ външнитѣ врагове, колкото по-тѣжки бѣхѫ работитѣ за регулирането на вадата; толкози по-вече сила и значение трѣбваше да придобива централната власт*) надъ отдѣлнитѣ общини. Количеството на работитѣ и на натуралнитѣ данъци за издържание на работницитѣ най-сетнѣ здраво се установи, тъй щото, общинитѣ трѣбваше да испълняватъ тия повинности даже и тогава, когато съотвѣтствующитѣ имъ постройки ги правехѫ доста излишни. Едноврѣменно съ това растеше населението и броя на общинитѣ, тъй като хидравлическитѣ постройки увеличавахѫ плодородието на земята. По тоя начинъ, малко-помалко излѣзе, че повинноститѣ на съюзнитѣ общини давахѫ излишъкъ отъ работническа сила и срѣдства за сѫществувание, който централната власт можаше да харчи, както си ще, за своитѣ интереси. Вслѣдствие на това сама тя се освободи отъ необходимостьта да работи; образува се аристокрация, която, споредъ функцитѣ ѝ, се състоеше отъ военни, архитекти и астрономи. Колко голѣмъ бѣше излишъка отъ труда и срѣдствата за сѫществувание, който се намираше въ рѫцѣтѣ на централната власт, това още и сега може да се види отъ многото ѝ постройки, които сѫ оцѣлели до днесь, като, напр., пирамидитѣ. Разбира се, че това развитие не можаше да се извършва мирно. Ако централната власт се стараяше, колкото можаше, да увеличи повинноститѣ на отдѣлнитѣ общини, то тия послѣднитѣ се стараяхѫ, напротивъ, да ги намалятъ, до колкото се може, или поне да ги удържѫтъ на попрѣдишния уровенъ. Но никой не мисляше за уничтожение на централната власт: това можаше да подхвърли на сериозна опасность цѣлия тогавашенъ економически животъ. Тоя основенъ фактъ обяснява цѣлия характеръ на историята на източнитѣ културни народи. Отдѣлнитѣ коммунистически земледѣлчески общини тамъ живѣяхѫ самостоятелно, всѣка за себе си; тѣхната форма на производството въ продължение на цѣли вѣкове оставаше неизмѣнна, затова не се измѣняше и социалната имъ организация. Земледѣлцитѣ живѣяхѫ въ вѣчно еднообразие, като си отслужвахѫ своитѣ повинности, като заплащахѫ десятъка, както и тѣхнитѣ бащи, безъ ни най-малко да се грижѫтъ за това, дѣ отиватъ всички тия данъци, до тогава, до като не ги увеличавахѫ и до като се грижахѫ за необходимитѣ постройки. Царя, императора или султана можаше да бѫде мекъ или кръвожаденъ,

---

*) Тая власт, както ни се струва, попадаше въ рѫцѣтѣ не на отдѣлни лица, а на цѣли общини, които живѣяхѫ при особно благоприятни условия, като, напр., Мемфисъ — при Нилската ограда и резервуаръ, или пъкъ имахѫ други прѣимущества прѣдъ останѫлитѣ общини. Изъ такива общини се пораждаше по-сетнѣ столицата на царството.

скъперникъ или разсипникъ, развратникъ или аскетъ; той можаше да се отнася съ околнитѣ си както си ще — туй бѣше съвсѣмъ безразлично за земледѣлцитѣ. Но, ако той напускаше необходимитѣ постройки или увеличаваше данъцитѣ, тѣ се вълнуваххѫ и, щомъ се явеше нѣкой претендентъ, тѣ го послѣдваххѫ и го качваххѫ на прѣстола. Такова е съдържанието на всички източни революции. Тука работата не е за формитѣ на управлението, не е за стремлението на угнетения классъ да вземе властьта, а единствено за личностьта на управителя, за количеството на данъцитѣ. Но никой не помислюваше даже, че може да се мине безъ управитель. Централната власть бѣше безусловно необходима за сѫществуванието на производството. Освѣнъ това, тая власть непрѣмѣнно трѣбваше да бѫде деспотическа, защото тя не стоеше на чело на нѣкоя сплотена нация, а на конгломератъ отъ отдѣлни общини, които бѣхѫ „автономни", съвършенно самостоятелни — съгласно съ идеала на анархиститѣ — и всѣка община никакъ не се грижаше за другитѣ.

Да забѣлѣжимъ само мимоходомъ, че древнитѣ аристокрации, въ рѫцѣтѣ на които бѣше централната власть, които често имаххѫ само номиналенъ глава — кастигѣ на воснитѣ и жрецитѣ, както не всѣкога сполучливо ги наричатъ — бѣхѫ породени отъ *економическата необходимость*. Нашитѣ глупави „историци на културата" обикновенно ни расказватъ, и при това съ голѣми подробности, че първобитното равенство на хората било нарушено отъ това, че най-силнитѣ членове на обществото се събрали въ единъ прѣкрасенъ день и казали на слабитѣ: покорявайте ни се — инакъ ще ви истрѣбимъ! А най-умнитѣ слѣдъ това се зговорили и рѣшили: да измислимъ религия, съ помощьта на която ще можемъ да мамимъ и експлуатираме глупавия народъ! Туй глупаво „разбиране на историята", което прѣдполага да има различия въ силата и умственното развитие между равнитѣ различия, които се явиххѫ само като резултатъ отъ дългото неравенство — често се замѣня съ теорията на завоеванията. Теорията на завоеванията обяснява появяванието ни классовитѣ различия съ това, че едно племе завоюва областьта на друго, поробва си побѣденитѣ и става аристокрация. Нѣма ни най-малко съмнѣние, че аристократитѣ, които господствуваххѫ въ източнитѣ деспотически държави, често бѣхѫ чуждо племе, завоеватели. Но такова племе можаше да завоюва само туй, което бѣше вече готово въ страната; то можаше да завладѣе централната власть само въ такъвъ случай, ако тя вече сѫществуваше. И ако то заемаше централната власть въ своитѣ рѫцѣ, народа се подчиняваше на неговото господство, защото това, въ сѫщность, никакъ не измѣняше работата. Господствующитѣ и поробенитѣ слоеви на населението скоро се сливахѫ въ една нация, защото тѣ бѣхѫ само части на единъ и сѫщи економически организъмъ. Но въ такива случаи, когато племето на завоевателитѣ не вземеше върху си длъжноститѣ на централната власть и искаше само да господствува и експлуатира страната въ качеството си на завоеватель; то оставаше чуждо на племето, побѣденитѣ всѣкакъ му се противяхѫ, когато и до колкото бѣше туй възможно, и то, най-сетнѣ, трѣбваше да отстѫпи, или докарваше народа до окончателна гибель. Египтенитѣ много пѫти спокойно прѣнасяхѫ господството на другоплеменнитѣ завоеватели. Напротивъ, на Хикситѣ тѣ най-енергически се противяхѫ. Хикситѣ достигнѫхѫ господство въ Египетъ именно по тоя начинъ, по който, споредъ нашитѣ историци, се появявахѫ аристокрациитѣ. Тия тълпи отъ бедуини нахлухѫ въ Египетъ и се отнесохѫ къмъ него, като къмъ завоевана страна: тѣ го експлуатирахѫ, но не се нагърбихѫ съ длъжностьта да управляватъ страната. Съ това се обяснява енергическото съпротивление на нацията, което най-сетнѣ ги испѫди отъ страната. Съвършенно такъвъ, но по-близъкъ до насъ, примѣръ сѫ Норманитѣ. Прѣзъ цѣли вѣкове тѣ грабихѫ всичкитѣ достѫпни за тѣхъ страни на християнския западъ, като не можахѫ нито въ една да достигнѫтъ здраво господство. Норманитѣ трѣбваше доста да се цивилизоватъ, за да испълняватъ функциитѣ на феодалнитѣ господари, прѣди да сполучатъ да станѫтъ дѣйствителни господари на тия страни, въ които тѣ по-рано правяхѫ само грабителски нашествия (сѣверо-западна Франция и Англия). Но отъ тогава именно тѣ се сляхѫ съ туземното население и прѣстанѫхѫ да бѫдатъ другоплеменници. Наистина, не може да се отрича, че въ тия страни, дѣто централната власть се захващаше отъ другоплеменнитѣ завоеватели, независимостьта и абсолютизма се развивахѫ много по-бързо и силно, отколкото тамъ, дѣто тя оставаше въ рѫцѣтѣ на съюзнитѣ общини. Но тая власть не се създаваше отъ простия фактъ на завоеванието. Аристокрациитѣ на източнитѣ културни държави, като не се чувствувахѫ никакъ за чуждестранци, станѫхѫ единственни носители на националния животъ, до колкото въобще той сѫществуваше. Тѣ бѣхѫ по-високо отъ ограниченностьта на членоветѣ на дребнитѣ общини и се научихѫ да се чувствуватъ господари и прѣдставители на цѣлата нация. Тѣ изработихѫ националенъ езикъ, създадохѫ национална литература, национална философия и искуство. Но тия зачатъци отъ националния животъ се ограничавахѫ всѣкога само въ незначителна часть отъ народа:

тѣ се разпространявахѫ само въ аристокрацията, измежду жителитѣ отъ территорията, която служаше за мѣстопрабиваине на централната власть, измежду свободното градско население. Робитѣ не можахѫ да участвуватъ въ тоя животъ. За селенина, както и по-напрѣдъ, цѣлия свѣтъ се заключаваше въ неговата марка, въ неговата община. За да се създаде националенъ животъ, както ний го разбираме, бѣше необходимо да се разруши общината, да се отслабятъ всичкитѣ економически организации, които стоятъ между индивидуума и нацията; така щото, нацията да стане организъмъ, който да регулира економическия животъ на народа. Това разрушение на първобитната община бѣше извършено, когато производството и размѣнението на стокитѣ достигнѫ извѣстно развитие. Но и въ това врѣме трѣбвахѫ особенни условия, за да може да се появи съврѣменната националность. Търговията трѣбваше да се развие до тамъ, щото да даде занятие на особенъ классъ — търговцитѣ. На истокъ това се извърши много по-рано, отколкото въ Европа. Но производството и размѣната на стокитѣ ставахѫ прѣимуществено въ пунктоветѣ, въ които бѣхѫ мѣстопрѣбиванията на централната власть, дѣто се струпваше излишъка отъ работническата сила и срѣдствата за сѫществуванне, който и спомогнѫ за развитието на раскоша. Тука се образува пазарь за продуктитѣ на туземнитѣ занаятчии и за стокитѣ, докарвани тука отъ чуждоземнитѣ търговци. Увеличающето се богатство въ резиденцията на централната власть бѣше голѣмо съблазнение за граблевитѣ съсѣдни плѣмена; но архитектитѣ на централната власть, които разполагахѫ съ доста много задължителни работници, съумѣхѫ да укрѣпятъ пазаря съ стѣни. Благодаренне на защитата отъ крѣпостнитѣ стѣни промишленностьта и търговията можаше да се развива свободно въ града и, ако града лѣжеше на кръстопѫть на търговскитѣ пѫтища, той скоро ставаше голѣмъ и силенъ.

Но всичко това развитие се разпространяваше само въ градоветѣ; движущата негова сила бѣше експлуатацията на града отъ централната власть. Селенитѣ не се интересувахѫ, какъ централната власть употрѣбява излишъка отъ производството, до тогава, додѣто тя испълняваше традиционнитѣ си обязанности; отъ друга страна, економическото развитие, което се породи отъ тоя излишъкъ, никакъ не закачи селенитѣ. По тоя начинъ, ний намираме въ източнитѣ държави, че търговията и промишленностьта още прѣди цѣли хилядилѣтия стояхѫ тука необикновенно високо; тъй щото, нѣкои клонове отъ промишленностьта надали и сега сѫ се подигнѫли по-високо отъ тая степень, на която стояхѫ въ Египетъ; а въ земледѣлческото домакинство първобитната коммунистическа община, както и да се нарича тя, и до сега е останѫла тука въ пълната си сила, до колкото, наистина, тя не е подпадала подъ влияннето на *европейския капитализмъ*.

Съвършенно друго дѣйствие произведе товарното производство*) и търговията въ Европа. Тука нѣмаше поддавляющата сила на природата, която би докарала необходимостьта отъ силна централна власть; тука природата съвсѣмъ не е тъй богата, щото на земледѣлеца, слѣдъ като удовлетвори насѫщните си потрѣби, да може да му остава значителенъ излишъкъ отъ продуктитѣ на негова трудъ. Бѣдностьта на страната не можаше да бѫде особенно примамванне за грабливитѣ племена; ако пъкъ и послѣднитѣ да правиѫх своитѣ нахлувания и нашествия, незначителностьта на территорията и бѣдностьта на населението — ний имаме прѣдъ видъ особенно Гърция — по-вече ги докарваѫх до погубванне, отколкото до каквито ѝ да било ползи отъ тѣхнитѣ нахлувания. Тука нѣмаше тия елементи, които създаваѫх грамаднитѣ деспотически държави въ долинитѣ на голѣмитѣ източни рѣки и пораждаѫх въ тѣхнитѣ градове търговията и промишленностьта. Търговията и промишленностьта се развиѫх тука извънрѣдно бавно, подъ влиянието на сношенията съ истокъ. Но за това на всѣкѫде на западъ, дѣто само пустнѫхѫ корени, тѣ указваѫх своето влияние на цѣлия народъ, революционираѫх цѣлото общество. Би било много интересно да се прослѣди дѣйствието на тия фактори въ врѣмето на классическата древность; но това е вънъ отъ прѣдѣлитѣ на нашата задача: отъ една страна, развитието на классическата древность въ много отношения върви успорѣдно съ по-сетнѣшното развитие на срѣднитѣ вѣкове, отъ друга — тука то, както и на истокъ, не бѣ въ състояние да създаде националенъ животъ въ пълния смисълъ на тая дума. Наистина, то разруши на западъ първобитната община; но заедно съ това то разруши и обществото, тъй като то не можаше да създаде за него нови подпорки. Като се уничтожаваше древната общинна ограниченость, обществото прѣставаше да бѫде живъ организъмъ: то се прѣобърнѫ въ трупъ, на който процесса на разлаганието се извършваше въ периода на империята. Робството оставаше, и самото туй исключваше работника изъ нацията. Нацията — до колкото въобще въ тия врѣмена може да се говори за нея — се прѣобърнѫ въ шайка отъ експлуататори, която се състоеше отъ висша и нисша збирщина:

---

*) Производство, което има прѣдъ видъ не удовлетворение потрѣбноститѣ на производителитѣ, а произвождание на стоки за продань. Пр.

отъ гладния пролетариатъ и паричните богаташи.

Други резултати даде това развитие въ среднитѣ вѣкове. Тука изъ него се породи съврѣменната националность. За това и ний ще разгледаме по-отблизо развитието на среднитѣ вѣкове. Основанието на феодализма бѣше селската и занаятчийска форма на производството въ марката, която сѫщо бѣше автономна, икономически независима и затворена, като, напр., селската община въ Индия. Срѣдневѣковната градска община сѫщо се породи изъ марката. Както и на истокъ, задружната борба съ външния врагъ и до нейдѣ борбата съ природата съединихѫ тия дрѣбни общини въ голѣми държави. Но, до като дѣйствието на тия два фактора тука бѣше много по-слабо, отколкото на истокъ, то бѣше усложнено отъ многобройни пострачнични условия и особенно отъ римската основа на новитѣ държави. Въ Европа не можаше да се появи толкова силна централна власть, както на истокъ, и излишъка отъ производството, съ който разполагахѫ господствующитѣ классове за исплънение на своитѣ задачи (освобождението на селенитѣ отъ брѣмето на военната служба и отъ грижитѣ по управлението), не бѣше толкова значително. Твърдѣ бавно се зараждаше тука търговията съ Италия, слѣдъ това съ Византия и истокъ; сѫщо тъй бавно се развиваше занаятчийското производство на стокитѣ. При дворовете на свѣтскитѣ и духовни лица, както и въ извѣстни търговски пунктове — напр., въ тия мѣста, дѣто пѫтищата изъ Алпийскитѣ проходи достигахѫ Рейнъ или Дунава, въ защитенитѣ пристанища, разположени въ страната и достѫпни за плиткостоящитѣ морски гемии, като Парижъ, Лондонъ — образувахѫ се стоварни мѣста за стокитѣ, които, колкото и нищожни да ни се виждатъ сега, все пакъ възбуждахѫ жадностьта на съседитѣ, собственно на феодалитѣ, и на външнитѣ врагове, като Венгритѣ, Норманитѣ и др. Станѫ необходимо да се укрѣпятъ тия мѣста. Съ това се начена развитието на града и селската община. Но и слѣдъ укрѣплението на търговския пунктъ земледѣлческото домакинство и въобще производството за собственно потрѣбление въ прѣдѣлитѣ на марката още оставаше негово прѣобладающе занятие. Търговията бѣше твърдѣ незначителна, за да измѣни неговия характеръ. Гражданитѣ бѣхѫ сѫщо отдѣлени, както и селенитѣ; крѫгозорътъ имъ бѣ сѫщо ограниченъ. Но рѣдомъ съ старитѣ, пълноправни членове на марката, породи се нова сила — яви се съсловието на *занаятчиитѣ*, които се организирахѫ по образеца на марката въ *цехове*. Числото на занаятчиитѣ се увеличаваше и спорѣдъ това растеше тѣхното влияние; но тѣ бѣхѫ исключени отъ марката и, вслѣдствие на това, не можахѫ да участвуватъ въ градското управление. Градското управление оставаше въ рѫцѣтѣ на потомцитѣ на старитѣ членове на марката, които отъ селени-общинници се прѣобърнѫхѫ въ раскошни патриции. Распали се класcова борба между цеховетѣ и старитѣ родове; тая борба обикновенно се свършваше съ побѣдата на цеховетѣ. Едноврѣменно съ това се водеше борба за независимостьта на града отъ феодалнитѣ господари, която често се свършваше съ побѣдата на града. Градоветѣ станѫхѫ доста силни, за да нѣматъ нужда отъ управлението и защитата на феодалния господарь; тѣ нѣмахѫ ни най-малко нужда да плащатъ на феодала за испълнение на тия длъжности, които много по-добрѣ можахѫ да испълнятъ самитѣ граждани. До като германската селска марка въ отношенията си къмъ държавната власть бѣше извънрѣдно близка до источната селска община, въ градоветѣ, дѣто прѣобладавахѫ занаятчиитѣ, ний намираме съвсѣмъ другъ духъ; ний намираме тука тая републиканска черта, която оттогава никога не е исчезвала въ занаятчийското съсловие. Появи се зародиша на националния животъ, защото на градоветѣ никакъ не бѣше безразлично, какъ силнитѣ на свѣта управляватъ страната. Тѣ вече се мѫчахѫ да влияятъ върху управлението — стѫпка, отъ която селската община бѣше далечь, колкото небето отъ земята.

Но прѣдишната обособленность на общината още не бѣше отстранена; тя бѣше прѣнесена тука само въ по-широка область: не *нацията*, а *общината* стоеше на пръвъ планъ за гражданитѣ. Въ всѣки случай, занаятчийското производство на стокитѣ уничтожи исключителностьта на градската община. Занаятчиитѣ работяхѫ не само за града, но и за всичката принадлѣжаща нему територия, която по-нѣкога заемаше значително пространство. Тѣ работехѫ не толкова за селенитѣ, които все си произвеждахѫ почти всичко, що имъ бѣше необходимо, колкото за тѣхнитѣ експлуататори, феодалнитѣ господари, крепостнитѣ занаятчии, на които въ по-вечето случаи бѣгахѫ отъ тѣхъ и се спасявахѫ въ градоветѣ. Отъ друга страна, занаятчиитѣ получавахѫ припаси и сурови продукти отъ селата. Между града и селото се захванѫ икономическо взаимнодѣйствие и заедно съ това — противоположность на интереситѣ. Намѣсто марката, все по-вече и по-вече излизаше, като икономическа единица, града съ своята малко или много значителна селска область. Но градоветѣ все още бѣхѫ отдѣлени единъ отъ другъ, макаръ нѣкои отъ тѣхъ и да се съединявахѫ помежду си въ по-вече или по-малко трайни или временни съюзи за достигание на общи цѣли. Градоветѣ ставахж все по-силни и по-силни; по нѣкога се виждаше, че цѣла Европа трѣбваше да се обърне въ конгломератъ отъ градски републики. При все това тая тенденция не можа да се изрази силно, тъй като въ самитѣ градове се разви нова сила, която изъ отдѣлнитѣ градове и общини трѣбваше да изработи съврѣменнитѣ нации: тая сила бѣше *едрата търговия*.

Морската търговия съ истокъ, а особенно съ Цариградъ и Египетъ, се разви въ Европа най-напрѣдъ съ южна Италия. Стокитѣ, които търговцитѣ доставяхж на европейскитѣ варвари изъ древнитѣ културни страни на истокъ, изработихж у тѣхъ прѣдставлението за грамаднитѣ, баснословни богатства на истокъ. Жаждата за обогатяване скоро обзе всичкитѣ господствующи классове на Европа. Тя много спомогнж за организацията на тия грабителски и завоевателски походи на истокъ, които сж извѣстни подъ името *кръстоносни походи*; но тя тъй сжщо възбуди въ градоветѣ, на които географическото положение бѣше особенно благоприятно въ това отношение — и прѣди всичко въ градоветѣ на сѣверна Италия — желанието да взематъ участие въ толкози износната търговия съ истокъ. Колкото по-вече се развиваше търговията, толкозъ по-голѣма сила ставахж *паритѣ*. Паритѣ станжхж стока, която всѣки съ нщахъ придобиваше, отъ която всѣки имаше нужда, за която можеше да се получи всичко. Хората, които печеляхж пари, произвеждахж стоки и търгувахж съ тѣхъ, придобивахж все по-голѣмо и по-голѣмо значение. Цеховия масторъ, който при ограниченото число калфи едва можаше да добие умѣрено благосъстояние, скоро губеше значението си прѣдъ търговеца, на когото стрѣмлението за печалба нѣма никакви прѣдѣли, на когото капитала има тенденция безгранично да расте, и най-сетнѣ — което много важеше за търговеца — дохода отъ който бѣше грамаденъ. Търговския капиталъ бѣше революционна економическа сила прѣзъ XIV, XV и XVI вѣкове. Заедно съ него проникнж въ обществото новъ животъ, появихж се нови взглядове: *съврѣменната националность се роди!*

Въ срѣднитѣ вѣкове ний намираме отъ една страна ограниченния партикуляризъмъ на дрѣбнитѣ градове и отъ друга — космополитизма, който обгръщаше цѣлия християнски свѣтъ на западъ. А националното самосъзнание бѣше извънрѣдно слабо. Едрия търговецъ не можаше да се ограничи съ незначителенъ районъ, както селенина и занаятчията. За него трѣбваше да бжде откритъ цѣлъ свѣтъ; той се стараеше да вземе въ своитѣ ржцѣ все нови и нови пазари. Въ противоположность на цеховия гражданинъ, който често прѣзъ цѣлия си животъ нито веднжжъ не излизаше вънъ отъ родния си градъ, търговецътъ непрѣстанно се стрѣми къмъ неизвѣстни страни. Той прѣскача границитѣ на Европа и зачева вѣка на откритията, който се увѣнчава съ откритието на морския пѫть за Индия и Америка; но тоя вѣкъ въ сѫщность се продължава и днесь. Още и сега търговецътъ, а не научний изслѣдователь, е главенъ двигатель на експедициитѣ въ неизвѣстни страни. Вмѣсто привързвание къмъ извѣстна территория, търговията въведе тоя космополитизъмъ, който на всѣкѫдѣ, гдѣто има „печала", се чувствува като у дома си. Заедно съ това тя противопостави на срѣдневѣковната *универсалность*, която се прояви въ католическата черкова, *националностьта*. Търговията разшири кръгозора на западнитѣ народи далечь отъ прѣдѣлитѣ на католическата черква; но, заедно съ това, тя ги стѣсни въ прѣдѣлитѣ на собственната нация. Туй се вижда парадоксално; при все това, туй е фактъ, който лесно се обяснява. Интереситѣ на дребнитѣ самостоятелни общини въ срѣднитѣ вѣкове, ако по нѣкога и да се сблъсквахѫ помежду си, то беше твърдѣ рѣдко. Всѣка се отнасяше твърдѣ безразлично къмъ външния свѣтъ, догдѣто не я закачахѫ. А едрия търговецъ, отъ каквато община и да е, се сблъсква съ конкурренцията на всемирния пазаръ: тука той срѣща противници въ лицето на търговцитѣ отъ другитѣ общини. Освѣнъ това, интереситѣ на продавача и купувача сѫ противоположни, а на всемирния пазарь продавача и купувача сѫ овикновенно хора отъ разни страни. Но търговската печалба се добива именно отъ това—да се купи най-евтено и продаде най-скѫпо; като бѫдатъ равни всички други условия, тя ще бѫде толкова по-висока у всѣка заинтересувана страна, колкото сѫ по-благоприятни обстоятелствата, при които послѣдната се явява. Въ туй отношение, силата на която се опира всѣка заинтересувана страна, е много важна. Да разясним съ примѣръ. Въ Цариградъ се срѣщатъ венецианскитѣ и генуескитѣ търговци съ гръцкитѣ продавачи. Колкото по-силна бѣше Венеция, толкова по-значителни търговски привилегии можеше да добие тя въ Цариградъ, толкова по-изгодно бѣше нейното положение, както относително Гърцитѣ—като купувачи, тъй и относително Генуесцитѣ—като конкурренти. Противорѣчията на интереситѣ въ всемирния пазаръ станѫхѫ национални противоположности; но тѣ породихѫ сѫщо стремлението къмъ националното единство, къмъ силата. Колкото по-силно бѣше отечеството, толкова по-силенъ бѣше и търговеца задъ граница, толкова по-значителни бѣхѫ печалбитѣ му.

И до сега шовинизма не достига до такива размѣри, както у търговцитѣ, които търгуватъ съ чужбина. И нѣмскитѣ търговци, до колкото знаемъ, много надминѫхѫ въ туй отношение всичкитѣ други. Задграничната корреспонденция на „Kölnische Zeitung" може да ни даде до нейдѣ понятие за тоя духъ, който господствува въ нѣмскитѣ „колонии" въ Парижъ, Лондонъ и др. Но нѣмския търговецъ има всички основания да крѣщи за „националность". Положението му на всемирния пазаръ бѣше по-прѣди твърдѣ печално: даже южноамериканскитѣ республики си позволявахѫ да го третиратъ отъ високо. А съ възстановяванието на германската империя, той станѫ почтенно лице, което никой не ще посмѣе да спхне, което стои подъ защитата на твърдѣ износни търговски трактати. Нийдѣ „националното единство" не принесе такава полза на нѣкой класъ, както на нѣмскитѣ търговци.

Съ развитието на свѣтската търговия се породихѫ могѫщественитѣ економически интереси, които преобърнѫхѫ господството отъ кратковрѣменен съюзъ на отдѣлни общини въ сплотена, устойчива единица; но тѣ сѫщо докарахѫ распаданието на християнския свѣтъ на нѣколко рѣзко ограничени нации и отдѣлението на тия послѣднитѣ. Слѣдъ появяванието на свѣтската търговия, вѫтрѣшната търговия сѫщо спомогнѫ за образуванието на националнитѣ господарства. Търговията естественно се стрѣми да се сконцентрира въ важнитѣ стоварни мѣста, въ тия пунктове, дѣто се събиратъ пѫтищата за съобщение на малко или много значителна область. Тука дохождатъ стокитѣ отъ чужбина; изъ тоя централенъ пунктъ тѣ се распръскватъ по цѣлата страна. Тука се събиратъ и туземнитѣ стоки за испращание задъ граница. Цѣлата область, надъ която господствува такъвъ стоваренъ пунктъ, става економически организмъ, който става толкова по-силенъ и сплотенъ колкото по-вече захваща да зависи отъ централния пунктъ, колкото по-вече се развива въ извѣстна мѣстность товарното производство и колкото по-вече се истиква производството за собственно потрѣбление. Въ тоя централенъ пунктъ се отправятъ хората отъ всички мѣстности на областьта, която зависи отъ него: едни — за да останѫтъ за всѣкога, други — врѣменно, по своитѣ работи. Тоя пунктъ расте, той става голѣмъ градъ, въ който се концентрира не само економическия, но и умственния животъ на страната. Езика на тоя градъ става езикъ на търговцитѣ и на образованнитѣ хора; той истиква езика на универсалната черкова — латинския езикъ; той истиква сѫщо и народнитѣ диалекти: явява се националенъ езикъ, национална литература и искуство. Държавното управление се приспособява къмъ економическата организация. То сѫщо се централизира; централната власть се появява въ централния пунктъ на економическия животъ, който става главенъ градъ, столица на страната, тъй щото, той сега господствува надъ нея не само въ економическо и интелектуално, но и въ политическо отношение.

Колкото по-вече капиталътъ завладява не само търговията, но и производството на стокитѣ, толкова се ускорява и вървежа на това развитие. Само при господството на капиталистическия начинъ на производството—производството за собственно потрѣбление се намалява до най-незначителни размѣри и товарното производство става господствующе. Заедно съ производството за собственно потрѣбление все по-вече и по-вече исчезватъ и тия обществении организации, въ които то се е извършвало: общината, патриархалната челядь и материалното благосъстояние на всѣки индивидъ ставатъ все по-вече и по-вече зависими отъ благосъстоянието, силата и могжществото на цѣлата нация. Намѣсто домашното производство на селенина за собственно потрѣбление, явява се производството на капиталиста за вѫтрѣшния и вѫншния пазари. Товарното производство добива прѣобладание и въ земледѣлческото домакинство. Колкото по-високо стои индустрията, колкото по-не е стѣснено обращението на стокитѣ въ страната, колкото е по-голѣмъ износа, колкото сѫ по-благоприятни търговскитѣ договори, колкото сѫ по-голѣми печалбитѣ на капиталиститѣ — толкова по-висока е и платата, която получава селенина за своитѣ продукти, толкова по-вече се търси хлѣба, виното, мѣсото, кожата, лена и др. По тоя начинъ, и селенина става заинтересуванъ въ единството и силата на нацията. Заедно съ феодализма и маркитѣ исчезва и рицарската войска. Пѣхотата отново става главната сила на армията. Войската изново става селска войска. Тя се набира най-напрѣдъ отъ лишенитѣ отъ земя селени, ландскнехититѣ; но скоро събирачитѣ захващатъ да откъсватъ селенина и отъ оралото. Селенина се вмѫква въ борбата за единството и силата на нацията. Тая борба се рѫководи отъ дворовете и градоветѣ; тя често става династическа или търговска война и селенина трѣбва да сърба кашата, която тѣ сѫ сварили. Въ армията се изглаждатъ мѣстнитѣ особенности на селенина; на бойното поле той се прониква съ умраза къмъ враждебнитѣ нации. По тоя начинъ, селенина все по-вече и по-вече се вмѫква въ националния животъ и тоя животъ не се ограничава вече съ града. Даже нисшитѣ слоеви на работническото население не оставатъ на страна отъ националния животъ. Тия нисши слоеви не сѫ вече роби, не сѫ жива стока, а свободни пролетарии. Капиталистическата форма на производството не можаше да се развие, ако не разполагаше съ хора, които могатъ свободно да се распорѣждатъ съ своята работническа сила, безъ да се стѣсняватъ отъ крепостнитѣ и цехови връски—наистена свободни, но въ юридическия смисълъ на думата, а въ сѫщность—принудени отъ необходимостьта да се продаватъ на капитала.

Додѣто борбата се водяше съ феодалното домакинство и феодалната държава, интереситѣ на пролетариата съвпадѫхъ съ интереситѣ на буржуазията. Оковитѣ, които стѣсняваxѫ развитието на капиталистическата форма на производството, стѣсняваxѫ до нейдѣ и наемния работникъ, като му прѣчахѫ да продава работническата си сила по-износно. Колкото по-бърже се развиваше промишленностьта, колкото по-вече обхващаше вѫтрѣшнитѣ и вънкшни пазари; толкозъ по-вече се търсяхѫ работници, толкозъ по-вече работницитѣ можахѫ да се надяватъ за висока заплата. Това особено си имаше мѣстото при манифактурната система на производството, въ която машинитѣ играяхѫ само незначителна роль, тъй като, може да се каже, работника можаше да мине и безъ тѣхъ. Всѣко стѣснение на сношенията въ страната или на износа задграница, всѣки неблагоприятенъ търговски договоръ, съ една дума, всичко, което отслабваше единството и силата на нацията— крайно неблагоприятно влияеше и на положението на работника, и наопъки: всѣка по-нататашна стѫпка за обединението и усилването на нацията беше сѫщо стѫпка напрѣдъ и за работническия класъ. Още не отколѣ английскитѣ работници, вслѣдствие на особенни обстоятелства, се чувствувахѫ солидарни съ английскитѣ капиталисти и за това бѣхѫ привърженници на исключителната национална политика. Тъй бѣше на всѣкѫдѣ, додѣто буржуазията бѣше революционна сила.

Съврѣменния пролетариатъ се набира прѣимуществено отъ селенитѣ и занаятчиитѣ. Но съ уничтожението на крепостничеството и цеховитѣ връски исчезва и породения отъ тѣхъ мѣстенъ партикуляризъмъ на селенина и занаятчията. Селенина, цеховия гражданинъ отъ своята община губятъ всѣка почва подъ краката си. Именно къмъ тѣхъ се отнася нѣмската пословица— „Bleib'in der Heimath und näehr dich redlich" („Стой си въ отечеството и си гледай кефа"). А пролетариа и особенно лишения отъ земя селенинъ, най-малко могѫтъ да се надяватъ да подобрятъ положението си, именно въ тоя случай, ако останѫтъ въ своята община. За тѣхъ трѣбва да бѫде отворена цѣлата територия на нацията, за да могѫтъ да продаватъ работническата си сила по-скѫпо. По тоя начинъ, даже като оставимъ на страна всичкитѣ други обстоятелства, само потрѣбностьта на пролетариата да се движи свободно го направа класъ, на който интереситѣ, както и на буржуазията, искатъ национално единство. Древното робство никакъ нѣмаше тая черта. Така, вслѣдствие на икономическото развитие отъ XV вѣкъ, постепенно се поражда съврѣменната националность, която обхваща всичкитѣ классове на народа. Тя е рожба на капиталистическото товарно производство и на търговията; затова условията на сношенията сѫ именно тия условия, които сѫществено опрѣдѣлятъ нейното развитие и образуване.

Единъ изъ елементитѣ, отъ които зависи развитието на нацията, е географическото положение на нейната территория: непроходимитѣ планински проходи, грамаднитѣ и неплавателни рѣки затрудняватъ обединението на първобитнитѣ общини въ една нация; а плавателната рѣка съ своитѣ притоци, напротивъ, докарва обединението на общинитѣ, които сѫ разположени въ нейния басейнъ. Тамъ, дѣто нацията, или поне зърно отъ нацията, се е образувала, тамъ, рѣдомъ съ търговско-географическото положение на страната, получва голѣмо значение и нейното *военно положение*. Извънрѣдно важна задача за всичкитѣ съврѣменни нации е—тъй да прѣкаратъ границитѣ си, щото най-лесно да се защищава территорията на нацията и да се напада на съсѣдитѣ. Една отъ най-главнитѣ причини, които каратъ французитѣ да не могѫтъ да забравятъ загубата на Елзасъ, е именно туй обстоятелство, че Рейнъ и Вогезитѣ сѫ единственна естественна защита на Парижъ отъ източнитѣ нападения. Всѣкакви искуственни укрѣпления могѫтъ твърдѣ слабо да замѣстятъ тоя естественъ бариеръ. И ако Италия храни много по-пламенни желания за Трентино, отколкото за Корсика, Савоя и Тессина, и мечтае не само за италиянскитѣ, но и за нѣмскитѣ части на Южния Тироль (за нѣкои италиянци „Неосвободената Италия" се простира чакъ до Бреннеръ) — то е отъ това, че Трентино е най-згоденъ пунктъ за нападение на най-богатитѣ и промишленни части на Италия и е сѫщинско копие, забито въ тѣлото на Сѣверна Италия. Вслѣдствие на тия причини нациитѣ присъединяватъ къмъ своитѣ территории и такива области, които съвсѣмъ не искатъ присъединение, икономическитѣ интереси на които съвършенно не съвпадатъ съ интереситѣ на завоевателитѣ. Но твърдѣ често политическото присъединение поражда икономическо обединение —тогава завоеваната область се слива съ нацията, която я е завоювала.

Но най-важенъ факторъ при образуването на нациитѣ е именно тоя, който е най-необходимото срѣдство за съобщение—*езикътъ*. Общественно производство е невъзможно безъ взаимно разбирание на хората, безъ езикъ. И колкото е по-сложна, по-развита и по-непостоянна систематa на производството; толкова езикътъ е по важенъ, толкова по-широка тръбва да бѫде областьта, която говори на единъ и сѫщъ езикъ, толкова по-разнообразенъ и по-богатъ е ръчника на извъстни мъстности — наистина, той може достатъчно да се съкрати за много мъстности. Различието въ езика е една отъ най-важнитѣ прѣчки за общественнитѣ сношения, за общественното производство. Затова товарното производство и търговията тръбваше да обединятъ въ една нация най-напрѣдъ и най-лесно такива общества, на които членоветѣ безъ мѫка се разбирахѫ. Естественно е, че всѣки ще прѣдпочете да работи или въобще да влѣзе въ икономически отношения съ тия, съ които може да се разбере. Затова, колкото по-вече напрѣдваше съврѣменното икономическо развитие, тръбваше да се увеличава потрѣбностьта у всички, които говорехѫ на единъ и сѫщъ езикъ, да се съединятъ въ една държава — потрѣбностьта, да се уничтожѫтъ всички граници, които отдѣлятъ хората, а слѣдователно и стрѣмлението да се отдѣлятъ отъ тия, съ които сношенията бѣхѫ невъзможни или се затрудняваxѫ отъ различието на езицитѣ.

Съврѣменнитѣ нации се образувахѫ подъ най-разнообразни влияния, които ту се кръстосвахѫ, ту се уничтожавахѫ, ту се усилвахѫ едно друго. Ни една съврѣменна нация не се е явила по сѫщия пѫтъ, като другитѣ; но всѣка е продуктъ на еднакво икономическо развитие, на капиталистическото производство на стокитѣ и на търговията. Наистина, съврѣменната нация, въ противоположность на античнитѣ и источни нации, обема всичкитѣ классове на населението, които на истокъ и въ дрѣвностьта робитѣ и по-вечето селене бѣхѫ вънъ отъ нционалния животъ, не бяхѫ заинтересувани въ единството и силата на нацията. Но, при все това, съврѣменната национална идея е въ сѫщность *буржуазна идея*. Буржуазията и съврѣменната националность израстнѫхѫ на една и сѫща почва, развитието на едната отъ тѣхъ спомогнѫ за развитието на другата и наопѫки. По тоя начинъ и ролята, която играе националната идея, съотвѣтствува на буржуазията, която я играе. Додѣто буржуазията бѣше революционна, борбата за национсалното единство и величие бѣше високо-самоотвърженна; тя създаде хиляди въодушевени герои, които страдахѫ и умирахѫ са своята идея, безъ да искатъ или чакатъ нѣкаква награда. А сега националната идея станѫ мантия, въ която се обличатъ всѣкакви спекуланти и кариеристи. Економическата основа на националната идея сега станѫ очевидна.

II.

Класическата форма на съвременното господарство е *националното господарство*. Но, обикновенно, всичкитѣ „класически форми" сѫществуватъ само въ *тенденция*, която рѣдко се осѫществява на дѣло. Нац. класическата фарма на съврѣменния начинъ на производството е капиталистическата едра промишленность; но, рѣдомъ съ нея, сѫществуватъ още много остатки отъ прѣдишнитѣ форми на производството. Сѫщо тъй сега нѣма нито една чисто национална държава, т. е., такава, която да обема цѣлата нация и, при това, да не съдържа въ себе си части отъ други нации.

Въ Европа сега има малко държави, които да не сѫ основани споредъ принципа на националностьта; тия малко държави не могѫтъ да се считатъ за съврѣменни: такава е селската республика Швейцария, която нѣма даже главенъ градъ.... Земитѣ на австрийската империя се обединихѫ не вслѣдствие на економическото развитие. Тия земи никога не сѫ прѣдставлявали една добрѣ свързана економическа область. Опасностьта отъ страна на Турцитѣ, която отъ XV до XVII вѣкъ заплашваше Южнитѣ Славяни, Венгритѣ, Чехитѣ, Югоисточнитѣ Нѣмци, ги накара да се съединятъ тѣсно една съ друга. Тѣ неизбѣжно би погинѫли, ако не туряхѫ силитѣ си подъ рѫководството на общъ вождъ, подъ управлението на Хабсбургитѣ. Тѣ бѣхѫ най-първитѣ борци на Европа съ полумѣсеца. Тѣхното падание щѣше да тури въ голѣма опасность, прѣди всичко, Германия и най-много Южна Германия. Нѣмскитѣ князе никога тъй не сѫ се страхували отъ Шведитѣ и Французитѣ, като отъ Турцитѣ. Да държи Турцитѣ по-далечъ — бѣше послѣдната реална длъжность на Германския императоръ, единственната длъжность, която му прѣдоставихѫ нѣмскитѣ господари. По тоя начинъ, достоинството на Германския императоръ станѫ наслѣдственно въ Хабсбурския домъ. Когато въ миналия вѣкъ минѫ опасностьта отъ страна на Турцитѣ, исчезна и послѣдното основание за сѫществуванието на нѣмската нация като Римска империя. Французската революция унищожи тоя призракъ заедно съ много други призраци. Но, като исчезнѫ опасностьта отъ страна на Турцитѣ, унищожи се сѫщо и връската, която съединяваше австрийскитѣ земи помежду имъ: центробѣжни течения наченѫхѫ да се развиватъ въ тѣхъ.

Австрийскитѣ държавни мѫже сѫ се мѫчили и се мѫчѫтъ да избѣгнѫтъ разложението, което заплашава тѣхната империя, чрѣзъ създаване на една общеавстрийска националность. Школата, бюрокрацията и армията сѫ имали и иматъ за задача достиганието на тая цѣль. Но тѣ могѫтъ да достигнѫтъ само твърдѣ незначителни резултати; ако, рѣдомъ съ нивелированието въ всички тия области, не става обединението на държавата въ общъ икономически организъмъ съ единъ централенъ пунктъ, който господствува надъ цѣлия му животъ, за такова обединение не може да има и дума; освѣнь това, както се види, сега се разрушава въ извѣстно отношение даже сѫществующата до сега свръска между разнитѣ й икономически области. Виена, която трѣбва да бѫде центъръ на икономическия животъ на Австрия, явно губи своето значение. Търговията съ жита, а главно съ пшеница, на Венгрия и па пограничнитѣ съ Швейцария, съ южна Германия, Франция и пр. области все по-вече се концентрира не въ Виена, а въ Буда-Пеща. Отъ друга страна, размѣнението на продуктитѣ на австрийската индустрия съ истокъ сега по-вече става направо прѣзъ Триестъ и Буда-Пеща, безъ да се има нужда отъ Виена. Едро-промишленната Сѣверна Бохемия е съвършенно особна область, която, не само по езикъ, но и географически—а чрѣзъ търговския пѫть на Елба и икономически,—е най-тѣсно съединена съ Германия. Тука „нѣмското национално" движение прѣди всичко се чувствува у дома си. Така и нѣмскитѣ, по селски, алпийски земи, напротивъ, още сѫ запазили срѣдневѣковния си партикуляризъмъ; тоя партикуляризъмъ е толкова по-силенъ, колкото по-далечь се намира дадена страна отъ столицата на империята и колкото по-малко е развитъ въ нея националния духъ. Напримѣръ, Тиролецътъ, както и съсѣдния Швейцарецъ, който се намира на сѫщата степень на икономическото развитие, съвършенно е проникнѫтъ съ мѣстенъ партикуляризъмъ, който и въ Бавария е още твърдѣ силенъ. По тоя начинъ, Нѣмцитѣ въ Австрия съвсѣмъ не съставляватъ една цѣла, свързана икономически, область. Заедно съ това ний намираме въ Австрия съвършенно особенни области—Венгрия, Далмация, Галиция, отъ които послѣднитѣ, както по езикъ, тъй и по географическото си и икономическо положение, както и Сѣверна Бохемия—клонятъ по-вече къмъ съсѣднитѣ иностранни господарства. Най-сетнѣ, между нѣмскитѣ области: Сѣверна Бохемия, Алпийскитѣ земи, и областитѣ на Полша и Венгрия, ний намираме оргинална икономическа область, която нѣма здраво установени граници и е населена най-много съ Чехи. Наистина, интереситѣ на Чехитѣ не могѫтъ да породятъ у тѣхъ особно стрѣмление къмъ съсѣдитѣ държави; но Русcия е общъ врагъ на тѣхнитѣ съсѣди, конкурренти и противници: затова тѣ иматъ слабость къмъ панславизма.

Колкото по-вече се изострюватъ въ днешно врѣме економическитѣ противоположности, толкова по-вече всѣка економическа область се старае да развие градската или селската си индустрия; и колкото по-вече тя не може да направи това, безъ да врѣди на економическото развитие на съсѣднитѣ страни, толкова по-вече трѣбва да се увеличава разницата между разнитѣ економически области на Австрия; толкова по-мъчна трѣбва да става политиката за „примирението на националноститѣ", даже въ тоя случай, ако Австрия е честита да рѣши сполучливо „въпроса за езицитѣ".

Ирландия най-ясно показва, до колко съ рѣшението на „въпроса за езика" не сѫ прѣмахвѫтъ националнитѣ противоположности, ако при това оставѫтъ непокѫтнати економическитѣ противоположности. Отъ петь вѣка насамъ Ирландия е английско владение*); още отъ врѣмето на Кромвеля, по-вече отъ два вѣка, непрѣкъснѫто, съ най-жестока безпощадность работяхѫ за истрѣбването на ирландската народность, за англизирането на Ирландия. Английския езикъ станѫ езикъ на Ирландия; нейната литература, наука, искуство, до колкото може да се говори за тѣхното сѫществувание въ тоя нещастенъ островъ, станѫхѫ английски. И пакъ националната противоположность между Ирландцитѣ и Англичанитѣ си сѫществува, и тия народи могѫтъ да се примирятъ, само когато Великобритания възвърне на Ирландия националната ѝ независимость. Економическитѣ противорѣчия между тия страни напълно се запазихѫ. Ирландия никога не бѣше съставна часть на Англия; тя всѣкогѫ бѣше нейна завоевана колония, която всѣкакъ експлуатирахѫ — конкуррентъ, когото се стараяхѫ да направятъ безврѣденъ. Всевъзможни прѣчки туряхѫ за економическото развитие на Ирландия: истрѣбвахѫ нейната манифактура, растроихѫ селското ѝ домакинство, държахѫ населението ѝ въ сиромашия и невѣжество. Къмъ Ирландия водехѫ сѫщата политика, както и къмъ американскитѣ колонии. Но Ирландия бѣше по-ближна и по-слаба, отколкото послѣднитѣ. Тя не можѐ да извоюва националната си независимость и съ това да добие свободата на економическото си развитие; тя сѫщо не можа да стане съставна часть на английската економическа область и да се ползува отъ економическото развитие на Англия.

Австрия ни показва, до колко държавата не може да удовлетвори исканията на съврѣменното развитие, ако не е национална държава. Отъ Ирландия ний виждаме, какъ тѣсно е свързано економическото благосъстояние на народа — отъ като е на-

---

*) Присъединението на Ирландия се начнѫ въ царуването на Хенриха II, въ 1169 год., но минѫхѫ се почти 400 г., додѣто тя биде напълно завоювана.

ченяло гражданското му развитие — съ неговата национална независимость, съ организацията на нацията въ особенна, самостоятелна държава. Нѣма защо да търсимъ надалечъ примѣри за потвърждение на това: Германия, рѣдомъ съ Италия и Полша, е най-красноречиво доказателство за истинностьта му. Икономическото развитие на Германия, както и на Италия, бѣше подкопано, тъй като слѣдъ откритието на морския пѫть за Остъ-Индия около Африка, съ откритието на Америка, търговията отъ брѣговетѣ на Срѣдиземно море прѣмина на Атлантическия океанъ. Италия, Южна Франция, Южна Германия въ XV вѣкъ бѣхѫ на чело на икономическото развитие на Европа; а оттогава тѣ бѣхѫ истикани назадъ отъ Португалия, Испания, Сѣверна Франция, Нидерландия и Англия.

Икономическия застой докара отслабванието на националното чувство. То бѣше въ Германия и Италия прѣзъ XV вѣкъ много по-голѣмо, отколкото въ XVII: распаданието на дребни господарства и градове, разликитѣ по между имъ станѫхѫ типически особенности на двѣ нации. Безсилни, тѣ бѣхѫ оставени въ пълно распорѣждание на чуждестраннитѣ господарства, и, разбира се, че тия добри съсѣди правехѫ всичко, каквото могѫтъ, за да запазятъ тѣхната национална раздробенность и икономически назадъкъ; напрягахѫ всичкитѣ си усилия, за да не имъ се появи новъ противникъ и конкуррентъ. Икономическия назадъкъ докара националната раздробенность, изгубванието на самостоятелностьта, което, отъ своя страна, станѫ нова стѫпка за икономическото развитие. Но работата съвсѣмъ не бѣше тъй, защото икономическото развитие на Германия бѣше просто задържано: въ нея се запази патриархалния строй, когато въ Франция и Англия се развиваше капитализма; експроприирахѫ се селенитѣ и занаятчинитѣ, и пролетария съ жена си и дѣцата си се обричаше на вѣчна каторга въ фабриката. Нѣмския народъ лесно би се помирилъ съ лишението отъ тия прѣлести на капитализма. Но разрушителнитѣ слѣдствия на капитализма съвсѣмъ не се явяватъ тъй рѣзко и ясно въ тия страни, въ които икономическото развитие върви бърже. Отъ друга страна, Германия, както Италия и Полша, никакъ не бѣше защитена отъ влиянието на капитализма. Тука дохождахѫ чуждестранни стоки и силно конкуррирахѫ туземнитѣ продукти; търговията все по-вече и по-вече истикваше производството за собствено потрѣбление; селянитѣ и занаятчинитѣ не намирахѫ капиталистическа промишленость, която би ги експлуатирала като наемни работници, както бѣше въ Франция и въ Англия. Въ началото на капиталистическия строй основаването на фабрика бѣше истинско благодѣяние и фабриканта — благодѣтель на човѣчеството. А всѣка прѣчка на икономическото развитие не значаше и запазвание на блаженството на патриархалния строй: тя само доказваше това, че, вмѣсто силното, здравото капиталистическо производство на стокитѣ, се появяваше бѣдното домакинство, къмъ което се присъединявахѫ още разнитѣ останки отъ феодализма, за да го направятъ толкова слабо, колкото и смѣшно. Въ Германия прѣзъ XVII и XVIII вѣкове могѫтъ да се намѣрятъ много примѣри отъ такова домакинство, което по нищо не отстѫпва на италиянското и полското.

Който губи, той трѣбва да се примирява и съ позора; затова не е чудно, че именно тия съсѣди, които се възползуваха отъ своето прѣобладание, за да задържѫтъ економическото развитие на нацията, да докарѫтъ нейното падание, най-много се издѣвахѫ надъ нея. Всичко, което ни направиха французитѣ въ туй отношение, всичко това и ний съ пълно удоволствие правѣхме надъ Италиянцитѣ, Полякитѣ, които, вмѣсто да бѫдѫтъ силни, имахѫ нещастието да бѫдѫтъ по-слаби отъ насъ. Прусското юнкерство съ лакействующитѣ прѣдъ него „учени“ и до сега обича да гледа на Полякитѣ съ прѣзрѣние, като на нисша раса; то се прѣструва, ужъ че не знае, че паданието на Полякитѣ, въобще до колкото то сѫществува, е значително, е резултатъ на Прусската политика: Прусия отдѣли Полша отъ морето, парализира економическото и националното ѝ развитие и систематически унищожаваше всички елементи, които бѣхѫ въ състояние да подигнѫтъ страната. Дѣто националното обединение и самостоятелность се унищожаватъ отъ прѣобладающата сила на съсѣдитѣ, тамъ пострадаватъ отъ това не само господствующитѣ класси, но и цѣлия народъ.

Борбата, която породи стрѣмлението къмъ националното единство и независимость, се води вече отъ много вѣкове. Това е борба на елементитѣ, които искатъ централизация съ партикуляристическитѣ елменти въ самата нация; борба между разнитѣ нации за здравина и безопасность на границитѣ, за търговскитѣ ползи и прѣимущества, даже борба за сѫществуванието на самитѣ нации и т. н., и т. н. Тая борба въ врѣмето на своето сѫществувание създаде у разнитѣ националности особни традиции: отъ една страна—чувството на родство, свръска съ единоплеменницитѣ, и отъ друга—чувството на умраза къмъ „наслѣдственнитѣ врагове“. Тия чувства станѫхѫ почти инстинкти— прѣдразположение, което се прѣдава по наслѣдство и стигнѫ най-малъкъ поводъ, за да се проявятъ въ пълната си сила. По тоя начинъ, националното чувство станѫ факторъ, който дѣйствува напълно самостоятелно, безъ всѣка свръска съ економическото развитие на страната и нѣкога даже въ врѣда на туй развитие. Къмъ националностьта, както и къмъ всички други исторически категории, се отнасятъ думитѣ на Гете:

"Vernunft wird Unsinn,
Wolthat Plage:
Weh dir, dass du ein Enkel bist!" *)

Обединението и згруширванието на съврѣменнитѣ общества въ национални държави бѣше единъ отъ най-могъщественнитѣ фактори за най-новото економическо развитие. Но, като дойде до извѣстенъ прѣдѣлъ, това национално обединение става съвсѣмъ излишно; не стига това—то става даже спънка за по-нататъшното развитие.

Колкото по-нататъкъ се развива съврѣменната форма на производството, толкова по-вече държавата трѣбва да бъде национална, ако иска да удовлетвори нейнитѣ искания. Отдѣлнитѣ клонове на промишленостьта, за да удържатъ конкуренция, трѣбва да ставатъ се по-силни и по-обширни, трѣбва да искарватъ все по-вече и по-вече продукти, специализацията имъ трѣбва все по-вече и по-вече да се увеличава. Производителностьта и раздѣленнието на труда расте въ обществото; но заедно съ това расте също тъй и потрѣбностьта за разширение на вътрѣшния пазаръ: става по-необходима принадлѣжностьта къмъ силна нация, която може да добие на всемирния пазаръ най-сгодни търговски условия. Заедно съ това срѣднитѣ слоеве на населението все по-вече и по-вече се присъединяватъ къмъ пролетариата; също расте и умственния пролетариатъ", който се стрѣми да създаде нови "мѣста", чрѣзъ колониална политика, или чрѣзъ "освобождение" на нѣкое още не освободено парче "национална земя", което нѣкой съсѣдъ нарича свое, и да испъди отъ национална служба всички "ненационални" елементи. Колкото е по-малка нацията или държавата —и въ това отношение толкози по-лошо за държавата, ако тя е ненационална—толкова по не могътъ да удовлетворяватъ на все растящитѣ искания, толкова по-вече трѣбва да чувствуватъ, че е потрѣбно или да увеличатъ територията си, или да влѣзятъ въ съставътъ на нѣкоя по-значителна съсѣдна държава. Както и да украсяватъ своя патриотизъмъ, напр., белгийскитѣ и швейцарски фабриканти, въ дълбочината на сърдцето си тѣ хранятъ най-алчни желания относително Германия и Франция, тъй като тия държави сѫ доста обширни, за да указватъ на своитѣ капиталисти "защита на националния трудъ", за да добиятъ износни търгов-

*) "Разумътъ става безумие, благодѣянието—наказание: горко ти, че си внукъ."

ски договори, когато вътрѣшнитѣ пазари на Белгийцитѣ и Швейцарцитѣ сѫ твърдѣ незначителни, за да могѫтъ защитителнитѣ мита да иматъ за тѣхъ голѣмо значение; пе стига това: тия мита могѫтъ да докаратъ само неизносни послѣдствия за хората, които трѣбва да се надѣватъ почти исключително на износа и напълно сѫ оставени на произвола на съсѣдитѣ. Ако Венгритѣ и Чехитѣ съ такава трѣскава бързина се стараятъ сега за расширение на националнитѣ си области — това значително се поражда отъ економическото положение, което туря прѣдъ тѣхъ алтернативата: или да станѫтъ голѣми нации, или съвършепно да изгубятъ економическкия си, а заедно съ него и политическия си националенъ животъ. Колкото по-вече хора въ Австрия говорятъ по чехски, толкозъ по-вече потрѣбители могѫтъ да иматъ продуктитѣ на чехската индустрия; колкото по-вече сѫ чехскитѣ училища, сѫдилища и длъжности съ дѣлопройзводство на чехский езикъ, толкова по-вече синоветѣ на чехската буржуазия могѫтъ да се надѣватъ, че ще намѣрятъ мѣста; но, въпрѣки всичко туй, германизма не може да се страхува отъ Чехитѣ, даже въ тоя случай, ако „нѣмскитѣ национали"—капиталисти сполучатъ да истрѣбятъ нѣмскитѣ работници и ги замѣстятъ съ славянски, за което тъй усърдно работятъ. Да се носи „на гледъ" маската на германизма и да се хвърля понѣкога лепта на нѣкой умиряющъ нѣмски „Schulverein"*) — наистина, туй не е тъй масрафлия, както да се дава на работницитѣ такава плата, съ която нѣмския работникъ може да прѣкара — още по-вече, първото може да служи за евтина реклама, второто никакъ не прилича на нея. Но, безъ да се гледа на тая политика, надали може сериозно да се мисли за запазването на чехската нация. Колкото бързо и да се усилва тя, все пакъ не ще сполучи да придобие економическа область съ такива размѣри, която при сегашнитѣ условия на пройзводството да ѝ дава поне малка самостоятедность въ туй отношение. Капитализма се развива по-бърже отъ чехската нация и за това тя ще става все по-вече и по-вече зависима отъ съсѣдитѣ си и най-много отъ нѣмската нация. На всѣки случай, колкото по-вече хора говорятъ по чехски, колкото по-вече чехски школи, сѫдилища и пр. има, толкова по-добро поле се открива за чехската инустрия, за чехския „умственъ пролетариатъ." Но това поле става още по-добро, колкото по-вече се распространява знанието на нѣмския езикъ. До сега чехитѣ не твърдѣ силно чувствуваxѫ потрѣбностьта отъ нѣмския езикъ, защото старшето поколение на градското население въ Чехия още достаточно го знае.

---

*) Дружество за народно образование. Пр.

Но старочехитѣ, които разбиратъ исканията на капитализма, напълно съзнаватъ тая необходимость: тѣ се стрѣмятъ да расширятъ областьта на чехския езикъ, но съвсѣмъ не и да изтикатъ нѣмския изъ чехскитѣ окръзи. А младочехитѣ, прѣдставители на селенетѣ, на дребната буржуазия, сѫ фанатически противници на нѣмцитѣ: за тѣхъ незнанието на нѣмския езикъ е нѣкаква-си национална добродѣтель. Наистина, за тия слоеве не е икономическа необходимость да говорятъ на нѣмски; но селенитѣ и дребната буржуазия сѫ осѫдени да починатъ, а заедно съ тѣхъ и езицитѣ, на които тѣ говорятъ. Колкото по-вече тѣ отсѫживатъ на заденъ планъ, колкото по-вече капитализма се развива; толкова по-вече въ Бохемия се умалява значението на чехския езикъ и се увеличава значението на нѣмския. Всѣко опитванне да се попрѣчи на распространението на нѣмския езикъ въ Бохемия е спънка за икономическото развитие на тая страна. А всѣко съдѣйствие за развитието на чехската националность едва-ли означава сега съдѣйствие на икономическото развитие!*). Впрочемъ, Чехитѣ могатъ да се утѣшатъ: сѫщата сѫдба заплашва и по-значителни нации.

Бързо расте производителната сила на едрата промишленность; числото на нациитѣ, въ които тя е господствующа форма на производството, все се увеличава. Сега вече не три или четире нации конкуррират по между си на три или четери пазаря, както беше въ началото на развитието на съврѣменната националность: всички цивилизовани нации сѫ излѣзли сега на бойното поле, всички се борятъ за всичкитѣ пазари на цѣлия свѣтъ. На хората, които участвуватъ въ тая борба, не имъ стига да знаятъ единъ езикъ. Който знае по-вече езици, има по-вече шансове, че ще одържи връхъ надъ своитѣ конкурренти, които говорятъ само на единъ езикъ. Ако нѣмската индустрия направи напослѣдъкъ такива бързи успѣхи на всемирния пазаръ, тя много дължи на тоя космополитически духъ на нѣмцитѣ, който тъй често се напада отъ „национална" страна. Нѣмскитѣ търговци много по-вече знаятъ чуждестраннитѣ езици, отколкото английскитѣ и френскитѣ, които и до сега се намиратъ подъ влиянието на традицията, че ужъ цѣлъ свѣтъ говори на тѣхнитѣ езици. Колкото по-вече се увеличаватъ международнитѣ сношения, толкова по-вече се чувствува потрѣбность отъ международно срѣдство за тия сношения, отъ универсаленъ езикъ. Разбира се, че

---

*) Значението на нѣмския езикъ би се распространило въ Бохемия много по-скоро, отколкото това става сега, ако би Нѣмцитѣ не натрапвахѫ на Чехитѣ своя езикъ, което тѣ правятъ не за въ тѣхна полза, а само за да завладѣятъ икономическата имъ область.

тоя езикъ не можаше произволно да се измисли — та и потребностьта, за която ний говоримъ, никакъ не иска *да се увеличи* числото на съществующите езици още съ някой-си новъ, при това, още съ съмнително достойнство, а *да се намали* числото на езиците, необходими за сношаване съ света. Волапюкъ надали ще излезе отъ положението си като условенъ, таенъ езикъ на малцината, които го знаятъ. Много по-вероятно е, че някой сега вече съществующъ езикъ ще стане универсаленъ. И сега даже, за да бъдешъ „образованъ", за да можешъ да приемашъ живо участие въ съвременния економически и духовенъ животъ, необходимо е, освенъ майчиния си езикъ, да разбирашъ някой отъ „светските" езици и даже да говоришъ на него. Тая необходимость все по-вече и по-вече ще се увеличава: националните езици ще заематъ сега такова положение относително „светските", каквото заематъ сега разните наречия относително литературния езикъ. Те все по-вече и по-вече ще се ограничаватъ въ областьта на „домашното употребление", и най-сетне тука ще заематъ такова положение, каквото некоя стара челядна мобель, която ценятъ и грижливо запазватъ, но на която не придаватъ никакво практическо значение. Все по-вече и по-вече ще се распространява значението на тия езици, на които говорятъ въ едрите центрове на международните сношения: Лондонъ, Ню-Йоркъ, Парижъ, Берлинъ. Но и тия езици ще се сменяватъ единъ-други — какъ, и въ какъвъ редъ? — естественно е, че това едва ли може да се предвиди сега. Въ всеки случай, економическите отношения, а не некакви си граматически или фонетически преимущества, ще доставятъ победа на всеки отъ техъ. Още отъ сега у некои дребни нации силно се показва настоятелната необходимость да излезятъ отъ пределите на националния езикъ къмъ некакъвъ общъ езикъ, не само въ економическия, но и въ литературния и научния животъ. Въ Венгрия, Бохемия, Скандинавия, Дания, Холандия сега всеки, който иска да представи на света некаква значителна научна работа, се ползува не съ отечественния, но съ немския или француския езикъ. Често националните съображения пречжтъ на това, но всекога въ вреда на развитието.

Но потребата отъ универсаленъ езикъ е само симптомъ на потребата отъ обединението на нациите на съвременната цивилизация въ една економическа область, на потребностьта да се уничтожжтъ националните граници. Първобитните древни общини се удовлетворявахж самички: те сами произвождахж всичко, отъ каквото имахж нужда. Донейде тъй беше и у съвременните нации въ началото на съществуванието имъ. Наистина, въпшната търговия беше могъщъ двигатель на тѣхното развитие; но нейнитѣ обекти бѣхѫ прѣдметитѣ за раскошъ: скѫпи тъкани, кожи, украшения, прѣдмети за ѣдение и др. За удовлетворението на необходимитѣ си потрѣби всѣка нация беше самостоятелна икономическа область, която сама се удовлетворяваше. Сега съвършенно се измѣни всичко това. Сега въ международната търговия прѣдметитѣ за раскошъ съвсѣмъ не важатъ прѣдъ стокитѣ, които служѫтъ за удовлетворение на най-необходимитѣ потрѣби. Още прѣди 50 години никой не можаше да прѣдвиди, до какви грамадни размѣри ще дойде международната търговия съ жита, добитъкъ, каменни вѫглища, металически издѣлия и др. Сега нито една държава на съврѣменната цивилизация не е напълно независима икономическа область. Отдѣлнитѣ националности все по-тѣсно и по-тѣсно се сближаватъ по между си; все по-вече и повече расте числото на икономическитѣ точки, дѣто се сблъскватъ по между имъ отношенията, които настоятелно искатъ задружно, международно регулиране. Когато въ началото на шестдесетьтѣхъ години избухнѫ въ Съединенитѣ Щати войната за освобождение — завчакъ се прѣкѫснѫ привозванието на североамериканския памукъ въ Англия. Английската памучна промишленость почувствува, че й не достига суровъ материалъ: произлѣзе страшенъ кризисъ. Сега безбройнитѣ клонове на промишленностьта въ всѣка съврѣменна държава се намиратъ въ сѫщата зависимость отъ чуждитѣ страни, въ каквато се намираше тогава английската памучна промишленость. При това, трѣбва да прибавимъ, че много промишлени държави безусловно зависятъ отъ „задгранща" за получавание на най-необходимитѣ прѣдмети. При такива обстоятелства всѣко прѣкѫсвание на международнитѣ сношения, напр., вслѣдствие на обща свѣтска война, ще докара не само кризисъ въ такива размѣри, щото памучния кризисъ прѣзъ 1862 г. ще се покаже прѣдъ него просто като невинна шега: то ще значи банкрутство на цѣли клонове на индустрията и най-страшенъ гладъ, какъвто още не е виждало нашето поколение. Колкото всѣка държава става все по-вече и по-вече икономически зависима отъ чуждитѣ страни, значението на вѫтрѣшния пазарь, сравнително съ външния се намалява. Производителностьта на труда въ сегашната едра промишленость расте много по-бърже отъ националното потрѣбление; увеличението на външния пазарь става най-важна потрѣба. Но това увеличение става не тъй бърже, както расте производителностьта на труда. Ний стоимъ прѣдъ международно, хронично надпроизводство*), което е страшна

---

*) Производството на стоки, което надминава търсянието (спроса) на всемирния

спънка на економическото развитие. Националнитѣ стрѣмления, колкото и полезни да бѣхѫ до сега, ставатъ въ туй отношение все по-вече и по-вече безполезни, а по нѣкога даже и врѣдни. Стрѣмленията къмъ по-голѣмо обединение, самостоятелность и сила на нацията вече не може да доставя на едрата индустрия достатъчна продажба. Сега е необходимъ новъ двигатель на економическото развитие за по-нататъшното економическо развитие: вмѣсто конкурренцията на вѫтрѣшния и външния пазари, трѣбва да се появи международно регулиране на производството. Това регулиране трѣбва да бѫде международно, защото сега е невъзможно ни едно важно промѣнение въ начина на производството у нѣкоя съврѣменна нация, което да не повлияе най-значително и у другитѣ, а сѫщо тъй и защото едрата промишленность има нужда отъ такава економическа область, която много надминава прѣдѣлитѣ на съврѣменнитѣ нации.

Но това международно регулиране не може да стане безъ грамадни измѣнения въ економическия животъ на всѣка отдѣлна нация; националнитѣ противоположности не могѫтъ да бѫдѫтъ отмахнѫти безъ прѣкратяванието на конкурренцията, безъ уничтожението на главния ѝс тимуль—печалбата. За това буржуазията тъй упорно се противи не само на това регулиране, но и на всичко, което донейдѣ напомня за него, като, напримѣръ, международното работническо законодателство. Та и ней не остава нищо друго, освѣнъ да напира на дѣйствующия до сега лость на економическото развитие и да напира толкова по-силно, колкото по-отчаянно става нейното положение. По тоя начинъ, отъ нѣкое врѣме, именно отъ врѣмето на промишленнитѣ кризиси, отново се появяватъ традиционнитѣ „национални" стрѣмления и то толкова по-рѣзко, колкото по-вече едрата промишленность надраства националнитѣ ограничения, колкото по настоятелно ѝ е потрѣбна международна економическа область. Надпроизводството е тъй голѣмо сега, че при съврѣменнитѣ отношения не може да се мисли, че всичкитѣ продукти на едрата промишленность могѫтъ да се испродадѫтъ. Отдѣлнитѣ капиталисти на отдѣлнитѣ нации могѫтъ да се надяватъ, че ще испродадѫтъ всичкитѣ си продукти само въ тоя случай, ако могѫтъ дълго врѣме да продаватъ продуктитѣ по-евтено, отколкото другитѣ конкурренти. Но това е много опасно за тѣхнитѣ печалби! И ето, за спасението на тия печалби капиталиститѣ аппелиратъ къмъ нацията, къмъ националната солидарность, която трѣбва да се състои въ това, че работницитѣ, се-

---

пазарь. Съ думата надпроизводство ний прѣвеждаме руската дума перепроизводство, или француската surproduction Пр.

лените и дребните занаятчии въ тая или оная форма—като: налози, митни сборове и др.—да покриятъ изъ собственния си джобъ всички загуби, които непрѣмѣнно трѣбва да се прѣтърпятъ за „надвиванне наслѣдственния врагъ" на всемирния пазарь. Такова е главното съдържание на сегашната „национална" икономическа политика почти на всичкитѣ съврѣменни нации. Рѣдомъ съ това е необходимо, съ всички сили да се спомага за развитието на националната промишленность, да се подкопава чуждестранната промишленность чрѣзъ търговски договори, колониална политика и пр. Отново се подигатъ всичкитѣ стари дребни срѣдства на меркантилната политика прѣзъ 17 и 18 вѣкове и то въ най-рязка форма. Все по-вече и по-вече шумятъ, че е необходимо национално покровителство за търговията; все по-рязко и по-рязко се явява раздраженнего противъ чуждестраннитѣ конкурренти. На нѣкои „патриоти" даже имъ се щѣ ново издание на търговскитѣ войни прѣзъ миналия вѣкъ: но, ако тогава търговската война бѣше за побѣдителката-нация новъ потикъ на икономическото развитие, сега това развитие иска международна солидарность, и войната сега значи банкрутство на икономическата система. Назадихлитѣ классови интереси на буржуазията искатъ сега не само запазваннето, но даже и усилваннето на националнитѣ ограничения, усилваннето на националната вражда къмъ другоплеменницитѣ. По тоя начинъ, тѣ впадатъ въ все по-голѣмо и по-голѣмо противорѣчие съ условията и исканията на по-нататъшното икономическо развитие.

Наопъки, условията за по-нататъшното икономическо развитие напълно съвпадатъ съ классовитѣ интереси на пролетариата. Както и за гражданската свобода, пролетариитѣ трѣбва да искатъ единството и самостоятелностьта на нацията противъ реакционнитѣ, партикуляристическитѣ елементи и противъ всѣкакви нападения отъ вънъ. Въ този смисълъ интереситѣ на пролетариитѣ сѫ напълно националки. Но тѣ не могатъ да бѫдатъ въ противорѣчие съ интереситѣ на пролетариитѣ отъ другитѣ националности. Капиталиститѣ отъ една нация силно и прямо сѫ заинтересувани, щото чуждестраннитѣ имъ другари да произвеждатъ при най-неблагоприятни условия. А работницитѣ отъ една нация сѫ кръвно заинтересувани, щото чуждестраннитѣ имъ другари да се намиратъ въ най-благоприятно положение. Колкото по-висока плата получватъ работницитѣ въ Германия, колкото по-надеждни и здрави сѫ нѣмскитѣ работнически организации и т. н., толкова по-добрѣ е не само за нѣмскитѣ работници, но и за швейцарскитѣ, французскитѣ, английскитѣ и др. и наопъки. Колкото по-обезпечено е положението на работницитѣ въ една нация; толкова по-вече тѣ ще си сѣдятъ въ дома, вмѣсто да емигриратъ въ съсѣднитѣ страни и да подкопаватъ мѣстнитѣ работници, толкова по не могѫтъ капиталиститѣ отъ тая нация въ жара на отчаянната конкурренция да понижаватъ цѣната на стокитѣ и работната плата задграница.

Колкото по-вече се развива съврѣменната система на производството, толкова по-твърда става международната солидарность на работницитѣ, но заедно съ това — толкова по-вече отслабва солидарностьта между работницитѣ и капиталиститѣ отъ една и сѫща нация. Сѫщото развитие, което създаде съврѣменнитѣ националности, създаде сѫщо и сегашнитѣ классови противорѣчия. Къмъ тѣхъ могѫтъ да се приложѫтъ думитѣ на Платона, казани за общинитѣ въ негово врѣме, че всѣка се състои отъ двѣ, враждебни по между си, общини: община на богатитѣ и община на бѣднитѣ. Въ всемирната Римска империя общественнитѣ противорѣчия бѣхѫ тъй голѣми и процесса на разлаганието на римската нация, ако въобще може да се говори за римската нация, беше до толкова непзносимъ, щото мнозина гледахѫ на враговетѣ на страната, на германскитѣ варвари, като на спасители. Сега не е дошло още до тамъ, поне въ националнитѣ държави; та и отъ страна на пролетариата, както ний мислимъ, никога нѣма и да дойде. Наистина, противорѣчието между буржуазията и пролетариата все по-вече и по-вече се увеличава; но заедно съ това, пролетариата по своята численность, интелигентность и енергия все по-вече и по-вече става дѣйствителна ядка на нацията и все по-вече интереситѣ му съвпадатъ съ интереситѣ на нацията. По тоя начинъ, всѣка политика, враждебна на нацията, ще бѫде просто самоубийство отъ страна на пролетариата. Та и никой членъ отъ тоя классъ не си е помислилъ да поддържа такава политика. По-вече поклонницитѣ на Деруледа, или на „Kölnische Zeitung" и други такива, исключително патриотически елементи, именно поради „националната" си политика ще стѫпятъ въ противорѣчие съ интереситѣ на нацията, тъй като тѣ спиватъ икономическото ѝ развитие, туратъ прѣгради на съединението ѝ съ другитѣ нации за общъ трудъ. И малко ли значи това, че „националната" пресса на тая или оная страна скърби за подиганието работната плата на работницитѣ, като за национално бѣдствие?!

Г. Б-к-въ.

CORSI E RICORSI

отъ

Д-ръ Шарлъ Летурно *)

(Прѣводъ отъ френски).

Терминътъ „*Социология*", може да се каже, е вчерашенъ; но Социологията датира отъ много по-старо врѣме, защото Аристотель въ своята „*Политика*", се е опитвалъ да формулира законитѣ на общественната еволюция. Отъ мислителитѣ, които сѫ вървели по стѫпкитѣ на Аристотеля, е прочутия италиянецъ Вико. Послѣдния длъжи успѣхътъ си на своето учение, което на гледъ ни се показва напълно парадоксално; но което, впрочемъ, както и всички парадокси, съдържа извѣстна часть истина. Споредъ Вико, еволюцията на обществата не е ни прогрессивна, ни регрессивна, а е циклическа (крѫгла); всичкитѣ пориви, всичкитѣ революции, войни и пр., иматъ несъзнателно за крайна цѣль — да тласнѫтъ чоловѣческитѣ групни въ единъ замагйосанъ крѫговъртящъ се ходъ, послѣдователно въсходящъ и снисходящъ. На всѣкога осѫдени въ този затворенъ крѫгъ, обществата обикалятъ непрѣстанно, като се поврѫщатъ всѣкога тамъ, отгдѣто сѫ тръгнѫли, като отиватъ отъ прогрессътъ къмъ паданието, отъ паданието къмъ прогрессътъ, отъ голѣмитѣ надежди къмъ разочарованието и наопѣки. Това сѫ напраздни отивания и врѫщания, corsi e ricorsi, подиръ които се исхарчватъ постояннитѣ усилия на поколенията, и това ще върви фатално тъй, до като сѫществува человѣческия родъ. Въ първото си произведение, Шатобриана още младъ, прие съ въсхищение разочароващата формула на Вико — хубава тема за литературни прочувствувания и за единъ зарѫченъ пессимизъмъ.

---

*) Шарлъ Летурно е докторъ по медицината, професоръ въ Антропологическото Училище въ Парижъ, авторъ на всеизвѣстнитѣ съчинения по Социологията и Етнологията: „l'évolution de la propriètè", „l'évolution du mariage", «l'évolution de la morale" и др.

Между това, теорията на Вико отговаря до извѣстна степень само на истината. И въ сѫщность, ако обхванемъ съ единъ погледъ общественната еволюция, отъ първобитната анархия дори до истънченитѣ цивилизовани врѣмена, ний ще видимъ узрѣли и прѣстарели общества да се раскалщатъ подъ нетърпимия гнетъ на едно зло сѫщество и, за да се отървать отъ него, се стрѣмятъ къмъ въстановяването на такива учреждения и форми, които ни напомнятъ първобитнитѣ. Но, ако се взремъ въ сѫщностьта на работата, ще видимъ, че тази прилика е съвсѣмъ вънкашна и че тука не се касае до нѣкакво си повръщание на назадъ. Социализмътъ на развитѣ народи се различава отъ социализмътъ на първобитнитѣ тъй, както разумния атеизъмъ на единъ Лукреций се различава отъ безсъзнателния атеизъмъ на единъ *Кафръ*; само социализмътъ, който е покровителствувалъ дѣтинството на всичкитѣ общества, се стрѣми да излѣзе пакъ, за да спаси тѣхната зрѣла възрасть отъ падание и смърть. На всѣкѫдѣ и всѣкога основната клетка на обществата е била *родътъ*, кръвния родъ, малката група, гдѣто солидарностьта е тѣсна, гдѣто всичко е на всички, гдѣто никой не е изоставенъ, но и гдѣто никой не е свободенъ; защото строгитѣ обичаи, които иматъ силата на законъ, уреждатъ всичкитѣ дѣйствия въ животътъ и за индивидуализмътъ тамъ не може и дума да става. Въ всичкитѣ раси, прѣзъ всичкитѣ врѣмена, този комунистически родъ, както това се потвърдява отъ Историята и Етнографията, е билъ първия общественъ елементъ, и не е можало да бѫде друго-яче.

Голи, злѣ защитени, твърдѣ близки още до животнитѣ, първитѣ человѣци, принудени да си защитяватъ животътъ противъ хиляди неприятели, противъ непрѣстанни опасности, не сѫ можали да запазятъ своето право за сѫществуванне, освѣнъ слѣдъ като сѫ съединили въ една коллективна сила индивидуалнитѣ си слабости; за тѣхъ осамотяването е било равносилно съ смъртьта.

Дълго е траялъ този *родовъ* строй, който едноврѣменно е надзиравалъ и притѣснявалъ; защото, колкото общественнитѣ форми сѫ по-първобитни, толкова тѣ по-мѫчно се измѣняватъ. Дълго врѣме съюзяването на *родоветѣ* въ племена, съединението на племената въ народности, оставяше да сѫществува кръвния родъ, и слѣдъ едно неизброимо число години въ непроницаемий прѣдисторически периодъ, родътъ, прѣобразенъ, безъ съмнѣние, но още твърдѣ солидаренъ, се намѣрва въ началото на историческитѣ врѣмена.

Но, за да могѫтъ да се задържатъ за дълго, общественнитѣ

учрѣждения създаватъ въ човѣческия мозъкъ инстинкти и чувства, които сѫ съгласни съ тѣхниятъ характеръ. Именно отъ тази дълга коммунистическа епоха, закрита отъ нашитѣ очи въ мракътъ на минѫлото, водятъ началото си алтруистическитѣ наклонности, които живѣятъ още въ нашитѣ общества, гдѣто егоизмътъ има най-широкъ просторъ.

Строгото единство на първобитния родъ е било продиктувано отъ належащитѣ нужди на борбата за сѫществувание. Благодарение на тази солидарность въ усилията, обществата сѫ могли да излѣзатъ побѣдители въ борбата срѣщу враговетѣ си, отъ какъвто и родъ да сѫ тѣ, които сѫ застрашавали тѣхната люлка. Когато опасностьта се е намалила, коммунистическото господство станѫ несносно, и личностьта най-напрѣдъ се помѫчи да го разслаби, а послѣ—съвсѣмъ да му скѫса свръзкитѣ; съ една дума: егоизмътъ влѣзе въ открита борба съ алтруизмътъ, и слѣдъ вѣкове, тази борба се свърши съ побѣдата на първия върху втория. Така, старото правило: *„всички за единъ и единъ за всички“* се замѣсти отъ егоистическия принципъ: *„всичи противъ единъ и единъ противъ всички“*.

Всичкитѣ голѣми общества на минѫлото, дойдохѫ до тази фаза на нравствената дезорганизация, и всичкитѣ намѣрихѫ въ нея смъртьта си, защото тя задушава живитѣ сили на общественния организъмъ. Има и такива, които, прѣди да ѝ се подчинятъ, направихѫ къснитѣ усилия да възкръсятъ въ сърдцата си братството на старитѣ врѣмена. Въ врѣмето на грѣко-римското падание християнството бѣше едно опитвание отъ този родъ, и неговния успѣхъ, между прочемъ слабъ, се длъжи на духътъ на милосърдието и равенството, съ който бѣше напоено и който му послужи най-напрѣдъ като зора. Всѣкога, когато общественнитѣ страдания ни бодихѫ силно, въ нашия мозъкъ се събуждатъ старитѣ алтруистически чувства, тлѣющи въ насъ прѣзъ останѫлото врѣме. Смѫтния споменъ за онова врѣме, когато личностьта, въ нужда или при опасность, е можала да очаква подържка отъ другаритѣ си, се вълнува неопрѣдѣлено въ паметьта на тъй нарѣченото цивилизовано човѣчество, както споменътъ за единъ исчезнѫлъ златенъ вѣкъ.

Въ такъвъ единъ периодъ на възвръщание се намѣрватъ днесъ нашитѣ общества съ индивидуалистическата си и меркантилна цивилизация, и това е за тѣхъ единъ въпросъ на животъ или смърть. Тука срѣщаме до извѣстна мѣрка това, което Вико нарича ricorsi. Но колко днешния коммунистически идеалъ, къмъ когото ний се стрѣмимъ, се отличава отъ крайно ограничената организация на първобитния *родъ!*

Въ ожесточения си двубой съ всевъзможнитѣ си неприятели нашитѣ отколѣшни прадѣди сѫ имали само една грижа: да живѣятъ — за да живѣятъ. Въ тѣхнитѣ очи личностьта, като личность, е нѣмала смисълъ, а само като членъ на родътъ; не можаше да има и дума да се даде свободенъ просторъ на личното развитие. Но съврѣменния човѣкъ е вкусилъ отъ личната свобода; често тя го даже опиенява: да се откаже напълно отъ нея му е невъзможно. Тази свобода е между другото необходима за прогрессътъ на искуствата, на наукитѣ и идеитѣ; слѣдов., не е нуждно да се отнема съвсѣмъ. Въ нашитѣ дни срѣдствата за защита и прѣхрана на цивилизованото общество сѫ тъй могѫщи, щото, за да могѫтъ неговитѣ членове да живѣятъ и прогрессиратъ, за да могѫтъ да се защитяватъ отъ всевъзможнитѣ си неприятели, не е нуждно да се погълнѫтъ всичкитѣ индивидуални усилия, да се задуши личностьта отъ коммуната. Даже напротивъ: за да усигори на всѣкой гражданинъ нуждното количество почивка, за да даде всѣкому врѣме да упражнява свободно физическитѣ си, нравственни и умственни способности — нашия социализмъ иска справедливото распрѣдѣление на трудътъ и произведенията. Той иска, всѣкой да отстѫпи на общината часть отъ врѣмето си, но само толкова, до колкото е абсолютно необходимо за всеобщото прѣуспяванне. Той иска, всичкитѣ да носятъ по равно отъ брѣмето, та никой да не е задушенъ отъ неговата тяжесть. Социализмътъ счита за унизително и глупаво, щото всичкитѣ мѫки и усилия да бѫдѫтъ струпани върху раменята на едни, а пълна свобода и удоволствие — на други; едни да умиратъ отъ гладъ и нищета, за да се даде възможность на други да се прѣвиватъ отъ пъленъ коремъ.

Възходящата вълна на социалистическитѣ идеи не ще се спре всрѣдъ пѫтьтъ си: злѣ-добрѣ тя ще постигне своя идеалъ.

Но за това, насилията, сътрѣсенията, революциитѣ не сѫ абсолютно нуждни. Социалния въпросъ ни се налага; той трѣбва да бѫде и може да бѫде разрѣшенъ по миренъ начинъ, ако всичкитѣ обществени крѫгове съумѣятъ да възвишѫтъ своя духъ и да расширочатъ своитѣ сърдца.

К. Р.

СОЦИАЛНИЯ ХАРАКТЕРЪ НА РЕВОЛЮЦИЯТА ВЪ 1848 ГОДИНА.

(Сказка държана въ едно студентческо дружество).

Най-сѫщественната отличителна чърта на положителнитѣ науки е отвърждението, че всички явления въ природата ставатъ по опрѣдѣленъ редъ, съобразно извѣстни закони. Който казва наука, казва редъ, казва законъ. За всѣкиго, що годѣ запознатъ съ астрономията, съ физиката, съ химията, съ естественнитѣ науки въобще, това е по-вече отъ аксиома. Явленията, биле тѣ отъ неорганическия или отъ органическия миръ, ставатъ по строго опрѣдѣлени закони, нѣкои отъ които вече ни сѫ извѣстни. Колкото една наука по-добрѣ е нарѣдила, по-добрѣ е класифицирала своя материалъ, колкото по-вече закони е открила въ образующитѣ областьта й явления, толкозъ тази наука е по-положителна, по-солидна, толкозъ по-вече заслужва името *наука*. Но възможностьта за откриванието на законитѣ, които управляватъ дадени явления, е обратно пропорционална съ сложностьта на явленията: колкото наблюдаемитѣ явления сѫ по-сложни, колкото по-вече сили взематъ участие въ тѣхното образувание, толкозъ по-мѫчно може да се схване общата рѫководяща сила, толкозъ по-мѫчно може да се открие господствующия законъ. Въ неорганическия миръ, гдѣто обикновенно имаме работа съ явления, въ които дѣйствуватъ само двѣ или три различни сили, ний знаемъ вече много закони. Ний знаемъ, какъ и защо се движатъ небеснитѣ свѣтила; знаемъ, по какво направление и на какво растояние ще се движи тѣло, хвърлено съ извѣстна сила; знаемъ, че всѣко тѣло, потопено въ нѣкоя течность, губи отъ тѣглото си толкозъ, колкото тегли измѣстената отъ него вода; знаемъ и много още такивзи закони въ астрономията, въ физиката, въ химията. Но, както казахъ, колкото се качваме по-нагоре по стѫлбата на еволюцията, толкозъ по-малко закони ни сѫ извѣстни. Законитѣ въ химията не сѫ вече тъй ясни и очевидни, както тѣзи въ физиката или въ астрономията. Още по-вече се усложнява работата като се прѣмине въ органическия миръ. Закона за еволюционирането и трансформирането на организмитѣ, такъвъ, какъвто го виждаме днесъ, датира не отколѣ. И колко трудъ, колко умственни сили сѫ биле потрѣбни за откриванието му! Но, макаръ и съ голѣми, едва прѣодолими мѫчнотии, науката и тукъ си пробива широкъ пѫть и все по-вече и по-вече доказва законосъобразностьта въ явленията на живота. На върхътъ на еволюционната стѫлба стои човѣкътъ. Разгледанъ отдѣлно, като животно, той спада въ крѫгътъ на зоологията и е подчиненъ на всички закони, които науката е открила вече и има още да открива въ областьта на органическия миръ; но, разгледанъ като социално, като мислеще сѫщество, човѣкъ е присѫщъ на единъ другъ родъ явления, които спадатъ въ крѫгътъ на социологията. Человѣкътъ е обществено животно; той живѣе въ извѣстни отношения съ своитѣ подобни. Съ опрѣдѣлението характера и сѫщностьта на тѣзи отношения се занимава социологията. Въ социологията, както и въ всѣка наука, трѣбва да има закони. И тукъ трѣбва да има нѣщо, което опрѣдѣля взаимнитѣ отношения на хората въ дадено врѣме и мѣсто. Никой отъ ученитѣ социолози днесъ не отрича принципално законосъобразностьта въ живота и развитието на човѣшкитѣ общества. Въпроса е само да се покаже, коя е господствующата сила, която движи, която стимолира обществата и имъ дава такъвъ или онакъвъ видъ, таквозъ или онаквозъ направление.

Едни отъ ученитѣ сѫ поддържали и поддържатъ, че самия вървежъ на обществото и неговото направление зависятъ отъ вървежа и направлението на духовния миръ на человѣкътъ, отъ вървежа и направлението на человѣческитѣ идеи, които ни се прѣдставляватъ като нѣщо независимо, възвишено, господствующе надъ материалния животъ. Тукъ, отъ една страна, като че ли се отговаря до нейде на въпроса: коя е рѫководящата сила въ живота; но, отъ друга страна пъкъ, испрѣчва ни се другъ единъ, отъ сѫщо такава важность, въпросъ: отъ гдѣ се взематъ идеитѣ, и защо въ дадено врѣме и мѣсто тѣ сѫ именно такива, а не онакива?

Както на първия, тъй и на втория въпросъ дълбоко-научни отговори ни даватъ тъй нарѣченитѣ *материалисти* въ историята. Тѣ ни казватъ, че развитието на обществата, тѣхното видоизмѣнение въ туй или онуй направление, и появяванието на самитѣ идеи се опрѣдѣля и направлява отъ економическитѣ условия на живота, отъ начина на производство. Тѣ прилагатъ теорията си къмъ разнитѣ исторически явления и ни обясняватъ, напр., че, при извѣстна степень на развитието на културата, робството не е сѫществувало не затуй, че хората не сѫ имали тогава още идеята за робството, а затуй, че тогава производителностьта на трудътъ е била на такава степень, та човѣкътъ, като работи цѣлъ день, едвамъ е можалъ да се прѣхрани, а камо ли и на другитѣ да работи безплатно! Или пъкъ, че, когато се е остановило робството, то се е остановило за това, защото трудътъ е билъ вече до толкозъ производителенъ, щото единъ човѣкъ е можалъ да работи за себе си и за другитѣ; но не билъ пъкъ чакъ до тамъ производителенъ, щото всичкитѣ хора отъ обществото да сѫ можали хемъ да работятъ за прѣхраната си, хемъ да сѫ занимаватъ съ господарственнитѣ работи. Едни трѣбвало само да работятъ, а други да се занимаватъ само съ държавнитѣ работи, съ науката и искуствата. По сѫщия този начинъ тѣ ни обясняватъ всичкитѣ велики събития въ историята на човѣчеството; но отъ всичкитѣ исторически събития, Великата французка революция най-ясно, най-релефно ни показва вѣрностьта на материалистическия възглядъ въ историята.

Азъ нѣма да сѫ запирамъ много върху Първата французка революция, едно, че много ще се отдалеча отъ прѣдмета на сказката си, и друго, че за нея много се е говорило въ тази смисъль.

Французката революция погреба феодалния строй и въсцари буржуазията. Тя истика отъ сцената единъ отживялъ, изгнилъ вече общественъ класъ и го замѣни съ други, младъ, възраждающъ се. Тъй наречепото *трето съсловие*, което се състоеше отъ гражданитѣ — занаятчии и търговци и което въ първата половина на срѣднитѣ вѣкове си живѣяше мирно и трудолюбиво, къдѣ петнадесетия и шестнадесетия вѣкъ захванѫ да се расшавва. Въ края на петнадесетия вѣкъ се откри Америка, открихѫ се нови пѫтища за въ Индия, отворихѫ се нови пазари. Всички тѣзи събития дадохѫ нечуванъ до тогава потикъ на производството. Масторитѣ — капиталисти не можахѫ да сварятъ да трупатъ богатства. Отъ друга страна пъкъ, въ сѫщото това врѣме бидохѫ изнамѣрени барутътъ и огнестрѣлнитѣ орѫжия. Царьтъ, който искаше да смири непокорнитѣ си феодали и да стане неограниченъ монархъ, си послужи съ него, да разори до дъно недостѫпнитѣ по-напрѣдъ кули и укрѣпления на феодалитѣ. Лишени отъ убѣжищата си, отъ възможностьта да разбойничатъ, като по-прѣди, безнаказано по-пѫтищата, феодалитѣ — барони — рицари напускахѫ селскитѣ си владения и се прѣселявахѫ въ градоветѣ, въ столицата, въ царския дворъ. Тамъ тѣ се прѣдадохѫ на разкошъ, на кокетничание. Тъй щото, когато третото съсловие, днешната буржуазия, отъ день на день все по-вече и по-вече забогатяваше, привилегированитѣ съсловия, аристократитѣ и духовенството, пръскахѫ богатствата си, за да се обличатъ съ вънкашенъ блѣсъкъ. Тѣхнитѣ богатства преминѫхѫ полека-лека въ рѫцѣтѣ на неблагороднитѣ фабриканти. Въ осемнадесетия вѣкъ аристокрацията бѣше вече съвсѣмъ пропаднѫла. Слѣдъ като бѣше испродала и заложила всичкитѣ си имущества, тя бѣше потѫнѫла до уши въ борчове у разнитѣ Евреи-банкери. Аристокрацията бѣше станѫла храненица на третото съсловие, но то не даромъ я хранеше: то измъкваше изъ подъ краката ѝ всѣка обществена и господарственна власть и се готвяше да я хвърли въ пропастьта. Царьтъ сѫщо тъй бѣше принуденъ да прави отстѫпки на тази станѫла всесилна съ паритѣ си буржуазия. Той не можаше да направи нито една крачка безъ пари, а пари можаше да му даде само тя. Ето защо, когато Франция се намираше въ прѣдвечерието на единъ финансовъ банкрутъ, царьтъ и аристокрацията се принудихѫ да се обърнѫтъ за помощь къмъ третото съсловие; тѣ свикахѫ отдавна несвикванитѣ états generaux и съ туй сами прочетохѫ присѫдата си. Революцията избухнѫ, т. е., феодализма, който бѣше вече трупъ, биде погрѣбанъ.

Громки, величественни бѣхѫ декретитѣ на революцията. Буржуазията се провъзгласи за освободителка на цѣлото человѣчество отъ произвола и насилието. Тя провъзгласи „*естественнитѣ права на личностьта*": *свободата, братството и равенството*. Никой не може отказа, че буржуазията на врѣмето си бѣше най-революционния, най-прогресивния общественъ класъ, и че, като такъвъ, тя съ своето освобождение принесе полза и на хората, които стоехѫ задъ нея. Но и никой не трѣбва да си мисли, че отъ революцията насамъ, отъ громкото провъзгласяване на човѣшкитѣ права, всички благоденствуватъ — нѣма вече ни произволи, ни насилие. Задъ гърбътъ на буржуазията имаше още единъ общественъ класъ, положението на който, ако, сравнително съ по-напрѣдъ, и да се поправи малко съ революцията, но по отношение положението на буржуазията, то бѣше по-вече отъ мизерно. И какъвъ смисълъ иматъ аслѫ думитѣ: *освобождението на буржуазията*? Не такъвъ ли, че на капитала се дава пъленъ просторъ да се развива и умножава? А това умножаванне на капитала ставаше именно на гърбътъ на послѣдния общественъ классъ, на гърбътъ на пролетариата. Ето защо, въ сжщия този моментъ, когато буржуазията провъзглясяваше *свобода, братство и равенство*, гладния, одърпания пролетарий искаше хлѣбъ. И ето защо още отъ първия день на своето господство буржуазията захващж да го притиска и угнетява. Противоположностьта на интереситѣ имъ се прояви още въ първия день на стълкновението имъ.

Отъ революцията насамъ, колкото по-вече машинното производство се развиваше, колкото по-вече богатството и срѣдствата за производство се централизирахж, колкото по-вече обществото се раздѣляше на два противоположни класса — толкозъ по-релефно, толкозъ по-нагледно изпъкваше антагонизмътъ въ интереситѣ на буржуазията и пролетариата. Този антагонизмъ отъ врѣме на врѣме, все по-съзнателно и по-съзнателно се проявяваше. Развѣното знаме на Лионскитѣ работници въ 1831 год. съ надписа: „*да живѣемъ работящец, или да умремъ борящець се*" (vivons en travaillant ou morrons en combattant), е едно отъ тѣзи проявления на класовия антагонизъмъ. Пролетариата, който до сега се бореше за буржуазията противъ царизма и аристокрацията, захваща вече да се бори за себе си противъ самата буржуазия.

Отъ таквазъ именно гледна точка азъ искамъ да разгледамъ и революцията въ 1848 година — като революция, въ която пролетариата се бори съ буржуазията и се мжчи да стжпи на самостоятелна нога.

Французския историкъ, г-жа Данаелъ Стернъ, слѣдъ като говори за процесса, който постоянно става въ общественния животъ, и който, отъ една страна, разлага всичко старо и отживяло врѣмето си, а отъ друга, издава нови строителни елементи, ето какъ се отзовава за революцията въ 1848 г.:

„Революцията въ 48 год., казва тя, ни показва едновремѣнно това двойно дѣйствие на двата противоположни процесса. Чисто прѣобразователна, тя хемъ разлага, хемъ създава; хемъ събаря, хемъ съгражда; тя е и критическа и органическа, или, да се изразимъ съ думитѣ, съ които народния инстинктъ още отъ първия день изрази нейния сложенъ характеръ: тя е *политическа и социална*. Конвулзитѣ обявяватъ агонията на една сила вече исчерпана и повдигането на една нова сила, която съврѣменното общество съдържа въ утробата си; ето защо революцията въ 48 год. възбуждаше такива смутни ужаси и надежди въ душитѣ на съврѣменницитѣ ѝ. Поразени отъ единътъ или отъ другия изгледъ на революцията, принадлѣжащи на миналото или на бждащето, на туй, което се свършваше или на туй, което сега захващаше — хората, въ извънрѣдно смущение, виждахж и въ най-малкитѣ случки: едни — ужаснитѣ симптоми на едно пълно разоряване, други — вѣрно прѣдзнаменование за една нова революция въ общественния строй".*)

I.

Да прослѣдимъ по-напрѣдъ историко-хронологически по-главнитѣ събития станжли прѣди революцията въ 48 г., и сетнѣ да разгледаме тѣзи събития отъ интересующата ни гледна точка.

*) L' histoire de la revolution de 1848 v. I. 5. Danael Sterne.

Прѣди революцията управлението на Франция бѣше конституционно-монархическо. Царьтъ, Луи Филипъ, който замѣсти въ революцията въ 30 г. Бурбона Карла X, подѣляше управлението си съ едно народно събрание и събранието на перовѣтѣ. Законодателната власть бѣше въ ръцѣтѣ на двѣтѣ събрания, а испълнителната—въ ръцѣтѣ на царя и неговитѣ министри, които той самъ си избираше. Събранието на перовѣтѣ се състоеше само отъ аристократи, които бѣхж членове на събранието не по изборъ, а по наслѣдственни привилегии. Народното събрание се състоеше отъ народни прѣдставители, избрани не отъ цѣлия народъ, а само отъ тѣзи граждани, които плащахж 200 фр. прямъ данъкъ на държавата. Избираеми бѣхж пъкъ тѣзи, които плащахж 500 фр. Свободата бѣше припозната и цензората оничтожена; но свободата на пресата, на словото и на събранията не бѣше осигурена. Тѣзи сж главнитѣ пунктове на конституцията, която Луи Филипъ прие въ 30 година. Главнитѣ министри на Луи Филипа сж биле Тиеръ и Гизо, които замѣстяхж единъ другиго. Гизо бѣше президентъ министеръ вече отъ 1840 година. Споменувамъ, че Гизо бѣше министеръ въ послѣднитѣ години, тъй като съ своя крайно консервативенъ духъ той немалко спомогнж за ускоряването на революцията.

Опозиционни партии бѣхж тъй нарѣченитѣ *легитимисти*, т. е., привърженницитѣ на старата Бурбонска фамилия, които искахж да турятъ на прѣстола внукътъ на Карла X, Хенрихъ V, а съ туй заедно, разбира се, да повърнжтъ и господството на аристокрацията и духовенството. Друга опозиционна партия съставляваxж една часть отъ самитѣ *орлеанисти* (тъй се наричахж привърженницитѣ на Луи Филипа) во главе Тиера и Одилонъ Баро, които, като догаждахж духътъ на врѣмето си, искахж да се направятъ реформи въ парламента, да се намали избирателния цензъ и др. т., за да могжтъ по този начинъ да спечелятъ поддръжката на населението и истикатъ Гизо отъ министерството. Слѣдъ тѣхъ иде партията, сгрупирана около газетата „Le National", състояща се отъ крупна и срѣдна индустриялна буржуазия, които, макаръ и да се титулирахж републиканци, би се задоволили, ако Луи Филипъ дадеше реформитѣ, които искахж и си остане мирно да царува. Най-сетнѣ иде и партията на истинскитѣ републиканци — демократи, състояща се отъ дребна буржуазия и работници. Нейнитѣ водители бѣхж: Ледрю Роленъ, Флоконъ, Луи Араго, Феликсъ Аврилъ, Гинардъ, Паскалъ, Динартъ, Ресифтъ, Жоли и др., които се групирахж около газетата: La Réforme. Ето тѣхната

ПРОГРАМА:

„*Всички хора сж равни.*

„*Гдѣто равенството не сжществува, тамъ свободата е само голи думи.*

„*Обществото може да живѣе само чрѣзъ неравенството на способноститѣ и различието на функциитѣ; но виснитѣ способности не трѣбва да даватъ на човѣка най голѣми права; тѣ му налагатъ най-голѣми длъжности.*

„*Ето принципа на равенството: сдружаването е необходимата му форма.*

„*Крайната цѣль на сдружаването е да удовлетвори умственнитѣ, нравственнитѣ и материалнитѣ нужди на всички чрѣзъ своитѣ разнообразни способности и съ своитѣ усилия.*

„*Работницитѣ сѫ биле роби, тѣ бѣхѫ крѣпостници, тѣ сѫ днесь наемници; трѣбва да се стрѣмимъ да ги направимъ пълноправни.*

„*Това може да бѫде достигнѫто само чрѣзъ дѣйствието на едно демократическо правителство.*

„*Демократическото правителство е това, което има самоуправлението на народа за принципъ, всеобщото гласоподаване — за произхождание и за цѣль — реализираннето на формулата:* **свобода, братство, равенство.**

„*Управляющитѣ въ една демократическа държава сѫ просто повѣренници на народа и трѣбва, слѣдователно, да бѫдѫтъ отговорни и прѣизбираеми.*

„*Публичнитѣ функции не сѫ отличия; тѣ не трѣбва да бѫдѫтъ привилегии: тѣ сѫ длъжность.*

„*Тъй като всички граждани иматъ право да бѫдѫтъ избирани и да взематъ участие въ изработванието на законитѣ, то това право, за да не бѫде само на думи, трѣбва на всички общественни чиновници да се плаща.*

„*Закона е волята на народа, формолирана отъ неговитѣ повѣренници; всички трѣбва да се подчиняватъ на закона; но пъкъ и всички иматъ право да го критикуватъ, за да се промѣни, ако е лошъ.*

„*Свободата на прессата трѣбва да бѫде усигорена и освѣтена, като гаранция противъ възможнитѣ заблуждения на болшинството и като орѫдие за прогресса на человѣческия умъ.*

„*Въспитанието на гражданитѣ трѣбва да бѫде общо и безплатно; държавата трѣбва да се грижи за това.*

„*Всѣкой гражданинъ трѣбва да прѣмине прѣзъ военното въспитание; никой не може да се освободи отъ воинската повинность съ помощьта на пари.*

„*Държавата е длъжна да взема инициативата за прокарванието на таквизи реформи въ индустрията, които да повдигнѫтъ работницитѣ отъ положението имъ на надничари до положението на съдружници.*

„*Важно е да се замѣни частния кредитъ съ кредитъ държавенъ; до като пролетариитѣ се освободятъ, държавата трѣбва да бѫде банкеринъ на бѣднитѣ.*

„*Работника има сѫщото право, както и сълдатина, да изисква признателность отъ държавата; на силния и здравъ гражданинъ държавата трѣбва да намѣри работа, а на стария и болния тя трѣбва да даде помощь и покровителство.*" *)

Въ прѣдвечерието на революцията страшно вълнение владѣяше въ всичкитѣ слоеве на обществото. „*Реформи!*" бѣше викътъ, който ечеше отъ всичкитѣ краища на Франция, като, разбира се, всѣкой разбираше по своему сѫщностьта на исканитѣ реформи. Но най-громъкъ, най-застрашителенъ викъ излизаше отъ срѣдата на парижскитѣ и други градски работници. Парижския народъ искаше реформи, но не реформи, състоящи се въ туй, да се промѣни кабинета на Гизо съ кабинета на Тиера, а реформи, които да му дадѫтъ хлѣбъ, да му усигорятъ жи-

---
*) Louis Blanc. L'histoire de la révolution de 1848, v. I, p. 59-60.

вота. Никой пѫть, наистина, революцитѣ не ставатъ безъ да е станѫла прѣдварителна подготовка въ самия животъ; но пѣкъ, веднѫжъ подготовката извършена, революцията не избухва току тъй, а чака поводъ. Може би, че за поводъ, за непосрѣдственъ стимулъ на революцията въ 24 Февруарий послужи силния индустриаленъ и търговски кризисъ, който още отъ края на 47 година душеше Франция. Работническата масса, която и безъ това гладуваше, сега буквално мрѣше по улицитѣ отъ гладъ: безъ покривъ, безъ огнище по срѣдъ зима. Но кризиса послужи само за поводъ, а не за причина на революцията. Причинитѣ на революцията се коренѭтъ въ самия общественъ строй, въ който, за да бѫдѫтъ едни богати, трѣбва други да нѣматъ що да ѣдѫтъ. Пролетариата беше гладенъ, и захващаше вече да съзнава, макаръ и мѫчно още, защо е гладенъ и отъ гдѣ произлиза мизерията му. Ето причината на революцията въ 48 г., па и на всичкитѣ по-подирни революции.

Градското работническо население още въ 30 година бѣше прѣстанѫло да гледа на буржуазията като на съюзници, да се бори за нея противъ аристокрацията и монархията; то бѣше насочило вече орѫжието си противъ самата нея. Четиредесеть годишния исторически животъ го бѣше научилъ, кой му е истинския неприятель. Въ 30 година се захванѫ сериозна борба, на животъ и смърть, между капиталътъ и трудътъ, която е взела таквизъ грамадни размѣри въ послѣднитѣ години, и която скоро, може би, ще се свърши съ побѣдата на по-силния, съ побѣдата на тази страна, която носи въ себѣ си историческия прогрессъ и погибела на която значи погибель на човѣчеството.

Но, да узнаешъ, кой е истинския ти неприятель, не значи още, че си се освободилъ, или че можешъ да се освободишъ отъ него. Трѣбва да знаешъ, какъ именно да постѫпишъ, за да смажешъ неприятеля си, да го прѣмахнешъ отъ пѫтя си. А това именно незнаяхѫ още работницитѣ въ 30 година. Тѣ незнаяхѫ, какъ ще се отървѫтъ отъ игото на капитала, какъ ще се устроятъ безъ него. Тѣ незнаяхѫ още, че за тѣхната мизерия не е кривъ този или онзи капиталистъ, а тѣхния общественъ и икономически строй, въ който, както казахъ, всѣкой трѣбва да се грижи да усигори положението си, а пѣкъ не може да го усигори, до като не отнима отъ дѣлътъ на другитѣ, до като не експлуатира ближния си. Да, работницитѣ въ началото на своето движение не разбираха ясно своето положение спрямо буржуазията; ето защо и тѣ не знаяхѫ, кои сѫ истинскитѣ срѣдства, съ които можахѫ да се освободятъ. Достатъчно е да погледнемъ на тогавашната социалистическа литература, за да се убѣдимъ въ това. Но сѫщата тази литература, отъ друга страна, ни показва пѣкъ, съ каква трѣскава дѣятелность, съ какво постоянство просвѣтенитѣ умове на епохата се лутатъ, бъхтятъ се и търсятъ спасителната нишка. Търсятъ цѣръ за болното общество, въ което 9/10 отъ членоветѣ му сѫ осѫдени на гладна смърть. Прѣдлагатъ мѣрки за прѣмахванието на мизерията. Тѣмъ и не имъ идваше на умътъ, че общественния строй не бѣше втасалъ, и че имаше се нужда не само отъ цѣрове, а и отъ операции.

Тукъ ни се испрѣчватъ отъ прѣдѣ цѣль рѣдъ социалистически учения, едно отъ друго по-тъмни: и Сенъ Симонъ, и Фурио съ своитѣ подробни планове за бѫдѫще устройство на индустриалния и земедѣлчески трудъ, за устройството на фамилията, за какъ ще ставатъ увеселенията и тъй нататъкъ; и Кабе съ своя евангелски социализъмъ, нареченъ **Икарийски**; и Барбесъ и Распаль, и Луи Бланъ съ своя, тъй да се каже, държавенъ социализмъ, и Прудонъ съ своя бесплатенъ кредитъ, съ своето оничтожение на собственностьта и на държавата, съ своя анархизъмъ и пр. и пр.

Толкозъ много социалистически книги и списания се печатали въ последните години отъ царуваннето на Луи Филипа, щото господинъ Делесертъ, префектъ на полицията въ Парижъ, въ рапорта си отъ 19-ий Януарий 1847 година констатира, че социалистическите издания тази година сѫ били много по-вече, отколкото въ 1846 година, че постоянно се увеличаватъ и че требва правителството да обърне сериозно внимание. Той свършва рапорта си така:

„Тамъ е истинската рана на епохата и требва да признаемъ, че всека година тя прави новъ прогрессъ. Чини ми се, че едно таквозъ положение на нещата заслужва да заинтересува силно правителството".

Такива и темъ подобни беха социалистическите учения въ първата половина на настоящия векъ. Въ техъ всичко имаше: и религия, и етика, и философия, и метафизика; само едно немаше: наука и наученъ социализъмъ. Те гледахѫ на социализма не като на продукъ на съвременните економически условия, та и според това да избиратъ съответствующи средства за реализираннето му; а си представляваxѫ социализма като произведение на мозъка на тогози или оногози, които, затворени въ кабинетите си, мислехѫ и кроехѫ, какъ ще е по-хубаво да се устрои бѫдщето общество. Те гледахѫ на него като на продуктъ на нравственния миръ на человека; затова се и обръщахѫ безразлично къмъ всичките общественни слоеве за поддържка. Некои, Луи Бланъ, напримеръ, мислехѫ, че даже и самото правителство може да въведе социализма.

Работническия народъ, който не можаше, разбира се, да знае по-вече отъ своите учители, поглъщаше съ охота всека думица, исказана въ негова полза и се трупаше около разните социалистически и коммунистически клубове. Предъ революцията Франция беше пълна съ тайни (свобода на събранията немаше) революционни социалистически общества, състоящи се отъ работници и дребна буржуа. Рабоническото населени беше социалистическо (разбира се, таквозъ, каквото тогазъ беше възможно).

Ето какво казва Стернъ по поводъ на това струнване на работническите класси около авторите на разните социалистически учения:

„Великите тези доктрини, наречени съ едно общо име социализмъ, не черпяхѫ своите сили ни отъ геннялностьта на автора си, ни отъ техната организаторска практичность; но, тъй като те беха родени отъ една истинска и дълбока нужда, тъй като те изражавахѫ съ красноречие едно морално и физическо състояние, което не можаше да се истърпи безъ престѫпления и което държавата оставаше да става всеки день се по-лошо, безъ да помисли да вземе поне некои повърхностни мерки — то народа, който немаше ни време, ни необходимите познания, за да анализира и скритикува принципите и хората, стече се наредъ около новите апостоли, най-напредъ отъ любопитство, сетне съ ентусиазъмъ и признателность. Той поздрави съ акламации и почете съ уважение и послушность шефовете на социализма. Една голема сила, вънъ отъ пропорциитѣ на тѣхния гений, спечелихж социалиститѣ въ мнѣнието на массситѣ".

Прѣзъ мѣсецъ декемврий 1847 год. и прѣзъ януарий 48 г. почти въ всѣкой градъ се устройвахж политически банкети отъ разнитѣ оппозиционни партии. Въ тѣзи банкети явно се проявяваше незадоволството отъ сжществующето положение и необходимостьта на реформи въ едно или въ друго направление.

Банкетитѣ въ Дижонъ и Лилъ вземахж грандиозни размѣри. Особенно банкета въ Лилъ, на който Ледрю Роленъ и други нѣкои републиканци и демократи направо сж се изразили, че не само конституционни реформи трѣбва да се направятъ, а самиа цярь да се испжди и да се установи републиканско управление. Този банкетъ произведе само впечатление, както между по-умѣрената оппозиция, тъй и между правителственнитѣ кржгове. Луи Филипъ и Гизо, които до сега надуто гледахж отъ височината на положението си на неблагодарната тълпа и които си мисляхж, че е достатъчно да се истропа на сганьта, за да се разбѣга, захванжхж да се беснокоятъ и да търсятъ мѣрки на това революционно-реформаторско движение.

Когато господь искалъ да погуби нѣкого, той по-напрѣдъ му вземалъ акълътъ, казва нашия уменъ народъ; Гизо като че ли не виждаше, че отпрѣдѣ му гори ужасенъ огнъ, който не може да се угаси съ манички църкалца, съ които дѣцата си играятъ. Прѣдъ видъ на общественното спокойствие, Гизо запрѣти устройванието на подобни банкети. Но, въпрѣки това запрѣщение, около 10 Февруарий всичкитѣ оппозиционни прѣдставители въ събранието, съ исключение на Лежитимиститѣ, се събрахж да обмислятъ за даванието на единъ грамаденъ банкетъ въ Парижъ; но принципъ всички бѣхж за даванието на банкета. Оставаше да се опрѣдѣли само мѣстото и врѣмето. Назначи се за 20 Февруарий въ една голѣма зала на Елисейскитѣ полета. Гизо чрѣзъ своитѣ хора даваше да се разбере, че той по-никой начинъ нѣма да допусне бенкета, и че ще употрѣби насилие да го растури, ако посмѣятъ авторитѣ му да го даджтъ. Прѣдъ видъ на това, републиканцитѣ около „La Réforme" рѣшихж, да промѣнятъ мѣстото на банкета. Непрѣмѣнно щеше да стане сблъскване между войската и народа, а пъкъ отворенитѣ Елисейски полета бѣхж неудобни. Не добрѣ, па даже и никакъ не въоржения народъ не можаше да се бие на открито поле. Биде избрано едно отъ работническитѣ прѣдградия за мѣсто на банкета и деньтъ 21 Февруарий, вечерьта. Въ това врѣме Тиеръ, Одилонъ Баро и въобще всички депутати отъ династическата и конституционна оппозиция се питихж: да ли, когато работата бѣше дошла чакъ до тамъ, когато правителството се опълчваше съ гола сабя противъ оппозицията, тѣ пакъ трѣбва да присжтствуватъ на банкета или не? И тѣ си отговорихж, тѣ си рѣшихж, че не трѣбва да отиватъ до крайность. Задоволихж се да поднесжтъ само единъ протестъ въ народното събрание противъ репресивнитѣ мѣрки на правителството.

На 21 Февруарий вечерьта назначеното мѣсто се испълни съ народъ. Тукъ се стече и почти всичката Парижска национална гвардия, която сжщо искаше реформи и промѣнението на кабинета. Вече е срѣдъ нощъ, а никой отъ организаторитѣ на банкета, никой отъ шефоветѣ на оппозиционнитѣ партии не се явява, никой нѣмаше да каже на народа защо сѫ го викали, защо сѫ го раздвижили и разбудили съ дългитѣ си манифести и прокламации. Генералитѣ сѫ бѣхѫ оплашили. Но първата стѫпка вече бѣше направена. Массата, тъй да се каже, е лошъ проводникъ на революционния духъ. Тя мѫчно се повдига, но пъкъ, веднѫжъ като се повдигне, мѫчно се уталожва. Банкета не станѫ и народа би могълъ съ смирение, съ наведена глава, да си отиде дома и да си гледа пакъ работата. Излъгали го бѣхѫ; че какво отъ това? Нима само сега сѫ го лъгали? Но, както, кога правимъ нѣкое химическо съединение, отначало наливаме, малко помалко, напримѣръ, сѣрна киселина и никаква реакция не получаваме, а щомъ капнемъ още една капчица и изведнѫжъ се получава хубава синя или червена отайка; тъй е и въ живота: една само капка, едно само най-незначително събитие е достатъчно за да се допълни еквивалентностьта на елементитѣ и да се произведе реакцията. Това се вижда чудно само на тогозъ, който вижда само послѣдната капка, която сме налели, безъ да знае, че ний по-напрѣдъ сме наливали много още отъ единъ и два елемента.

Прочее, на 21 Февруарий народа цѣла нощь съ факели въ рѫцѣ се расхожда изъ улицитѣ и не се прибра. Женитѣ и дѣцата бѣхѫ наклали голѣми огнйове по улицитѣ и се бѣхѫ разположили като у дома си. Зората на 22 Февруарий завари народа на улицитѣ. Революцията бѣше вече захванѫта. Тълпата се отправи къмъ редакцията на «La Réforme» да иска водители. Араго и Флоконъ застават на чело на тълпата. Тѣ говорятъ за провъзгласението на републиката. Съ вякове: «vive la reforme! a bas Guiso!» народа и националната гвардия тръгватъ къмъ Народното Събрание и тѣ тукъ се срѣщатъ съ войската, която имъ заграждва пѫтьтъ. Първата капка кръвь потича. Народа нацапва рѫцѣтѣ си съ кръвь и нищо вече не може да го накара да се повърне.

Луи Филипъ и до сега не му се хващаше вѣра, че можало нѣщо сериозно да произлѣзе отъ тая мизерна, окаяна сган. Но, когато видѣ, че и националната гвардия, която почти всѣкога е служила за смиряване на бунтовницитѣ, сама се бунтува, той се поколеба въ величието си. Гизо бѣше отстраненъ отъ кабинета и Луи Филипъ прѣдложи на Моле да състави новъ кабинетъ. Моле тича цѣлъ день изъ Парижъ да намѣри другари за въ новия кабинетъ, но не му се удаде.

Агентитѣ на правителството бързатъ да разнасятъ изъ улицитѣ новината, че Гизо е сваленъ; но късно бѣ вече. Националната гвардия и републиканцитѣ около «Le National», се почти примиряватъ съ положението си, но народа на чело съ хората около «La Réforme» не иска и да чуе. За него Иванъ или Стоянъ, Гизо или Тиеръ се едно значи. Той иска друго, и до като това друго не му се даде, нѣма да отстѫпи. Борбата се продължава. Барикадитѣ се строятъ. Цѣлия този день, 22 Февруарий, се прѣкарва въ приготвления отъ едната и другата страна. Тукъ-тамъ само ставатъ малки сблъсквания. Войската се двоуми. Нощьта се минава тихо. На 23 Февруарий Одилонъ Барро и Тиеръ съставятъ новъ кабинетъ. Първото дѣло на кабинета бѣше една прокламация подписана отъ царьтъ, въ която се казва, че въ най-скоро врѣме конституцията ще бѫде прѣгледана и нуждните реформи направени. Обаче, и това не помогнѫ. Расгичахѫ се по всичкитѣ улици, по барикадитѣ, да разнасятъ новата вѣсть и да уговарятъ народа да се успокои и си захване мирно работата. Самитѣ министри, Тиеръ и Барро бѣхѫ излѣзли изъ улицитѣ да уговарятъ народа. Никой не се помѣстваше отъ барикадитѣ. „A bas les endormeures! Nous ne voulons pas des laches! Plus de Molé, plus de Barrot, plus de Tiers! Le peuple est maitre"*) викаше народа. Прѣзъ цѣлия този день бѣше заповѣдано на войската да не стрѣля върху народа и се водяхж прѣговори за прѣмирие. Народа не отстжпваше.

На 23 вечерьта въ улицата „Св. канупинъ" една пушка случайно гръмнѫ. Народа отъ устроената тамъ барикада мисли, че войската ненадейно го напада — захваща да гърми. Войската отъ своя страна мисли, че е нападнжта и се защищава. Захваща се отчаяна борба, която се продължава цѣли два часа. Улицата се покрива съ трупове до като се разбере каква е работата и се даде заповѣдь на войската да се оттегли. Сериозната борба се захваща отъ този моментъ. Нѣколко души въстанници натоварватъ на една кола 5 трупа и освѣтени съ факели ги разнасятъ изъ работническитѣ квартали съ викове: „отмъщение, отмъщение"! На 24 сутриньта цѣлото парижско население бѣше въоръжено. Много магазини за оржжия бѣхж разбити. Много казарми бѣхж нападнжти и оржжията раззети. Отъ всичкитѣ крайща на града народътъ се стичаше като изригващъ волканъ къмъ центра, къмъ Палата. Войскитѣ навредъ остжпвахж прѣдъ тази компактна движуща се стѣна. Още малко и Парижъ е въ ръцѣтѣ на въстанницитѣ. Трѣбваше да се бърза. Луи Филипъ распустнѫ и кабинета на Барро и Тиера. Но той като че ли още не виждаше, или не му се искаше да вижда сѫщностьта на работата. Околнитѣ му го склонихж да абдикира за въ полза на внука си, Парижския Контъ, та дано съ туй да се уталожи народа. Той съ голѣма мжка подписа абдикацията и остави Орлеанската дукеса, снаха си, за регентка, като си мисляше, че, макаръ и далечъ отъ Парижъ, пакъ ще бжде управитель на Франция посрѣдствомъ малолѣтния си внукъ. Трѣбва ли да се казва, че и това нищо не помогнж? — Народа искаше да ритне не главата, на която стоеше короната, а самата корона и нейнитѣ атрибути. „Plus de royauté, plus de regence! Vive la republique social!"**) викаше той.

Застрашителната вълнà наближаваше палата. Въ 2 часа слѣдъ обѣдъ Луи Филипъ, прѣоблеченъ, избѣга съ цѣлата си фамилия. Въ 2 часа и 10 минути народа бѣше вече въ Тюйлери. Народа завзе палата, като мисляше, че ще намѣри тамъ царя. Узнава се, че царя избѣгалъ. И тази гладна, изможчена сган, при видѣтъ на толкози царски богатства и раскошества, запазва достоинството си: никой нищо не побутва. (Като влизатъ въ прѣстолната стая на царя, мнозина отъ тълпата единъ подиръ другъ сѣдатъ на царския прѣстолъ и си думатъ: сега ний сме царе). Отъ палата се оправятъ къмъ Народното Събрание. Една дружина имъ загражда пѫтътъ, но тутакси отстжпва. Навлизатъ въ събранието съ викове: „vive la republique social!" Слѣдъ дълги викове противъ царя и регентката (която се случва въ събранието) и за републиката, прѣдлага се да се избере привременно правителство, което да управлява до

---

*) „Долу прѣспивачитѣ! Ний не щемъ подлеци! Нѣма вече Молевци, нѣма Барровци, нѣма Тиеровци! Народъ е господарь!"

**) »Нѣма вече царе, нѣма вече регенти! Да живѣе социалната революция!"

като цѣлия французки народъ се произнесе върху формата и начина на управленнето. Събранието е растурено. Народа се опѫтва за кметството, дѣто ще станѫтъ изборитѣ за привременното правителство. Редакторитѣ на „Le National" и „La Réforme", до сега враждебни едни на други, прѣдъ видъ на труднитѣ обстоятелства, се помиряватъ и опрѣдѣлятъ за кандидати на временното правителство отъ еднитѣ и отъ другитѣ. Прѣдлагатъ се: Ламартинъ, Гарние Паже, Ледрю Роленъ, Флоконъ, Мари, Мара, Франсоа Араго, Дюпонтъ, Кремиво и Луи Бланъ.

Народа се събра прѣдъ кметството и горнитѣ имена бидохѫ прочетени едно по едно отъ Ледрю Ролена. Именната на Ледрю Ролена, Флокона, Луи Блана, Араго, Дюпонта и Ламартина, бидохѫ посрѣщнѫти съ акламации. Но, кога доде рѣдъ за Гарние Паже, за Мари за Мара, тълпата се намрѫщи. Но всички прѣдложени лица се избрахѫ. Въ такива моменти всѣкой знае какъ ставатъ изборитѣ. Обаче, освѣнъ прѣдложенитѣ кандидати, работницитѣ избрахѫ едного изъ помежду си, работникъ, механика Албертъ, за членъ на привременното правителство. „Избиранието на единъ работникъ за членъ на привр. правителство е единъ исторически фактъ, на който не трѣбва да се забрави смисъльта и характерътъ; тоя фактъ е знакъ за еманципацията на трудящия се класъ, която, ако още и тъмка днесъ, но е усигорена за въ бѫдѫще; той отбѣлѣжва часътъ за прѣходъ отъ политическата революция къмъ социалната"—казва Stern, като споменува за избора на Алберта.

Привременното правителство се захваща вече на работа. Распрѣдѣлятъ се министерствата: Ледрю Роленъ—на вѫтрѣшнитѣ дѣла, Араго—на войната и мореплаванието, Карно—на просвѣщението, Ламартинъ—на външнитѣ дѣла, Гудшу—на финанситѣ и Мари—на публичнитѣ работи, а Гарние Паже—кметъ на градътъ. Първото нѣщо, което трѣбваше да направи привременното правителство, бѣше да се произнесе върху формата на управленнето: република или не. И ето какъ то отговори на този въпросъ:

„Макаръ че привременното правителство дѣйствува единствено отъ името на френския народъ и макаръ че то е за републиканската форма на управленнето, но ни парижския народъ, ни привременното правителсто искатъ да наложѫтъ своето мнѣние надъ мнѣнието на всички френски граждани, които ще се произнесѫтъ върху окончателната форма на управленнето".*)

Съ първия си декретъ привременното правителство оничтожава смъртното наказание за политическитѣ прѣстѫпници и устройството на invali de civique. (Поддържание на неспособнитѣ за работа.)

На 25 Февруарий сутриньта народа се събралъ прѣдъ кметството (гдѣто засѣдаваше правителството) и иска да се провъзгласи червеното знаме за национално, а не триколйорното. Луи Бланъ, Албертъ, Флоконъ, Ракенъ сѫ гласни, но мнозинството отъ привремен. правителство е противъ това. Червеното знаме било знаме на кръвьта, на борбата, когато пъкъ триколйорното знаме се е развявало по цѣла Европа и въ него се състояла славата на Франция. За национално знаме се приема триколйорното, но, за споменъ на революцията, членоветѣ на привр. пр. ще носятъ на дрѣхата си по една червена лента. Туй е първото сблъскване на массата и нейнитѣ повѣренници. Макаръ че Ламартинъ съ своето красорѣчие можа да убѣди тълпата, че за славата на Франция, трѣбва да се приеме триколйорното, а не червеното знаме, мно-

*) Louis Blanc: L' histoire de la révolution de 1848. v. I, p. 84.

зина си отидохж недоволни. Този случай, макаръ и незначителенъ, но още отъ първия день ни показва, че много и много разнородни сѫ елементитѣ на републиката, и че, може би, тѣзи разни елементи по-мѫчно ще могѫтъ да се расправятъ помежду си, отколкото всичкитѣ наедно се расправихж съ монархията.

Слѣдъ обѣдъ, на 25, народа пакъ се събира на площада Place de grève. Единъ работникъ отива въ стаята, гдѣто засѣдава пр. правител., удря пушката си у масата и вика: „Господа, ето вече 24 часа, откакъ републиката е провъзгласена, а народа още чака резултатитѣ ѝ. Той ме прати да ви кажа, че не ще да страда по-вече въ неизвѣстность. Той иска le droit du travail*)! Да, le droit du travail, ей сега е!" Когато Ламартинъ захваща да го уговаря и да му казва, че правителството всичко ще да направи и да не бързатъ, а да бѫдѫтъ спокойни и др. такива, Маршъ (тъй бѣше името на работника) извиква: „Стига фрази, стига поезия, народа е ситъ на тѣхъ! Той е господаръ и ви заповѣдва да провъзгласитѣ, безъ да се маете, le droit du travail!" Тукъ Ламартинъ, Луи Бланъ захващатъ пакъ да уговарватъ народната депутация, да не насилва правителството, а да го остави свободно да дѣйствува, и то всичко ще уреди. Описватъ и лошото положение на републиката и че трѣбва строго да бѫдѫтъ, да не би монархиститѣ да се въсползуватъ отъ тѣхнитѣ раздори и породятъ реакция.

„*Народа туря три мѣсеца мизерия въ услуга на републиката*", отговаря депутацията и мирно се оттѣглюва, и уговаря народа да си разотиде. Правителството издава декретъ, въ който се казва, че на всички граждани се гарантира живота чрѣзъ трудътъ, т. е., че държавата ще намира работа на тѣзи, които нѣматъ. Единъ милионъ франка отъ цивилната листа на царя се раздава на работницитѣ.

На 27 Февруарий прпвр. правителство натоварва министерството на публичнитѣ работи (travaux publiques) да устрои *народни работилници*, въ които да се дава работа на всички празни работници. Луи Бланъ прѣдлага да се създаде ново министерство на прогресса и нему да се възложи *организирванието на трудътъ*, а не на министерството на *публичнитѣ работи*. И наистина, по негова инициатива, на 28 Февруарий народа се събира прѣдъ кметството и иска създаванието на *министерството на прогресса*. Мнозинството отъ привременното правителство се противи. Луи Бланъ и Албертъ настояватъ, но мнозинството не се съгласява. Луи Бланъ и Албертъ си даватъ оставкитѣ. Но въ този моментъ, отъ туй би произлязла рѣзня. Ето защо *Ледрю Роленъ* и другитѣ молятъ Луи Блана и Алберта да не си даватъ оставкитѣ. Рѣшаватъ да се устрои *особенна коммиссия за изучванието на работническия въпросъ*, и прѣдлагатъ прѣдсѣдателството ѝ на Луи Блана и Алберта. За доброто на републиката Луи Бланъ и Албертъ приематъ. Прочие, устрои се коммиссия, която да изучава и се грижи за рѣшаванието на *работническия въпросъ* или за *организирванието на трудътъ*. Но на коммиссията не се дадохж никакви срѣдства, за да може да исплъни обѣщанията си. Тя се настани въ двореца *Люксембургъ*, гдѣто по-напрѣдъ засѣдаваха *перовете*, и захванж засѣданията си, на които при-

---

*) Le droit du travail, буквално прѣведено, ще рѣче право на трудътъ: държавата да усигори на всѣкиго труда, да намира на всички неимеющи работа — работа. За краткость, азъ и нататъкъ ще употрѣбявамъ френското изражение.

сѫтствувахѫ работници и патрони. Мислѭхѫ да потъкмятъ работницитѣ и патронитѣ помежду имъ. Обаче, изведнѫжъ се показа, че това е нѣщо невъзможно. Противоположностьта на интереситѣ испѫкваше най-релефно. Отначало ставахѫ общи събрания отъ работници и патрони и всѣкой можаше да посѣщава събранията; но, като се видѣ неудобностьта на тѣзи събрания, гдѣто постоянно се карахѫ работницитѣ и патронитѣ, избрахѫ се само 20 души работници, които постоянно засѣдавахѫ въ *Люксембургъ* и прѣдъ които Луи Бланъ развиваше своитѣ теории по организираниет̆о на трудѫтъ.

Съ едни отъ първитѣ си декрети коммиссията иска намалението на работния день на 10 часа за въ Парижъ и на 11 часа за въ провинцията: оничтожението на *маршандажа*, т. е., прѣпродаванието. Нѣкой прѣдприемачи се пазарятъ съ нѣкой фабрикантъ да имъ извърши извѣстна работа и сетнѣ, отъ своя страна, даватъ тази работа на наемни работници. Това се казва *маршандажъ*. Коммиссията иска оничтожението му, тъй като то е въ врѣда на работницитѣ. Ако тѣ се пазарятъ направо съ фабрикантина, печалата, която остава въ рѫцѣтѣ на прѣдприемача, ще остава въ тѣхнитѣ рѫцѣ. Рѣшено е още да се устроятъ въ всѣка махла на градѫтъ статистически бюра, които да слѣдятъ за търсението и прѣдложението на работническия трудъ. Но ни едно отъ тѣзи постановления не се испълни, тъй като коммиссията нѣмаше въ рѫцѣтѣ си никаква испълнителна власть. Въ по-нататашнитѣ си засѣдания коммиссията изработи единъ подробенъ проектъ за организираниет̆о на трудѫтъ и, когато народното събрание се отвори, го поднесе за разглеждание; но събранието, както ще видимъ по-сетнѣ, го тури подъ мендеря.

Съ съдѣйствието на коммиссията, особенно на Луи Блана, образувахѫ се корпоративни общества отъ шивачитѣ, сѣдларитѣ и прѣдачитѣ. Около 30,000 души тъкачи се устроихѫ въ кооперативно общество. Луи Бланъ настоя прѣдъ правителството да имъ се отпустне затворътъ Clichy за помѣщение и да имъ се даде да направятъ дрѣхи за националната гвардия. Отначало обществото отиваше много добрѣ; но посетнѣ, когато мнозинството отъ прив. правителство се обяви явно противъ социализма, то, въ лицето на *Мари*, министръ на публичнитѣ работи, се помѫчи, както и да е, да ги затвори. Отнехѫ имъ помѣщението и работницитѣ останѫхѫ на пѫтя.

Казахъ, че прив. правителство бѣше възложило на министра на публичнитѣ работи, *Мари*, да устрои народни *ателиета*. Гладния и безъ работа народъ висеше като демоклиевъ мечъ надъ главата на прив. правителство и то бѣше принудено да гледа, както-както, да се отърве отъ тази гладна сган, ако иска да сѫществува. И именно за да се отърве отъ работницитѣ, а не за да ги избави отъ мизерията, приврѣм. правителство прѣдприе устройството на народнитѣ *ателиета* и ги повѣри на най-голѣмия противникъ на социализма и на работническото дѣло — *Мари*. Но, не само да се отървѫтъ отъ гладния народъ, а и да си послужѫтъ съ него противъ самия него, противъ социализма, сѫ биле устроени *народнитѣ ателиета*. «Добрѣ уреди — казва Мари на Емиля Томаса, директоръ на ателиетата — работницитѣ, защото тѣ скоро ще ни потрѣбватъ, да ги изведемъ на улицитѣ". По показанието на Томаса, работницитѣ нарочно сѫ били разпрѣдѣлени по войнски: на дружини, роти, полуроти, взводове и пр., съ началници и подначалници. Държели сѫ ги подъ строга дисциплина; въобще — въспитавали ги въ воененъ духъ, съ който ужъ да си послужѫтъ противъ социализма, но който, както ще видимъ по-сетнѣ, се обърнѫ противъ самитѣ тѣхъ.

Всѣкой лесно можаше да се догади, до какъвъ край ще доведѫтъ тия работници. Развръската на историческата траги-комедия бѣше неминуема, но работата бѣше да се спечели врѣме. Народно въстание въ Мартъ и военно въ Юний не е все едно и сѫщо, особенно когато въстанието въ Юний е прѣдвидено и даже желателно.

При откриванието на 3 Мартъ на народнитѣ работилници явихѫ се около 10 хиляди работници безъ работа; но числото постоянно се увеличаваше. Мнозина работници, които имахѫ по-мъничко работа, напуснѫхѫ я и додохѫ да искатъ да влѣзятъ въ народнитѣ работилници, гдѣто, макаръ и да не работяхѫ нищо, пакъ имъ плащахѫ по два франка на день. Мнозина, даже малки буржуа, които си имахѫ добъръ приходецъ, се явихѫ въ бюрото, като останѫли безъ работа работници и искахѫ да имъ се плати по два франка на день. Отъ провинцията, гдѣто още не бѣхѫ устроени работилници, отъ Белгия, даже постоянно се стичахѫ работници да искатъ работа и да си вземѫтъ днѐвнитѣ. Въ началото на Май тѣ достигнѫхѫ до *петдесетъ хиляди* (50,000) души, а въ надвечернето на юнскитѣ дни — до *сто и седемь хиляди* (107,000). За една четвъртъ даже отъ тѣзи хора нѣмаше работа. Карахѫ ги да чистятъ улицитѣ, да изравняватъ *Елисейскитѣ полета*, или пъкъ да поправятъ развалените прѣзъ Февруарий за барикадитѣ калдаръми. По-голѣмата часть се разхождаше изъ улицитѣ *айлакъ* съ пиянски пѣсни и, отъ една страна, се надсмиваше на хората, които я храняхѫ, безъ нѣщо да работи, а отъ друга — виждахѫ въ този фактъ своята сила; виждахѫ, че отъ тѣхъ се боятъ.

Когато на 3 Мартъ се устроихѫ работилници за работницитѣ мѫже, тѣзи послѣднитѣ пратихѫ депутация при приврѣм. правителство да каже, че въ Парижъ, освѣнъ мѫжетѣ работници, има и жени; че женитѣ трѣбва да се ползуватъ съ сѫщитѣ граждански права и че, найсетнѣ, и тѣхния трудъ трѣбва да бѫде усигоренъ наравно съ мѫжския. Тя иска отъ приврѣм. правителство да се устроятъ народни работилници и за женитѣ. Таквизъ работилници бидохѫ устроени.

Народни работилници се устроихѫ и въ всички по-голѣми индустриялни градове: Лионъ, Руенъ, Лилъ и пр.

Въ мѣсецъ Мартъ бѣхѫ израсходвани въ Парижъ за народнитѣ работилници около *три милиона франка*, въ Априлъ — *петь милиона* а въ Май — по-вече отъ *десеть милиона франка!*

Като се разправи съ най-важния въпросъ на деньтъ — съ гладната тълпа, като ѝ хвърли кокалъ да гложди, приврѣменното правителство се загрижи за приготовлението на изборитѣ за въ народното събрание. То като че ли бързаше да се тури подъ закрилата на цѣлия народъ противъ атакитѣ на работническия Парижъ. Деньтъ на изборитѣ бѣше назначенъ 1 Априлъ. Луи Бланъ и Албертъ, въобще малцинството въ приврѣм. правителство, знаяше много добрѣ душевното състояние на провинцията, особенно на селското население. Тѣ прѣдчувствуваха реакцията и искахѫ да отстранятъ поне този грозенъ часъ. Тѣ искахѫ изборитѣ да се назначжтъ за по-нататъкъ, та въ това врѣме да се по-подготви населението подъ диктатурата на приврѣм. правителство. Парижското работническо население чувствуваше и искаше сжщото. На 17 Мартъ биде устроена една голѣма работническа манифестация съ тази цѣль, т. е., да иска отъ приврѣм. правителство отлаганието на изборитѣ до 30 Май. Правителството настояваше, че Парижъ не е цѣла Франция, че, може би, желанието на француския народъ се различава отъ това на парижскитѣ граждани, и че, слѣдователно, парижскитѣ работници ако настояватъ, правятъ актъ на насилие противъ волята на народа. Министра на вѫтрѣшнитѣ дѣла, Ледрю Роленъ, се обѣща да вземе мнѣнието на провинциитѣ по въпроса и че на 25 Мартъ ще съобщи на парижското население желанието на цѣлия француски народъ. Манифестантитѣ се разотиватъ.

Роленъ взема мнѣнието на провинцията и се указва, че тя бърза. Провинцията искаше изборитѣ да станжтъ колкото се може по-скоро, защото тя знаеше, че деньтъ на изборитѣ бѣше за нея день за побѣда, день, въ който тя щеше да се освободи отъ диктатурата на парижскитѣ размирници и partageuri. За день на изборитѣ биде назначенъ 23 Априлий — недѣля.

Днитѣ си вървяхѫ. Мнозинството и малцинството въ приврѣменното правителство все по-вече и по-вече се опълчвахѫ едно срѣщу друго. Особенно Гарние Паже, Маратъ и Мари, явно говоряхѫ и пускахѫ разни хули и клевети прѣдъ населението противъ Луи Блана, Алберта, Флокона и Ледрю Ролена, които съставляватхѫ малцинството въ приврѣменното правителство. Парижското население се вълнуваше. Различнитѣ революционерни клубове още по-вече възбуждахѫ недовѣрие и умраза къмъ мнозинството на приврѣм. правителство. Въпроса за махването на мнозинството отъ приврѣм. правителство и за даванието диктатурата въ рѫцѣтѣ на нѣкого отъ малцинството бѣше на дневенъ рѣдъ въ клубоветѣ и въ фамилиярнитѣ събрания. Да се свали приврѣм. правителство и да се избере ново, състояще се отъ Бланки, Распаль, Кабе, Керсоси, Луи Бланъ, Албертъ и Флоконъ, во-главѣ Ледрю Ролена, бѣше общото рѣшение на всичкитѣ клубове и домашни събрания. Работата бѣше нагласена. Всѣкой отъ инициаторитѣ съобщи въ своя клубъ на по-вѫтрѣшнитѣ си другари-работници, и за день, въ който да се прѣведе рѣшението въ испълнение, биде избранъ 16-ий Априлий. Въ този день, подъ прѣдлогъ да събержтъ изъ помежду си парични помощи и да ги поднесжтъ на нуждающето се правителство, клубътъ на клубоветѣ свика всичкия Парижъ да се събере на Марсово поле. Около сто хиляди работници се стекохѫ на този аппелъ. Мнозина отъ събранитѣ знаяхѫ истинската цѣль на манифестацията. Събрахѫ се пари и народа се отправи къмъ кметството да ги поднесе на правителството. Тука трѣбваше да стане ниспровержението на старото приврѣм. правителство и провъзгласяваннието на новото. Правителството по-рано бѣше помирисало, че нѣщо се готви, та взема мѣрки. Не далечь отъ кметството единъ полкъ войска загражда пѫтя на народа. Народа, който незнае сжщностьта на работата, остава смаянъ, като вижда, че сълдати му прѣграждатъ пѫтя, когато той отива да поднесе послѣдната си лепта на олтаря на отечеството си. Араго и Луи Бланъ се притичатъ и сълдатитѣ струватъ пѫтъ на народа, като се нареждатъ отъ двѣтѣ страни на улицата. По този начинъ тълпата достига до кметството: Ледрю Роленъ, главата на съзаклятието, прѣдъ видъ на тази готова за дѣйствие тълпа, се оплаши. Сѫщата тази тълпа, която днесь го въздигаше, нѣма ли единъ день да го порине и замѣни съ нѣкой си Бланки или Барбесъ? Да, той се оплаши въ най-важния моментъ. Той се хвърга въ обятията на Ламартина, казва му каква е работата, казва му, че се разкаялъ и го моли да се погрижи за разотиването на народа. Манифестацията се свършва безъ никакъвъ резултатъ, т. е., безъ никакъвъ положителенъ резултатъ. Отъ страхъ, да не би Бланки да направи ново опитване, по-сполучливо, за сваляннето на правителството, послѣдното арестува Бланки и приятелитѣ му.

Най-сетнѣ доде и деньтъ 23 Априлий, деньтъ на изборитѣ. Всички пълнолѣтни граждани бѣхѫ повикани да се произнесѫтъ върху сѫдбата на Франция, т. е., върху своята сѫдба. Този день, въ който всѣки съ готовность, безъ никакво принуждение, исказа своето вѣрую, служи за огледало на френския народъ въ 48 година. Въ този день се отразихѫ всичкитѣ политически и общественни стремления, тѣхната относителна сила и направление. Крайно поучителенъ е този день, както ще видимъ по-нататъкъ.

Лежитимисти, Клерикали, всички се раздвижихѫ и напрегнѫхѫ всичката си енергия къмъ изборитѣ: отъ тѣхъ зависяше по-нататашната имъ участь. Западнитѣ провинции—Нормандии и Бритaнъ—затънтени и запушени отъ околния свѣтъ, бѣхѫ подъ абсолютното господство на духовенството и аристокрацията. Тѣ стояхѫ по-назадъ и отъ революцията въ 1789 г., противъ която, на времето й, се бѣхѫ въорѫжили. Но и тѣзи селски области, които бѣхѫ за революцията въ 89 г., сега не бѣхѫ за революцията, или поне не бѣхѫ за революцията въ сѫщинския й видъ. Съ исключение на индустриялнитѣ центрове, навсѣкъдѣ резултата на изборитѣ беше антисоциалистически, антиработнически. Селенитѣ гласувахѫ за Клерикали, Лежитимисти и Бонапартиста, буржуазията—за Орлеанисти или пъкъ за републиканци à la National. Само едни фабрични работници, пролетариата и часть отъ дрѣбната буржуазия гласувахѫ за социалната революция. Въ Лионъ, Лилъ, Руенъ, Бордо, Сентъ Етиенъ, Стразбургъ и пр., бидохѫ избрани социалисти. Нейдѣ станѫхѫ сериозни сблъсквания между разнитѣ партии. Въ Руенъ войската се намѣси и мнозина работници бидохъ избити и ранени. Въ Парижъ, въ противоположность на туй, което трѣбваше да се очаква, изборитѣ не бѣхѫ много благоприятни за социалиститѣ. Намѣсто да се згрупиратъ въ едно и опрѣдѣлятъ общи кандидати, работницитѣ, т. е., тѣхнитѣ шефове се бѣхѫ раздѣлили на нѣколко части и всѣка прѣдлагаше свои кандидати. Люксембургъ дърпаше на една страна, разнитѣ клубове — на друга. Въ Парижъ щѣхѫ да се изберѫтъ 34 души депутати; за да искажѫтъ истинския характеръ на републиката, работницитѣ искахѫ да изберѫтъ най-малко 20 души изъ по-между си — работници, а останѫлитѣ 14 — отъ интелигентнитѣ слоеве. Обаче, благодарение, отъ една страна, на туй, че работницитѣ се бѣхѫ раздѣлили, и отъ друга, че противницитѣ имъ имахѫ на рѫка управлението на градътъ и хазната—отъ социалиститѣ бидохѫ избрани само Луи Бланъ, Албертъ Пиеръ Леру, Барбесъ, Флоконъ и още 2—3, а нито единъ работникъ не се избра.

Народното събрание се откри на 4 Май. Приврѣм. правителство сложи властьта си прѣдъ повѣренниците на народа. Събраннето вотира благодарность на правителството за заслугите, които е направило на отечеството, прѣзъ врѣме на господството си. Избира се испълнителна коммиссия, която да замѣсти приврѣм. правителство, до като събранието се произнесе върху окончателната форма на управлението, до като изработи конституция. За членове на коммиссията сѫ избрани: Араго, Мари, Гарние Паже, Ламартинъ и Ледрю Роленъ. Послѣдния съ най-малко гласове. Както виждате, въ испълнителната коммиссия влизатъ сѫщите лица, които бѣхѫ и въ приврѣм. правителство, и които ний наричаме „мнозинство". Малцинството, т. е., Луи Бланъ, Албертъ и Флоконъ бѣхѫ исключени отъ коммиссията. Ледрю Роленъ биде приетъ, тъй да се каже, за хатъръ, по настояваннето на Ламартина, който заяви, че той не иска да влѣзе въ испълнителната коммиссия безъ Ролена. Но, както казахъ, Роленъ биде избранъ съ най-малко гласове. Само този пръвъ, но красноречивъ фактъ е достатъченъ да ни даде да разберемъ, кой елементъ прѣобладава въ събраннето. По-нататъкъ ще го видимъ още по-ясно.

На 10 Май Луи Бланъ прѣдлага на събранието да учреди министерство на *прогресса*. Събранието не иска даже и да го слуша, а камо ли да вземе въ внимание исканието му. Реакцията чакаше само сгоденъ случай, за да се прояви съ всичката си отвратителна голота. Случая не закъснѣ да се прѣдстави. Въ 48 година въ Парижъ имаше силно революционно движение, което имаше за цѣль освобождението на Полша отъ русското и нѣмското иго. Въ Франция, особенно въ Парижъ, имаше много полски емигранти, които се ползувахѫ съ голѣми симпатии между парижското население. Прѣзъ Май полските емигранти се обърнѫхѫ къмъ Ламартина, министра на вънщните работи, съ просба да се застѫпи за Полша, т. е., Франция да обяви война на Европа. Ламартинъ прие много хладнокръвно емигрантите и имъ казва, че въ този критически моментъ Франция не може да влиза въ никакви политически или дипломатически конфликти. Парижското население бѣше за Поляците, за Полша. То искаше Франция да помогне на Полша да се освободи. На 15 Май биде организована една манифестация, която имаше за цѣль да иска отъ народното събрание, да се застѫпи, даже съ война, за Полша.

На 15 Май около 50 хиляди души парижски граждани се събрахѫ на площадьта Конкордия и съ викове: „да живѣе Полша!" се отправихѫ къмъ събранието да подадѫтъ петицията си. Такъвъ бѣше вънкашния, видния характеръ на манифестацията. А споредъ мнѣнието на нѣкои, тя била организирана отъ реакцията, за да си създаде претексъ и се отърве отъ всички, що й прѣчхѫтъ: социалисти, демократи и пр., като ги набѣди, че сѫ искали да растурятъ събранието и взематъ властьта въ рѫцѣтѣ си. Споредъ други пъкъ, манифестацията била организирана въ сѫщность отъ социалистите съ цѣль да растурятъ събранието. Обаче не може да се каже, че исключително само едните, или само другите сѫ авторите на манифестацията. И едните и другите взели участие въ манифестацията, като всички гонили своята цѣль. Тълпата се отправя къмъ събранието. Пристига и иска да навлѣзи въ залата на засѣданието да поднесе петицията си. Квесторите не пущатъ всички да влѣзятъ, а прѣдлагатъ на народа, да си избере делегация, която да поднесе петицията. Народа напира и застрашава да счупе вратитѣ и да влѣзе. Прѣдставителитѣ се исплашватъ. На всички очитѣ се обръщатъ къмъ Луи Блана. Той е въ състояние да усмири народа. Луи Бланъ отъ начало неподвиженъ; но, като вижда, че работата взема лошъ край, излиза и говори на народа. «Да живѣе Полша, да живѣе Луи Бланъ!» вика народа; вдига Луи Блана на ржцѣ и го занися въ засѣдателната зала. Мнозина оратори се качватъ на трибуната и говорятъ въ смисълъ, че Франция не може да стои хладнокръвна, когато една нейна сестра пъшка подъ ярема на деспотизма. Креслото на прѣдсѣдателя е заобиколено отъ манифестанти. Но той пакъ успѣва да придаде, на една малка записка, заповѣдь на генерала Курте, да свика националната гвардия. Подиръ малко врѣме се чуватъ изъ улицитѣ трампета, които биятъ на сборъ. „Прѣдателство!" се чуватъ гласове изъ народа. Обикалятъ прѣдсѣдателя и съ пушки въ ржцѣ го питатъ, кой е накаралъ да биятъ сборъ. Той отрича, че той е накаралъ и се принуждава да подпише една заповѣдь до генералъ Курте, да не свиква националната гвардия. Тълпата се вълнува. Социалиста Хюбергъ се качва на трибуната и обявява събранието за растурено, тъй като се въоржава противъ народа, който го е избралъ. Народа тръгва за кметството да избере приврѣменно правителство, но на улицата се срѣща съ националната гвардия. По-вече отъ половината отъ манифестантитѣ, състоящи се отъ работници въ националнитѣ ателиета, на чело съ своитѣ ротни и полуротни, се отгеглятъ — отиватъ да си получатъ дневната плата въ опрѣдѣления часъ. Другата часть се разбѣгва. Манифестацията се свършва. Захващатъ се прѣслѣдванията. По-главнитѣ социалисти и демократи сж арестувани. Отъ 15 Май реакцията се захваща открито.

На 5 Юний ставатъ допълнителни избори, за прѣдставители, които да замѣстятъ арестуванитѣ. Въ Парижъ между избранитѣ (социалисти по-вечето) е Луи Бонапартъ. Бонапартиститѣ силно работяхж между населението и въ послѣдно врѣме често се чувахж изъ улицитѣ викове: „да живѣе императора!" Събранието, т. е., разнитѣ партии въ него имахж причини да се боятъ, че Напалеонъ ще направи нѣкоя узурпация и за това се повдигнж въпросъ: дали да се приеме избора му или не. Въпроса се рѣши въ положителна смисълъ.

Слѣдъ туй, на дневенъ рѣдъ дохожда въпросътъ за националнитѣ ателиета. Работницитѣ въ тѣхъ бѣхж вече на брой 107 хиляди. Грамадни сумми се харчахж, а никаква работа не се върши. Не можаше да отива работата така за винаги. Трѣбваше да се даде единъ край на работата. Да. „Il faut en finir!" се чуваше отъ врѣдъ.

На 17 Юний, бившиятъ министръ на финанситѣ, Гудшу, се качва на трибуната и говори за въ полза на работницитѣ. Той казва, че досега работницитѣ сж били въ най-мизерно положение; че, макаръ и равни прѣдъ закона съ патронитѣ си, тѣ сж роби на послѣднитѣ; че държавата трѣбва да се застжпи за тѣхъ, да имъ даде образование, кредитъ, да имъ даде възможность да се избавятъ отъ мизерията. И слѣдъ всичко това, за голѣмо очудване и смайване на всички, Гудшу иска немедленното растурване на националнитѣ ателиета. Да, не намаляванието имъ, не видоизмѣняванието имъ, а растурванието имъ, и то немедленно! Макаръ почти всички, отъ дълбочината на душата си, да искахж сжщото нѣщо; но, когато за пръвъ пѫть чухъ да се обявява грамогласно тѣхното задушевно желание, тѣ потрепераxъ. Въпроса се възложи на една коммиссия да го изучи и се произнесе. За предсѣдатель на коммиссията се назначилъ Фалу, който пръвъ бѣ внушилъ идеята за растурването на националнитѣ ателиета.

На 18 Юний съ афиши, залѣпени по улицитѣ, работницитѣ отъ националнитѣ ателиета отговориxъ на рѣчьта на Гудшу. „Нима ний искаме да се хранимъ на гърбътъ на нашитѣ бѣдни братя? Ний искаме работа—дайте ни работа! Какво ще станѫтъ женитѣ и дѣцата на 107 хиляди души работници, като растурите ателиетата?!... Въ името на справедливостьта, въ името на републиката, видоизмѣняйте, морализирайте, но не растурвайте ателиетата!"

На 21 Юний испълнителната коммиссия издаде декретъ, въ който се казва, че всички работници отъ 20 до 25 годишна възрасть, които сѫ въ националнитѣ ателиета, трѣбва да постѫпятъ въ войската, или да отидѫтъ изъ провинцията да копаятъ. Работницитѣ негодуватъ. Да оставятъ женитѣ си и дѣцата си и да отидѫтъ, кой знай гдѣ и то на най-тѣжка работа! Ясно бѣше, че правителството искаше да се отърве отъ тѣхъ и ги отдалечаваше отъ Парижъ. Никой не искаше да се помѣсти отъ мѣстото си. Ако ще мре, баремъ дома си да мре. Още на 21 вечерьта работницитѣ се събраxѫ и едногласно рѣшиxѫ, че никой нѣма да отиде ни въ войската, ни въ провинцията. На 22 сутриньта всички щѣxѫ да отидѫтъ въ събранието да искатъ отмѣнението на декрета. Събиратъ се около 10 хиляди души на площадьта прѣдъ Пантеона. Явява се Пижолъ, работникъ социалистъ, който се ползува съ безгранично довѣрие и уважение помежду другаритѣ си работници. Той имъ казва, че не въ събранието, а направо при испълнителната коммиссия да отидѫтъ, и повежда работницитѣ къмъ Люксембургъ, гдѣто сега се помѣщава испълнителната коммиссия. Пижолъ и още 3-ма работника отиватъ депутация прѣдъ коммиссията. Въ залата намиратъ само Мара. Пижолъ захваща рѣчьта си, но Мара го прѣкѫсва, да не се распростира дипъ много, а направо да каже, защо сѫ дошле; защото той нѣмалъ зайде врѣме за губение. «Врѣмето ви не принадлѣжи на васъ, а на народа!" му отговря Пижолъ. Мара го заплашва, че го познава много добрѣ кой е, че той отколѣ е на око, че той е единъ отъ манифестантитѣ на 15-ий Май и че и него ще постигне участьта на арестуванитѣ му вече другари. Най-сетнѣ, Мара заявява, че той не може да счита единъ прѣстѫпникъ за пратеникъ на народа и не иска да го изслуша, а се обръща къмъ другитѣ работници. „Пижолъ говори за насъ и отъ името на всички работници", му казватъ тѣ. Депутацията иска да си отиде, безъ да говори нѣщо и Мара остава Пижола да се искаже. Пижолъ излага желанието на работницитѣ, като му добавя, че никой нѣма да се помѣсти отъ Парижъ. „Кажи имъ, казва Мара, че, ако не искатъ съ добро, *съ сила ще ги накараме* да отидатъ!"—„Добрѣ, ний знаемъ сега туй, което ни трѣбваше да знаемъ", му отговаря депутацията и си отива. Обезпокоения народъ ги посрѣща. Пижолъ имъ расправя отговора на Мара. „Тѣ искатъ да се отърватъ отъ насъ, да ни пратятъ изъ провинцията да измремъ отъ гладъ. Е добрѣ, ний ще измремъ, но баримъ достойно. Ний искаме *хлѣбъ или свинецъ!"* довърши Пижолъ.

На 23-ий сутриньта, въ шесть часа, се събиратъ на площадьта

прѣдъ Пантеона и се запиратъ прѣдъ Юлската колона. Пижолъ взема думата. *„Тукъ лѣжатъ първитѣ борци за нашата свобода; прочее, да имъ се поклонимъ!* (Всички падатъ на колени). *Нека продължимъ дѣлото имъ! Нека отмъстимъ за тѣхъ и за насъ! Хлѣбъ или свинецъ! Напрѣдъ!"* Народа, измъчения народъ, на когото душата бѣше прѣпълнена съ смѫтни, но силни чувства, се нарѣди въ една стройна колона и потегли на чело съ Пижола, съ спокойна, но твърда крачка *напрѣдъ*. Революцията изново се захванѫ.

Отъ 23 до 26 Юний Парижъ бѣ сцена на отчаяна борба. И едната и другата борящи се страни останѫхѫ вѣрни на девиза си. „*Хлѣбъ или свинецъ!"* викаше едната. „*Трѣбва да свършимъ!"* викаше другата. Въ единъ мигъ, като изъ земята, по всичкитѣ улици изникнѫхѫ барикади. Въ продължение на първитѣ три дена побѣдата се колебаеше ту къмъ едната, ту къмъ другата страна. На 27 Юний събранието даде диктатурата въ рѫцѣтѣ на Кавеняка. Той оправда довѣрието му. Избави отечеството отъ размирницитѣ, макаръ и не съ малко жертви, съ не малки усилия. Мнозина генерали бидохѫ убити, цѣлъ Парижъ разоренъ!

На 25 събранието вотира да се отпуснѫтъ 3 милиона лева на бѣднитѣ. Мнозина прѣдставители се распръснѫхѫ, на чело съ разни отряди войска, да резнесѫтъ рѣшението на събранието по барикадитѣ и да примирятъ бунтовницитѣ. Отъ барикадитѣ не искахѫ да слушатъ, какво имъ говорятъ. Старий Араго сѫщо ходяше отъ барикада на барикада, да моли бунтовницитѣ да се оттеглятъ. „Събранието всичко ще направи за васъ, имъ казваше той: нѣма защо да се бунтувате." — „*Ехъ, вий не знаете какво нѣщо е гладъ; вий не сте виждали мизерия*", му отговаряхѫ отъ барикадитѣ.

Барикадитѣ отчаяно се държахѫ: задъ всѣка, зета съ голѣми мѫки и жертви, барикада се испрѣчвахѫ нови, по-силни и по-голѣми. Парижъ клонеше да падне въ рѫцѣтѣ на въстанницитѣ. Кавенякъ телеграфически повика рѣдовната войска и националната гвардия отъ провинцията. Но и безъ тѣхъ се свърши работата. На третий день вечерьта, народа измъченъ, останѫлъ безъ сили, отстѫпа. „Буржуазната република побѣди. Съ нея бѣше финансиалната аристокрация, индустриалната буржуазия, срѣдната и дребната буржуазия, армията, нехрани-майковцитѣ, организирани въ подвижна гвардия, интеллектуалнитѣ знаменитости, поповетѣ и селското население. Съ парижскитѣ работници нѣмаше никой: тѣ бѣхѫ сами." *)

На 26 Кавенякъ извѣсти на събранието, че въстанието е потушено, че работата му е свършена и затова слага диктатурата си. Събранието му благодари и му даде пакъ диктатурата за до неопрѣдѣлено врѣме.

Макаръ че, въ прокламацията си къмъ солдатитѣ, Кавенякъ казваше, че той вижда отпрѣдѣ си само побѣдители и побѣдени, и че нѣма да допусне да има и жертви, отъ 26 въ Парижъ се захваща отвратителна вандалска картина. На 26 пристигнѫхѫ отъ провинцията солдати и националната гвардия. Закъснѣли да заслужѫтъ на отечеството си въ борбата, тѣ излѣхѫ ревностьта си върху слабитѣ, беззащитнитѣ

---

*) Марксъ, „18 Brumaire de Luis Bonaparte."

побѣдени. Всичкитѣ затвори се испълнихѫ съ арестанти. Не бѣхѫ забравени и подземнитѣ кални изби. Около 3 хиляди бидохѫ застрѣлени на разни мѣста, безъ сѫдъ, безъ нищо, и 1,500 испратени въ рудницитѣ. А колко още убийства и насилия сѫ станѫли не констатирани! Припомнете си Баташското клание и ще имате едно бѣдно прѣдставление за звѣрствата, на които е способна цивилизованната и нравственна буржуазия.

Пълна властителка, буржуазията слѣдъ юнскитѣ дни повлѣче силно реакцията подирѣ си. Тя затвори всички революционни и демократически клубове, распуснѫ неблагонадѣжнитѣ роти отъ националнитѣ гвардии и докара 80 хиляди войска въ Парижъ. Поиска по 24 хиляди франка гаранция на всѣкой вѣстникъ и много още подобни, необходими за общественния порѣдъкъ и спокойствие, мѣрки. Тя, на 31 Май 1850 година, уничтожи даже и всеобщото гласуподаване; до като, най-сетнѣ, на 2 Декемврий 51 година и нея турнѫхѫ на сѣнка.

II

Господствующия днесь методъ на издирваннята въ науката е еволюционния методъ, т. е., метода, по който нѣщата и явленията се разглеждатъ не само въ туй имъ положение, въ каквото ги намираме въ даденъ моментъ, а се прослѣдятъ прѣзъ единъ извѣстенъ периодъ отъ врѣме, малко или много дългъ, като се прослѣди тѣхното минѫло и бѫдѫще. Единъ натуралистъ не може да си състави точно и вѣрно понятие за едно животно, не може да познае къмъ кой классъ и родъ принадлѣжи то, ако го разглежда само прѣзъ единъ кой-да-е моментъ отъ живота му. Необходимо му е да прослѣди развитието, цѣлия животъ на животното, за да го класира съ увѣренность въ тази или онази група. Необходимо му е да прослѣди ембрионерния животъ на животното и да види, прѣзъ кои, извѣстни вече намъ, стадии минува. Сѫщо тъй е и въ геологията, тъй е и въ историята, тъй е и въ всичкитѣ науки. Нищо не е неподвижно; всичко се движи, всичко се трансформира, слѣдователно, нѣщата и явленията трѣбва да се разглеждатъ тъй, както подобава на тѣхната натура, т. е., както си сѫ въ движение. Много бихме си бъхтали главата прѣдъ нѣкой исторически фактъ, да си го обясниме, да разберемъ сѫщинското му значение, ако го разглеждаме отдѣлно отъ туй, което го прѣдшествува и туй, което го слѣдва; и напротивъ, много ясно ще ни се прѣдстави, когато знаемъ причинитѣ му — причинитѣ на причинитѣ му и т. н., а сѫщо и послѣдствията имъ. Но еволюционния или *диалектическия методъ*, като разглежда нѣщата и явленията въ тѣхното движение, отъ туй не слѣдва, че за всѣко нѣщо трѣбва да се захваща отъ самото зачало (ако само има зачало, разбира се) на движението. Закона на еволюцията се допълня и усвѣтлява отъ утвърждението, че всѣко количествено видоизмѣнение се прѣобрѫща въ видоизмѣнение качествено. Водата истива отъ градусъ на градусъ, до като, най-сетнѣ, като достигне до нула градусъ, се обръща въ ледъ — тѣло, което качествено се отличава отъ водата. Срѣдневѣковното феодално общество еволюионира и, като достигнѫ единъ извѣстенъ градусъ, то се прѣобърнѫ въ общество, което никакъ не прилича на него. Много още таквисъ примѣри могѫтъ да се приведѫтъ за потвърждение на утвърждението, че количественното видоизмѣнение прѣминува въ качествено видоизмѣнение. Като е тъй, ний можемъ да захванемъ изслѣдванието си отъ единъ такъвъ моментъ на движението, гдѣто е станжло качествено промѣнение. За да разгледаме едно гръбначно животно, напримѣръ, нѣма нужда да захванемъ чакъ отъ първоначалното появяване на организмитѣ на земята, или пъкъ чакъ отъ образуванието на самата нея. Ний можемъ да захванемъ отъ този классъ животни, въ които вече захваща да се забѣлѣзва зачатъкъ отъ гръбнакъ и да продължаваме нататъкъ, до като додимъ до интересующето ни животно.

Азъ ще прослѣдя развитието на интересующия ни общественъ елементъ — пролетариата — въ свръска съ развитието на производството, като захванж именно отъ такъвъ единъ моментъ на безкрайното развитие — отъ революцията въ 1789 година. Какво е било положението на работницитѣ въ времето на революцията? Или, инъкъ казано, на каква степень на развитието си се намираше тогава производството? Господствующата форма на производството въ този моментъ е манифактурата. Тукъ множество работници сж събрани подъ една стрѣха, въ една голѣма работилница. Раздѣлението на трудътъ е докарано до крайность, но всѣкой работникъ отдѣлно работи своята мъничка частица отъ цѣлото съ ржчни инструменти. Единъ работникъ топли желѣзото, други го рѣжи на малки пръчици, трети го чука, четвърти го пилй, пети го пробива и т. н., до като стане на игла, но, както казахъ, всѣкой извършва своята операция съ ржчни инструменти — машини нѣма. Този е сжщественния и отличителния характеръ на манифактурното производство. Успѣха на производството при манифактурната форма се намира още въ ржцетѣ на работника. Ако работника е искусенъ, ако е пъргавъ, то и продуктитѣ ще бждътъ добри и много, и наопъки. Между работницитѣ нѣма единство; единъ е по-пъргавъ, другъ по-искусенъ, трети слабъ и т. н.; всѣкой получава различна плата, съобразно съ способноститѣ си. Работницитѣ сж раздѣлени на иерархически групи, които гледатъ едни на други, както и на всѣкжде, гдѣто има иерархически стжпала, извисоко, съ гордость, или пъкъ съ зависть. При такива условия ясно е, че не може да има никакво единодушие, никаква солидарность между работницитѣ въ една и сжща работилница даже, а камо ли и между работницитѣ отъ разнитѣ работилници. Ето защо Каутски въ статията си: „Противорѣчието на классовитѣ интереси въ 1789 година", казва, че „трѣбва човѣкъ съвършенно нищо да не разбира отъ сжщностьта на работата, за да нарича Санкюлотитѣ пролетарии въ съвременния смисълъ на думата, да ги отождествява съ наемнитѣ работници на едрата промишленость и да имъ прѣписва тенденцитѣ на тѣзи послѣднитѣ, т. е., на промишленнитѣ наемни работници."

Отъ началото на XIX вѣкъ захващатъ вече да се вкарвжтъ машинитѣ въ производството; най-напрѣдъ прѣдачнитѣ машини на Аркрайта а по-послѣ и всѣкакви други машини. Кждѣ 1820—30 година, ний имаме вече съвършенно производство. А какъ дѣйствува машината на работницитѣ? Машината е, тъй да се каже, синтезъ на отдѣлнитѣ усъвършенствувани ржчни инструменти. Чукътъ, пилата, ножътъ, срѣдѣлътъ на нѣколкото отдѣлни работници се згрупиrватъ въ една обща сила и се получава машината. Тъй щото, машината отнема инструмента отъ ржцетѣ на работника и го туря сама въ дѣйствие, и то не инструмента на единъ само работникъ, а на мнозина работници. Работата на работника съвсѣмъ измѣня характера си. Вмѣсто художникъ, искустникъ, какъвто си бѣше, когато самъ управляваше чука или пилата си, работника сега се обръща, отъ най-напрѣдъ, въ простъ двигатель на цѣлата машина—работа, която би могълъ да извърши и единъ конь или волъ; а по-сетнѣ, когато се появява парата като двигатель на машината—въ простъ нагледникъ на машината. И въ едина и въ другия случай, т. е., двигатель на машината ли е работникътъ или надзиратель, той върши работа чисто механическа. И наистина, за да въртишъ колелото на една машина, не се иска никакво искуство, никакво знание, а само сила; сѫщото е и съ наглежданието на една машина, която е вече въ дѣйствие. Да подавашъ, напримѣръ, вълна въ кошътъ на една прѣдачна машина, да управяшъ пластоветѣ, да завързвашъ нишкитѣ, ако нѣкои се скѫсатъ и др. такива операции—тукъ не се иска нищо особенно, освѣнъ да не бѫде човѣкъ слѣпъ, сакатъ или въобще недѫгавъ. При машината личностьта на работника се губи. Тукъ вече нѣма Иванъ или Стоянъ, отъ които едина е по-масторъ, а другия по-брѣзъ. Прѣдъ машината всички сѫ еднакво способни, еднакво бързи, еднакво силни. Тя има нужда отъ малко, а съ малко всѣкой неповрѣденъ човѣкъ е надаренъ. За нея Иванъ и Стоянъ се сливатъ въ едно общо име—работникъ. А като всички сѫ равни прѣдъ машината, то и платата имъ е равна. Нѣма кой съ какво да се голѣмѣе прѣдъ другитѣ, или пъкъ нѣма защо едни да завиждатъ на други—всички сѫ равни. Туй фактическо, реално равенство се отразява и върху душевния миръ на работницитѣ. Тѣ захващатъ да се чувствуватъ блиски едни на други, да се сближаватъ, да се сношаватъ. Въ тѣхъ се развива солидарностьта. Но това става не само между работницитѣ на една и сѫща фабрика, а и между работницитѣ на разнитѣ фабрики. И каква аслѫ разлика има между работницитѣ на не еднороднитѣ фабрики, напр., на една тъкачна фабрика и на една захарна—това е очевидно. И на едната и на другата има машини, направени, горѣ долу, еднакво, съ сѫщитѣ колела, съ сѫщитѣ лостове. Но що имъ трѣбва на работницитѣ много-много разсѫждения—тѣ виждатъ на практика всѣки день, че на единъ работникъ тъкачъ или предачъ достатъчно му е да посѣди два-три дена въ една захарна или книжна фабрика, за да схване вървежа, особеноститѣ на новитѣ машини и да заработи, като че ли отъ години стои на новия си постъ. Тѣ виждатъ, че всѣки день съ хиляди работници прѣминуватъ отъ една фабрика на друга. По този начинъ солидарностьта между работницитѣ, естествено, незабѣлѣзано се развива вслѣдствие на машинното производство. И щомъ се почувствува нужда, тази солидарность, която е още, тъй да се каже, въ скрито състояние, се проявява.

Отъ друга страна пъкъ, сега, като стане нѣкакво спрѣчкване между работницитѣ и тѣхния патронъ, то този послѣдния не се бои вече да не разсѫрди *искуснитѣ* работници и ги изгуби. Той знае, че сега всички здрави работници сѫ способни и че, ако неговитѣ сегашни работници го напуснѫтъ, той ще си намѣри 10 пѫти по-вече други работници. Тъй щото, той хичъ не се церемони съ работницитѣ, а имъ дава пѫтьтъ, щомъ не му уйдисатъ на гайдата. Но, ако това днесь се случава въ една фабрика, то утрѣ ще се случи и въ втора, и трета. Работницитѣ отъ всичкитѣ фабрики сѫ изложени на сѫщото зло. Но, ако, кога фабрикантина испѫди работницитѣ си, работницитѣ отъ другитѣ фабрики напуснѫтъ работата, или сполучатъ да оговорятъ работницитѣ, които сѫ безъ работа, да не утиватъ у въпросния фабрикантинъ; то фабриканта не може да си намѣри работници, машинитѣ му стоятъ въ бездѣйствие, а за него всѣкой часъ струва хиляди, и той е принуденъ да отстѫпи. Работницитѣ забѣлѣзватъ това нѣщо и още по тѣсно се сдружаватъ, за да се борятъ противъ общия си врагъ. Тѣ си основаватъ еснафски дружества—синдикати, въ които всичкитѣ работници отъ сѫщия занаятъ въ единъ градъ се съединяватъ по между си. Разнитѣ такива синдикати се съединяватъ по между си и т. н. Отъ начало тѣзи синдикати иматъ характеръ чисто икономически, т. е., тѣ иматъ за цѣль да се съпротивятъ на силната експлуатация на тогози или на оногози фабрикантъ-капиталистъ. Тѣ, работницитѣ, си мислятъ, че еди-кой си капиталистъ, защото е лошъ, защото е много жаденъ за пари, затуй тъй безобразно ги експлуатира, затуй имъ намалява платата, затуй имъ увеличава работното врѣме, и тѣ се борятъ именно противъ този лошъ фабрикантинъ, а не противъ фабрикантитѣ въобще; тѣ не сѫ дораснѫли още до тамъ. Но, разбира се, когато по-сетнѣ виждатъ, че всичкитѣ *добри* ужъ фабриканти се сдружаватъ да помагатъ на лошия фабрикантъ, противъ когото тѣ негодуватъ, работницитѣ захващатъ да поразбиратъ каква е работата. Захващатъ да разбиратъ, че капиталиститѣ, *добри* или *лоши*, сѫ си капиталисти и експлуататори. Първитѣ работнически синдикати и ассоциации иматъ исключително такъвъ характеръ, такива тѣсни граници. Такива сѫ работническитѣ ассоциации въ началото на 19 вѣкъ и порано. Такива сѫ тѣ, съ малко или много исключения, въ цѣлата половина на настоящия вѣкъ, та има ги таквизъ още и днесъ.

Буржуазията, която бѣше въ постоянна борба съ феодализма, съ духовенството и царизма, заради благото на народа, както тя казваше, бѣше достатъчно научила народа, т. е., работницитѣ, че тѣ нищо добро не можатъ да чакатъ отъ този старъ, изгнилъ вече свѣтъ, който, напротивъ, съ трупътъ си запрѣчва пѫтьтъ на прогресътъ и че, слѣдователно, трѣбва да се порини. Работницитѣ бѣхѫ разбрали това, тѣ бѣхѫ разбрали, че тѣмъ имъ трѣбва свобода да продаватъ единственната си стока—рѫцѣтѣ си. И до като вѣрвахѫ въ думитѣ на буржуазията, до като гледахѫ на нея като на ратница на народнитѣ нужди, тѣ се боряхѫ заедно съ нея, или, по-добрѣ да се каже, тѣ се боряхѫ сами за нея противъ феодалния свѣтъ. Но, когато върху економическата почва, когато вѫтрѣ въ фабриката станѫ разривъ между работника и патрона; когато работника видѣ, че не единъ, а всички фабриканти гледатъ какъ по-вече да го експлуатиратъ—чудно ли е, че тогава той захванѫ да се отнася недовѣрчиво къмъ тѣхнитѣ политически откровения, къмъ тѣхнитѣ заявления, че се борятъ за интереситѣ на народа?! Работницитѣ се догаждахѫ, че, ако буржуазията баремъ малко се грижеше за тѣхнитѣ интереси, то тя не щеше тъй безжалостно да ги изтощява. Какъвъ по-силенъ аргументъ за изобличаване лицемѣрието на буржуазията отъ самата дѣйствителность! Работницитѣ виждахѫ, че въ сѫщото това врѣме, когато буржуазията имъ говореше, че ще ги избави отъ игото на монархизма, че ще подобри положението имъ и др. т., въ сѫщото това врѣме, казвамъ, тя ги почти мореше отъ гладъ, и то толкозъ повече, колкото по-силна ставаше тя наредъ съ монархизма. И тъй, на късо казано, работницитѣ бѣхѫ отколѣ вече разбрали, че духовенството, аристокрацията и царизма сѫ врагове на свободата, слѣдователно,—и тѣхни врагове и че затуй трѣбва да се освободятъ отъ тѣхъ. А сега бѣхѫ захванѫли вече да разбиратъ, че и буржуазията не само, че не може да бѫде тѣхна съюзница, но имъ е смъртенъ противникъ. Лионското въстание въ 31 година биде знакътъ на това смѫтно съзнание; Юнскитѣ дни — неговото проявление. На 24 Февруарий работницитѣ сѫ борихѫ противъ монархизма и надвихѫ: съ тѣхъ бѣше и буржуазията. На 23 Юний тѣ се борихѫ съ буржуазията и бидохѫ побѣдени: съ буржуазията бѣше и монархизма. Буржуазията си бѣше казала: „ела зло, че безъ тебе по-зло!" и бѣше прѣгърнѫла по-малкото зло—монархизма, при видътъ на голѣмото, страшното зло—пролетариата.

Азъ казахъ, че въ надвечерието на 24 Февруарий, освѣнъ работницитѣ, т. е., социалъ—демократическата партия (не като днешнитѣ, разбира се) имаше и други опозиционни партии, а именно: републиканцитѣ, во главѣ National. часть отъ самитѣ орлеанисти во главѣ Баро и Тиера и Лежитимиститѣ. Защо работницитѣ бѣхѫ опозиция и какво искахѫ, видяхме. За републиканцитѣ a la national достатъчно е да се каже, че тѣ бѣхѫ главно индустриална буржуазия. А защо буржуазията се бореше съ аристократизма, съ монархизма. защо направи револ. въ 1789 година, какво можаше и сега да я подбужда да въстава противъ монархията на Луи Филипа — вий знаете. Лежитимиститѣ искахѫ да свалятъ Луи Филипа и турятъ на прѣстола бурбона Хенрихъ V. Но дали отъ любовь къмъ бурбонитѣ, дали за да запазятъ старитѣ си традиции, дали вслѣдствие на роднински и приятелски свръзки искахѫ тѣ това? Дали нѣмаше нѣщо по-сѫществено, което ги караше да искатъ въстановението на бурбонитѣ? Дали това имъ искание не почиваше на нѣкаква обществено икономическа основа? Да, таквазъ основа имаше. Лежитимиститѣ бѣхѫ крупни поземелни собственици. Едноврѣмешни феодали, слѣдъ 89 година, тѣ, до колкото бѣхѫ запазили земитѣ си, се прѣобърнѫхѫ въ капиталисти, въ крупни поземелни собственици. А пъкъ капиталистъ—поземеленъ собственикъ и капиталистъ—фабрикантинъ не е все едно нѣщо. Интереситѣ и на двамината не само, че не сѫ еднакви, но даже до извѣстна степень и противоположни. На капиталиста поземеленъ собственикъ се иска, напримѣръ, цѣната на икиня да е висока, а пъкъ на фабрикантина—напротивъ; той иска хлѣба да е ефтянъ, та да плаща по-малко на работницитѣ си. („Фабрикантина плаща толкозъ на работницитѣ си, колкото да могѫтъ едвамъ да живѣятъ и се размножаватъ. Значи, щомъ съ по-малко пари могѫтъ да проживѣятъ, като е ефтянъ хлѣба, той, фабрикантина, по-малко ще имъ плаща." *) А като е тъй, то всѣкой отъ двамата ще се мѫчи да употрѣби властьта, която има въ рѫцѣтѣ си, за въ своя полза, да наложи гюмрюци, да издаде закони и др. такива. Такъвъ именно бѣше истинския смисълъ на опозирането на Лежитимиститѣ. Въцаряването то на Хенриха V. който самъ бѣше най-голѣмия поземеленъ собственикъ, означаваше господството на поземелната собственость.

Орлеаниститѣ бѣхѫ едри финансисти, банкери и крупни фабриканти. За тѣхъ, отъ една страна, не бѣше хубаво, както казахъ, да се ка-

---

*) Карлъ Марксъ „Наемний трудъ и капиталъ."

чатъ бурбонитѣ, отъ друга пъкъ, не имъ бѣше добрѣ да стане и управлението републиканско. Тѣ бѣхѫ банкери на държавата. Всичкитѣ разходи, свойственни на монархията, влизахѫ въ тѣхния джобъ. Колкото за опозиционната фракцийка, на чело на която стояхѫ Тиеръ и Баро, тя бѣше чисто партизанска. Тукъ работата се касае просто да слѣзи Гизо, за да се качи Тиеръ и съдружие. Туй го видѣхме на 23 Февруарий.

Съ общото съдѣйствие на тѣзи разни опозиционни партии биде приготвена и захванѫта Февруарската революция, но кой я изнесе на гърбътъ си—ний видѣхме. Ний видѣхме, че когато всички едни по едни се запирахѫ на половинъ пѫтя и се прѣмиряваха съ положението си, парижскитѣ работници неотклонно вървяхѫ къмъ цѣльта си: *социалната република*, до като, най-сетнѣ, на 24-ий свършихѫ съ побѣда, която, обаче, не за дълго имъ бѣше.

Че революцията на 24 Февруарий биде изнесена на гърбътъ на пролетариата, и че пролетариата я изнесе съ цѣль да се отърве отъ мизерията си, да възстанови социалната република, както се изразяваше той, се вижда отъ всичкитѣ по-главни събития, станѫли прѣзъ врѣмето на приврѣменното правителство, което азъ на бързо расправихъ. Всѣки часъ, на всѣка крачка ний виждаме диктатурата на народа да виси като мечъ надъ главата на приврѣменното правителство и да не му дава да мръдне. „Народа е господарь и ви заповѣдва да провъзгласитѣ Le droit du travail", вика работника Маршъ на приврѣменното правителство. Народнитѣ работници бѣхѫ първия актъ на *социалната република*. Каквито задни мисли и да имаше болшинството въ приврѣм. правителство, каквито планове и да крoeше, каквато форма и да даде на работилницитѣ, но самия фактъ на тѣхното учрѣждаване неоспоримо говори въ наша полза. Прѣди всичко, приврѣм. правителство бѣше принудено, нему му *заповѣдвахѫ* да намѣри работа на умирающитѣ отъ гладъ работници, а че на втори планъ е вече въпроса какъ то изпълни това трѣбване. Народа иска министерство на прогрессътъ, което да се натовари съ организованието на трудътъ. Министерство не му даватъ, но му даватъ коммиссия за изучването на социалния, работническия въпросъ. Друго му даватъ, а не туй що иска, но какво отъ туй? Формата тукъ малко важи. Въпросътъ е, че немогѫтъ направо да му откажатъ. Лицемѣрно, може би, но удовлетворяватъ трѣбванията му. Да лицемѣришъ прѣдъ нѣкого, значи да се боишъ отъ него. Приврѣм. правителство лицемѣреше прѣдъ парижския народъ.

Коммиссията захваща засѣданията си въ Люксембургъ, и какви сѫ нейнитѣ декрети? Първо, намаление работния день на 9 часа. Когато днесь, подиръ 43 години, виждаме, че всичкитѣ усилия на пролетариата въ цѣлия свѣтъ сѫ насочени къмъ сѫщата тази непосрѣдственна точка: намалението на работния день на 8 часа; когато виждаме колосалнитѣ всесвѣтски манифестации на 1 Май, главната цѣль на които е добиванието на осемчасовия день—какво впечатление, какви мисли ще възбуди у насъ този пръвъ декретъ на Люксембургската коммиссия! Не туй ли, че още тогазъ работницитѣ инстинктивно, тъй да се каже, сѫ чувствували своето положение спрѣмо патронитѣ си; чувствували сѫ, че е достатъчно само 5 или 6 часа за да изработятъ платката, която сѫ получавали, и че другото врѣме работятъ бадева на фабрикантитѣ и че, слѣдователно, въ тѣхна полза е да намалятъ работното врѣме колкото се може по-вече? Да, работницитѣ инстинктивно сѫ чувствували това, което Марксъ по-сетнѣ разбра и разясни. (Обаче, и днесь има още хора, интелигентни ужъ, които съзнателно или безсъзнателно оспорватъ полезностьта на осемчасовия день.) Втората работа на коммисията бѣше оничтожението на *маршандажа*. Азъ обясних миналия пѫть, какво нѣщо е маршандажа. Сега ще кажа само, че и до день днешенъ на много мѣста той си сѫществува и работницитѣ сѫ борятъ противъ него. Трето, устройството на статистически бюра въ всѣка махла на Парижъ, които да слѣдятъ за търсянието и прѣдложението на работническия трудъ, искание, което и до днесь не е осѫществено, но и за което въ послѣднитѣ международни работнически конгреси въ Парижъ и Брюкселъ се взема рѣшение да се тури въ испълнение, посрѣдствомъ учрѣждаванието въ всѣка държава по единъ секретариатъ. Азъ казахъ, че никое отъ исканията на Люксембургъ не се испълни, тъй като коммисията нѣмаше въ рѫцѣтѣ си никаква испълнителна власть. Но какво отъ това? Нима Майскитѣ манифестации губятъ отъ значението си, ако осемчасовия день още не е установенъ, освѣнъ съ малки исключения?

А манифестациитѣ на 17 Мартъ, 16 Априлий и 15 Май, тѣзи грамадни манифестации, въ които по стотина хиляди работници взимахѫ участие, нима тѣзи манифестации не ни показватъ, че парижския народъ е господарь, или поне *иска да бѫде* господарь на положението? За насъ е важна особено манифестацията на 17 Мартъ, гдѣто парижскитѣ работници искатъ отсрочванието на изборитѣ. Важна, защото тя ни показва, че парижския народъ захваща да съзнава своето трудно и исключително положение по отношение къмъ цѣлото француско население; захваща да прѣдчувствува, че наближава послѣдния му часъ и, като всѣки охтичавъ, който знай, че навѣрно ще умрѣ, гледа да отсрочи поне грозния моментъ. Ний видѣхме, че страхуванията и прѣдчувствията на парижскитѣ работници бидоха оправдани на 23 Априлъ—деньтъ на изборитѣ. 23 Априлъ е истински изразитель, вѣрно огледало на духовния миръ на француския народъ въ 48 г. Да се позапремъ малко върху този день—той ще ни разясни защо подиръ 27 Февруарий доде 23 Юний и защо неможаше да стане иначе. 23 Априлъ е изразитель на духовния миръ на француския народъ, или, по нашему казано, *изразитель на икономическото положение на француския народъ въ този моментъ*. И наистина, защо на 23 Априлъ цѣлия француски народъ, или, по-добрѣ, болшинството отъ француския народъ се обяви противъ социалната република? Защо селото се повдигна противъ градътъ?

Ний видяхме, какъ развивающето се крупно капиталистическо производство згрупира работницитѣ въ градоветѣ, въ промишленитѣ центрове, разви солидарностьта по между имъ: революционизира ги. Фабричния работникъ надрасти баща си, надрасти останалия въ село братъ. Неговата обществено-економическа обвивка бѣше му станѫла тѣсна и на 24 Февруарий той я скѫса. Но каква часть съставляваше той отъ цѣлия народъ и въ какво състояние се намираше неработническия народъ? Отъ самото ни утвърждение, че капиталистическото производство революционизира работницитѣ, пролетариата, излиза и обратната страна на медала, т. е., че тамъ, дѣто капиталистическото производство не се бѣ докоснало, населението не бѣше революционизирано. Пролетариата имаше свои нови идеали; той искаше *социална република*, организиране на трудътъ, общность на земята, на богатствата, коммунизъмъ. А какви бѣхѫ идеалитѣ на останалата часть отъ населението? За аристокрацията, сирѣчъ, крупнитѣ поземелни собственници: за крупната и срѣдна индустриална буржуазия не ще и дума. Дребната буржуазия, занаятчии, дребни търговци и пр., която по своето обществено економическо положение заемаше срѣдно мѣсто между пролетариата и *буржуазията*, и която се колебаеше, ту къмъ едната, ту къмъ другата страна, естествено е, че и въ своитѣ възгледове върху положението на нѣщата държеше срѣдата. Тя искаше, и и днесь иска, (до колкото я има) да играе ролята на посрѣдница между трудътъ и капиталътъ. И ний я виждаме да върви рѣдомъ, ту съ буржуазнитѣ, ту съ работническитѣ партии, съобразно съ това, дали по-малко или по-вече съзнава своето положение, като утрѣшенъ пролетариатъ. А какви бѣхѫ идеалитѣ на болшинството, на селското население? Отъ врѣмето на француската революция, когато селенитѣ бидохѫ освободени отъ крепостничеството и имъ се раздаде по парче земя, француския селенинъ е свободенъ и независимъ стопанинъ—собственикъ. До революцията, притисжиѫтъ подъ владичеството на феодалитѣ, лишенъ отъ всѣка собственность, не гарантиранъ съ нищо отъ грабежитѣ на царетѣ и баронитѣ, идеала на селенина, неговото горѣщо желание бѣше да стане независимъ, да се здобие съ парче своя собствена земя и да се види господарь въ кѫщата си. Ето защо революцията, която идеше да осѫществи този имъ идеалъ, намѣри таквази силна поддържка у селенитѣ, или, по-добрѣ да се каже, ето защо буржуазията, революцията, за да има поддържката на селенитѣ, бѣше принудена да осѫществи идеала имъ. Буржуазията не току-тъй лесно се съгласи въ 89 г. да раздаде държавнитѣ и конфискуванитѣ феодалски земи на селенитѣ, когато можаше да ги запази за себе си. Но нѣмаше какво да се прави: ней й трѣбвахѫ силни поддържници и трѣбваше да жертвува едно, за да не изгуби десет. Буржуазията се съгласи на прѣдложенитѣ условия и селското население зема силно участие въ революцията: бори се противъ феодализма.

На пръвъ погледъ ни се чини, че селското население, като се бори заедно съ буржуазията противъ феодализма, играе революционна, прогрессивна роль. Но въ сѫщность да ли е тъй? Безъ помощьта на селенитѣ, буржуазията може би не щѣше да побѣди въ 1789 година, но нейната побѣда рано или късно бѣше осигурена; съ нея бѣше историческия вървежъ на нѣщата и ако не въ 89 г., то подиръ 10 или 15 години тя пакъ щѣше да побѣди, и да побѣди напълно. Когато днесь знаемъ, че подъ влиянието на капиталистическото производство, древната индивидуална собственность, била тя движима, или недвижима, се постоянно концентрира въ все по-голѣми и по-голѣми дѣлове, въ рѫцѣтѣ на нѣколко души*) за да прѣмине къмъ своята висша форма: да се прѣобърне *на обществена* собственность — не е мѫчно да разбереме историческия характеръ на селската намѣса въ француската ре-

---

*) Въ 1882 година распрѣдѣлението на земята въ Франция е таквось:
1) 4.800,000 селени притежаватъ 12.450,000 хектара земи;
2) 747,000 срѣдни собственници притежаватъ 14.840,000 хектара и
3) 142,000 крупни собственници притежаватъ 22.260,090 хектара: 45 0/0.
„Le Socialiste". година II, N-о 46.

волюция. Държавнитѣ и феодалски земи, които безъ селската намѣса щѣхѫ да останѫтъ въ рѫцѣтѣ на нѣколко само голѣми капиталисти, бидохѫ раздробени на стотини и стотини хиляди парчета и раздадени на селенитѣ, за да бѫдѫтъ отсетнѣ пакъ, въ продължение на цѣлъ вѣкъ, отнемани полека-лека отъ тѣхъ. Днесь по-вече отъ половината отъ тѣзи земи сѫ прѣминали вече въ рѫцѣтѣ на буржуазията, но тѣ можахѫ да бѫдѫтъ нейни още отъ зачало. Раздаванието земята на селенитѣ е едно отъ реакционнитѣ дѣйствия на революцията въ 1789 година.

Азъ се по-отдалечихъ за ролята на селенитѣ при революцията въ 1789 година, защото и въ 48 г. прѣдъ насъ стоятъ сѫщитѣ тѣзи селени, съ сѫщитѣ си сърдечни желания и идеали. Земи тѣ вече си имахѫ; всичкитѣ имъ старания бѣхѫ: да си я запазятъ, да си я добрѣ наторятъ и обработятъ. Най-голѣмото блаженство на свѣтътъ за селенинътъ се състои въ туй: да си има нивица, хубави здрави волчета, малко овчици и козици, да му харижи господъ здраве и разбрана жена и дѣца и тогава само да си работятъ весело, да си пълнятъ хамбарчето и да си живѣятъ спокойно посрѣдъ многобройната си челядъ. Всѣкой, който го лишава отъ този му родъ блаженство; всѣкой, който се докосва особенно до облѣната му съ потъ земица, съ каквато и да било цѣль, съ каквото и да било намѣрение, добро или лошо, му е непримиримъ, заклѣтъ врагъ.

Ей този-то общественъ елементъ стоеше на срѣща на парижския и въобще на градския фабриченъ пролетариятъ. Какво прѣдставляваше за него пролетарията? Какво нѣщо бѣше за тѣхъ *социална република?* Работницитѣ искатъ да стане всичко общо; искатъ да отнематъ земята отъ стопанитѣ и селени и да я прѣдадѫтъ на държавата, или пъкъ да я раздѣлятъ на всички по равно, съ една дума, да лишѫтъ селенитѣ отъ най-любимото имъ, отъ най-насѫщното имъ нѣщо: да си иматъ *своя собственна* земя, свой собственъ мюлкицъ. Кога е тъй, долу коммуниститѣ, долу партажйоритѣ! (À bas les communistes! à bas les partageurs!). Тъй извика 23 Априлъ.

Ако пролетариата биде побѣденъ, ако социалната република биде отхвърленѫ, то това станѫ не на 26 Юний, съ щиковетѣ, съ пушкитѣ, съ топоветѣ на реакцията, а на 23 Априлий, тихо спокойно, прѣдъ избирателнитѣ урни. Дадено бѣ всеобщо гласуподаване. Всички свободно идѭхъ да изразятъ волята си. Желанието, волята на болшинството щѣше да е рѣшающия гласъ. А какво бѣше болшинството, отъ кой общественъ классъ се прѣдставляваше то? — Отъ селенитѣ. Наемнитѣ работници съставляваха едва една осма отъ цѣлото френско население. И наистина, въ първата половина на настоящия вѣкъ ний виждаме капиталистическото производство въ Франция да се развива по-вече качественно, отъ колкото количественно. Сѫществующитѣ индустриялни заведения се усъвършенствуватъ, въвеждатъ се по-нови машини, експлуатацията на труда става по най-прѣфиненъ начинъ, почти както днесь; но развитието на капитализма количественно, развитието му на ширъ става бавно, благодарение пакъ на факта, че селенитѣ си иматъ по парче земя, и отчаянно, до послѣдни сили, се държатъ за нея И въ първата половина на вѣкътъ тѣ едвамъ, наистина, но все пакъ се крѣпятъ у земята си. Днесь въ Франция промишленния пролетарий, фабриченъ и земледѣлчески, съставлява почти една трета отъ цѣлото население.

Подиръ 23 Априлъ, 25 Юний нищо чудно, нищо неочаквано не прѣдставлява. Юнското въстание биде насила, нарочно прѣдизвикано отъ реакцията. Събранието вотира затварянието на народнитѣ работилници, хвърленнето 107 хиляди души работници на улицитѣ, безъ хлѣбъ и покривъ, защото знаяше, защото бѣше сигуръ, че зад гърбътъ му стоеше фактическата сила: болшинството отъ французския народъ. Юнското въстание, повтарямъ, бѣше нарочно прѣдизвикано. Работилницитѣ можахж да бѫдѫтъ затворени малко-по-малко и работницитѣ да бѫдѫтъ незабѣлѣжено распръснати изъ провинцията. Събранието не направи така, а изведнѫжъ, като съ гръмъ, порази 107 хиляди души. Очевидно е, че то искаше да се избави не само отъ голѣмитѣ расходи, що отивахѫ подиръ работилницитѣ, а искаше да се отърве веднѫжъ за винаги и отъ самитѣ работници. „Il faut en finir" (да свършимъ) викатъ на 20 Юний въ събранието.

Всѣкога, когато една реакционна и една прогрессивна партии се борятъ и ако първата излѣзе побѣдителка—ругателствата, насилията надъ побѣденитѣ нѣматъ край. Реакцията отъ самия фактъ, че е реакция, че е лишена отъ всѣка жизненна основа, е принудена да прибѣгва до репресивни мѣрки, които понѣкога ставатъ гнуснави, отвратителни. Това характерно свойство на реакцията се прояви и въ Юнското въстание. Тя докара работницитѣ до крайность, накара ги да въстанатъ, за да ги избие и измори изъ влажнитѣ, пълни съ мръсотии, затвори и подземия.

Грозната хидра, която застрашаваше буржуазната «света троица»: собственность, фамилия, порѣдъкъ, биде задушена. Буржуазията си отдъхна задоволна и се залови да уреди разбърканитѣ си работи. Тя си изработи конституция и царува мирно, докато на мѣстото на отсѣчената хидрина глава израстнѫхѫ нови, по-голѣми и по-страшни.

Всичко казано до тукъ може да се искаже съ слѣдующитѣ нѣколко рѣда. Революцията въ 48 година е продуктъ на сѫществующитѣ тогава економически условия. Пролетариата бѣше вече напълно разбралъ—буржуазията го бѣше научила—че трѣбва да се освободи отъ послѣднитѣ остатъци на феодалния режимъ. Той бѣше *захванѫлъ* да разбира, че буржуазията му е смъртенъ врагъ и че, слѣдователно, и съ нея трѣбваше да се разправи. Самата буржуазия и аристокрацията, защищающи своитѣ чисто економически интереси, искахѫ сванянието на Луи Филипа—избухна 24 Февруарий. Отъ друга страна пъкъ, капиталистическото производство не е още тъй много развито, та да обхваща цѣлия народъ или поне по-голѣмата часть отъ него: наемно-работническото население съставляваше едва една осма часть, както споменахъ и по-горѣ, отъ цѣлото население. На и качествено то (наемно-работ. население) не е още добрѣ развито. Пролетариата е още слабъ по отношение къмъ буржуазията, малочисленъ по отношение къмъ селското население. Като дѣте, което пръвъ пѫтъ прохожда, парижския пролетариатъ на 24 Февруарий смѣло крачи, прѣди краката му да бѣхѫ добрѣ заякнѫли и на 26-ий Юний падиѫ.

„Подиръ коституционната монархия на Луи Филипа, подъ формата на която господствуваше само една часть отъ буржуазията, можеше да се въдвори само буржуазната, парламентарна република, подъ формата на която да господствува всичката буржуазия*)".

Самитѣ Орлеанисти и Лежитимисти се примирихж съ положението си. Тѣмъ, разбира се, имъ се щѣше сами да господствуватъ, но като виждахж, че сж слаби, за да могжтъ сами, по отдѣлно, да завзематъ властьта въ ржцѣтѣ си, тѣ гледахж да се установи такава форма на управлението, подъ която, ако не напълно, то поне отчасти, да господствуватъ. Таквази форма бѣше именно парламентарното управление. И орлеаниста Тиеръ и лежитимистътъ Рокежакеленъ не пропуснжхж случая да заявятъ, че републиканското управление е единственното, което може да ги съедини всички и да запази редътъ и тишината въ Франция.

Но парламентарната форма на управлението имаше и обратна страна. Тя даваше възможность на всички, следователно и на работницитѣ, да взематъ известно участие въ господарственното управление, а това не ярадписваше на буржуазията. Най-върлитѣ партизани на парламентарното управление—буржуата, захващатъ да укастрюватъ, да обрѣзватъ своето собственно дѣте, до като, най-сетнѣ му, отрѣзватъ и главата: на 31-ий Май 1850 година уничтожаватъ всеобщото гласоподаванние. А отъ 13-ий Май до 2-ий Декемврий 1851 година имаше само една стжнка. Наполеонъ III я прѣкрачи.

Тъй щото, *„ако парламентарната форма на управлението е формата, подъ която буржуазията господствува, то тя е сжщо тъй и формата, подъ която буржуазията ще загине и ще стори мѣсто на послѣдния общественъ классъ—на пролетариата"*.

Христовъ.

---

*) „Le dix-huit brumaire de Luis Bonaparte".

СЪВРѢМЕНЕНЪ ПРѢГЛЕДЪ

СЪВРѢМЕНЕНЪ ПРѢГЛѢДЪ

СОЦИАЛИЗМЪТЪ ВЪ ГЕРМАНИЯ

отъ

Фридриха Енгелса

(Прѣводъ отъ френски)

I

Германския социализмъ се яви на сцената много по-рано отъ 1849-та година. Въ Германия тогава имаше двѣ независими едно отъ друго течения: едно работническо движение, клонъ отъ французския работнически коммунизъмъ — движение, което роди, като една отъ своитѣ фази, утопическия социализъмъ на Вайлинга, и друго едно теоритическо движение, което изникнѫ отъ коренното прѣобръщание на хегеловата философия; послѣдното движение още отъ самото си зачало носи името на Маркса. *Коммунистическия манифестъ*, който се появи прѣзъ Януарий 1848 год., отбѣлѣзва сливанието на тѣзи двѣ течения — сливание, което се довърши и заякчи въ распаляната фурна на революцията, гдѣто всички, работници и философи, заплатихѫ еднакво съ живота си.

Слѣдъ несполуката на европейската революция въ 1849 год. социализма въ Германия бѣше принуденъ да води животъ таенъ, скришенъ. Едва чакъ въ 1862-та година Лассаль, съмишленникъ на Маркса, разви отново социалистическото знаме. Но нѣмаше вече смѣлия социализъмъ на Манифеста: за въ интереса на работническия класъ, Лассаль искаше кооперативно производство, подпомагано отъ държавата, което не бѣше нищо друго, а просто възпроизвеждание программата на парижскитѣ работници, принадлежащи на Марастова „Националъ" — программа, противопоставена отъ *чиститѣ републиканци* на *Организацията на труда* отъ Луи Блана. Лассалевия социализъмъ, както виждате, бѣше много скроменъ; при все това, неговото появявание на сцената отбѣлѣзва исходната точка на втората фаза на социализма въ Германия. Таланта, распалената любовь, неукротимата енергия на Лассаля сполучихѫ да създадѫтъ едно работническо движение, съ което е тѣсно свързано — съ позитивни или негативни, съ приятелски или враждебни свръски—всичко, което въ продължение на десеть години вълнува германския пролетариатъ.

И наистина, чистия лассалиянизъмъ можаше ли самъ да удовлетвори социалистическитѣ стрѣмления на народа, който беше родилъ *Манифеста?* Това беше невъзможно. Благодарение най-вече на усилията на Либкнехта и Бебеля, тутакси се образува една работническа партия, която високо прогласи принципитѣ на 1848 година. По-сетнѣ, въ 1867 година, три години подиръ смъртьта на Лассаля, излѣзи „Капитала" на Маркса. Отъ този день датира отпаданието на чистия лассалиянизъмъ. Теоритѣ на „Капитала" станѫхѫ все по-вече и по-вече общо притежание на всичкитѣ германски социалисти, Лассалиянци и други. Много пѫти по цѣли групи Лассалиянци прѣминаваxѫ съ биющи барабани и развѣти знамена къмъ новата партия на Бебеля и Либкнехта, наречена Айснахска партия. Тъй като силитѣ на тази партия постоянно растяхѫ, появи се крайна умраза между Лассалиянцитѣ и тѣхнитѣ съперници: биѣхѫ се съ сопи чакъ до момента, когато изчезнѫхѫ реалнитѣ различия между биющитѣ се, когато принципитѣ, аргументитѣ, даже срѣдствата за борба на еднитѣ станѫхѫ въ всички сѫществени точки едннтични съ тѣзи — на другитѣ.

Тогава именно присѫтствието на депутатитѣ отъ двѣтѣ социалистически фракции въ Райхстага имъ наложи необходимостьта да работятъ задружно. Прѣдъ лицето на буржуазнитѣ депутати смѣшностьта на тази традиционна враждебность силно бияше въ очи. Положението станѫ нетърпимо. Тогава, въ 1875-та година, тѣ сѫ слѣхѫ. И отъ тогава насамъ братята неприятели съставляватъ една сърдечно свързана фамилия. Ако и да имаше малъкъ шансъ за расцѣпление, то самия Бисмаркъ се погрижи да го отстрани, като въ 1878-та година съ своя славенъ искючителенъ законъ постави германския социализмъ отвънъ общото право. Чуковнитѣ удари на общото прѣслѣдване исковахѫ въ една збита еднородна маса Лассалиянцитѣ и Айснаханцитѣ. Днесь, когато социалистическата партия печата официално съчиненията на Лассаля, тя отстранява отъ проrрамата, съ помощьта на старитѣ Лассалиянци, послѣднитѣ остатки отъ чистия лассалиянизъмъ.

Има ли нужда да расправямъ подробно за перипетиитѣ, борбитѣ, твърдостьта, побѣдитѣ, които отбѣлѣзахѫ карриерата на германската партия? Прѣдставена отъ двама депутати и сто хиляди избиратели, щомъ като всеобщото гласоподаване й отвори въ 1866-та година вратитѣ на Райхстага—днесь тя брои *тридесеть и шесть* депутати и *единъ милионъ и половина* избиратели, цифра, до която никоя отъ другитѣ партии не достигнѫ въ 1890-та година. Единадесетгодишното й стоение вънъ отъ закона и въ военно положение учетвори силитѣ й и я направи най-силна партия въ Германия. Въ 1867-та година буржуазнитѣ депутати можахѫ да считатъ колегитѣ си социалисти за странни сѫщества, дошле отъ друга нѣкоя планета; днесь тѣ, щѫтъ нещѫтъ, трѣбва да гледатъ на тѣхъ като на аванъ-гвардия на бѫдѫщата власть. Социалистическата партия, която свали Бисмарка, партията, която слѣдъ единадесеть годишна борба сломи закона противъ социалиститѣ; социалистическата партия, която, като нѣкое прѣливающе море, раскѫсва всички прѣгради и наводнява градове и села, даже и въ най реакционнитѣ Вандеи—тази партия е достигнѫла днесь до таквозъ положение, че съ едно математическо изчисление може да опрѣдѣли врѣмето, въ което ще вземе властьта въ рѫцѣтѣ си.

Числото на избирателитѣ социалисти бѣше:

Въ 1871 г. . . . 101,927.   Въ 1884 г. . . . . 549,990.
 „ 1874 г. . . . 351,670.   „ 1887 г. . . . . 763,128.
 „ 1877 г. . . . 493,447.   „ 1890 г. . . . 1,427,298.

Отъ послѣднитѣ избори насамъ, правителството направи всичко, каквото можаше, за да тласне народната масса къмъ социализма; то прѣслѣдва дружествата и стачкитѣ; то поддържа, па даже и днесь, при днешното безплодие, поддържа днешнитѣ мита, които подскѫпяватъ хлѣбътъ и мѣсото на бѣдния за въ полза на голѣмитѣ поземелни собственици. Въ изборитѣ на 1895 г. ний можемъ, прочее, да расчитаме на два милиона и половина гласа най-малко, които кѫдѣ 1900 год. ще достигнѫтъ отъ 3 $1/2$ до 4 милиона, върху десетьтѣхъ милиона записани избиратели, и тогазъ ще бѫде истински „край на вѣкътъ" за нашитѣ буржуа.

На срѣща на тази компактна и постоянно нарастающа масса социалисти стоятъ распокѫсанитѣ буржуазни партии. Въ 1890 г. консерваторитѣ (двѣ съединени фракции) бѣхѫ 1,737,417 гласа; националъ-либералитѣ: 1,177,807; прогресиститѣ (радикали): 1,159 915; католицитѣ: 1,342,113. При таквозъ едно положение една солидна партия, брояща два милиона и половина гласа е достатъчна за да накара всѣко правителство да капитулира.

Но изборнитѣ гласове съвсѣмъ не съставляватъ главната сила на германския социализмъ. У насъ избирателитѣ сѫ само възрастнитѣ отъ 25 години на горѣ, а 20 годишнитѣ младежи биватъ солдати. А пъкъ тъй като именно младото поколение дава най-много послѣдователи на партията, излиза, че германската армия се заразява все по-вече и по-вече отъ социализма. Днесь ний имаме отъ 5 души солдати единъ социалистъ, подиръ нѣколко години ний ще имаме единъ отъ трима, къдѣ 1900 год. армията, която прѣди бѣше прусски елементъ, par excellence, въ Германия, ще бъде по болшинство социалистическа. Това се налага като една фаталность. Берлинското правителство вижда това тъй добрѣ, както и ний, но нѣма какво да прави, то е безсилно. Армията му се изплъзва изъ ръцетѣ.

Колко пѫти буржуата сѫ ни викали да отхвърлимъ употрѣблението на революционни срѣдства, да останемъ въ кръгътъ на законностьта, днесь, когато исключителното законодателство падна и общото право е възстановено за всички, включая и социалиститѣ! За жалость, ний не сме въ състояние да направимъ удоволствие на господа буржуата. Днесь законностьта не ни прѣчи. Тя работи тъй добрѣ за насъ, че ний ще сме луди да излѣземъ отъ нея, до когато тя трае. Въпросъ е само, дали не буржуата и тѣхното правителство ще излѣзятъ първи отъ законностьта за да ни задушатъ съ сила. Това ще чакаме ний. Стрѣляйте първи, господа буржуа!

Нѣма никакво съмнение, тѣ ще стрѣлятъ първи. Една прѣкрасна сутрина германскитѣ буржуа и тѣхното правителство, слѣдъ като имъ омръзнало да прѣпятствуватъ, съ згърнати ръцѣ, на постоянно нарастающето наводнение на социализма, ще прибѣгнѫтъ къмъ безаконието и насилието. Но какво ще направятъ? Силата може да смаже само една малка секта и то на едно ограничено пространство; но нѣма таквазъ сила, която да може да изтрѣби една партия отъ два милиона души, распръсната върху цѣлата повърхность на цѣла една голѣма империя. Противореволюционното насилие може да забави на нѣколко години побѣдата на социализма, но съ туй то ще я направи още по-пълна.

II

Всичко казано до тукъ е казано подъ съображението, че Германия ще може да слѣдва мирно своето икономическо и политическо развитие. Една война ще измѣни всичко това. А войната може да избухне, ако не днесь—утрѣ.

Всички знаятъ, какво значи днесь война. Отъ една страна Руссия и Франция, отъ друга Германия и Австрия, а може би и Италия. Социалиститѣ въ всичкитѣ страни, зети солдати, ще бъдѫтъ, волею и неволею, принудени да се биятъ единъ срѣщу други. Какво ще прави, какво ще стане въ подобенъ случай съ германската социалистическа партия?

Германската империя е една полуфеодална монархия, но въ нея господствуватъ въ същность економическите интереси на буржуазията. Благодарение на Бисмарка, тази империя направи грамадни погрешки. Нейната вътрешна, полицейска, инригантска, отвратителна, недостойна за една велика нация, политика й спечели умразата на всичките буржуазни либерални страни; нейната външна политика възбуди недоверие, ако ли не и умраза, въ съседните нации. Съ насилственното присъединявание на Елзасъ и Лотарингия германското правителство направи невъзможно, за дълго време, всеко премирение съ Франция; безъ да спечели некаква реална облага за себе си, то направи Руссия властитель на Европа. Това е толкозъ ясно, че още на вторпя день следъ Седанъ, Общия Съветъ на Интернационала можа да предскаже днешното положение на Европа. Въ адресса си отъ 9 Септемврий 1870 год. той казваше: „Наистина ли тевтонските патриоти си въобразяватъ, че те усигуряватъ свободата и мира, като хвърлятъ Франция въ ръцете на Руссия? Ако Германия, увлечена отъ съдбата на своите оржия, отъ високомерната идея за победа, отъ династически интриги, направи единъ территориялень грабежъ надъ Франция, то отъ двете едно: тя ще требва да стане напълно орждие на завоевателната политика на Руссия, или пъкъ, следъ една малка почивка, да се нагърби срещу една нападателна война, която, наместо да прилича на днешните „локализирани" войни, ще бъде война противъ съединените romански и славянски раси".

Нема съмнение, че предъ тази германска империя французската република, такваз, каквато си е, представлява революцията, буржуазната революция наистина, но се пакъ революцията. Но щомъ като тази република се туря подъ заповедите на Русския царизмъ, работата вече не е същата. Русския царизмъ е неприятель на всичките западни народи, даже и на самите буржуа на тези народи. Царските орди, като нахлуятъ въ Германия, ще внесатъ тамъ робство наместо свобода, разрушение — на место развитие, варварство — наместо прогрессъ. Покорна послушница на царя, Франция не може да внесе въ Германия никаква либерална идея; Френския генералъ, който ще говори на Германците за република, ще накара да се смеятъ цела Европа и Америка. Франция ще требва да напусне своята революционна роль; ще требва да се даде възможность на бисмарковата империя да се постави като представителка на западния прогрессъ противъ източния варваризмъ.

Но задъ гърбътъ на официалната Германия стои Германската социалистическа партия, партията, на която принадлежи бъдъщето, блиското бѫдѫще на страната. Когато тази партия завземе властьта, тя не ще може ни да я упражни, ни да я задържи, безъ да исправи несправедливоститѣ, които нейнитѣ прѣдшественници сѫ направи спрямо другитѣ националности. Тя ще трѣбва да приготви възобновяваннето на Полша, която тъй безобразно лъжѫтъ днесъ френскитѣ буржуа; тя ще трѣбва да покани Шлезвикъ, Елзасъ и Лотарингия да се произнесатъ свободно върху политическото си бѫдѫще. Всички тѣзи въпроси ще се рѣшатъ, прочие, безъ усилие и въ едно блиско бѫдѫще, ако оставятъ Германия сама на себе си. Между социалистическа Франция и социалистическа Германия не може да има никакъвъ въпросъ за Елзасъ и Лотарингия; той ще бѫде рѣшенъ съ едно мигвание. Трѣбва, прочее, да се почака десетина години. Француския, английския и германския пролетариатъ очакватъ още своето освобождение; елзасъ-лотарингскитѣ патриоти не ще ли съумѣятъ да почакатъ? Има ли защо да се упустоши цѣлъ единъ континентъ и да се подчини, най сетнѣ, на руския камшикъ? Зарадъ бълхата трѣбва ли да се изгори чергата?

Въ случай на война, главния ѝ театъръ ще бѫде отъ начало Германия, а сетнѣ и Франция; тѣзи двѣ страни най-вече ще заплатятъ расходитѣ подъ форма на упустошение. Но има нѣщо по-вече. Тази война още отъ зачалото си ще се отличи съ единъ цѣлъ редъ прѣдателства и измами, между съюзницитѣ, подобни ня които ний не сме срѣщали до сега даже въ аналитѣ на прѣдателската дипломация; Франция или Германия, или пъкъ и двѣтѣ, ще бѫдѫтъ главнитѣ жертви на тѣзи прѣдателства. Дето ще се рѣче, ний сме почти сигуръ, че ни едната, ни другата отъ тѣзи двѣ страни, като има прѣдъ видъ рискътъ, на който се излага, не ще придизвика открита борба. Но Русия, запазена съ своето географическо и економическо положение отъ най-разрушителнитѣ послѣдствия на цѣлъ редъ несполуки, само официална Русия може да има интереси въ избухванието на една толкузъ ужасна война; и Русия именно ще докара тази война. Въ всѣкой случай, прѣдъ видъ на днешното политическо положение, 90 на 100 може да се вѣрва, че при първия топовенъ гърмежъ на Вистюла, француските войски ще потѣглятъ къмъ Рейнъ.

Тогазъ Германия ще се бие за самото си сѫществование. Ако побѣди, тя не ще намѣри нищо да присъедини.

На истокъ, както и на западъ, тя намира само провинции отъ други народности, съ други езици, а таквизъ тя има достатъчно. Ако пъкъ я побѣдятъ, смачкана между френския чукъ и руската наковалня, тя ще бѫде принудена да отстѫпи на Русия

Стара Прусия и полскитѣ провинции, на Дания—Шлезвигъ, на Франция — цѣлия лѣви брѣгъ на Рейнъ. Даже, ако Франция се откаже да вземе пая си, нѣйната съюзница ще й наложи това завладяване, защото *на Русия, прѣди всичко, й трѣбва да има постоянна кавга между Франция и Германия*. Осакатена по този начинъ, Германия ще бѫде неспособна да испълне дългътъ си въ европейската цивилизаторска мисия. Доведена до положението, въ което я бѣше поставилъ Наполеонъ слѣдъ Тилзитъ, тя ще може да живѣе, само като се приготовлява за една нова война за национално възобновление; но, до като се приготовлява, тя ще бѫде послушно орѫдие на царя, който не ще да закъснѣе да си послужи съ него противъ Франция.

Какво ще стане, при подобни обстоятелства, съ германската социалистическа партия? Безъ много коментарии се разбира, че ни царя ни френскитѣ буржуазни републиканци, ни самото германско правителство не ще пропуснѫтъ единъ такъвъ добъръ случай да истрѣбятъ единственната партия, която за всички тѣхъ е неприятель. Ний видяхме, какъ Тиеръ и Бисмаркъ си подадохѫ рѫка надъ развалинитѣ на парижската комуна; ний ще видимъ тогазъ царьтъ, Констанъ, Каприви (или тѣхнитѣ намѣстници) да се прѣгрѫщатъ надъ трупътъ на германския социализъмъ.

Но германската социалистическа партия, благодарение на усилията и на непрѣкъснѫтитѣ жертви въ продължение на тридесеть години, завзема таквозъ едно положение, каквото никоя друга социалистическа партия не заема, положение, което й осигурява завземанието, въ късо врѣме, на политическата власть. Социалистическа Германия заема въ интернационалното работническо движение най-напрѣдничавия, най-почетния и най-отговорния постъ; тя е длъжна да държи здраво този постъ спрямо и противъ всички.

Сега, ако побѣдата на Русия надъ Германия означава задушаване на социализма въ тази страна, каква ще бѫде длъжностьта на германскитѣ социалисти спрямо този възможенъ случай? Трѣбва ли да прѣтърпятъ смирено събитията, които ги заплашватъ да ги истрѣбятъ, трѣбва ли да напуснѫтъ безъ съпротивление извоюванията си постъ, за който тѣ отговарятъ прѣдъ всесвѣтския пролетариатъ?

Разбира се, че не. Въ интереса на европейската революция, тѣ сѫ длъжни да защищаватъ всичкитѣ си придобити позиции, да не капитулиратъ и прѣдъ външния неприятель, както и прѣдъ вѫтрѣшния. А това тѣ могѫтъ го испълни, само като се биятъ съ Русия и нейнитѣ съюзници, които и да биле тѣ. Ако францускато република прѣдложи услугитѣ си на негово величество царя и самодържавеца на цѣла Руссия, германскитѣ социалисти ще се биятъ съ нея, съ съжаление, наистина, но ще се биятъ. Француската република може да прѣдставлява прѣдъ германската империя буржуазната революция. Но пъкъ прѣдъ републиката на Константиновци, на Рувперовци и даже на Клемансовци, особенно пъкъ прѣдъ републиката, която работи за руския царь, германския социализъмъ прѣдставлява революцията на пролетарната.

Една война, прѣзъ която Руссия и Франция ще нахлуятъ въ Германия, ще бѫде за тази, послѣдната, война на смъртъ, или пъкъ, за да усигури националното си сѫществуване, тя трѣбва да прибѣгне къмъ най-революционни срѣдства. Днешното правителство, разбира се, не ще възбуди революцията, освѣнъ ако го принудятъ. Но има една силна партия, която ще го принуди, или пъкъ въ случай на нужда, ще го замѣсти: тази партия е социалистическата.

Ний не сме забравили грандиозния примѣръ, който Франция ни даде въ 1793 год. Стогодишнината на *деведесеть и третата* година наближава. Ако завоевателната жажда на царя и шовинистическото нетърпение на французската буржуазия запрътъ побѣдоносния, но тихъ вървежъ на германскитѣ социалисти, тѣзи послѣднитѣ сѫ готови, бѫдете увѣрени, да докажатъ, че днешнитѣ германски пролетарии не стоятъ по-долу отъ френскитѣ санкюлоти прѣди сто години, че 1893 год. не ще засрами 1793 година. И тогазъ, солдатитѣ на Константина, като турятъ кракъ на германската почва, ще бѫдатъ поздравени съ пѣсеньта:

Какво, тѣзи чужди шайки
Ще правятъ закони въ нашитѣ огнища?

Да резюмираме. Ако мирътъ се запази—германската социалистическа партия, навѣрно, ще побѣди подиръ десетина години; войната или ще докара побѣдата и слѣдъ двѣ три години, или ще я разори съвсемъ, най-малко за въ продължение на 15—20 год. При това положение, германскитѣ социалисти трѣбва да сѫ луди, за да прѣдпочитатъ рискувания успѣхъ съ войната, прѣдъ сигурната побѣда, която имъ обѣщава мирътъ. Освѣнъ това, никой социалистъ, отъ която и да е страна, не може да желае войнската побѣда, било на днешното германско правителство, било на французската буржуазна република, а още по малко—на тази на царя, която е равносилна съ покорението на Европа. Ето защо, навредъ социалиститѣ искатъ да бѫде запазенъ мирътъ. Но, ако, при все това, войната трѣбва да избухне, едно нѣщо е извѣстно. Тази война, въ която отъ петнадесеть до двадесеть милиона въоржени хора ще се здавятъ и ще упустошатъ Европа, както никога не е бивала упустошавана, тази война или ще докара непосрѣдственната побѣда на социализма, или пъкъ тя ще расклати тъй силно стария порѣдъкъ на нѣщата, ще остави наврѣдъ подирѣ си такива купища отъ развалини, щото старото капиталистическо общество ще стане съвсѣмъ безсилно, и че социалната революция, задържана на десеть или петнадесеть години, ще стане отъ туй по-корѣнна и по-скоро ще се извърши.

Н.

РАПОРТЪ

ПРѢДСТАВЕНЪ ОТЪ ДЕЛЕГАТИТѢ НА РОМѪНСКАТА РАБОТ-
НИЧЕСКА ПАРТИЯ ПРѢДЪ МЕЖДУНАРОДНИЯ
РАБОТНИЧЕСКИ СОЦИАЛИСТИЧЕСКИ
КОНГРЕСЪ ВЪ БРЮКСЕЛЪ.

(Отъ 16 до 25 Августъ 1891 г.)

Въ Ромѫния колективистическия социализъмъ не е доктрина, изповѣдвана само отъ нѣколко души, а е программа на цѣла партия, създадена отъ економическитѣ условия на страната. Въ Ромѫния индустрията е още въ началото на развитието си, а слѣдователно и индустриялния пролетариатъ е малочисленъ; но ний имаме, заедно съ буржуазно-либералнитѣ политически форми на управлението, голѣма поземелна собственость, истинска латифундия и земледѣлчески пролетариатъ, който брои по-вече отъ четире милиона селени. Тъй щото, ний отъ страна на ромѫнската работническа партия идемъ да прѣдставимъ на конгресътъ този рапортъ, въ първата половина на който ще бѫдѫтъ изложени економическитѣ условия на страната, а въ втората ще бѫдѫтъ указани нашата организация и нашитѣ срѣдства за дѣйствуванне.

* *

Въ Ромѫния, като страна главно земледѣлческа, селенитѣ сѫ най-важната и най-многобройната часть отъ работницитѣ. Економическото и общественно положение на тази часть отъ работницитѣ се е опрѣдѣлило отъ самия начинъ, по който станѫ въ Ромѫния прѣминаванието на феодализма къмъ буржуазния строй и сетнѣ — отъ начинътъ, по който станѫ първото раздаванне земи на селенитѣ (закона отъ 1864 г.).

Въ Ромѫния буржуазно-либералното положение, което царува

едвамъ отъ 30 години, се е въдворило съвсѣмъ не по този начинъ, какъ въ западна Европа. Ромѫния никога не е имала трето съсловие, което слѣдъ продължителни борби да побѣди, най сетнѣ, феодализма. Тази страна, като почти исключително земледѣлческа, неимеюща никога крупна индустрия, нѣмаше почти никакъ крупна буржуазия. Дрѣбната буржуазия, *състояща се отъ разни занаятчии, търговци-бакали, хлѣбари, касапи*, бѣше по-силна, безъ, обаче, да прѣдставляваше сила, достатъчно голѣма, която би могла сама да докара нѣкакво значително промѣнение въ сѫществующия рѣдъ на нѣщата; тъй щото, не вѫтрѣшнитѣ условия на страната докарахѫ побѣдата надъ феодализмътъ, а вънкашнитѣ обстоятелства: не ромѫнската буржуазия побѣди ромѫнскитѣ феодали (*болѣритѣ и чокоитѣ*); тържествующата буржуазия въ Западна Европа усигури побѣдата на ромѫнската буржуазия, сравнително твърдѣ слаба, надъ ромѫнския феодализъмъ (boërimea, *болѣрщина*), сравнително твърдѣ силенъ. Ромѫнската младежь, състояща се отъ синоветѣ на буржуазията, а особенно на болѣритѣ, която, като се учаше изъ университетитѣ въ Западна Европа, се бѣше надхѫла съ буржуазни либерални идеи, отколѣ вече мечтаеше да направи отечеството си една независима, либерално буржуазна държава. За осѫществяваннето на тази мечта тя бѣше захванала политическа борба, подкрѣпена отъ дрѣбната буржуазия; но тя би имала дипъ слаби шансове за успѣхъ, ако самата Европа, водима отъ политически съображения, не бѣше ѝ помогнѫла за да искубне Ромѫния отъ влиянието на Руссия, за да направи отъ Ромѫния една прѣграда прѣдъ Сѣверния Колоссъ. Западна Европа, а най-вече Франция, силно насърдчиха ромѫнскитѣ революционери-буржуа.

Тъй щото, създаванието на една либерално-буржуазна държава на брѣговѣтѣ на Дунавътъ бѣше дѣло на самата европейска дипломация.

При тѣзи само условия, ромѫнската буржуазна революционна младежь, силна отъ туй, че либерално-буржуазнитѣ учрѣждения бѣхѫ вече извършенъ фактъ на Западъ; силна отъ туй, че симпатиитѣ на европейската буржуазия и на нейната дипломация бѣха на нейна страна; силна, най сетнѣ, макаръ и въ по-малка степень, защото се опираше на националната дрѣбна буржуазия, можа̀ да побѣди и да въведе буржуазнитѣ учрѣждения, въпреки съпротивлението на болѣритѣ. Но тъй като тѣзи буржуазни учрѣждения нѣмахѫ сѫщата материална основа, каквато въ западнитѣ страни, ясно е, че и по нататашното развитие на Ромѫния отиваше не тъй, както на Западъ. На Западъ буржуазнитѣ учрѣждения се саздадохѫ вслѣдствие на развитието на буржуазията, а пъкъ въ Ромѫния станѫ съвсѣмъ противното: тамъ буржуазията захваща да се развива само слѣдъ въвежданието на буржуазнитѣ учрѣждения; тъй щото, когато на Западъ буржуазнитѣ учрѣждения сѫ дѣло на буржуазията, въ Ромѫния буржуазията е дѣло на буржуазнитѣ учрѣждения.

Нѣма съмнѣние, че този исторически вървежъ на общественното развитие въ нашата страна еималъ грамадно значение за нейния общественъ животъ.

Само когато схване много добрѣ начинътъ, по който е станѫло това замѣстване на феодалния строй съ буржуазния, човѣкъ ще може да разбере причината на безкрайното обѣднѣване и на безподобната мизерия, въ която кисне днесъ ромѫнския селенинъ, бѣдность и мизерия, подобни на които нѣма въ никой ѫгълъ на Европа.

Економическото и общественното положение на селския класъ въ Ромѫния е отъ най-голѣма важность за страната и за развитието на ромѫнския социализъмъ; затова и ние ще се запремъ по-вече върху него, за да могѫтъ читателитѣ ни да си го прѣдставятъ.

*
* *

Едно отъ сѫщественнитѣ условия за въвежданието на буржуазно-либералнитѣ учрѣждения бѣше, разбира се, уничтожението на задлъжителнитѣ крѣпостнически отношения между болѣритѣ и селенитѣ.

Безъ оничтожаванието на тѣзи отношения не можаше да има и дума даже ни за буржуазната лична свобода, ни за свободата на трудътъ, ни за равноправностьта на гражданитѣ прѣдъ законътъ, ни за никое отъ тѣзи утвърждения, прѣвъсходни на дума, но малко дѣйствителни въ сѫщность.

Първата работа на революционеритѣ отъ 1848 г. чакъ до 1864 г., бѣше уничтожаванието на задлъжителнитѣ крѣпостнически отношения, освобождаванието на крѣпостницитѣ (iobagi). Но да се освободятъ крѣпостницитѣ, безъ да имъ се дадѫтъ сѣчева за работение и земя, бѣше нѣщо невъзможно. Такъвъ единъ архи-либераленъ актъ биималъ за слѣдствие ужасающето възбунтуване на цѣлия селски класъ. Младитѣ революционери разбрахѫ много добрѣ това, макаръ че економическитѣ и общественнитѣ имъ понятия бѣхѫ съвсѣмъ ограничени. Освобождението на крѣпостницитѣ трѣбваше, прочее, да бѫде придружено съ раздаванието земя на селенитѣ: на всѣкого се даде, като лична и не отчуждаема собственность, по едно парче земя, въпреки протестациите и отчаяните викове на болѣритѣ—консерватори.

Ясно е, че въ това врѣме бѣше твърдѣ мѫчно да се мисли за национализираннето на земята, за образуваннето на земледѣлчески общини, подпомагани отъ държавата—единственни мѣрки, които би имали по трайни резултати; обаче, ако буржуазнитѣ революционери бѣхѫ малко по-способни, тѣ бихѫ могли, даже и при това частично раздаванне на земята, да дадѫтъ малко по голѣма гаранция и трайность на селската собственость, като усигурятъ, колкото и малко, економическия животъ на селенитѣ, до колкото това е възможно, разбира се, въ едно индивидуалистическо общество. Но, както вече казахме, революционеритѣ нѣмахѫ никакво понятие отъ економическитѣ и общественни въпроси, и нито единъ отъ тѣхъ не бѣше способенъ да анализира една економическа реформа до най-отдалеченитѣ й резултати. Надѫхани съ буржуазната хуманитарна фразеология, съ думитѣ: *свобода, братство* и пр. на устнитѣ, не имеющи ни най-малко понятие за економическитѣ отношения, които сѫществуватъ въ едно индивидуалистическо общество, за борбата на класоветѣ, която се срѣща въ цѣлата история на человѣчеството—тѣ искренно вѣрвахѫ (поне мнозина отъ тѣхъ), че буржуазната економическа и политическа свобода ще има за резултатъ благоденствието на работницитѣ и братството между всичкитѣ общественни слоеве; тѣ твърдо вѣрвахѫ, че бѣше достатъчно да се провъзгласятъ хората економически свободни и равни прѣдъ закона, за да прѣгърне вълкътъ агнето и да зацарува миръ и блаженство на земята.

Прѣдъ тѣзи сантиментални утописти се испрѣчваше реакционната партия на феодалитѣ, партията на болѣритѣ, която бѣше малко человѣколюбива и малко сантиментална, но за това пъкъ, твърдѣ практична. Тази партия разбираше чудесно своитѣ интереси и знаяше да обърне отлично работата за въ своя полза; ясно е, че при таквизъ условия резултата трѣбваше да бѫде пагубенъ за селенитѣ и че раздаваннето на земитѣ трѣбваше да се направи исключително за въ полза на голѣмитѣ поземелни собственници. Освѣнъ това, ако закона за раздаваннето на земитѣ бѣше недѫгавъ, то неговото приложение, направено отъ една развратена и продаждна администрация, бѣше още по безобразно. Прѣди всичко, селенитѣ получихѫ крайно малки парчета земи, отъ продуктитѣ на които тѣ не можаха да живѣятъ. Като имаме прѣдъ видъ, че ромѫнската почва не е твърдѣ плодородна и че раздаденитѣ на селенитѣ земи бѣхѫ, обикновенно, отъ лошо качество, нѣколко годишно работенне бѣше достатъчно, за да я истощи съвсѣмъ и да я направи неспособна да ражда необходимата за фамилията на селенина храна. Освѣнъ това, селепитѣ нѣмахѫ никакъ пасбища за добитъкътъ си.

За да се сдобиятъ съ мѣра́, селенитѣ трѣбваше да се обръщатъ къмъ голѣмитѣ собственници, на които тя принадлѣжеше; освѣнъ туй пѣкъ, често пѫти нивата на селенина бѣше отдалечена отъ колибата му, тъй щото, за да отиде до нея, той трѣбваше да минава прѣзъ нивитѣ на болѣринътъ: но този послѣдния му забраняваше свободно да минува подъ прѣдлогъ, че съ туй се правило насилие надъ собственностьта му. При тѣзи условия, неимеющъ достатъчно земя, неимеющъ мѣра, имеющъ често пѫти нивата си заобиколена отъ земитѣ на голѣмия собственникъ, неимеющъ, слѣдователно, възможность да ходи въ нивата си безъ позволението на болѣринътъ. неговия старъ господарь, селенинътъ, тутакси слѣдъ освобождението си, се виде въ една пълна зависимость, въ едно сѫщинско економическо робство.

Отношенията, които бидохѫ установени между голѣмитѣ собственници, или по добрѣ да кажемъ, между тѣхнитѣ фермери, арендатори, *защото въ Ромѫния най-голѣмата часть отъ владенията на голѣмитѣ собственници сѫ раздадени на фермери*, и селенитѣ сѫ, както оригинални, тъй и възмутителни и безобразни: селенина трѣбва да вземе отъ собственника или отъ негова фермеръ, и за своя смѣтка — земята, която му е необходима и която той трѣбва да обработва съ свои инструменти. Когато доде жетва, собственника или фермера взема своята часть, която никога не е по-малка отъ половината, а по нѣкога се въскачва и до двѣ трети отъ цѣлата реколта.

Но освѣнъ това заплащание въ натура, селенина има още и други допълнителни задължения: да оре извѣстно число дни на нивата на болѣрина и да му принася съ своята кола снопитѣ; той е дълженъ да му дава опрѣдѣлено число яйца, кокошки, гѫски, юрдечки, агнета и пр. Освѣнъ това, за да получи право да минува прѣзъ нивитѣ на болѣрина и да си пои градината, селенина има още единъ цѣлъ редъ отъ всевъзможни задължения: той самъ да работи еди-колко си дена, жена му еди-колко си, дѣцата му сѫщо, толкозъ дена да му оре, толкозъ дена да му копае мисирътъ, токозъ дена да му вози и пр. и пр.

И най-искуcтния счетоводецъ не би могълъ да се расправи съ тази пропасть отъ глави, рубрики, параграфи, цифри. Може ли нѣкой да си въобрази, че неграмотния и невѣжъ ромѫнски селенинъ ще може да разбере нѣщо отъ всички тѣзи сложни смѣтки? Още отъ първото зимание-давание, особенно този селенинъ, който е ималъ нещастието да заборчлей на своя собственникъ, като е заемалъ отъ него пари или необходимата му за живение храна, е вече човѣкъ изгубенъ: здраво свързанъ съ разни условни, той не ще може вече никога да се отърве отъ своитѣ борчове; неговото робство е отъ сега нататъкъ записано въ единъ голѣмъ тевтеръ, въ регистра на земледѣлческитѣ земания-давания, и ако той се опита да се противи, собственника и фермера иматъ на расположението си цѣла една административна машина и войската, за да го принудятъ да имъ се подчинява; заборчлелия, но непокоренъ селенинъ, е намушванъ на щикъ, битъ съ камшикъ, мъченъ и съ сила накарванъ да работи: да испълни длъжностьта си!?.... Този нечуванъ въ Западна Европа фактъ е отвратителна истина, която всѣки день може да се констатира у насъ при почти източнитѣ нрави.

Резултатъ на економическитѣ отношения, установени между собственицитѣ и селенитѣ съ раздаванието на земитѣ въ 1848 г., бѣде пълното разоряване имуществата на селенитѣ и тѣхното ужасающе успромашаване.

Закона отъ 1864 год. обяви земитѣ на селенитѣ неотчуждаеми и при все това, подъ разни форми и по разни начини, тѣзи земи минахж въ рѫцѣтѣ на буржуазията, и пролетаризацията на ромжнския селенинъ се извърши съ една ужасна бързина, въ по-малко отъ четвъртъ столетие!

Кѫде 1880 година, самитѣ демократи отъ 1848 година, до колкото бѣхж оцѣпени, се поразихж отъ слѣдствията на своето дѣло и единъ отъ тѣхъ, демократъ искренен и сантименталенъ, припознатъ водитель на ромжнскитѣ либерали. г. А. Розети, като министъръ на вътрѣшнитѣ дѣла, заповѣда да се направи една земледѣлческа анкета, която констатира ужаснитѣ истини, за които ний говорихме. Розети напечата цѣлъ рѣдъ контракти и земледѣлчески задължения, отъ гдѣто ясно испъкнжхж не чувани факти. Тъй, напримѣръ, като се прѣсмѣтнжхж подробно всичкитѣ условия, наложени отъ единъ господинъ Лекка, либераленъ министъръ, хемъ твърдѣ либераленъ, на селенитѣ, констатира се, че за дневна плата на селенитѣ се падаше по *петь стотинки!* Млади ромжнски социалисти, които въ това врѣме се учахж въ Парижъ и въ Белгия, отворихж подписка за изливанието на единъ медалъ за въ споменъ на този фактъ, на който медалъ има написано: *„петь стотинки надницата“*. И забѣлѣжете, че този контрактъ не бѣше исключение!

Министърътъ Розети сполучи да прокара въ камарата единъ законъ, споредъ който всички противозаконни съглашения между селенитѣ и собственницитѣ, особенно съглашенията, които се отнасятъ до отчуждаемостьта на земята, се считатъ за *недѣйствителни*.

За жалость, този законъ не биде почти никакъ приложенъ; но затова пъкъ буржуазията неможа никога да прости на Розети тази смѣла постжпка; той биде принуденъ да си даде оставката отъ министерството и да се оттегли въ частния животъ и умрѣ отритнатъ отъ *плеадата на 48 г.* Подиръ този демократъ, интелектуаленъ водитель на ромжнската буржуазия стана Иванъ Братиано, екс-революционеръ отъ 1848 г., който, безъ никакви забикалки, се тури на нейна услуга и съ туй стана сжщинско нейно олицетворение. Отъ тогазъ се захваня истинския триумфаленъ вървежъ на ромжнската буржуазия. Селския класъ биде съвършенно оставенъ безъ помощь и закрила отъ безмерната и безобразна експлуатация на собственницитѣ и на тѣхнитѣ фермери.

За да покажемъ до колко е притѣсненъ и до колко е лишенъ отъ всѣка протекция селянина, ний бихме могли да цитираме хиляди факти, ако даже се ограничахме само съ тѣзи, които ромжнската пресса споменува всѣки день, като имъ дава скромната важность подъ рубриката „*разни*". Достатчъно ни е да кажемъ, че наказанията и мжченията, на които администрацията, собственицитѣ и фермеритѣ подхвърлятъ, като въ срѣднитѣ вѣкове, селенитѣ, сж даже днесъ единъ толкозъ распространенъ фактъ въ нашата нещастна страна, че тѣ не възмущаватъ и не учудватъ никого.

Ромжнската държава има, като държавна собственность, едно голѣмо пространство земя, която сжщо е оставена на грабителството на буржуазията; една часть и̅ е продадена съ до неимовѣрность ниска цѣна, друга една часть и̅ е раздадена съ аренда за още по-ниска цѣна. Тѣзи държавни фермери, отъ своя страна, раздѣлятъ земята на малки парчета и я даватъ подъ аренда на селенитѣ и по този начинъ съ разни задължения и съ помощьта на администрацията, тѣ разоряватъ все по-вече и по-вече бѣднитѣ имения на селенитѣ. По този начинъ стана у насъ *първоначалното натрупванние на капитала*. Една друга особенность на тази експлуатация, която е не по-малко интересна, е тази: въ западна Европа буржуазията се е, безъ съмнѣние, убогатила, като е експлуатирала трудътъ на работническитѣ маси, и силата и богатствата на буржуазията тукъ сж сжщо продуктъ на потьта и на кръвьта на работницитѣ; но рѣдомъ съ всички тѣзи злини, европейската буржуазия можа да се похвали, че е повдигнжла производителната сила на трудътъ и че е увеличила народното богатство. Като направи трудътъ колективенъ, европейската буржуазия приготви безсъзнателно почвата за едно бъдъще по-съвършенно общество и исчезванието на днешното.

Нищо по-добро не е направила и неправи нашата буржуазия. Собственика или фермерътъ въ по-голѣмата часть на страната — съ нѣкои исключения (въ Молдавия) — раздѣлятъ земитѣ си на малки късчета, които раздаватъ на селенитѣ, и които тѣзи послѣднитѣ обработватъ на свои разноски; даже когато собственика или фермера сами обработватъ земята си, то тѣ раздаватъ пакъ една часть на селенитѣ, съ условие тѣзи послѣднитѣ да работятъ съ собственитѣ си инструменти останалата земя на собственика исключително за въ негова полза. Тъй щото, собственика или фермера не взематъ никакво участие въ организацията на производството и не въвѣждатъ никакво подобрение, никакви земледѣлчески машини. Тѣхната единственна роль и цѣль е да вкарватъ селенитѣ въ борчове, да имъ ограбятъ почти всички продукти на тѣхния трудъ, тъй щото, освѣнъ че по никой начинъ не повдигатъ производителностьта на трудътъ, тѣ я още повече намаляватъ, като съсипватъ единственния производитель: селенинътъ и неговитѣ инструменти. Една грамадна рана за нашата страна сѫ фермеритѣ. Тѣ сѫ твърдѣ многобройни и твърдѣ силни; изъ между тѣхъ именно се избиратъ елементитѣ на нашата буржуазия. Една голѣма часть отъ частнитѣ владения и всичкитѣ владения на държавата имъ сѫ дадени подъ аренда за единъ срокъ отъ три до петь години. Като не знаятъ дали слѣдъ истичанието на този срокъ ще могѫтъ да вземѫтъ пакъ сѫщитѣ земи, тѣ не се грижѫтъ за тѣхното подобрение, като вкарѫтъ въ употрѣбление земледѣлчески машини, като ги наторятъ и пр. Тѣ гледѫтъ, както и да било, да се убогатятъ по слѣдующитѣ два начина: истощяване на всички продуктивни сили на почвата и на работницитѣ си.

Земята има единъ естественъ покровитель: притежателя й; колкото за селенина, свободенъ въ буржуазното общество и безъ никакъвъ защитникъ, той става фатална плячка на фермера. Единъ отъ резултатитѣ на тази безчовѣшка експлуатация на селенитѣ е силното повдигание на поземелната рента. Единъ характеристиченъ фактъ: Иванъ Братиано, пръвъ министъръ, водитель на ромѫнската буржуазия, се хвалялъ въ една парламентарна рѣчь, че въ едно късо врѣме, при неговото управление, поземелната рента се е удвоила и даже утроила, което, споредъ него, показвало, че сѫ се увеличили богатствата на страната. Това е чиста лъжа, като се вземе прѣдъ видъ факта, че цѣната на хранитѣ въ послѣднитѣ години, не само че не се е вдигнѫла, а се е понижѫла; като вземаме прѣдъ видъ факта, че капиталитѣ не сѫ биле употрѣбени за подобреннето на земята и че нейната производителность не само че не се увеличила, а значително се е намалила.

Това грамадно повдигание на рената не можа да има друга причина, освѣнъ извънмѣрното пониженіе цѣната на работническитѣ ржцѣ, извънмѣрната експлуатация на селенина. Единъ фермеръ, който взема съ аренда нѣкое имѣніе съ извѣстна цѣна, има на свое разположение земледѣлческитѣ контракти и задължения, за които ний говорихме, които той ще съумѣе да употрѣби по такъвъ начинъ, щото да накара въ по-вечето случаи селенина да му работи за по петь стотинки на день, както въ споменатия случай. Очевидно е, че такъвъ единъ фермеръ ще повдигне рената до крайность, тъй щото, слѣдъ истичанието на срока му, ще се намѣри единъ конкурентъ, който ще прѣдложи двойно или тройно по-висока отъ прѣдишната рента, която той ще гледа сетнѣ да вкара въ джебътъ си съ излишекъ отгорѣ, като експлуатира селенина по единъ още по-жестокъ начинъ. Оттукъ слѣдва прочее, че безмѣрното повдигание на рената е резултатъ отъ обѣдняваннето на производителнитѣ сили на страната, отъ намаляваннето на националнитѣ богатства, а не отъ тѣхното увеличаваніе.

Резултата отъ особенното економическо развитие на Ромжния е не само извънмѣрното оспромашаване на селския класъ, но и бързината съ която става това оспромашаване. Въ по-малко отъ 20 години подиръ раздаваннето земитѣ на селенитѣ, къдѣ 1883—1884 година, самитѣ най-жестоки буржуа захванхж да се безпокоятъ за мизерното положеніе на селенина; прочутитѣ доктори, като г. г. Истрати, Драгеско и пр., като описватъ подземното жилище въ бурдентѣ на селенина и неговата храна, се чудятъ, какъ той може да живѣе въпрѣки и на пукъ на законитѣ на научната хигиена. Наборнитѣ коммисіи се оплакватъ, че немогжтъ да намѣрятъ здрави солдати. Подвижнитѣ военни болници, устроени отъ правителството по нѣмание на постоянни, сж пълни съ болни отъ пелагръ*) и немогжтъ нищо да помогнжтъ, тъй като числото на болнитѣ е много голѣмо. Ако пелаграта, причинена отъ ѣденнето на мухлясалия мисиръ, *единственна храна на селенина*, погубва селенина, то и сифилисътъ не прави по-малко жертви.

Белгійския економистъ Емилъ де Лавеле, който посѣти Ромжния въ 1885 година, хвали луксътъ на нейната аристокрация и крупна буржуазия, но нему му направило скръбно впечатленіе видътъ на селата и тѣхнитѣ колиби, които, казва той, мо-

---

*) Pellagre — Миланска проказа.

гѫтъ се сравни съ жилищата на срѣдне-африканскитѣ племена. Но особенно порази́ло белгийския економистъ неразривната свръска, която сѫществува между безкрайния луксъ и безподобната мизерия; тази послѣдната е антитеза на първия. Селенитѣ, падн ѫли тъй ниско, се опитахѫ да направятъ единъ натискъ надъ собственницитѣ, който нѣкога би могѫлъ да успѣе: *емигриране вкупомъ.**)

Между селенитѣ захванѫ да се създава едно емиграционно течение къмъ България и Сърбия, гдѣто положението на селенитѣ е сравнително малко добро. Това течение биде спряно съ въорѫжена сила и, вслѣдствие посрѣдничеството на ромѫнското правителство, България запрети на ромѫнскитѣ селени да минаватъ границата ѝ. Това вече бѣше много; въ 1888 год. избухна движението, наречено *селскитѣ бунтове въ Ромѫния*. Тези бунтове бѣхѫ по-скоро манифестации, силата на които се прояви въ смъртьта на единъ селски кметъ, единъ отъ най-свирепитѣ, и въ лошото отнасяние къмъ единъ офицеринъ и нѣколко безчовѣчни члена на общинската администрация.

Но това стигаше, за да се стрѣсне правителството на доктринеритѣ и на ученитѣ (Junamistes), което удави въ кръвьта тѣзи единични бунтове. Селскитѣ бунтове чакатъ още своя историкъ, който ще има да опише не чуванитѣ и безбройни звѣрства, извършени отъ войската по нарочна заповѣдь отъ правителството. Оплашени отъ селскитѣ бунтове, обезпокоени отъ социалистическата пропаганда (ний ще говоримъ за нея ей сега е) ромѫнския парламентъ и жунамистското правителство побързахѫ да вотратъ единъ новъ земледѣлчески законъ, съ който се декретира, че всичкитѣ държавни земи ще бѫдѫтъ продадени на малки кѫсчета на селенитѣ. Този законъ, тъй както биде вотиранъ, е чистъ шарлатанлъкъ. Прѣдложението, да се дадѫтъ пари на селенитѣ да си купятъ сѣчева за работение, биде отблъснѫто; напротивъ, биде рѣшено да се продаде въ всѣко село и на богатитѣ селени нѣколко голѣми парчета земя, за да се образува по този начинъ една дребна селска буржуазия, която щѣше да бѫде една прѣграда противъ революционернитѣ тенденции и която въ сѫщность щѣше да смачка селенитѣ, като погълни земитѣ на най бѣднитѣ, като ги прѣобърне въ економически класове. Този жалъкъ законъ е още по-жалко приложенъ. Ясно е, че ако даже този законъ бѣ-

---

*) Това утвърждение е основано върху официалния рапортъ, прѣдставенъ въ 1885 година на министерството отъ прокурора въ Власка, който, натоваренъ да търси причинитѣ на това емигриране въ България, констатира, че то се дължи на ужасната бѣдность на населението. Разбира се, че, вслѣдствие на този рапортъ, прокурора биде уволненъ отъ служба.

ше изработенъ съ по-голѣмо желание да се подкрѣпятъ интересите на селенитѣ, той пакъ не би можалъ да спре процесса на тѣхната пролетаризация. Като забѣлѣзваме, че самата основа на този законъ е продаванието на малки късчета земя, като частна собственность, нашето утвърждение става още по-очевидно.

Въ никой случай той (закона) не ще бѫде въ състояние да спре голѣмия процессъ, който се извършва днесъ въ Ромѫния, процесса на пролетаризацията на селскитѣ масси.

Този процессъ може да бѫде спрянъ само съ увеличаванието силитѣ на социалистическата партия на страната и съ побѣдата на интернационалния социализмъ. Само тогава ромѫнската селска масса ще има земя, за която тъй много въздиша. Тя ще има всичката земя, но ще да я има национализирана, социализирана

***

Ний се запряхме по-вече върху економическото положение на селенитѣ, защото Ромѫния, като една страна напълно земледѣлческа, отъ най-голѣмъ интересъ е да се запознаемъ добрѣ съ економическото положение на грамадното болшинство отъ жителитѣ й, земледѣлческитѣ работници. Сега ний ще разгледаме положението на индустриялнитѣ работници. Основателитѣ на ромѫнската буржуазия чувствувахѫ необходимостьта да създадѫтъ крупна индустрия, която е първо условие за развитието на буржуазния класъ и на неговитѣ учрѣждения. Но самия този фактъ доказва, че за капиталитѣ бѣше много по-мѫчно да създадѫтъ нови индустриялни клонове и много по-удобно да усилятъ земледѣлческото производство, което вече си сѫществуваше.

Тази буржуазия, на разположението на която се намиратъ леснитѣ срѣдства за натрупванието на капитали, всѣкой пѫтъ е показвала, че е не способна да създаде една индустрия голѣма и силна. Наистина, чуждата индустриална конкуренция, а именно австрийската, прѣчи, до извѣстна степень, на развитието на мѣстната индустрия. За да се избѣгне или прѣодолѣе тази конкуренция, прибѣгвахѫ къмъ протекционнитѣ мита. Още по-вече, че тѣзи мита сѫ тъй високи, щото могѫтъ да се считатъ за истински забранителни мѣрки. Обаче, въпрѣки тѣзи грамадни мита, въпрѣки голѣмитѣ жертви, които си налагатъ потрѣбителитѣ, националната индустрия, родена вчера, си остава неподвижна и това положение се задържа само благодарение на най-безсрамната капиталистическа експлуатация. Въ нѣкои фабрики, които едвамъ туку що сѫ направени, работницитѣ работятъ отъ 5 часа сутринь до 9 часа вечерь. Нѣма и нужда да казваме, че дневната имъ плата е смѣшна. Тъй, да укажемъ на единъ само примѣръ. На фабриката за картони въ Плоешъ отъ 200 души работници половината сѫ малолѣтни, а именно малки момиченца отъ 10 до 14 години, и за единъ день отъ 16 до 17 часа работа тѣзи нещастници получаватъ дневна работническа заплата отъ 30—50 стотинки. Колкото за по-възрастнитѣ работници, платата имъ достига най-много до единъ франкъ.

Днесь Ромѫния се намира въ едно положение на индустриялно развитие, което Марксъ нарича *манифактуренъ периодъ*, прѣдставляванъ отъ едно малко число фабрики и отъ едно голѣмо число малки работилници. Марксъ поддържа, че въ този периодъ работникътъ е крайно експлуатиранъ. Економическото положение на Ромѫния показва, че Марксъ има право. Почти всички работилници сѫ тѣсни, мръсни, безъ въздухъ, работата се продължава отъ 16 до 18 часа, платитѣ най-ниски. Освѣнъ това, грубостьта и лошото отнасяние на патронитѣ достига своя максимумъ. Работницитѣ, които работятъ разни прѣдмети, служащи за луксъ въ искуството и тѣзи, на които занаята изисква дълго изучвание, получаватъ малко по-добри плати. Словослагателитѣ получаватъ отъ 20 до 25 франка въ недѣлята, като работятъ отъ 12 до 14 часа на день; приблизително сѫщо и за механицитѣ, за работницитѣ желѣзари и дърводѣлци, за кундураджиитѣ и пр.

Ето обяснението на това различие въ платитѣ: отъ 1880 година ромѫнската буржуазия захванѫ да се убогатява вслѣдствие на земледѣлческата, търговската и финанциална експлуатация, съ помощьта на всевъзможни лихварски срѣдства. Днесь буржуазията е единъ классъ многоброенъ и силенъ. Този классъ отъ богати личности нахлува въ градоветѣ, които послѣднитѣ тридесеть години се значително уголѣмихѫ. За да задоволи многобройнитѣ си нужди, необходимо бѣше, щото, освѣнъ голѣмото число всевъзможни прѣдмети, които се внасяхѫ отъ чужбина, да могѫтъ да се фабрикуватъ и въ ромѫнскитѣ градове нѣкои прѣдмети, които не можахѫ да се внасятъ отъ вънъ по причина на протекционнитѣ мита. Затова трѣбвахѫ работници искустни и вѣщи, каквито, като нѣмаше въ страната, бидохѫ повикани отъ странство. Разбира се, че тѣзи работници не искахѫ да оставятъ отечеството си и да отидѫтъ въ страна, гдѣто работната плата е по-ниска, отколкото у тѣхъ; тѣ искахѫ високи плати.

Ето какъ се обяснява факта, че въ нѣкои голѣми ромѫнски градове има голѣмо число чужденци работници и защо въ известни клонове на индустрията платитѣ сѫ малко по-високи, малко по-човѣшки. Но колкото по-вече мѣстнитѣ работници научватъ тѣзи привилигировани занаяти и колкото тѣ (работ.) по-многобройни ставатъ, толкозъ по-вече и тѣхната плата ще се смалява, до като достигне плачевната плата на работницитѣ отъ другитѣ занаяти. Но това нѣщо трѣбва да бѫде и ще бѫде попрѣчено съ организиранието на работницитѣ, което сега се извършва, благодарение на дѣятелностьта на ромѫнскитѣ социалисти. За да си съставите понятие за безчовѣчната експлуатация на работницитѣ, ний ще укажемъ на слѣдующитѣ два факта:

1) Въ Ромѫния сѫществува единъ твърдѣ многоброенъ класъ отъ служащи по разнитѣ магазини. Търговцитѣ—дюкенджии взематъ дѣца да ги учатъ на занаятъ и ги каратъ да имъ работятъ въ растояние на четире, петь, шесь години, време необходимо, споредъ патронитѣ, за да се изучатъ добрѣ търговскитѣ операции. Въ сѫщность, тѣзи операции се научватъ въ единъ мѣсецъ. Слѣдъ тѣзи 4—6 години ученицитѣ получаватъ отъ 40—50 лева на мѣсецъ.

Тѣзи малки търговски робчета работятъ по 17 часа на день, безъ да си починатъ единъ день, тъй като дюкенитѣ не сѫ затварятъ въ недѣля. Колкото за работата, която тѣ вършатъ, ний ще покажемъ съ този фактъ: въ нѣкои околии, като въ Прохово, борнитѣ коммисии се виждатъ принудени да освобождаватъ мнозина младежи отъ военната повинность по причина, че биле искилени. Като виждатъ, че тази болѣсть (кила̀та) е толкова распространена, тѣ захващатъ да търсятъ причинитѣ й. И констатира се, че болнитѣ сѫ по-вечето служители при разни магазини и че сѫ болни още отъ дѣтинството си. Причината за раното разболяване е тази, че тѣхнитѣ патрони ги каратъ да вдигатъ твари, тежки отвънъ силитѣ имъ, и че тѣ ги впрягатъ въ претоварени колички, за да прѣнасятъ стокитѣ отъ едно мѣсто на друго. Освѣнъ това, въ послѣднитѣ набори въ Плоещъ е констатирано, че болнитѣ отъ кила достигатъ до 20 на сто. Нѣма нужда отъ коментарии.

2) Втора категория нещастни младежи, експлуатирани още отъ най-ранната имъ възрасть, сѫ чирацитѣ при разнитѣ занаяти, послѣденъ остатъкъ на старитѣ корпорации. Тѣзи дѣца, синове на много бѣдни хора, сѫ експлуатирани сѫщо тъй, както и служителитѣ по магазинитѣ. И наистина, за една работа отъ 16—18 часа на день мастора имъ дава само храна и нищо по-вече.

Като не могѫтъ да се изучатъ въ училището, тъй като родителитѣ имъ сѫ въ крайна бѣдность, тѣ сѫ фатално осѫдени да си останѫтъ за винаги въ това общественно положение; живота на тѣзи нещастници е ужасенъ. Тѣ работятъ отъ тъмни зори до срѣдъ нощь и спятъ по 5 — 6 души въ стаята, въ която и работятъ, просто върху дъскитѣ. Колкото за икономическото слѣдствие отъ чиракуванието, ний ще спемѣнѣмъ ужасната конкуренция, която тѣ правятъ на изученитѣ вече работници, а слѣдствието отъ това е намаляванието на работническата плата.

* * *

Да минемъ сега къмъ развитието на социализма въ Ромжния. До 1874 година социализма не сжществуваше въ страната, даже името му не се чуваше. Отъ друга страна, икономическитѣ условия, които би могли да го породятъ, не сжществувахж, тъй щото социалистическата дѣятелность не можаше да се захване отъ самата Ромжния.

Европейския социализмъ биде внесенъ у насъ отъ западнитѣ страни, но не направо, а посрѣдствомъ Руссия.

Това е важно, защото, вслѣдствие на този фактъ, ромжнския социализмъ въ началото си носи печата на тогавашния русски социализмъ. То бѣше една смѣсъ отъ марксизмъ и бакунизмъ, отъ анархически теории и метафизико-мораленъ сектаризъ. Нѣколко емигранти, русси и ромжни, избѣгали отъ Бесарабия въ Ромжния, въ Яшъ, градъ близо до границата, донесохж тази смѣсъ отъ социални теории. Обаче, тази амалгама, такава, каквато си бѣше, можѫ да пробуди въображението и чувствата на яшската университетска младежь, която се бѣше разочаровала и отвърнжла отъ буржуазния либерализмъ, който бѣше показалъ своята несъстоятелность. Тѣзи младежи, сгруппирани около русскитѣ емигранти, образувахж ядката на ромжнския социализмъ. Тѣ енергично заработихж; захванжхж дѣятелна пропаганда между студентитѣ, между градскитѣ и селски учители, особенно между послѣднитѣ — въобще въ рѣдоветѣ на просвѣтеното общество.

Между работницитѣ пропагандата не можаше дипъ да успѣва по причина на самия характеръ на тогавашния социализмъ и на слабитѣ срѣдства за пропаганда. Нѣколко врѣме слѣдъ туй, яшскитѣ социалисти издадохж вѣстника „Бесарабия," нареченъ тъй за въ споменъ на Бесарабия, която Руссия бѣше присъединила къмъ себе си.

Този вѣстникъ бѣше главно анархически; въ него се забѣлѣзваше едно съвсѣмъ искуствено и повърхностно разбиране, както на обществеинитѣ явления, тъй и на начина, по който тѣ искахж да прѣмахнжтъ общественото зло. Тъй, тѣ хвърляхж анатеми противъ практическата борба, тѣ еднакво се отвръщавахѫ отъ борбата за непосрѣдственнитѣ интереси на работницитѣ, отъ борбата съ помощьта на законни срѣдства, отъ политическитѣ и парламентарни борби. У тѣхъ се забѣлѣзваше, прочее, сѫщата изключителность и повърхность, които обикновено характеризиратъ анархиститѣ.

Този ромѫнски анархизъмъ не бѣше послѣдователенъ и не можаше да бѫде, тъй като младежьта, която го прѣдставляваше, притежаваше въ по-вечето случаи едно серьозно научно образование, образование, което е най-силния противникъ на анархическитѣ идеи. Благодарение на прѣслѣдването на правителството, вѣстника *Бесарабия* прѣстана, слѣдъ нѣколко мѣсечно сѫществувание. Либералното правителство не можаше да гледа съ добро око на появяването на социализма въ Ромѫния и на пропагандата на неговитѣ теории. Социализма му се чинеше една утопия, една дѣтинщина; при все това, то се обезпокои отъ него и чакаше само благоприятенъ случай за да го задуши. Случая не се забави.

На 1881 година *18 Мартъ*, яшскитѣ социалисти рѣшихѫ да отпразднуватъ съ една манифестация годишнината на Парижската Коммуна. Приготовленията бидохѫ извѣстни на полицията.

Русския консулъ въ Яшъ подушилъ работата; той протестира прѣдъ ромѫнското правителство подъ прѣтексъ, че тази манифестация, направена отчасти отъ русски емигранти, шесть дена слѣдъ убийството на царь Александра II, иде да удобри дѣлото на русскитѣ терористи. Либералното правителство забрани манифестацията. Русскитѣ емигранти бидохѫ арестувани и испѫдени вънъ отъ Ромѫния, а на ромѫнскитѣ социалисти имъ се направихѫ обиски и бидохѫ прѣслѣдвани отъ правителството. Братята Надежде, учители въ народната гимназия, бидохѫ уволнени, студентитѣ, компрометирани въ движението — изключени отъ университета. Таквозъ бѣше освѣтяването на гоненията насочени противъ ромѫнския социализъмъ. Естественно е, че, вслѣдствие на това гонение, движението взема силенъ полетъ, пропагандата на жертвитѣ станѫ още по-силна, като си пробиваше пѫть все по-надълбоко въ редоветѣ на просвѣтената младежь.

Ний захванахме да разглеждаме най-напрѣдъ яшския социализъмъ, тъй като оттамъ се захванѫ за пръвъ пѫть движението. Подобно едно движение се разви и въ Букурещъ. Въ Букурещъ, както и въ Яшъ, социалистическата дѣятелность се ограничи съ пропаганда между просвѣтенитѣ слоеве; тя има голѣмъ успѣхъ между студентитѣ въ университета. Млади талантливи социалисти държахѫ единъ рѣдъ публични скаски въ залата, наречена: „Tranzelar". Тѣзи скаски указахѫ прѣвъсходно влияние на младежьта.

Годината 1884 е важна дата въ историята на развитието на нашия социализъмъ. Каза се какъ социалиститѣ, като оставихѫ анархическитѣ формули, бързо еволирахѫ къмъ научния европейски социализъмъ. Въ 1884 год. въ Яшъ излѣзе „Revista Sociala," списание, турено подъ редакцията на Иванъ Надежде, и теоретическата часть на което се пишаше отъ ромѫнския марксистъ Г. Доброжеанъ-Гера.

Въ колонитѣ на това списание теориитѣ на Маркса и Енгелса за пръвъ пѫть бидохѫ изложени прѣдъ ромѫнската публика; „Revista Sociala" захваща полемика съ ромѫнскитѣ буржуазни економисти, които бѣхѫ учили политическата економия въ Парижъ, по рѫководството на Бодрийара, нѣмахѫ понятие за социалистическата економическа литература до Маркса, нѣмахѫ понятие за нѣмската историческа школа, а най-вече, като бѣхѫ съвършенно чужди за прѣврата, който Марксъ направи въ економическитѣ науки, тѣ сами бидохѫ изненадани отъ атакитѣ, които не можахѫ да избѣгнѫтъ и разбрахѫ жалката несъстоятелность на заученитѣ върху университетскитѣ скамейки нѣща подъ гръмкото название „политическа економия." Въ сѫщото това врѣме бидохѫ изложени теориитѣ на Маркса, Енгелса и Моргана, т. е., *идеята, че историята е продуктъ на материалнитѣ економически условия, на борбата между класоветѣ*. Ромѫнския общественъ животъ и неговата история отъ 1848 година насамъ биде подложенъ на строга критика отъ гледна точка на споменатитѣ теории. Тази критика се распростря и върху общественната економия, върху политическия, моралния, умственния и литературния животъ на Ромѫния, съ една дума, върху всичкитѣ жизненни проявления свойственни на всѣка страна. Полученитѣ по този начинъ резултати, като давахѫ най-ясни и необорими изяснения на нѣщата, още веднѫжъ най-красноречиво доказахѫ истинностьта на теориитѣ на съврѣменния социализъмъ и необходимостьта на тѣхното изучване. „Revista Sociala" даде на ромѫнския социализъмъ характеръ на интернационаленъ социализъмъ, какъвто бѣше западно-европейския.

Това списание, тъй както бѣше писано и редактирано, не можа да укаже влияние, освѣнъ на образованитѣ крѫгове. Очевидно е, че това бѣше едно голѣмо неудобство, тъй като болшинството отъ публиката, като недостатъчно образована, не можаше да разбира изложенитѣ теории и бѣше по този начинъ поставена вънъ отъ кръгътъ на социалистическата пропаганда. Тази празднина биде допълнена съ появяваннето на катадневния вѣстникъ „Drepturïle Omului" (правата на човѣка), издаванъ въ Букурещъ. Този вѣстникъ бѣше основанъ отъ букурещския социалистически кръгъ, благодарение на интелигентностьта и на дѣятелностьта на който вѣстника станж щастливо изражение на социалистическата партия, като популяризираше изложенитѣ въ „Revista Sociala" теории. Редактиранъ отъ адвокати, журналисти и студенти, вѣстника биде твърдѣ добрѣ посрѣщнжтъ не само отъ заинтересуванитѣ, но и отъ дребната буржуазия. За жалость, по причина на голѣми материални мжчиотии, вѣстника прѣстанж да излиза.

* * *

Прѣди да продължимъ по нататъкъ изложението на социалистическото движение, ний ще разгледаме единъ въпросъ отъ най-голѣма важность. Ний ще отговоримъ на едно възражение, което правяхж на ромжнския социализмъ, именно, че нѣмалъ почва у насъ. Съмнявахж се даже въ неговата законность, като се основавахж—любопитно нѣщо!—върху теоритѣ на самия социализъмъ. Буржуата, като разбрахж, че социализма се развива и въпрѣки прѣслѣдванията, видѣхж, че тѣзи послѣднитѣ не можахж да иматъ никакъ значителенъ успѣхъ, освѣнъ като се разруши либералната конституция, т. е., като се разрушатъ условията за сжществуванието на самото тѣхно (на буржуата) общество. Това срѣдство, като рискувано, тѣ употрѣбихж друга една тактика, опитахж се да отрѣкжтъ възможностьта на социализма въ Ромжния. Ето едно резюме на тѣхнитѣ аргументи: ний разбираме социализма въ Западна еьропа, въ странитѣ съ крупна индустрия, тамъ, гдѣто въ сжщность сжществува многоброенъ пролетариатъ, тамъ, гдѣто има работнически искания, но у насъ, гдѣто, по причина че нѣма никаква крупна индустрия, пролетариатъ не сжществува, социализма е една бесмислица, едно чуждестранно растение, осждено да загине, като не може да намѣри благоприятна срѣда.

Къмъ отрицанията на буржуата, насочени противъ сжществуванието на социалния въпросъ у насъ, се присъединихж и отрицанията на нѣколцина социалисти доктринери. Тѣзи послѣднитѣ давахж на аргументитѣ си една обществено-научна обвивка. Споредъ самитѣ социалистически теории, казвахж тѣ, съврѣменния социализъмъ е резултатъ на извѣстни икономически условия, той е слѣдствие на единъ извѣстенъ начинъ на производството и на распрѣдѣлението на богатствата. Обаче, въ Ромжния срѣдства на производството, подобни на тѣзи въ Западна Европа, нѣма; слѣдователно, ний нѣмаме економическа почва, която би позволила развитието на социализма.

У насъ индустриаленъ пролетариатъ не сѫществува, или почти не сѫществува, а пъкъ именно този класъ трѣбва да реализира организацията на бѫдѫщето общество; прочее, социалистическата дѣятелность въ Ромѫния е проста измислица, тя не може да бѫде оправдана, тя е едно срамно и безплодно маймунство и носи етикета социалистическа, за да прикрие създаванието на една радикална партия. На всичкитѣ тѣзи аргументи ромѫнскитѣ социалисти сѫ отговаряли много пѫти съ статии, печатани въ вѣстника „Drepturile Omului." По сѫщия този поводъ тѣ издадохѫ една книга подъ заглавие: *Какво искатъ ромѫнскитѣ социалисти*. Ето въ нѣколко думи оборванията, които ний противопоставихме на тѣзи, които отричахѫ възможностьта на социализма въ Ромѫния. Съ аргументи, взети изъ историята на развитието на буржуазното общество, ний отговорихме на нашитѣ възразители буржуа. Ако е истина, че страната не притежава необходимата за социализма економическа основа, то не по-малко е истина и това, че въ 1848 година буржуазията бѣше по-вече лишена отъ елементи, отколкото ний сме днесъ. Ако е истина, че ний нѣмаме голѣмъ пролетариатъ, то не по-малко е истина и това, че днешния ромѫнски пролетариатъ, макаръ малко на брой, е, при все това, много по-силенъ, отколкото бѣше буржуазния елементъ въ 1848 година, което, обаче, не попрѣчи на този послѣдния да възтържествува и замѣсти стария класъ на болѣритѣ. И тъй, прочее, ако направимъ едно сравнение между вървежа, направенъ отъ капиталистическото буржуазно общество, слѣдъ падението на феодалното общество и между прѣдстоящето трансформиране на ромѫнското буржуазно общество въ социалистическо (като прѣдположимъ, разбира се, че социализмътъ е вече побѣдилъ въ Западна Европа) ний ще додимъ до резултати съвсѣмъ различни отъ тѣзи на нашитѣ противници.

И наистина, по сѫщия начинъ, както буржуазното общество въ 1848 г., безъ да имаше прѣдварително нѣкоя отъ необходимитѣ за едно буржуазно общество економически основи, безъ даже да бѣше съставено отъ твърдѣ многобройни елементи, можá, при все това, да възтържествува въ Ромѫния, като се опираше на факта, че тази организация бѣше вече възтържествувала въ

Западна Европа, тъй също и ний, социалистите революционери, въвеждаме социалистическата организация, безъ да бъдемъ подпомогнати отъ единъ грамаденъ пролетариатъ. Тази аналогия, толкозъ забележителна сама по себе си, става още по-забележителна, като се анализира подробно, и красноречиво говори за въ полза на ромжнския социализмъ. Вънъ отъ изложените вече съображения, а именно, че въпрѣки слабостьта на нашия пролетариатъ, той днесъ е много по-силенъ, отъ колкото беше буржуазията въ 1848 год., ромжнските социалисти иматъ на своя страна големия класъ земледѣлчески работници, които те увличатъ и ще увличатъ все по-вече въ социалистическото движение. Другъ единъ факторъ, който говори въ наша полза, е международната социалистическа солидарность.

Този факторъ е много по-силенъ и ще помогне на социалистическа Ромжния много по-вече, отъ колкото европейската буржуазия помогнж на ромжнската. Освенъ това, съвършенната социалистическа организация нема да се въдвори изведнъжъ; до тогазъ ромжнската буржуазия и самите капиталистически учрѣждения, въпрѣки намаляваннето производителностьта на труда, ще расчистватъ и приготватъ почвата за социалистическата партия.

Но всички тѣзи контъръ-аргументи, взети отъ самата история на нейното развитие, буржуазията не отговори, като продължаваше пакъ да си вика, че нашия социализмъ билъ едно чуждеземно растение. Стига толкузъ съ аргументите на економистите-буржуа; ний ще преминемъ къмъ аргументацията на социалистите-доктринери.

Въ отговоръ на възраженията на тѣзи послѣдните, подобни на възраженията, повдигнжти отъ буржуазните економисти, ний ще повторимъ същото туй, което вече казахме, съ прибавление, че те преобрѣщатъ научния социализмъ въ една тѣсна и строга математическа формула. Не ще и дума, че съвремения социализмъ се дължи на економическите условия, свойственни на една известна епоха отъ социологического развитие на човечеството. Истина е, че научния социализмъ не е нищо друго, освенъ научно и теоретическо изражение на стрѣмленията на пролетариата. Но отъ тѣзи истини не излиза, че, веднъжъ роденъ, социализма не ще може да се развива въ земледѣлческите страни, въ страни, въ който не съществува пролетариата на крупната индустрия. Би могло съ успѣхъ да се поддържа противното; движението на пролетариата и неговото теоретическо изражение налагатъ своя печатъ на нашата съвремена епоха, налагатъ го даже и въ страните, гдѣто крупната индустрия и пролетариата се намиратъ още въ зачатъчно състояние — явление, подобно на това, което направи буржуазията, която повлѣче подирѣ си останалитѣ назадъ страни, като имъ наложи своя буржуазенъ печатъ. Така се случи съ Ромѫния. Днесь всѣка страна може да бѫде разглеждана като провинция на Европа, а всѣка малка страна — като една малка провинция. Съвсѣмъ нелогично е, слѣдователно, да се успорва възможностьта на социализма въ Ромѫния; сѫщо тъй нелогично, както кога се утвърждава, че да се пропагандира социализма въ една провинция, въ която нѣма крупна индустрия, е глупаво, даже тогава, когато цѣлата страна е обзета отъ социалистическото движение. Но както и да било, отъ направенитѣ възражения излизатъ истини, които никой не може да отрѣче.

Неоспоримо е, че европейския или американския социализъмъ е неизбѣжно повиканъ да излѣзе на чело на движението, тъй като условията за социалистическата пропаганда и борба тамъ сѫ много по-благоприятни, отколкото въ мѣста, като Ромѫния. Сѫщо тъй е неоспоримо и това, че отъ тактическа гледна точка, ромѫнския социализъмъ трѣбва да има свои особенни орѫжия, прѣдъ видъ на факта, че и економическитѣ условия и економическото поле, върху което той ще маневрира, сѫ особенни. Да цитираме единъ примѣръ: въпроса за покровителството на трудътъ и неговата регламентация (8 часовъ день), който тъй много вълнува Западна Европа, не ще да бѫде чуждъ и за Ромѫния. Обаче, въпроса за земледѣлческитѣ контракти между селенитѣ и собственницитѣ, до колкото това се отнася до покровителствуванието интереситѣ на първитѣ отъ експлуатацията на послѣднитѣ, ще бѫде за Ромѫния най-важенъ отъ всички други въпроси. Лесно е да се види, че този особенъ начинъ на дѣйствие при извѣстни практически въпроси ни най-малко не прѣобрѫща ромѫнската социалистическа партия въ партия радикална, както си мислятъ нѣкои отъ нашитѣ възразители. Оправданието на ромѫнската социалистическа партия и на нейната тѣсна свръска съ европейския социализъмъ се състои въ това, че тѣ и двѣтѣ (ромѫнската социалистическа партия и европейския социализъмъ) иматъ еднакви убѣждения, еднакви стрѣмления, именно, въдворяванието на едно солидарно и хармонично общество, на едно общество, въ което всичкитѣ орѫдия на производството ще бѫдѫтъ социализирани. Колкото за срѣдствата, които трѣбва да се употрѣбятъ за достиганието на тази цѣль, то всѣкой ще употрѣбява таквиз, каквито го изискватъ особеннитѣ условия на страната му. Що се отнася до мѫчнотинтѣ при социалистическата борба и пропаганда въ страната, то самитѣ тѣ ще направятъ соціалиститѣ по енергични, ще ги принудятъ да употрѣбятъ всичкитѣ си сили, за да привлѣкжтъ на своя страна всичкитѣ общественни слоеве, а най-вече за да организиратъ политически една социалистическа работническа партия, прѣчистена отъ всѣкакви примѣси съ буржуазнитѣ партии и, най-сетнѣ, за да могжтъ да покровителствуватъ работницитѣ и тѣхнитѣ непосрѣдственни интереси.

Въ нѣколко думи ний резюмирахме raison d'être-a и часть отъ дѣятелностьта на ромжнскитѣ социалисти.

* * *

Първото проявление на практическата дѣятелность на нашата партия се захванж съ една жива агитация между селенитѣ, направена отъ Яшския социалистически кржгъ, благодарение особенно на нашия неуморимъ приятель Надежде. Тази агитация, захванжта въ 1887 г., се стараеше да заинтересува и привлѣче селенитѣ, като се въртеше около тѣхнитѣ непосрѣдственни интереси, т. е., като искаше приложението на земледѣлческитѣ закони. Тѣзи закони, изработени още въ врѣмето на С. А. Розети, имахж една благоприятна за селенитѣ страна, но благодарение на натиска, който заинтересуванитѣ собственници упражнявахж, общинскитѣ администрации ги захвърлихж въ архивитѣ си и тѣ останжхж неизвѣстни.

Социалистическата агитация можа да разгласи между селенитѣ за тѣхното сжществувание; успѣха й бѣ голѣмъ. Голѣмо число селени се стекохж въ Яшъ да искатъ земя. Социалиститѣ се видяхж принудени да основжтъ единъ работнически клубъ, а въ сжщото врѣме и единъ еженедѣленъ вѣстникъ „Muneitorul," (работникъ) специално за пропаганда между работницитѣ. Въ този клубъ, посрѣдъ работницитѣ, социалиститѣ обяснихж на послѣднитѣ коя е истинската причина на тѣхнитѣ злини и срѣдствата, съ които ще могжтъ да направятъ да въстържествуватъ справедливитѣ имъ искания. Нищо отъ това, което ги интересува, не бѣше забравено, и сжщитѣ тѣзи селени, за които болѣритѣ и буржуата отъ дълго врѣме бѣхж забравили и да помислюватъ, разбрахж социалистическата пропаганда и позволихж да се положжтъ основитѣ на новата работническа политическа партия. Подобна една пропаганда се направи и въ Романъ, именно отъ В. Мортуюнъ, който днесь е депутатъ на партията. Пропагандата се распространи бързо въ Бакху, Васлуи, Путна и прочие. Слѣдствията на тази агитация се проявихж въ Романъ съ избиранието на Мортуюна за депутатъ и испращанието му въ ромжнския парламентъ. Въ сжщата година, слѣдъ паданието на Иванъ Братиано, слѣдъ селскитѣ бунтове, Иванъ Надежде биде избранъ за народенъ прѣдставитель отъ третата избирателна коллегия въ Яшъ (коллегията на селенитѣ) и то въпрѣки безобразния натискъ отъ страна на администрацията. Камаритѣ като бидохж растурени, В. Мортуюнъ се прѣдстави още веднъжъ прѣдъ избирателитѣ и този пжть биде избранъ отъ третата и втората избирателни коллегии (коллегията на дребната буржуазия и на занимающитѣ свободни професии) и доде да засѣдава въ парламента рѣдомъ съ Надежде. Въ Букурещъ адвокатина социалистъ С. Миль и другитѣ тамкашни социалисти сполучихж да основжтъ единъ клубъ, който станж центъръ на ромжнския социализъмъ, особенно слѣдъ изборитѣ, за които ний говорихме.

Въ столицата, като най-индустриаленъ градъ въ страната, социализма необходимо взема чисто западно-европейски характеръ. Около помѣнатия клубъ се основахж корпоративни синдикати (занаятчийски дружества): сѣдлари, кундураджии, словослагатели и прочие. Една отъ особеноститѣ на работничнския клубъ въ Букурещъ е тази, че въ него има много работници чужденци. Тѣзи работници, които сж главно отъ съсѣднитѣ страни, не оставатъ за винаги въ Ромжния, а слѣдъ едно извѣстно врѣме се завръщатъ въ странитѣ си, като занасятъ съ себе си, за да ги разпространятъ между съотечественицитѣ си, социалистическитѣ теории, които сж тукъ придобили. Сжщото нѣщо може да се каже и за чуждестранната младежь (Сърби, Българи, Гърци), която иде да се учи въ Букурещския университетъ; тъй щото, Букурещъ е огнище на социализма на Истокъ.

Днесь ромжнската социалистическа партия, partidul muncitorilor, има три главни клуба: въ Букурещъ, Яшъ и въ Галатцъ и брои мнозина привърженници въ други центрове, като Романъ, Браила, Плоещъ, Фокманъ и пр. Да спомѣнемъ сжщо и клубътъ на ромжнскитѣ студенти социалисти въ Парижъ, който е далъ мнозина борци на партията.

Всичката дѣятелность на ромжнскитѣ социалисти може да се резюмира така:

1) Теоритическа пропаганда на социализма, посрѣдствомъ скаски, брошури и единъ еженедѣленъ вѣстникъ Munca (Трудъ).

2) Политическо организиране на работницитѣ, за да: (а) си извоюватъ политическитѣ права, отъ които сж лишени, именно — всеобщо гласоподаване и (б) да получатъ непосрѣдствено материално подобрение на положението си.

3) Организиране на работницитѣ за крайната цѣль, която е освобождението на работницитѣ отъ политическото и економическото робство.

Успѣшностьта на социалистическата пропаганда въ Ромѫния се вижда отъ начина, по който се отпразднува праздника на 1-ий Май. Съобразно съ рѣшението на интернационалния работнически конгресъ въ Парижъ (1889), на който ромѫнския социализмъ бѣше прѣдставенъ съ петь делегата, 1-ий Май биде отпраздну-ванъ въ Букурещъ, Галатцъ и пр.; три хиляди души въ 1890 година и по-вече отъ четире хиляди въ 1891 година вземахѫ участие въ това отпразднуване само въ букурещъ. Тѣзи цифри, твърдѣ скромни за единъ западенъ градъ, у насъ рѣдко се достигатъ при манифестации, имеющи други характеръ.

Още нѣколко думи върху ролята на социалиститѣ въ селскитѣ бунтове и при съставянието на закона за продаванието на държавнитѣ земи на селенитѣ. Ний казахме, че въ 1888 г. мизерията достигнѫ до върха си и селенитѣ въ Влахия сѫ възбунтувахѫ на разни мѣста.

Социалиститѣ не само, че не вземахѫ участие и не подкрѣпихѫ движението, а напротивъ — направихѫ всичко, що можахѫ, за да го въспрѫтъ тамъ, гдѣто още не бѣше избухнѫло. Ето защо социалиститѣ постѫпваха така: ромѫнскитѣ селени не бѣхѫ организарани и нѣмахѫ ясно прѣдставление за своитѣ искания, слѣдователно, тѣхния бунтъ не можаше да направи нищо друго, освѣнъ да бѫде удавенъ въ кръвь и да тури цѣлия класъ въ едно още по-лошо робство.

Отъ друга страна, ако тѣзи бунтове бѣхѫ взели по-широки размѣри, то съсѣднитѣ държави, особенно Русския, която само чака подобни случаи, щѣха да се намѣсятъ.

Този възглядъ се оправдава още по-вече отъ факта, че една часть отъ възбунтуванитѣ призоваваха името на Русския царь. Тѣзи двѣ съобщения, особенно първото, накарахѫ социалиститѣ да се заловятъ активно да попрѣчатъ на по-нататашното расширение на движението и да успокоятъ духътъ на селенитѣ.

Молдавскитѣ селени испратиха депутация до Иванъ Надежде да го питатъ, дали да се възбунтуватъ или не. Надежде и всички други социалисти имъ показахѫ колко врѣдни бѣха тѣзи бунтове, а въ сѫщото врѣме тѣ имъ расправихѫ по кой пѫть трѣбва да вървятъ, за да побѣдятъ, т. е., да се организиратъ въ една класова партия. Неоспоримо е, че благодарение на социалистическото влияние само, въ Молдавия не избухнѫ въстанието. Нѣколко ромѫнски социалисти критикуватъ това повѣдение на партията; тѣ бѣха наклонни къмъ едно поведение по революционно, но тѣ се подчинихж на рѣшението на болшинството.

Ромжнскитѣ социалисти трѣбваше втори пжть да проявятъ сжществуванието си по случай на закона за продаванието държавнитѣ земи на селенитѣ. Ний казахме, че парламента вотира този поземеленъ законъ непосрѣдствено слѣдъ селскитѣ бунтове, законъ, споредъ който всичкитѣ държавни земи трѣбваше да се продадѫтъ на малки кжсчета на селенитѣ.

Социалиститѣ тогазъ поискахж, щото грамаднитѣ държавни владения, които съставляваха една четвъртъ отъ пространството на цѣлата страна, да не се продаватъ на малки кжсчета, а напротивъ още да се увеличжтъ съ купуванието на частни земи и тогава образуванитѣ по този начинъ голѣми държавни имущества да се раздадѫтъ подъ аренда на селенитѣ и на селскитѣ общини съ ниска цѣна; освѣнъ това, държавата да е задължена да имъ даде необходимитѣ капитали да си купятъ оръдия за работение, машини, добитъкъ и пр.

По този начинъ можеше да се реализира отчасти национализацията на земята, но, както се и очакваше, прѣдложението биде отхвърлено отъ буржуазния парламентъ. Освѣнъ това, по нѣмание на врѣме, прѣдложението не можа да бжде даже съобщено на работницитѣ, които съ туй би указали извѣстно влияние върху вотиранието на камаритѣ. Законитѣ върху продаванието на земитѣ бидохж набързо вотирани и съ туй всичко се свърши. Да забѣлѣжимъ мимоходомъ, че влиянието на работницитѣ, за което ний спомѣнахме би наложило на економическитѣ явления на Ромжния единъ демократически характеръ, който по-вече отъ всѣки други аргументъ щеше да говори, не само за въ полза на утвърждаванието на ромжнския социализъмъ, но и нѣщо по-вече—той щеше да докаже абсолютната необходимость и силата на тази партия.

* * *

Слѣдъ петнадесеть години трѣскава борба, а особенно въ послѣднитѣ шесть години, ромжнския социализъмъ достигна да си има свои клубове, своя литература и една политическа партия, на която старитѣ и млади буржуазни партии не се двуумятъ да прѣдлагатъ сдружаване въ врѣме на изборитѣ. Тази партия вече испрати въ парламента прѣдставители и принуди общественното мнѣние да припознае сжществуванието на ромжнския социализъмъ, и днесь сжщата тази публика го приема като единъ естественъ фактъ, тя, която прѣди петнадесеть години игнорираше или прѣзираше нѣщата и хората на социализма. Всѣко село има свой социалистически центръ; въ най-отдалѣченитѣ села е проникнѫлѫ социалистическата агитация; въ много общини селенитѣ гласуватъ за социалисти, които всѣкой день все по-вече и по-вече гласове получаватъ. Разбира се, че партията, още като млада и като среща грамадни мѫчнотии, не може да има рѣшающе влияние въ страната. Обаче, полученитѣ резултати сѫ насърдчителни и позволяватъ на ромѫнскитѣ социалисти да бѫдѫтъ една маничка частица отъ голѣмата международна социалистическа армия.

Христовъ

МЕЖДУНАРОДНИЯ КОНГРЕССЪ НА СТУДЕНТИТѢ-СОЦИАЛИСТИ ВЪ БРЮКСЕЛЪ

(свиканъ на 20 Декемврий 1891 год.)

———

На 20 Декемврий 1891 год. въ недѣля се отвори въ Брюкселъ въ «La maison du peuple» първия международенъ конгрессъ на студентитѣ-социалисти отъ цѣлия свѣтъ. Отъ обявяването въ органа на федерацията на белгийскитѣ студенти-социалисти: L'étudiant socialiste», за свикванието на конгресса, чакъ до сомото му свършвание, социалистическия свѣтъ съ голѣмъ интересъ очакваше да види резултатитѣ на това ново и радостно явление. Но какво значение може да има събирането на десетина души студенти-социалисти на конгрессъ за социалистическото движение въобще? Каква нова сила можаше да притури социалистическото движение между студентитѣ въ борбата на пролетариата? Защо, съ една дума, брюкселския конгрессъ на студентитѣ-социалисти възбуди не само съчувствие, но и голѣма радость въ цѣлия социалистически свѣтъ, и оправда ли той тази радость?

Социализмътъ, който е плодъ на капиталистическото производство, на съврѣменнитѣ обществено-економически отношения на двата враждебни обществени классa—буржуазията и пролетариата, е учение, което изразява непосрѣдственно интереситѣ на една ѫмо отъ тѣзи классове—на пролетариата, както и хуманнитѣ велики либерални идеи на XVIII вѣкъ изразяваxѫ непосрѣдственно интереситѣ на буржуазията. Но, както идеитѣ на XVIII вѣкъ, които бѣxѫ плодъ на своето врѣме, тъй и социализма днесь, тъй и всѣко учение, което е продуктъ на постоянно развиващитѣ се производителни сили, като отговаря на сѫществующитѣ економически условия, като изразява интереситѣ на най-прогрессивния отъ борящитѣ се классове, то съ туй изразява интереситѣ и на цѣлото човѣчество, тъй като съ развитието на производителнитѣ сили, носитель на което той се явява, се подобрява положението на всѣки классъ, взетъ отдѣлно, макаръ положението на единъ классъ по отношение на другъ да става по-лошо. Ако това може да се каже за всѣко прогрессивно учение въобще, ако може да се каже, че всѣкой прогрессивенъ общественъ классъ, до като е такъвъ, като се бори за своитѣ классови интереси, съ туй се бори за интереситѣ на цѣлото человѣчество; то толкозъ повече това може да се каже за послѣдния общественъ классъ, за пролетариата. Съ въстържествуванието интереситѣ на пролетариата, като классъ, прѣкращава се и сѫществуванието на всѣки общественъ классъ, унищожава се всѣко общественно и экономическо неравенство и, слѣдователно, благото на пролетариата става благо на всички общественни классове и то не относително, както е било при въстържествуванието на досегашнитѣ прогрессивни классове—напр. буржуазията—а наравно съ него.

Като тъй, би трѣбвало всичкитѣ безъ разлика общественни классове да работятъ за прѣуспѣванието на социализма, да се стрѣмятъ къмъ по-скорошното му приложение. Би трѣбвало буржуазията сама да сложи капиталитѣ си и да слѣзе отъ сцената, а не да заставя пролетариата да ѝ обявява война на животъ или на смърть и съ сила да я экспроприра. Колко хубаво щеше да е тъй! Нима буржуазията не може да разбере, че въ неинъ интересъ е да се въдвори социализма, който ще я избави отъ всѣкидневнитѣ ужасни банкрутни кризиси, на които тя е изложена? Какъ да не може, туй е толкозъ очевидно! Много таквизъ въпроси би си задавалъ человѣкъ, много би се чудилъ и маялъ, защо хората не разбиратъ и отколѣ още не сѫ разбрали своитѣ истински интереси, та да устроятъ живота си съобразно съ тѣхъ, ако се мисли, че е достатъчно да съзнавашъ полезностьта на нѣщо, за да можешъ да го направишъ, или даже, че е възможно да съзнаешъ полезностьта му, до като не сѫ се явили необходимитѣ за това материални условия. Но за человѣкъ, който знае, че общественно—экономическия строй на хората, при разнитѣ епохи, е такъвъ или онакъвъ не оттуй, че тѣ сѫ съзнавали или не истинскитѣ си интереси, че человѣческитѣ общества, начиная отъ разложението на първобитния коммунистически строй, съвсѣмъ не прѣдставляватъ една цѣлна еднородна масса, а, напротивъ, почиватъ надъ постоянната борба на классоветѣ и че, слѣдователно, туй, което въ даденъ моментъ е противъ интереситѣ на единъ или нѣколко общественни класса, може да бѫде и е — въ туй се заключава негова raison d'être — въ интереса на господствующия общественъ классъ; за человѣкъ, който знае, най-сетнѣ, че понятията за добро и зло, за разумно и неразумно, нравственно и безнравственно, се образуватъ подъ влиянието на материалнитѣ економически условия и, слѣдователно, сѫ различни за разнитѣ времена и за разнитѣ обществении класси — за този човѣкъ горнитѣ въпроси не сѫществуватъ.

Хората всѣкога дѣйствоватъ подъ влиянието на непосрѣдственнитѣ си интереси, които се опрѣдѣлятъ отъ сѫществующитѣ помежду имъ обществено економически отношения. И до когато непосрѣдственнитѣ интереси на отдѣлна личность или на цѣлъ общественъ классъ съвпадатъ съ историческитѣ прогрессивни тенденции на съврѣменната тѣмъ епоха, личностьта или классътъ постѫпватъ най-прогрессивно, най-нравственно, като се стрѣмятъ къмъ удовлетворението на тѣзи си непосрѣдственни лични или классови интереси. И наопѣки, когато, като прѣслѣдва непосрѣдственнитѣ си интереси, личностьта или классътъ прѣчатъ на общественния прогрессъ, запиратъ по-нататъшното развитие на производителнитѣ сили, тѣ ставатъ регрессивенъ, безнравственъ елементъ и сѫ осѫдени на загинване. Но на загинване не доброволно, тъй като туй, къмъ което една личность или единъ классъ се е стрѣмилъ прѣзъ цѣли десетини, а може би и стотини години; туй, което прѣзъ цѣли вѣкове ги е въодушевявало и тикало напрѣдъ, което сѫ е сраснало съ плътьта и кръвьта имъ, не току-тъй лесно се напуска. Породени отъ необходимостьта на живота, нашитѣ чувства, нашитѣ мисли, нашитѣ идеали се запазватъ по традиция у насъ и тогазъ, когато условията, които сѫ ги прѣдизвикали, вече не сѫществуватъ и, слѣдователно, тѣ нѣматъ никакъвъ raison d'être, никакво разумно оправдание. Тѣ се съхраняватъ у насъ, до като новитѣ материални условия, слѣдъ дълговрѣменно дѣйствие, не ги измѣнятъ.

Никой общественъ классъ не се е отрѣкалъ доброволно отъ непосрѣдственнитѣ си интереси прѣдъ видъ на бѫдъще нѣкакво щастие и въ името на общественния прогрессъ. Нѣма и неможе да се откаже доброволно и буржуазията. Тя, като классъ, не може да разбере, че прѣче за по нататъшното развитие на производителнитѣ сили, на силитѣ, които сама тя е създала и развила до днешното имъ положение. Тя ще бѫде експроприирана, ще бѫде вдигната отъ мѣстото, което заема, само съ сила.

Въ всѣка велика революционна епоха, която, въ постоянната борба на классоветѣ, единъ новъ, пъленъ съ животъ и енергия, обновляющъ классъ иде да заеме мѣстото на стария, изгнилия, отживѣлъ вече времето си, классъ, въ главитѣ на хората се образуватъ велики идеи, чисти и възвишени стрѣмления. Подъ влиянието на силното потрѣсение, на оживеното брожение въ всичкитѣ слоеве на общественния животъ въ врѣме на революционната епоха; подъ влиянието на обстоятелството, че всѣкой революционенъ классъ носи въ себе си исторически процессъ, и че отъ неговата частна классова побѣда се подобрява, до извѣстна степень, положението и на стоящитѣ задъ него общественни классове, идеолозитѣ, философскитѣ прѣдставители на революционния классъ, вдигатъ високо знамето на революцията и обявяватъ, че тя ще донесе пълно щастие и благоденствие на цѣлото човѣчество, на всички общественни классове; тѣ провъзгласяватъ свещеннитѣ права на человѣка: свободата братството и равенството на всичкитѣ хора. Тъй бѣ въ XVIII вѣкъ прѣдъ Великата Френска Революция. Тукъ, както и наврѣдъ, когато идеолозитѣ на революционния классъ прѣдставляватъ негова триумфъ за триумфъ на цѣлото человѣчество, тѣ не сѫ шарлатани, не сѫ прѣднамѣрени лъжци. Не, ни най-малко. Тѣ дълбоко и искрѣнно вѣрватъ, че идеалитѣ на тѣхния классъ сѫ идеали и на цѣлото человѣчество. Ний видяхме, че относително тѣ сѫ прави, но не и абсолютно. Но человѣкъ, който спазва още дълбоко нейдѣ въ сърдцето или въ мозъка си слѣдитѣ на онова златно врѣме, когато личността се е поглъщала всецѣло отъ обществото, когато скръбьта и радостьта, когато живота на послѣдното сѫ били и нейна скръбь, нейна радость, нейнъ животъ, не може да се не осмихне и възрадва, когато вижда радостьта на ближния си, когато вижда неговото щастие. А колко по-вече трѣбва да бѫде възрадвана и възхитена тази мисляща часть отъ обществото, която е възвела въ нравственни принципи сѫществуващитѣ у всѣкиго смѫтни алтруистически наклонности и инстинкти, когато въ надвечерието на революцията тя вижда, че всичко се оживява, че всичко се пробужда отъ дълбокия си сънь и се готви да хвърли отъ плещитѣ си досегашния яремъ на несправедливостьта, на насилието! Упоена отъ грамаднитѣ успѣхи на своя собственъ классъ, упоена отъ силното жизнено движение, буржуазната интелигенция прѣдъ революцията, чиста, вѣрующа въ историческия прогрессъ, вѣрующа въ тържеството на доброто и справедливостьта, като всѣка революционна интелегенция, бѣзъ да разбира истинското историческо назначение на своя классъ, помисли си, че е настѫпилъ вече часътъ, въ който ще се тури край на всички страдания, на всички несправедливости и безакония и въ който ще настѫпи царството на разума, царството на всеобщото человѣческо щастие. Подъ тѣзи велики хуманни идеали тя порастѫ „на цѣли вѣкове", тя се възвиси, придоби таковазъ гигантска нравственна сила, щото не се поколеба ни на мигъ да умрѣ за тѣхъ. Кой не си спомня грандиозния образъ на революционера отъ 1789 год., кой не се е мѫчилъ да обхване въ всичката имъ пълнота, кой не е благоговѣялъ, кой не е чувствувалъ и страхъ, и срамъ, и оживление прѣдъ образитѣ на Дантона, на Демулена, на Шенйо — тѣзи нравственни гиганти!? Е добрѣ, цѣлата тази плеада самоотверженни борци, каквито се раждатъ само въ великитѣ революционни моменти, всичката буржуазна интеллигенция се бори и умрѣ въ 89 г., съ дълбока вѣра, че умира за тържеството на правдата, за щастието на човѣчеството.

Ний знаемъ, сбѫднѫхѫ ли се идеалитѣ на пламеннитѣ идеалози революционери отъ 1789 година. Ний знаемъ, дали побѣдата на буржуазията биде и побѣда на справедливостьта, надъ злото и насилието. Ний знаемъ, че свободата, братството и равенството въ дѣйствителностьта се сведохѫ къмъ свободата на експлуатацията, братоубийственната война — конкурренцията — и къмъ нечувано до тогазъ економическо неравенство. Да, ний знаемъ всичко това, но оттуй ни най-малко не се намалява, прѣдъ нашитѣ очи, величието на екзалтирания буржуазенъ революционеръ. Самъ той видя колко горчиво се е лъгалъ, самъ той видя резултатитѣ на великата борба: „старецъ вече, той съ прѣзрѣние се отвърнѫ отъ своитѣ доволни синове, възненавидѣ новия строй — взема̀ участие въ заговоритѣ и отиваше да мре на барикадитѣ заедно съ студентитѣ и работницитѣ."

Слѣдъ революцията, до като буржуазията не бѣше се разправила още окончателно съ феодализма, съ Бурбонитѣ и духовенството, до като не бѣше измрѣло още поколението отъ 89 г., което съхраняваше въ себе си революционнитѣ традиции на революцията, бужуазията, макаръ и съ много по-малъкъ жаръ, продължава още да играе революционна роль: нейната интеллигенция умира още съ ентусиазъмъ на барикадитѣ рѣдомъ съ работницитѣ. Но, колкото по се приближаваше къмъ половината на настоящия вѣкъ; колкото по-вече буржуазията вземаше връхъ надъ аристокрацията и оздравяваше положението си; колкото повече се съсрѣдоточаваше въ истинската си цѣль — да натрупва богатства до безконечность: толкозъ по-вече огъньтъ угасва, толкозъ по-вече революционния ентусиазъмъ напуска буржуазията. Тя захваща мирно да си живѣе и печели, а интеллигенцията ѝ се прѣобръща, на хилавъ, бактисалъ отъ живота, пиеница, който, като нѣма смѣлостьта да свърши веднъжъ за винаги съ всичко, противно нему въ тоя свѣтъ, прѣдава се на развратъ и пиянство и въ тѣхъ търси забавление.

Въ 1830, 1848 г. г. (24 Февруарий) ний виждаме още френцуското студентчество да вдига високо знамето на свободата, братството и равенството, да се бори противъ послѣднитѣ останки на срѣдневѣковния монархизмъ въ името на прогресса, на справедливостьта и на человѣческото щастие. Но, до като буржуазията се разправяше съ аристократизма, съ монархизма, до като расчистваше пѫтя си и се готвяше тихо и спокойно да зацарува и запечели, задъ гърбътъ ѝ се издигнѫ новъ единъ врагъ, нова една застрашителна сила, пролетариата—классъ, който не отживяваше, а сега се зараждаше, пъленъ съ енергия и съ жизненни сили; чудовище, което я хванѫ внезапно за гърлото и ѝ каза: чакай,

„Има една вѣхта смѣтка
Тукъ да видимъ съ васъ!"

Буржуазията съ ужасъ погледнѫ на тази млада разрушителна сила, която испѫкваше изъ подъ димътъ, изъ подъ трясъцитѣ на нейнитѣ собственни фабрики. Тя видя, че ней ѝ прѣдстои нова борба, много по-страшна отъ първата, и то вече не за да расшири привилегиитѣ си, не за да увеличи благоденствието си, а за да запази туй, което има. 23 Юний 48 г. биде първия сериозенъ актъ на тази нова, пръвъ пѫтъ появляюща се въ историята, борба. Буржуазията вече не нападаше, а бѣше нападнѫта; тя трѣбваше да се защищава. И наистина, тя се брани като нѣкой отчаенъ, който, като не вѣрва въ състоятелностьта на своитѣ сили, безъ да му мисли, се хвърга като разяренъ звѣрь върху неприятеля си и не отстѫпва прѣдъ никакви срѣдства, колкото гнусни и отвратителни да сѫ тѣ. Но въ тази борба, въ която буржуазията, за да остане побѣдителка, за да запази положението си, трѣбваше да потъне до колени въ пролетариатска кръвь, да стѫпи върху труповетѣ на хиляди гладни, измѫчени, окаени работници, които имахѫ дързостьта *да поискатъ работа, да поискатъ хлѣбъ, да заявятъ своитѣ „человѣчески права;"* въ тази борба, казвамъ, можаше ли буржуазната младежь, буржуазната интелигенция, въ която бѣ останѫло бари искрица отъ нравственность, на която още бѣхѫ мили идеалитѣ на XVIII вѣкъ: свободата, братството и равенството, за минута даже да си помисли, че, като се бори за интереситѣ на своя классъ противъ пролетариата, противъ *народа*, тя се бори за интереса *на цѣлия народъ*, въ името на правдата, на равенството, на разума!? О, каква подла насмѣшка надъ кървавитѣ, обезобразени, раскѫсани, търкаляющи се по улицитѣ работнически трупове! Туй е по-вече отъ психологически абсурдъ. Тукъ никой честенъ човѣкъ неможаше да си прави илюзии, както въ 1789 година, че, като се бори за буржуазията, той се бори за благото на цѣлото човѣчество. Буржуазната интелигенция, като таквази, не можаше вече да бѫде революционна. Тя се разочарова въ досегашнитѣ си идеали, тя видѣ тѣхния фалшъ, и отъ този моментъ тя се прѣобръща въ бездушенъ трупъ, който, останѫлъ безъ идеали, безъ високо нравственни въодушевления, се заравя въ гнуснотиитѣ на свѣтския салоненъ животъ и тамъ въ прѣгрѫдкитѣ на Бакхуса и на Венера доживява послѣднитѣ си дни*)

Буржуазията отъ революционна, прогрессивна, каквато бѣше въ 1789 г. и въ пъpвитѣ 40 години на настоящия вѣкъ; отъ благодѣтелна на цѣлото човѣчество; отъ прѣобразувателка на старя начинъ на производството; отъ разширителка на производителнитѣ сили на трудътъ—по силата на вѣчната смѣна на формитѣ, по силата на вѣчната теза и антитеза, става огнетителка, става прѣчка за по нататъшното развитие на производителнитѣ сили, става реакционна, регрессивна. Тогазъ на сцената излиза пролетарната и зема историческото мѣсто, което буржуазията заемаше прѣди 89 г. Пролетарната сега, борящецъ се за своитѣ классови интереси, става носитель на прогресса, на всеобщото щастие и благоденствие. Неговитѣ идейни прѣдставители, неговата интеллигенция, възродени отъ новото социално-революционно движение, вдигатъ високо знамето на равенството, на братството и на свободата; но съ тая само малка разлика отъ своитѣ събратя въ XVIII вѣкъ, че справедливостьта, равенството, братството и свободата на всички сѫ тѣхни идеали не за туй, че сами по себе си сѫ хубави, възвишени нѣща, а за туй, че къмъ тѣхъ фатално ни води историческото развитие на съврѣменния обществено-икономически строй, затуй, че къмъ тѣхъ ни води тържеството на пролетариата—*послѣдния общественъ класъ*. За идеали тѣ на революционера–пролетарий стои историческата дѣйствителность. Къмъ възвишенностьта, къмъ високо-нравственностьта на идеалитѣ на революционера-социалистъ се притуря—което е най-важното—и неговата увѣреность, че въ едно близко бѫдѫще тѣзи му идеали ще бѫдѫтъ осѫществени, защото къмъ тѣхъ ни води историческото развитие на материалнитѣ условия на епохата, въ която живѣе. И тази именно висока нравственность на идеалитѣ, тази именно дълбока увѣреность въ тѣхната непрѣменна осѫществимость създадохѫ, създаватъ и ще създаватъ характери

---

*) Даже и най-честната часть отъ буржуазната интеллигенция не можаше, слѣдъ разочарованието си въ досегашнитѣ си идеали, да прѣмине изведнъжъ на страната на огнетенитѣ, на пролетариата, тъй като този послѣдния самъ току що се пробуждаше и не бѣше си изработилъ още никакви идеали. Отъ една страна фалши, лъжа, отъ друга—пустота.

като Делклюза, Варлена, Флоранса, Пижола и прочее.

Десетилѣтия се изминаватъ; капитализма се развива на широко и на дълбоко, количественно и качественно; отношенията между буржуазнята и пролетарната испъкватъ най-ясно и релефно. Идейнитѣ прѣдставители на пролетариата подхвърлятъ на строга научна критика тѣзи отношения, показватъ тѣхната свръска съ миналото и тѣхното неизбѣжно бѫдѫще. Тѣ повдигатъ политическата економия, която буржуазнитѣ економисти, слѣдъ Рикардо, бѣхѫ обѫрнали на фалшива адвокатщина, на висотата на науката. Тѣ взематъ въ свои рѫцѣ историята, социологията, философията, съ които буржуазията си служи, за да оправдае своето господство, и отъ напрѣдъ увѣрени, че дѣйствителностьта говори въ тѣхна полза, подлагатъ на безпристрастно изслѣдване историческитѣ и социологически явления. Тѣ обхващатъ, най-сетнѣ, цѣлата область на положителнитѣ науки, на етиката, на философията и ставатъ за XIX вѣкъ това, което буржуазнитѣ учени и философи бѣхѫ за XVIII вѣкъ. Отъ друга страна, движението на пролетариата взема грамадни размѣри; той се организирва въ силна боева партия и не е далечь деньтъ, когато той ще вземе въ рѫцѣтѣ си държавната власть, а съ туй и сѫдбата на цѣлото общество. Но туй положение на нѣщата, туй всестранно прѣобладаване на пролетариата и въ науката, и въ живота, може ли да не укаже нѣкакво влияние и на другитѣ общественни слоеве? Ний знаемъ, че днесь всѣкой приказва, всѣкой се интересува, или поне показва видъ, че се интересува, отъ социалния въпросъ; но намъ не ни е думата за таковато влияние, намъ не ни е думата за тѣзи лицемѣрни, шарлатански фразйорства, за тѣзи крокодилски сълзи. Не, ний питаме да ли кървавата борба на пролетариата, дали социализма не пробудиха мисъльта, не размѫтихѫ съвѣстьта на тѣзи елементи отъ останалитѣ общественни слоеве, въ които тѣ още не бѣхѫ съвсѣмъ заглъхнѫли?

Въ революционнитѣ епохи, въ епохитѣ на борба за животъ или смърть, въ епохитѣ, въ които всичкитѣ човѣчески инстинкти се проявяватъ съ всичката си пълнота, появява се и инстинкта на алтруизма, пробужда се и съвѣстьта по отношение на общественната справедливость. Всѣкой, който баре малко е запазилъ човѣшкия си образъ, се запитва: какво трѣбва да е неговото отношение къмъ борящитѣ се страни? Да остане хладнокръвенъ, индеферентенъ не може—той трѣбва да прѣмине на една отъ борящитѣ се страни. Е, на коя страна ще прѣмине той? На тази на експлуататоритѣ, на убивачитѣ, на задържителитѣ на прогресса, или на тази на експлуатиранитѣ, на измѫченитѣ, на тази, на която принадлѣжи бѫдѫщето? Съвѣстьта и науката му показватъ. Буржуазния честенъ интеллигентъ, отстраненъ отъ обществената дѣятелность, отъ какъ буржуазията отъ революционна станѫ консервативна и реакционна, си създаде новъ единъ идеалъ: да служи на чистата наука. Но какво му казва чистата наука днесь? Не туй ли, че неговия классъ е изигралъ вече историческата си роля, че той прѣче днесь за по-нататъшното развитие на обществото въобще и на самата *чиста наука* въ частность, че той е осѫденъ, слѣдователно, на загинвание отъ самия ходъ на историческитѣ събития и че близкото бѫдѫще, най-сетнѣ, принадлѣжи на пролетариата? Какъ да служи тогазъ на *чистата наука*? Буржуазия и чиста наука сѫ двѣ нѣща несъвмѣстими. Трѣбва, прочее, пионера на мисъльта да направи изборъ между своитѣ классови интереси и интереспитѣ на науката. Кое той прѣдпочита? *Конгресса отъ 20 Декемврий ни го показа.*

Факта, че социализма прониква все по-вече и по-вече между студентчеството, което се състои *изключително* отъ синоветѣ на едрата и дребната буржуазия; факта, че почти въ всичкитѣ по-голѣми университетски градове се основаватъ студенчески социалистически дружества; самото свикване и държание на брюкселския конгрессъ, най-сетнѣ, ни показватъ че честната, неразвратена часть отъ буржуазната интеллигенция прѣминава на страната на експлуатиранитѣ, прѣдпочита служението на науката прѣдъ классовитѣ си интереси, дезертира отъ лагера на бащитѣ си и иде да се нарѣди въ рѣдоветѣ на пролетариата. Но, „горко на тази армия, ще кажемъ ние заедно съ брюкселския си коллегъ Лео, всрѣдъ която ставатъ тѣзи дезертирания! Морално тя е побѣдена, малко прѣди да бѫде и матерално съвършенно оничтожена."

Ето какво грамадно е значението на първия студентчески социалистически конгрессъ за социалистическото движение, ето защо такъвъ голѣмъ интересъ възбуждаше той въ цѣлия социалистически свѣтъ.

Да видимъ сега, какъ биде организиранъ самия конгрессъ, какъвъ бѣше неговия съставъ и особенно какви сѫ неговитѣ рѣшения.

Белгийската федерация на студентитѣ социалисти въ националния си конгрессъ отъ 1891 година, между другото, взема и рѣшението да вземе инициативата за свикването на международенъ конгрессъ на студентитѣ социалисти. На брюкселския студентчески и социалистически серкълъ биде възложено организиранието на конгресса. Първия аппелъ, отправенъ къмъ студентитѣ социалисти въ цѣлия свѣтъ отъ страна на организационния комитетъ, се появи въ „L'étudiante sosialiste" на 1891 година. Въ него, като се указваше на важностьта и значението на конгресса, братски и сърдечно се приканвахж всички студентчески социалистически дружества да вземжтъ участие въ конгресса и да обявятъ прѣдварително въпроситѣ, които тѣ мислятъ за нуждно да се разгледатъ на конгресса. Точната дата за събирането на конгресса не бѣше опрѣдѣлена въ този пръвъ аппелъ. Комитета исказваше само своето частно мнѣние, че най-добрѣ ще е да се събере конгресса въ началото на учебната 91/92 година, като сжщеврѣменно моляше пакъ разнитѣ дружества, които искатъ да вземжтъ участие въ конгресса, да се произнесжтъ върху деньтъ на събирането.

Слѣдъ този аппелъ въ «L' etudiant socialiste» бидохж напечатани още нѣколко, въ които послѣдователно се съобщаваше, кои студент. социалистически дружества сж обявили, че ще вземжтъ участие въ конгресса, а сжщо и разнитѣ, прѣдложени отъ тѣзи дружества, въпроси за разглеждание. На 20 Ноемврий биде напечатано извѣстие, въ което вече дневния редъ и датата на конгресса бѣхж опрѣдѣлени. За отваряние на конгресса биде назначенъ деньтъ 20 Декемврий съ слѣдующия дневенъ рѣдъ:

1) Рапорта на делегата върху положението на социалистическото движение между умственнитѣ работници на страната, която тѣ прѣдставляватъ;

2) Народното образование;

3) Общественната роля на студентитѣ;

4) Регулирашието на трудътъ;

5) За ролята на университетитѣ по въпроса за арбитража и мира (прѣдложено отъ американскитѣ дружества);

6) Организиране на артистически вечеринки въ мѣста, посѣщавани отъ работницитѣ; искуството и социализма (прѣдложено отъ Брюкселъ);

7) Въпроса за жената, главно отъ гледна точка на образованието (прѣдложено отъ виенскитѣ студенти-социалисти);

8) Международна федерация на социалистическитѣ университетски дружества.

Въ Недѣля на 20 Декемврий, слѣдъ обѣдъ, конгресса биде откритъ въ La maison du peuple. „Брюкселската секция на белгийската работническа партия посрѣщнж делегатитѣ. Бюрото се състоеше отъ другаритѣ: Волдерсъ—прѣдсѣдатель, Ванъ Леда, Девиль, Дефне и Лекенъ. Слѣдъ като пожела „добрѣ дошле" на белгийскитѣ и чуждестранни студенти-социалисти, които идѫтъ да се наредятъ въ рѣдоветѣ на социалистическата армия и да помогнѫтъ за побѣдата на рѫчния и умственъ пролетариатъ, прѣдседателя описа зачалото и развитието, а сѫщо и днешната организация на белгийската работническа партия, всрѣдъ рѫкоплѣсканията на събранието. Слѣдъ туй, посрѣдъ акламациитѣ на събранитѣ граждани, говорихѫ съ голѣма прочувственность: прѣдсѣдателя на конгресса, другаря Диаманди, единъ швейцарски делегатъ, единъ француски, единъ холандски, единъ австрийски, единъ датски и приятеля Вандервалдъ отъ името на брюкселския студентчаски социалистически серкълъ"*)

Слѣдъ свършванието на поздравителнитѣ рѣчи отъ едната и другата страна, конгресса се залавя непосрѣдствено за работа. Прѣди всичко се провѣрявахѫ мандатитѣ на делегатитѣ и се прочитахѫ писмата и телеграммитѣ, съ които непрѣдставенитѣ дружества изразявахѫ своята солидарность съ конгрессътъ. Прѣдставени сѫ на конгрессътъ и обявили своята солидарность съ него студентческитѣ социалистически дружества въ слѣдующитѣ държави и градове:

Отъ Италия: Миланъ, Неаполъ, Римъ, Булонъ и Палермо.

Отъ Франция: Парижъ, Лилъ и Лионъ

Отъ Австрия: социалъ-демократическата группа на Kopfarbeiter въ Виена и въ Лембергъ.

Отъ Холандия: Амстердамъ и Дейфтъ.

Отъ Ромѫния: студентческитѣ социалистически дружества въ Букурещъ и Яшъ и дружеството на ромѫнскитѣ студенти социалисти въ Парижъ.

Отъ Дания: Копенхагенъ.

Отъ Швейцария: отъ Женева: дружеството на студентитѣ-социалисти, дружеството на германскитѣ и австрийски студенти-социалисти, българската студентческа группа. (Ето телеграммата, която българската студентческа группа въ Женева е испратила на конгрессътъ:

Bruxelles. Congrès international des étudiants socialistes.
De Fuissaux, 517, Avenue-Louise.

Frères!

Le but qui vous reuni nous inspire la solidarité avec vous.

Votre tâshe socialistes est aussi la nôtre. Salut et fraternité! Vive le congrès des étudiants socialistes

---

*) Le socialiste, 2-ème année, N-o 65, 1891.

Pour le groupe d'étudiants bulgares à Genève,
le secretaire: Tchakaloff.

Братя!
Цѣльта, която Ви съединява, ни вдъхва солидарность съ Васъ.
Вашето социалистическо дѣло е и наше. Поздравъ и братство!
Да живѣе международния конгрессъ на студентитѣ социалисти!
За българската студентска группа въ Женева,
секретарь: Чакаловъ.)

Отъ Цюрихъ: дружеството на швейцарскитѣ студенти-социалисти и дружеството на полскитѣ студенти-социалисти.

Отъ Белгия: Брюкселъ, Гандъ и Лиежъ.

Обявяватъ се солидарни съ конгресса още и группата на студентитѣ-социалисти-революционери-интернационалисти и группата на рускитѣ и полски студенти въ Парижъ.

Всички делегати сѫ 81, отъ които 67 белгийски и 14 чуждестранни.

Вотирането се рѣшава да бѫде по националность, т. е., че всѣка националность, колкото делегати и да има, има само единъ гласъ, та при рѣшението на въпроситѣ пе се гледа на коя страна сѫ по-вече делегати, а—на коя страна сѫ по-вече нации.

Всичкитѣ прѣдварителни формалности урѣдени; конгресса пристѫпва къмъ дневния си рѣдъ. Всѣкой отъ делегатитѣ чете рапортъ за положението на социалистическото движение между студентчеството въ страната или въ градътъ, който той прѣдставлява. За голѣма жалость, тѣзи толкозъ интересни рапорти не сѫ напечатани до сега нийдѣ, и ний, като нѣмахме честьта да присѫтствуваме лично на конгресса, не можемъ да съобщимъ нищо по тѣхъ на читателитѣ си. *)

По сѫщата причина не можемъ и да кажемъ нищо върху повдигнѫтитѣ дебати при разглеждането на разнитѣ въпроси на дневния рѣдъ. Ний не можемъ, освѣнъ да дадемъ окончателнитѣ рѣшения на конгресса.

Делегата на женевския студентчески социалистически серкълъ е прѣдложилъ на конгресса да вотира слѣдующитѣ резолюции на поставенитѣ въ дневния рѣдъ въпроси:

---

*) Конгресса прѣди закриванието си е рѣшилъ, щото всичкитѣ работи, рѣчи и прѣния на конгресса да бѫдатъ напечатани въ особна брошура. Когато тази брошура излѣзе, ний ще имаме възможность да запознаемъ читателитѣ съ студентческото социалистическо движение.

I Народно Образование.

Като взема прѣдъ видъ, че всѣки човѣкъ има нужда отъ образование за развитието на своитѣ физически, умственни и нравственни способности; че въ борбата на пролетариата противъ буржуазията образованието ще даде една нова сила въ рѫцѣтѣ на угнетения классъ — Международния конгрессъ на студентитѣ социалисти обявява, че распространяванието на науката между работницитѣ е дѣло желателно, освободително и революционно.

Но, като взема прѣдъ видъ:

а) Че економическото положение на пролетариитѣ не имъ дава ни врѣме, ни срѣдства, необходими за едно всестранно и широко образование;

б) Че само въ коммунистическото общество ще може да реализира народното образование въ истинския смисълъ на думата —

Конгрессътъ обявява,

Че разрушението на днешния економически социаленъ строй е точката, къмъ която трѣбва да бѫдѫтъ устрѣмени усилията на всички приятели на народното образование.

II Общественната роля на студентитѣ.

Като взематъ прѣдъ видъ:

Че съврѣменната общественна наука не само осѫжда сѫществующата днесь економическа организация, която се основава на експлуатацията на пролетариата отъ буржуазията, но въ сѫщото врѣме указва начина, по който ще стане коммунистическата революция;

Че буржуазията, за да запази цѣли свои привилегии, се поставя съ своето политическо и общественно положение все повече и по-вече въ противорѣчие съ науката;

Че, слѣдователно, всѣки студентъ, принадлѣжащъ къмъ привилегирования классъ, трѣбва да прави изборъ между науката и своитѣ классови интереси —

Членоветѣ на конгресса призоваватъ своитѣ другари по учение, да се поставятъ надъ нискитѣ интереси на експлуататоритѣ, за да не измѣнятъ на свещеннитѣ интереси на науката.

III Регулирането на трудътъ.

По този въпросъ конгресса е съгласенъ съ рѣшенията на Парижкия и Брюкселския работнически конгресси.

IV Ролята на университетитѣ въ движението за арбитража и мирътъ.

Конгресса е убѣденъ, че войнитѣ, които опустошаватъ периодически цивилизованпя свѣтъ, ще прѣстанжтъ само тогази, когато съ побѣдата на революционния пролетариатъ ще се тури край на борбата на классоветѣ; той, слѣдователно, не може да си прави никакви иллюзии върху ролята на университетитѣ въ движението за арбитража и мирътъ.

V Организиране на артистически вечеринки за работницитѣ.

(Конгресса да се произнесе както ще.)

VI Въпроса за жената, главно отъ гледна точка на образованието.

Като взема прѣдъ видъ:

Че историческата сждба на жената е била всѣкога тѣсно свързана съ еволюцията на фамилията;

Че еволюцията на фамилията зависи отъ економическата еволюция на обществото;

Че съврѣменната крупна индустрия е освободила вече до извѣстна степень жената отъ положението й на кжщовница, като я увлича въ грамадната армия на пролетариата;

Че, отъ друга една страна, това освобождение на жената като домакинка, се замѣня съ нейното заробване като работница:

Конгресса обявява, че всички тѣзи, които искатъ да се борятъ за еманципацията на жената, трѣбва, прѣди всичко, да насочатъ ударитѣ си противъ днешния общественъ и економически строй.

Конгрессътъ е напълно съгласенъ съ прѣдложенитѣ отъ женевския делегатъ, г. Арндта, резолюции; но той намира, че тѣ сж много общи и не говорятъ нищо за туй, което студентитѣ социалисти трѣбва да правятъ непосрѣдствено по отношение на повдигнатитѣ въпроси. Пристжпва се къмъ подробното разискване и рѣшение на всѣкой единъ отъ поставенитѣ въ дневния рѣдъ въпроси, като всѣки въпросъ се възлага на особна коммиссия за разглеждание и рапортирание.

Слѣдъ дву-дневна (Понедѣлникъ и Вторникъ, 21 и 22 Декемврий), усилена работа, слѣдъ дълги и живи разисквания, конгресса зема окончателно рѣшение по повдигнатитѣ въпроси. Слѣдъ като прѣдставихме, съ прѣдложенията на женевския делегатъ, общия характеръ на взетитѣ отъ конгресса рѣшения, ний ще укажемъ на нѣкои само по-важни подробности, които конгресса прибави:

I По общественната роля на студентитѣ.

Конгрессътъ рѣшава, че въ всѣка страна, гдѣто сжществува организирана работническа социалистическа партия, дружествата на студентитѣ социалисти трѣбва да се присъединятъ къмъ нея и да взематъ участие въ съставянието на секретариата на трудътъ.

Студентческитѣ социалистически дружества, освѣнъ пропагандата, която е обща за всичкитѣ группи на партията, трѣбва да се стараятъ:

I Да направятъ прѣобразувание въ университетскитѣ учрѣждения, за да ги приспособятъ къмъ нуждитѣ на едно демократическо общество, а аменно:

а) Пълна независимость на университетитѣ отъ политическитѣ учрѣждения, черквитѣ, отъ религиознитѣ дружества и отъ всѣкакъвъ родъ власти, чужди на образованието;

б) Управлението на университетитѣ да се даде въ ржцѣтѣ на заинтересуванитѣ: профессоритѣ, студентитѣ и старитѣ студенти;

в) Учрѣждавание въ университетитѣ на висши курсове специално за работницитѣ и

г) Бесплатность на висшето образование.

II Социалистическа пропаганда посрѣдъ буржуазията и между ученицитѣ въ срѣднитѣ учебни заведения.

II По народното образование.

I Бесплатно и свѣтско образование за всички и въ всички степени.

II Обществото (държавата или градскитѣ и селски общини) да храни и облича бѣднитѣ дѣца, които посѣщаватъ училищата.

III По въпроса за арбитража и мирътъ.

I Конгрессътъ призовава студентитѣ и старитѣ студенти

социалисти да се присъединятъ къмъ съществующитѣ въ странитѣ имъ дружества на арбитража и миръ. *)

IV Организиране на артистически вечеринки за работницитѣ.

„Като взема прѣдъ видъ, че искуството може да има голѣмо влияние върху умственното и нравственно развитие на работницитѣ—конгресса е на мнѣние, че трѣбва да се организирватъ артистически вечеринки за работницитѣ."

V Урегулирането на трудътъ.

Остава си резолюцията, прѣдложена отъ женевския делегатъ.

VI Въпроса за жената и пр.

I Еднакви граждански и политически права за женитѣ и мѫжетѣ.
Слѣдъ свършванието на дневния рѣдъ, конгресса взема слѣдующитѣ рѣшения:

1. Студентитѣ социалисти, *които се поставятъ върху почвата на борбата на классоветѣ*, рѣшаватъ да взематъ инициативата, всѣкой въ своя университетъ, за създаванието на едно движение, което да има за цѣль затварянието на университетитѣ на 1 Май, въ честь на праздникътъ на трудътъ.

2. Какъвто и да бѫде резултата на това задружно движение, тѣ рѣшаватъ да вървятъ съ работницитѣ и да напуснѫтъ работата си на 1 Май.

Въ Вторникъ на 22 Декемврий слѣдъ обѣдъ, конгрессътъ биде закритъ всрѣдъ мелодиитѣ на революционнитѣ пѣсни: Fraternité и Marseillaise. При испѣванието на послѣдния куплегъ отъ революционния химнъ всички присѫтствующи станѫли прави и пригласяли.

Ний ще завършимъ статията си съ разсѫжденията на брюк-

---

*) Този пунктъ противорѣчи на приетата обща резолюция, прѣдложена отъ женевския делегатъ, и ний не знаемъ, какъ е възможно да вземе конгресса такова рѣшение. — Автора

селския ни другарь, г. Лео, върху значението на конгресса, които извличаме изъ „L' étudiant socialiste."*)

„Не намъ се пада да оцѣняваме сами значението на международния конгрессъ на студентитѣ социалисти. Ний ще се задоволимъ само да отдѣлимъ отъ станалитѣ на конгресса разисквания, отъ вотиранитѣ рѣшения тритѣ точки, които най-вече заслужватъ внимание.

„Съ грамадното болшинство конгресса вотира присъединяването на студентческитѣ социалистически дружества къмъ секретарията на трудътъ. Това, ни се чини, е най-блѣскавото и най важното рѣшение на конгреса. Членоветѣ на конгресса разбрахж, че не може да сжществува никакво сериозно социалистическо дѣйствие вънъ отъ классовата партия, организована съ цѣль да извърши политическата и економическа експроприация на буржуазията; че трѣбва не да се распръскатъ живитѣ сили на революционната армия, а да се централизиратъ въ едно кимпактно десциплинарно цѣло, дѣйствующе въ пълно съгласие; че триумфа на социализма почива въ организацията на пролитариата—жченъ и умственъ—съзнающъ своята сила и своята цѣль; концентрацията е явление, което се проявява въ всички области, толкозъ съ по-голѣма сила, колкото до по-висока степень на развитие достигаме, и че не въ името на праздни принципи за лична свобода и нззависимъсть ставатъ измѣненията и революциитѣ въ живота.

„Това рѣшение води подирѣ си друго едно; присъединени къмъ работническата партия, студинтитѣ социалисти трѣбваше логически да се поставятъ въ дѣятелностьта си на сжщата почва, на която стоятъ и работницитѣ—върху почвата на классовата борба. Всички делегати единодушно приехж това. Студентитѣ социалисти—буржуа по происхождение—величественно се отрѣкохж отъ своя классъ. Тѣ заявихж, че буржуазията, отъ която тѣ происходятъ, символъ на която е експлуатацията и огнетението, е свършила вече миссията си въ историята, че нейното царство е вече свършено и тѣ прѣминжхж съ оржжието и багажа си на страната на работническия классъ.

„Горко на тази армия, всрѣдъ която ставатъ тѣзи дезертирания! Морално тя е побѣдена, малко прѣди да бжде материално съвърненно оничтожена.

„И нека не ни осжждатъ, че искаме да обобщимъ едно положение, което е само просто исключение, че искаме да прѣувеличаваме значението на конгрессътъ и рѣшението му, че земаме

---
*) N-о 3, год. II, 1892.

за действителность, туй, което е едно просто мечтание. Всичкитѣ националности имахѫ делегати на Брюкселския конгрессъ; университетитѣ на по-вечето европейски страни бѣхѫ прѣдставени или бѣхѫ изявили солидарностьта си съ конгресса. Конгресса на 20 Декемврий бѣше истински международенъ конгрессъ и ако реакционнитѣ закони, най-вече на Франция, попрѣчихѫ на основаванието на Интернационала на умственния пролетариатъ, той въ сѫщность си сѫществува; и ни законитѣ, ни прѣслѣдванията не ще сполучатъ да го растурятъ. Ний ще се събираме рѣдовно и ще изработваме своя планъ за борба; ний рѣдовно ще размѣняме своитѣ мисли и ще си прѣдаваме взаимно нашитѣ въодушевления, нашитѣ надѣжди.

Положението, прочее, е много ясно. Изъ недрата на Работническия Интернационалъ се роди и ще се развива постепенно Интернационала на Умственнитѣ Пролетарии, слятъ съ него и нарѣденъ подъ сѫщото червено знаме, което скоро ще поведе социалистическитѣ баталиони, въорѫжени за борба противъ буржуазията, на пристѫпъ връзъ капиталистическата крѣпость и ще се развѣе тържествующе на развалинитѣ и".

Христовъ

г. Женева,
22ий Февруарий 1892 г.

СОЦИАЛИСТИЧЕСКОТО ДВИЖЕНИЕ
ВЪ СТРАНСТВО.

(Въ този отдѣлъ ний ще даваме прѣгледъ на работническото социалистическо движение вънъ отъ България. Необходимостьта отъ този отдѣлъ за насъ е очевидна. Ако нашата физиономия, като отдѣлна нация, съ своя култура, съ свои нрави и обичаи, се изгубва прѣдъ нахлуващата западна цивилизация, придружена отъ спѫтника си—капитализма, то трѣбва да се съгласимъ, че и въ насъ ще се раждатъ много явления, които сѫ се родили вече въ Западъ и които сѫ законни рожби на поменатата цивилизация. Ний трѣбва да слѣдимъ тѣхното зараждане и развитие. Едно отъ тѣзи явления е и *социалистическото движение* на Западъ. Прочие, ний ще слѣдимъ неговото развитие, както „Зориститѣ“, „Свободистите“ и другитѣ партизани и поддържници на „патриотическото правителство“ слѣдятъ за развитието на западната индустрия, западнитѣ банки, западнитѣ пѫтесъобщения и пр. Ний съ още по-пламенна енергия ще да прѣсаждаме това „екзотическо“ растение—социализмътъ (споредъ „Зората“) на наша българска почва, както нашето правителство, нашата пресса и нашитѣ капиталисти въвеждатъ западния капитализмъ, западнитѣ учрѣждения и централизация въ насъ....... Но и тука нашето прѣимущество надъ горѣпоменатитѣ е несъмнѣнно: до като тѣ създаватъ положение на една само ничтожна часть отъ народътъ, на нашата буржуазия, ний ще прѣготовляваме щастието и благоденствието на трудящата се масса, а съ това—и на цѣлия народъ!.....)

ФРАНЦИЯ.

Изборътъ на Лафарга. — Грѣвата на вѫгле-копачитѣ въ Па-де-кале. — Лионския ежегоденъ работнически конгрессъ. — Учрѣдяваннето на народния секретариатъ на трудътъ въ Франция.

Слѣдъ смъртьта на радикалния депутатъ — адвокатьнътъ Веркина, депутатското мѣсто въ лилската коллегия, останѫ свободно. Лилската работническа партия рѣши едногласно да тури за кандидатъ и въ сѫщото врѣме като протестъ — Лафарга.

Лафаргъ и Кюленъ бѣхѫ осѫдени отъ окржжния сѫдъ въ Дуѐ, първия на една година затворъ, а втория на шесть години, обвинени въ това, че подбуждали къмъ бунтъ работницитѣ въ

Винехи и Фурми и, слѣдователно, тѣ сѫ биле причината на убийствата, които извърши 145-та рота по заповѣдь на министра на вѫтрѣшнитѣ дѣла — Констана — на 1 Май 1891 година въ Фурми. По рѣшението на централния комитетъ на француската работническа партия, послѣдната прие жената и дѣцата на Кюлена на своя издържка..... Тази присѫда възмути всички. Даже такива буржуазни вѣстници, като „Journal des Dèbats" — офицналния органъ на Рибо́ — министра на вънкашнитѣ дѣла — признавахѫ, че присѫдата на окрѫжния сѫдъ въ Дуе́ била много строга. Не може да си прѣдстави човѣкъ, колко възмутителни и ниски бѣхѫ обвиненията, които се сипяхѫ върху Лафарга и Кюлена. Да обвиняватъ двама души, които прѣзъ цѣлчя си животъ сѫ имали и иматъ за задача — да прѣмахнѫтъ борбата между классоветѣ, да уничтожатъ homo homini lupus, едничкото, имеюще право на гражданство въ модерното общество — въ потстрекателство на грабѣжи, пожари и клания!!

На една отъ тѣзи двѣ жертви падн̆ изборътъ на лилската работническа партия за прѣдстоящия допълнителенъ изборъ на 25 Октомврий. Най-напрѣдъ за кандидатъ биде избранъ Лафаргъ, който си излѣжаваше затвора въ тъмницата Сенъ—Пелажи, позната му и отъ по-прѣди. Лафаргъ се отказа отъ кандидатурата си въ полза на Кюлена, наказанието на когото беше пожестоко. Централния комитетъ на партията въ Парижъ, слѣдъ отговора на Лафарга, се залови съ поставянието кандидатурата на Кюлена, но се указа, че, съгласно френския избирателенъ законъ, турянието на Кюленовата кандидатура е невъзможно. Слѣдъ това, Лафаргъ се съгласи да му се даде кандидатурата. Работническитѣ групи въ Лилъ захванѫхѫ трѣскава агитация. Жюлъ Гедъ, делегатъ отъ централния комитетъ на партията и Делеклюзъ, делегатъ отъ работническата партия въ Кане, се заловихѫ сѫщо съ агитация. Лафаргъ нѣмаше възможностьта да агитира за кандидатурата, както неговитѣ противници. Въ замѣна на това, той написа отъ тъмницата едно възвание, извлѣчение на което даваме тука:

„Тъмница „Сенъ-Пелажи", 5 Октомврий 1891 г.

„Къмъ избирателитѣ на I-та лилска коллегия.

„Граждани!

„Вий сте повикани да станитѣ „народенъ сѫдъ".

„На 25 Октомврий ще произнесете присѫдата си върху убийствата въ Фурми и ще отговорите на министра на правосѫдието г. Фанера, който, слѣдъ присѫдата въ Дуе, заяви, че „сѫдътъ въ Дуе е казалъ послѣдната дума по това нещастно дѣло".

Въ този духъ само азъ приемамъ „кандидатурата на протестъ", която ми бѣше поднесена като едничко срѣдство да се исправятъ прѣдъ народний сѫдъ — едничкий, когото признавамъ за законенъ — патронитѣ-провокатори, които повикахѫ войска въ Фурми, гражданскитѣ и военни власти, които прѣдводителствувахѫ стрѣлбата и сѫдиитѣ, които съ подкупената си присѫда потаихѫ това гнусно дѣло.

. . . .

Вий сте повикани да се произнесете, дали ви, като бащи, отхранвате дѣца да ги взематъ сълдати, подъ прѣдлогъ да защитяватъ отечеството, а да ги правятъ наемници на патронитѣ, джандарми на капиталътъ и убийци на народътъ, съ когото тѣ сѫ една плѫть и една кръвь!

Вий сте повикани да сѫдите буржуазната република, която се издигнѫ благодарение на вашитѣ усилия и неизбройми жертви и която въ продължение на цѣли 20 години, отъ какъ търпите, е успѣла само да увеличи бюджетътъ, да насърдчи финансовитѣ кражби и спекулации и да наложи хлѣбътъ и мѣсото съ неимовѣрни налози!

. . . .

Вий сте повикани да прочететѣ присѫдата на капиталистическото общество, което, като съсрѣдоточава все по-вече и по-вече въ рѫцѣтѣ на „капиталиститѣ" срѣдствата на производството, индустрията и земледѣлието, увеличава числото на бездомницитѣ и обръща въ машини самитѣ тѣхъ, женитѣ и дѣцата имъ.

. . . .

Вий ще се произнесете, дали ви е позгодата да живѣете при днешната неопрѣдѣленность на положението, да произвождате всичко, а да нѣмате нищо, по-изнѣмощели, отколкото едноврѣмешнитѣ роби, или пъкъ, напротивъ, като сте разбрали, че науката е дошла до тамъ, щото днесь да могѫтъ да благоденствуватъ всички и че за това стига да се направятъ обществени производителнитѣ сили, вий ще направитѣ първата крачка отъ това освободително движение, като ще посочитѣ чрѣзъ триумфътъ на работническата партия скорошното настѫпване на новия рѣдъ!

Да живѣятъ лилскитѣ работници!
Да живѣй социализмътъ!

ПОЛЪ ЛАФАРГЪ

Множество други възвания бидохѫ отправени къмъ лилскитѣ работници: отъ централния комитетъ на партията, отъ работниците въ Фурми, отъ женския работнически клубъ въ Фурми, отъ жената и 4-тѣ дѣца на Кюлена и прочее.

Лилскитѣ работници разбрахѫ съдържаннето на Лафарговото възвание; тѣ взехѫ присърдце думитѣ на единъ мѫченикъ, който страдаше за тѣхното дѣло. Тѣ разбрахѫ, че Лафаргъ въ възванието си не бѣше голъ фразйоръ, който по заучени формули аппелира къмъ народа въ името на народнитѣ интереси, въ името на свободата, на равенството, а въ сѫщность за благоденствието на джобътъ; а е единъ истински тълкователь на тѣхнитѣ интереси. Това тѣ го доказахѫ съ сполуката на лафарговата кандидатура.... Противницитѣ на Лафарга и на социализма си служихѫ съ най-нискитѣ срѣдства, за да го очернятъ. Тѣ забравихѫ и умъ и най-елементарнитѣ благоприличия. Тѣ отивахѫ даже до тамъ, да оборвѫтъ лафарговата кандидатура, *„защото Лафаргъ билъ зеть на пруссакътъ Маркса“*: „*да се избере Лафаргъ— ще рѣче, да се избере единъ нѣмецъ — заклѣтия врагъ на Франция.*" Фабрикантитѣ заплашвахѫ работницитѣ си, че, ако гласуватъ за Лафарга, тѣ ще ги испѫдятъ отъ фабрикитѣ. Но най-курйозна отъ всичкитѣ филипики бѣше тази, че изборътъ на Лафарга „*нѣмало да се ареса на русския царь!!*"

Противницитѣ на Лафарга имахѫ на свое разположение и полицията и градския съвѣтъ, а най-главното—пари, отпуснати отъ секретния фондъ на министерството на вѫтрѣшнитѣ дѣла. Констанъ бѣше употребилъ всичката си енергия, всичкитѣ си срѣдства и усилия, съ които разполагаше като министръ на вѫтрѣшнитѣ дѣла, само и само да прокара кандидатурата на своя протеже, Депасса.

Но всичко напраздно!...

На 25 Октомврий Лафаргъ получи 5005 гласа, Депассъ—Констановия кандидатъ—2928, Рошъ—радикалния кандидатъ—2272 и Беръ—опортюнистъ—1246.

Тъй като Лафаргъ не бѣше получилъ по-вече отъ половината гласове, то трѣбваше да има баллотировка между него и Депасса, който втори имаше най-много гласове.

Споредъ закона, баллотировката се назначи за 8 Ноемврий. Дава се двѣ недѣли врѣме за нова агитация.

Избраннието на Лафарга бѣше несъмнѣнно, а още по-вече, че Рошъ се отказа отъ кандидатурата си въ негова полза.

Напусто Депассъ и Константовитѣ агенти се растичахѫ по кръстопѫтищата, да проповѣдватъ противъ „куммунистътъ“, противъ разрушительтъ на общественния строй—Лафарга. Работницитѣ, които поддържахѫ Лафарга, въ отговоръ на всичката тази

„второ издание" тупурдия отговорихѫ съ слѣдующий „поканителенъ билетъ", който, въ 4,000 екземпляра, бѣше распръснатъ 4 дена прѣди баллотировката и по единъ екземпляръ отъ когото биде испратенъ на Констана и на лилский управитель—Велъ-Дюранъ:

Господине!

Умолявате се да почтете съ присѫтствието си опѣлото и политическото погрѣбение на господина

ХЕКТОРА ДЕПАССА

Отъ семейството Констанъ, Велъ-Дюранъ и С-ие

Починѫлъ на 8 Ноемврий 1891 година, въ шесть часъ вечерьта, въ третата си опортюнистическа кандидатура въ сѣверния окрѫгъ. Съборенъ отъ 7,300 протестующи гласа на 25 миналий Октомврий, той има непрѣдпазливостьта, въпрѣки формалното запрѣщение на Д-ра Лафарга, да се покани на 8 Ноемврий втори пѫть на изборъ и издѫхнѫ на часътъ.

Погрѣбалния обрѣдъ ще се извърши въ църквата на неговата енория—Сенъ-Опортюнъ.

Сборния пунктъ ще е въ опечалената кѫща на меганътъ на Пале-Рахуръ.

На чело на погрѣбалната процессия ще бѫде г. Жери-Леграндъ, кметъ на Лилль за 6 мѣсеца още, сенатор, кавалеръ отъ орденътъ на „Маслената Дѣлва".

Парижскитѣ избиратели, които му показахѫ „носъ" въ Май 1890 година, сѫ избрали да ги прѣдставляватъ на закопаванието П. Арена и Шарлъ Лорана, които не-малко съдѣйствувахѫ на неговото окончателно проваляване въ първата лилска коллегия.

Тѣлото ще се погрѣбе въ западнитѣ гробници, въ страната, прѣдназначена за „наказанитѣ отъ всеобщото гласоподаване" и напостлана съ „священата материя", прѣнесена изъ Барцелона отъ гирисчията, по настоящемъ министръ.

Едно мѣсто е запазено въ гробътъ, споредъ послѣдната воля на починалия, за редакцията на „Progrès du Nord", която не може прѣживѣ смъртьта на кандидатътъ си.

Храненицитѣ на бюджетътъ, финанситѣ и другитѣ капиталисти, които покойния Хекторъ Депассъ горещо защищаваше, като се показваше противъ работницитѣ, сѫ поканватъ да отслужѫтъ упокоителни панахиди за душата на умрѣлия."

Баллотировката станѫ въ Недѣля на 8 Ноемврий. Окончателния резултатъ отъ изборитѣ бѣше слѣдующия: 6,470 за Лафарга и 5,175 за Депасса.

Лафаргъ избранъ!

На цукъ на реакцията Лафаргъ биде избранъ! Но какво значение има избора на Лафарга? Да-ли това, че съ него се увеличава още съ единъ числото на социалистическите депутати — мѣрило на социалистическитѣ сили въ Франция? Да, до нейдѣ, но не това главно. Да-ли това, че въ лицето на Лафарга се проважда въ камарата още единъ истински представитель на интереситѣ на работническия классъ, който ще иска реформи? — Не. Не е и това. Защото хубаво знай народътъ, знаятъ и социалиститѣ, че съ единъ, съ двама, съ десетъ, не се добиватъ реформи. Знатъ социалиститѣ, че буржуазията не отстѫпва, и въ парламентътъ и въ политическата борба социалиститѣ виждатъ по-друго нѣщо, отколкото това се представлява на глупавитѣ филистери-анархисти.

Друго, друго по-крупно значение има лафарговия изборъ:

Като избра Лафарга, народътъ знаеше, че избира „единъ осѫденъ"; изборътъ бѣше равносиленъ съ счупванието на тъмничнитѣ врата и истръгванието отъ тъмницата Лафарга. Съ това народътъ плю въ лицето на този сѫдъ, който има смѣлостьта да се нарича „народенъ сѫдъ", доказа неговата некомпетентность и подкупничество.

Съ изборътъ на Лафарга народътъ хвърли кръвьта, която 145-та рота проле въ Фурми, върху лицето на буржуазията въ Франция, която, да е чиста като Пилата Припонтийский, бѣше осѫдила като кравопийци Лафарга и Кюлена. Народътъ въстанѫ и неприпозна тази власть, която се обанкрути, която се величай, че има за цѣль да пази порядъкътъ и тишината, пъкъ пролива кръвьта на работническото население!

Но Лафаргъ, бѣше избранъ като депутатинъ, не само защото паднѫ жертва на буржуазната злоба и изборътъ му бѣше като единъ видъ възнаграждение, а защото той представляваше съ себе си началото на нова ера.

Съ изборътъ на Лафарга френския социализъмъ влѣзва въ нова фаза на борбата си. Но нека оставимъ тука да говори единъ „прозорливъ" буржуа-милионеръ и извѣстенъ економистъ, Полъ Лероа Больо, който въ «L' economiste Français» отъ 14 Ноемврий 1891 год. пише слѣдующето:

„Всичкитѣ късогледи, които боравятъ печатътъ и пълнятъ камарата, гледатъ твърдѣ наивно — защото не сѫ навикнѫли да се взиратъ въ работитѣ — на изборътъ на Лафарга, като на едно отъ второстепенна важность явление. Ний заявяваме високо, че колкото се отнася до насъ — и ний се считаме за честити да отбѣлѣжимъ тази дата — то ний гледаме на изборътъ въ Лиль, *като на най-важното политическо явление, което е станѫло въ Франция слѣдъ 1871 година.*

„Съ г. Лафарга — зетьтъ на Карла Маркса, тури кракъ въ парламентътъ коллективизмътъ, тази назадничава и ограничена теория, която отъ двадесеть години нанасамъ е проповѣдвана отъ хора, които не сполучихѫ да обърнѫтъ вниманието на свѣтътъ и да накаратъ да ги чуй и които сега, благодарение на непрѣдвидени случайности, искочихѫ съ голѣмъ шумъ на първата сцена въ Франция.

„Да не се лъжимъ; ненадѣйното стѫпване на коллективизмътъ въ парламентътъ е едно събитие. Ако и г. Гедъ случайно, когото обявяватъ за кандидатъ въ прѣдстоящитѣ избори, бѫде избранъ, ето ти тогава Франция ще има равносилни на Либкнехта и Бебеля. Голѣма е разликата между тѣзи хора, които сѫ си посвѣтили цѣлия животъ на ислѣдвания и пропаганда и между куклитѣ отъ крайната лѣвица.....плиткоумни, лишени отъ убеждения и прѣданность, които дрънкатъ постоянно всѣкога върху една и сѫща усипивающа и безсъдържателна тема: раздѣлението на църквата отъ държавата и ней подобни надутости. Тѣзи кукли отъ крайната лѣвица бѣхѫ, и ний трѣбва да го исповѣдваме, извънмѣрно отекчителни съ монотонностьта на провлечения си и лигавъ езикъ и съ противорѣчието, което се забѣлѣзва между тѣхнитѣ думи и дѣла; но въ сѫщность тѣ не бѣхѫ опасни, *нито пъкъ се стараяхѫ да бѫдѫтъ*, защото се задоволяваха да покрѣщятъ и да се наслаждаватъ. Влѣзването на коллективизмътъ въ парламентътъ, въ лицето на строги борци, безъ свѣтски претенции и маниери, е съвсѣмъ друго нѣщо.

„Е добрѣ! Нека се прѣдпазватъ, защото протекционистическитѣ прѣкалености ще направятъ популярни новодошлетѣ. Тѣ вече сѫ обърнѫли внимание на това. Г. Лафаргъ ясно исказа намѣрението си, че той, като избранникъ на Лиль, т. е., на единъ отъ най-старитѣ протекционистически френски градове, ще иска уничтожението на всичкитѣ мита върху хранителнитѣ произведения. Коллективиститѣ ще се мѫчѫтъ да отдѣлятъ отъ фабрикантитѣ и собственницитѣ работницитѣ отъ градоветѣ и селата; тѣ не ще успѣватъ всѣкога, нито пъкъ изведнѫжъ; но възможно е да сполучатъ сегисъ-тогисъ и съ врѣмето.....“

На Лафарга се помѫчихѫ да направятъ нѣкакви си спѫнки въ влѣзванието му въ парламентътъ, като, напр., оспорвахѫ неговото поданство. Нѣкои вѣстници заявихѫ, че Лафаргъ, роденъ на островъ Куба, макаръ и отъ француски родители, билъ испански подданникъ; но оказа се, че, както лафарговия баща, тъй и самъ Лафаргъ, сѫ биле постоянни френски подданници.

Лафарговия изборъ биде утвърденъ отъ камарата на 8 Декемврий съ 355 гласа противъ 27. На другия день Лафаргъ, вече „законенъ" депутатъ, внесе въ бюрото на камарата слѣдующия законопроектъ:

ЕДИНСТВЕНЪ ЧЛЕНЪ

„Пълна и широка амнистия се дава на всички осѫдени за дѣяния и политически прѣстѫпления по печатътъ, събранията, сдружвания, греви и подобни причини."

Прѣдложението на този законопроектъ трѣбваше да бѫде логическо слѣдствие отъ изборътъ на 8 Ноемврий. Народътъ сѫдра присѫдата на окрѫжния сѫдъ отъ Дуе, той въстанѫ по „принципъ" противъ буржуазното правосѫдие. Но жертви на него не бѣхѫ само Лафаргъ и Кюленъ. Много борци лежѫтъ сега въ тъмницитѣ на Франция, или заточени въ френския сибиръ — Нова Каледония и единственното прѣстѫпление на които се състои въ това, или че тѣ чрѣзъ печатътъ сѫ отстранявали злитѣ намѣрения на правителството и неговитѣ безобразия, или че се събирали на митинги противъ волята на тѣзи — които иматъ силата да „раскарватъ жандари," или чрѣзъ греви и демонстрации сѫ заявявали своитѣ права!

Лафаргъ — тълкователь на народната воля, въ силата на Vox Populi Vox Dei, трѣбваше да поиска настоятелно отъ парламента пълна амнистия за всичкитѣ тѣзи жертви, защото народътъ не можаше непосрѣдствено да я добий, както Лафарга.

И наистина, съ горѣспомѣнатий членъ той поиска тази амнистия — испълни народната воля.

Но можаше ли да се очаква буржуазния парламентъ да даде амнистия? Буржуазията, която бѣше се нацапала вече съ пролѣната кръвь на невинни дѣца и жени въ Фурми, нѣмаше смѣлостьта и не можаше да я има, да се върни отъ този пѫть, по който тя еднѫжъ бѣше вече тръгнѫла. Нейното царствуване бѣше огърлица отъ прѣстѫпления. Тя се издигнѫ надъ развалинитѣ на Парижската Коммуна. Въ нейнитѣ основи лежѫтъ труповетѣ на 30,000 коммунари, растрѣлени и убити прѣзъ кървавата майска недѣля отъ войскитѣ на буржуазния Версайлъ. Злото, както и доброто, има своята логика. Въ силата на едно прѣстѫпление, направено веднъжъ, слѣдва друго, трето и т. н. Едното зло — ражда друго зло. Кървавата рѣзня на 1 Май въ Фурми е логическо слѣдствие отъ враждебното настроение на двата класса работници и капиталисти. Присѫдата въ Дуѐ бѣше логическо слѣдствие отъ убийствата въ Фурми; отхвърлението прѣдложениеге на Лафарга, прочее, трѣбва да се счита като логическо слѣдствие отъ присѫдата въ Дуѐ. Буржуазията-прѣстѫпница, която (посрѣдственно или непосрѣдственно—другъ въпросъ) бѣше причина на стрѣлбата въ Фурми, разбираше много добрѣ, че, ако отпустне амнистията, която искаше Лафаргъ, тя съ това показва своята слабость. Тя съ това уничтожаваше присѫдата въ Дуѐ—отиваше сама противъ себе си, макаръ и отъ друга страна тя да виждаше, че съ тази амнистия щеше да поуспокои развълнуванитѣ духове въ Франция; но нейната прозорливость отиваше по нататакъ: работницитѣ, като видятъ, че буржуазията отстѫпва прѣдъ тѣхната воля, щѣхѫ да идѫтъ по-нататъкъ, да искатъ други отстѫпки. Но, стѫпила веднъжъ буржуазията на пѫтьтъ на отстѫпкитѣ, това е признакъ на близкото ѝ банкрутство. Отстѫпката, направена на работницитѣ, показваше двѣ нѣща: или че буржуазията е съгласна съ работницитѣ, което е немислимо, или пъкъ че тя се страхува отъ тѣхъ—което е и срѣдното. Буржуазията не измѣни на своята тактика; както въ всичкитѣ други въпроси, тъй и тука буржуазния щатъ трѣбваше да си исплѣви язикътъ.....

Очевидно, прѣдложението на Лафарга биде отхвърлено съ 398 гласа противъ 113. Въ тѣзи 113 влѣзватъ 40—45 буланжисти, които имахѫ прямъ интересъ да гласуватъ за него, защото Рошфоръ, водительтъ имъ, слѣдъ смъртьта на Буланже, е въ изгнание по политически прѣстѫпления въ Лондонъ, както и генералъ Буланже бѣше изгоненъ въ Брюксель, или по-добрѣ избѣга въ Брюксель.

Два мѣсеца политическа агитация даде на француската социалъ-демократическа партия прѣсни сили и жива енергия. Много работници, които до тѫзи часъ съ индеферентность—плодъ отъ реакцията, която настѫпи слѣдъ падането на Коммуната—произнасяхѫ името социалистъ, въ тѣзи два мѣсеца се природихѫ. Лилъ, стария протекционистически Лилъ, както казва Больо, е сега социалистически. Въ 1889 г. социалистическия кандидатъ Делори едвамъ имаше 1500 гласа, а сега Лафаргъ на първо гласоподаванние получи 5005 гласа!

Не може човѣкъ да си затвори очитѣ прѣдъ резултатитѣ отъ политическата борба; слѣпъ трѣба да е, за да отрича очевидната полза отъ нея.

Каква трѣскава дѣятелность, каква интенсивность въ борбата, какво кипение и сблъскване съ дѣйствителностьта прѣдставлѣва надвечерието на единъ изборъ? Успѣлъ кандидатътъ или не — малко важи. Въ този денъ гражданитѣ, които сѫ гласували за него, които веднъжъ сѫ си потопили рѫцѣтѣ въ социалистическия куполъ — си оставатъ социалисти!

Прѣди да свършимъ нашътъ обзоръ за лафарговия изборъ, нека напишемъ и нѣколко рѣда за самия Лафаргъ, нашитѣ симпатии къмъ когото, като къмъ единъ неустрашимъ борецъ за тѣзи принципи и идеали, на тайнството на които сме се посвѣтили и ний, като къмъ дѣецъ за това дѣло, на което високото заявяване е и наше, сѫ безгранични.

(Слѣдующий портретъ на Лафарга извличаме отъ социалистическия вѣстникъ „L' Aclivu“).

Полъ Лафаргъ е човѣкъ на 50 години. Лице младолико, чело високо, надъ което се бѣлѣе бѣла, като снѣгъ, коса, вчесана на страни. Най-напрѣдъ той се е училъ въ Франция, послѣ въ Лондонъ, гдѣто и блѣскаво издържа испититѣ си за докторъ на медицината. Още младъ той се бѣше привързалъ къмъ Тридона и се сражава до него. Той бѣ и организаторътъ на Лиежский конгрессъ, който нанеси такъвъ жестокъ ударъ на империята.

Прѣслѣдванията противъ Тридона и Жоанарда се обърнѫхѫ и противъ него, и по висша заповѣдъ той биде испѫденъ отъ университета и не можаше да постѫпи въ никой француски университетъ. Социализмътъ още не занимаваше мозъка на младия момакъ; той бѣ прѣданъ тогава на единъ смѫтенъ, куриозенъ и блуждающъ рационализмъ. Марксъ тогава бѣше въ Лондонъ; Лафаргъ се срѣщнѫ тука съ него. Това срѣщание бѣше неговото Fiat Lux*) Той постѫпа въ интернационалътъ, станѫ членъ въ управителний съвѣтъ на могѫщото дружество и по-сетне — секретарь за Испания. 1870 год. дойде, и слѣдъ нея — Коммуната. Слѣдъ побѣдата, която нанеси Версаль на Коммуната, той трѣбваше да бѣга. Побѣгнѫ въ Портогалия и тамъ разви една пропаганда, която вѣчно нѣма да се забрави. Послѣ нѣколко врѣме, той се върнѫ въ Лондонъ. Въ 1872 г. отиде делегатъ на конгресса на интернационала, държанъ въ Хага (Холандия). Врѣмената тогава бѣхѫ лошави за бѣжанцитѣ. Нуждата го накара тогава да стане фотолитографъ и работникъ, занаятъ добъръ по това, че може човѣкъ да работи и да мисли. Слѣдъ амнистията, която даде француския

*) Говори се за бързо промѣнение: рѣче господъ да бѫде свѣтлина и биде свѣтлина.

парламентъ на коммунаритѣ, той се върнѫ въ Парижъ. Отъ тогава той непрѣстанѫ да проповѣдва социализмътъ съ слово и перо. Бѣше сътрудникъ едно слѣдъ друго на еженедѣлния и послѣ ежедневенъ „L'egalité". на „Cri du peuple", на „Citoyen", на „Koix de peuple", на „Socialiste", безъ да се смѣтатъ периодическитѣ списания, на които той бѣше сътрудникъ, такива, като: „La nouvelle revue», „La revu philosophique" и „Le journal des économistes". Той е авторъ на „Droit à la paresse", „La famille et la propriété", „Le capital", „La lutte des classes". Като зетъ на Карла Маркса, наедно съ дъщерята на знаменития общественъ критикъ, той като че взелъ самия него. Той не му е взелъ безграничний полѣтъ, но той му притежава всичката ясность въ изказванието и всичката увлекателность. Съ една дума, той е единъ ученъ, и това всички го признаватъ. Неговитѣ противници гообвиняватъ само въ ограниченость и липсвание на кокетство въ идеитѣ. Но, ако му липсва оригиналность, това пъкъ се възнаграждава съ голѣма наблюдателность. Той пише като човѣкъ, който по всѣка дума е узнаваемъ.

* * *

Друго по-важно явление въ обществено-економическия животъ на Франция е всеобщата стачка, която вѫглекопачитѣ отъ Па-де-кале обявихѫ въ края на Ноемврий и въ зачалото на Декамврий.

30,000 души работници напустнѫхѫ въ единъ мигъ работата.

Да се обяви стачката бѣше взето рѣшение въ провинциалния конгрессъ на вѫглекопачитѣ отъ Па-де-кале, държанъ въ Лансъ.

Рѣшението на конгрессътъ биде подложено на общо удобрение. Отъ 30,000 работници, които гласували върху прѣдложението, 2/3 бѣхѫ *за* стачката, една трета *противъ*, но и тя се подчини на общото рѣшение. Тъй щото, когато сигналътъ за стачка биде даденъ, нито единъ работникъ не отиде вече да копай.

Прѣди да се обяви стачката, работницитѣ формулираха своитѣ искания и, слѣдъ като компаниитѣ ги отблъснѫхѫ, тогава тѣ обявихѫ, че нѣма да почнѫтъ работа, докатъ не имъ се удовлетворятъ „исканията".

Тѣзи искания бѣхѫ слѣдующитѣ:

1) По-справедливо распрѣдѣление на надницитѣ; 2) Надницата да се вѫскачва срѣднйо до 5 л. 50 ст. на день; 3) Прѣобразование на спомагателнитѣ кассы; 4) 8 часова работа; 5) Да се допуснѫтъ да работятъ испѫденитѣ—било по стачки. било че са искали да организиратъ синдикати—работници; 6) Да даде

компанията обѣщание, че нѣма вече да испъжда работницитѣ по стачки или други подобни причини.

Между другото, работницитѣ искахѫ: министерството на общитѣ сгради да оттегли циркулярите, които задължаватъ работническите делегати да слѣзватъ сами въ опрѣдѣленитѣ часове въ минитѣ, "което прѣпятствува на правилния контроль", а министерството на търговията да са погрижи за точното испълнение на законътъ върху дѣтския трудъ въ фабрикитѣ, "защото извѣстни компании принуждаватъ дѣцата да работятъ отъ 12 до 15 часа на день".

Работникътъ-депутатъ отъ Па-де-кале, Базли, прѣнесе въпросътъ въ камарата. Той настояваше, щото правителството да се намѣси и упражни извѣстно влияние върху компаниитѣ, да се съгласятъ на работническитѣ искания. Но правителството, водимо отъ девизата на модерното буржуазно общество «laisser faire, laisser passer», заяви съ устата на Ивъ Гюло, министра на общитѣ сгради, че то не може да се намѣсва, защото съ това ще се накърни свободата на търговията—свобода, която е гарантирана отъ конституцията на всички индустриални и търговски учрѣждения, а въ дадения случай—и на компаниитѣ въ Па-де-кале.

Но движението въ Па-де-кале растеше. Работническитѣ "искания" взехѫ характеръ на заплашвания. Правителството се видѣ принудено да дѣйствува. Първия му актъ бѣше назначаванието на една арбитражна коммиссия, която, слѣдъ като разгледа "исканията" на работницитѣ и като вземе мнѣнията на компаниитѣ, да искара нѣщо срѣднйо, да ги помири. Но петьтѣхъ души, които назначи правителството, бѣхѫ членове отъ окрѫжнитѣ коммиссии и минши инжинери, които, благодарение на положението си, не можахѫ никога да погледнѫтъ безпристрастно на работата. Работницитѣ рѣшително отказахѫ да приематъ такава коммиссия, заразена съ прѣдразсѫдъцитѣ на вѣкътъ на "интереситѣ". Правителството накара компаниитѣ да назначатъ трима делегати, които съ другитѣ трима, назначени отъ работницитѣ, да разискватъ.

Арбитражната коммиссия бѣше съставена, прочее, отъ работнически и компански делегати.

Нейнитѣ засѣдания довеодохѫ до това, че компаниитѣ се принудихѫ да и отстѫпятъ въ извѣстни пунктове на работницитѣ.

Гревата въ Па-де-кале се завърши съ добри резултати; макаръ и да не даде всичко, което работницитѣ искахѫ, но все пакъ компаниитѣ направихѫ извѣстни отстѫпки. Обаче, не такъвъ бѣ исхода на цѣлата грева въобще. Не съ успѣхъ свършихѫ гревитѣ си кафеджийчетата-чирачета, файтонджиитѣ въ Парижъ, или пъкъ работницитѣ по желѣзно-пѫтната линия, Paris—Lyon—Mediterannée (P. L. M.), които подъ натискътъ надъ грубата сила на полицията, бѣхѫ принудени да работятъ. Не по-малко безуспѣшно се свърши и всеобщата грева на словослагателитѣ и другитѣ работници въ печатницитѣ въ Германия. (За тази грева ний ще поговоримъ по-обстоятелственно въ прѣгледа на движението въ Германия). Но всичкитѣ неуспѣхи ни най-малко не прѣчѫтъ на бързото увеличаване на гревитѣ. Това движение се длъжи най-вече на размѣритѣ, които е взело въ Франция и Англия синдикалното движение между работницитѣ. Въ Франция, напримѣръ, малко работници ще срѣщните, които да не влѣзватъ въ нѣкой синдикатъ. Даже чиновницитѣ, учителитѣ отъ първоначалнитѣ училища, телеграфиститѣ, раздавачитѣ на писма, кантониеритѣ, бариернитѣ пазачи, градскитѣ мѣтачи, фенеропазителитѣ и пр. се синдикиратъ, макаръ и француския законъ по сдружаваннята изрично да забранява на чиновницитѣ да се синдикиратъ. Всичкитѣ пъкъ горѣспоменати професии сѫ подвеждатъ подъ чиновническата. Покрай безуспѣшнитѣ греви, за които намекнѫхме по-горѣ, трѣбва да не забравяме да поменемъ, че и много стачки, подобно на тѣзи въ Па-де-кале, сѫ се свършили съ успѣхъ; тъй напримѣръ, стачката на кондукттьоритѣ и управителитѣ на трамваитѣ въ Парижъ, както и по-напрѣдъ въ Лондонъ и др. Но ний игнорираме въ дадения случай въпросътъ: „какви непосрѣдственни материални облаги може да принесе една грева"? и прѣминаваме къмъ другъ въпросъ: „какво отношение има една грева съ классовото съзнание на пролетариата и, слѣдователно, съ социалната революция?"

Когато работницитѣ обявяватъ грева противъ капиталътъ, противъ огнетителитѣ капиталисти, които сѫ неговитѣ прѣдставители, тѣ съ това извършватъ единъ актъ на *классови борба*. Но, тъй като гревата е напълно съзнателно дѣйствие отъ страна на пролетариатътъ, то излиза, че пролетариатътъ са е дигнѫлъ на висотата на това положение, отъ гдѣто той да може да разбере и схване своитѣ *классови интереси*. И освѣнъ това, не само да ги разбере, ами и да прѣдприеме вече едно настѫпателно положение, да се бори за интереситѣ си. Гревата се явява като симптомъ на *классовия антагонизъмъ*, който отъ *скритъ* се обръща въ *явенъ*. Буржуазията и съ нея официалнитѣ и органи—правителствата, депутатитѣ, камаритѣ—отхвърлятъ този антагонистически характеръ на съврѣменното общество. Ако нѣкой депутатъ-социалистъ въ парламентътъ (това твърдѣ често се случава въ француския парламентъ), когато говори, прави нѣкакво прѣдложение, критикува нѣкои правителст. мѣрки и мимоходомъ намекни на това, *„че той е классовъ прѣдставитель, че той прѣдставлява интереси-*

тѣ на работническата масса", всичкитѣ депутати гракнѫтъ отгорѣ му: „не, всинца сме равни, всичкитѣ граждани сѫ еднакви прѣдъ закона". Бисмаркъ даже бѣше прѣдвидялъ въ „искючителния си законъ противъ социалиститѣ" (1878—1890 г.) специално наказание за тѣзи, които говорятъ за нѣкакво си „классово различие, за классовъ антагонизмъ".....

Прочее гревитѣ могѫтъ да се гледатъ като признаци на изострюванието на това классово различие. Колкото по-често ставатъ гревитѣ, толкова и ямата, която се растваря между капиталиститѣ и работницитѣ, взѣма по-голѣми размѣри. Тя не може се вече попълни съ нищо. Двата класса, експлуатируеми и експлуатирующи, се обрѫщатъ въ два бойни лагера, на двѣ неприятелски армии, отъ които едната трѣбва непремѣнно да отсѫпи и на другата. Въ този случай, гревата има това възпитателно значение за работника, че вкарва въ неговата глава *классови елементи*, разширява хоризонтътъ на понятията му и го учи да се надѣй на своитѣ сили. Дава му качества, нуждни на единъ борецъ.

Ний много на бързо посочваме на най-ясноотличителнитѣ черти на гревитѣ. Ще имаме и другъ пѫть възможность да поговоримъ за *„гревата"*, могѫщо орѫжие на социализма.

* * *

Сега нека минемъ и да дадемъ кратъкъ отчетъ за *деветий конгрессъ на француската работническа партия, държанъ въ Лионъ на 25—28 Ноемврий 1891.*

На конгрессътъ бѣхѫ прѣдставени до 400 разни группи и организации въ Франция. По-голѣмото число отъ делегатитѣ, които прѣдставляваxѫ тѣзи организации, бѣхѫ градски и окрѫжни сѫвѣтници. На конгрессътъ присѫтствуваxѫ и петь социалисти депутати: Лафаргъ, Ферулъ, Журдъ, Емелъ и Тиврие. Между делегатитѣ имаше и двѣ делегатки: Винсентъ и Траколъ.

Първото дѣло на конгрессътъ биде да испрати привѣтъ на гревиститѣ отъ Па-де-кале и да поблагодари английскитѣ вѫглекопачи, които помогнѫхѫ на другаритѣ си въ Па-де-кале.

Слѣдъ това се прочетохѫ адрессите, които нѣмск., англ. и ромън. соц.—демократ. партии проводихѫ на конгрессътъ. Ний считаме за полезно да прѣведемъ нѣколко рѣда отъ тѣзи адресси.

Най-напрѣдъ захващаме съ нѣмск я:

„Берлинъ, 24 Ноемврий 1892 г.
„До конгрессътъ на френцуската работн. партия, събранъ въ Лионъ.

„Другари, братя!

„Миналата година вашия конгрессъ въ Лионъ испрати двама делегата, гражданите Ферула и Геда, на конгрессътъ въ Хале, за да приветствуватъ немските работници и да имъ изразятъ чувствата на симпатии и солидарность, които питаятъ къмъ техъ, другарите имъ въ Франция. Като не можемъ да дойдемъ да ви поздравимъ лично, ний ви отправяме съ това писмо, вамъ и на френцуския пролетариатъ, който съзнава классовите си интереси, нашите искренни поздравления и благопожелания.

„Конгресътъ ви въ Лионъ захваща своята деятелность при добри знамения. Съ блестящата победа въ Лилъ вий ясно демаскирахте классовата справедливость на буржуазната република; вий отбулихте и уничтожихте нискитe замисли на шовинистите, които искатъ да изобличатъ другарьтъ ви Лафарга, като *кандидатъ на пруссаците*, защото той посмея да заяви, че „работническия класъ по всички страни има само единъ неприятель и този неприятель не е експлуатираний работникъ отъ другата страна на Рейнъ, но експлуататорътъ—собственникъ, както отъ едната, тъй и отъ другата страна не Рейнъ; не сѫ границите, които отличаватъ експлуататорите, а общественния строй—самото действие експлуатация."

„Другари! Както вий въ Лилъ се борихте успешно съ международните лъжци отъ майката на кръвопийците, които въ борбата си противъ освобождението на работническия класъ не припознаватъ граници; тъй сѫщо и ний тука требваше да се боримъ отъ дълго време насамъ и да уборваме сѫщите лъжи, сѫщите врагове.

„Лафаргъ биде нареченъ „кандидатъ на пруссаците". Нека! Нашата партия сѫщо, сѫщо и нашите кандидати бидохѫ хулени и преследвани, като хора безъ отечество, като анти-патриоти, като предатели на родината си! И защо? — Затова, защото и ний като васъ имаме сѫщата програма и преследвами сѫщите идеали: освобождението на работниците отъ економическите и политически вериги, освобождението на человечеството!

„Другари! Вашия буржуазенъ печатъ, отъ скоро време насамъ, ни обвинява, насъ, немските социалъ-демократи, че сме били шовинисти. Недейте верва! Както вий, френцуски социалисти, не се оставихте да се унижите, да влезите въ съюзъ съ деспотътъ при Нева—съюзъ, въ който, посредъ растящия страхъ, който задава пролетариатътъ на буржуазията, послѣдната търси подръжка; тъй и ний не сме измѣнили въ нашитѣ длъжности къмъ работницитѣ отъ всички страни. И нѣколко недѣли едвамъ сѫ се минали, отъ какъ въ Ерфуртския конгрессъ бидѣ приета слѣдующата тържественна резолюция:

„Въ всички страни, гдѣто господствува капиталистическото производство, классовитѣ интереси сѫ еднакви. Съ разширението на съобщенията и на производството за всесвѣтския пазарь, *положението на работницитѣ въ една страна се намѣрва въ пряма зависимость отъ положението на работницитѣ въ другитѣ страни*. Прочее, освобождението на работническия классъ е дѣло на работницитѣ отъ всички цивилизовани страни, еднакво заинтересувани въ това. Въ сила на това си убѣждение, нѣмската социалъ-демократическа партия се *чувствува и се обявява една съ работническитѣ партии отъ другитѣ страни, които съзнаватъ классовитѣ си интереси*".

„Искахѫ да ви накаратъ да повѣрвате, че нѣмскитѣ социалисти искатъ война! Както васъ, както и работницитѣ по всички страни, ний сме, par excelence, партията на мира; но нѣма да се оставимъ да ни избиятъ, безъ да се защищаваме отъ едно нахлуване на варваритѣ отъ Сѣверъ! И въ това ний сме съгласни съ васъ, които чрѣзъ устата на Геда, заявихте на конгрессътъ въ Хале: „французския работникъ мрази царска Руссия, която е гръбначния стълбъ на реакцията".

„Другари! тази точка зрѣние е и нашата! И срѣщу опасностьта, която заплашва да смажи освободителното движение на европейския пролетариатъ, отъ която да е реакция въ Европа, има само едно срѣдство за защита: „сдружаванието на работницитѣ отъ всички страни."

„Братия и другари отъ Франция! въ тази смисълъ ний ви испращаме още веднѫжъ нашия привѣтъ за успѣшния исходъ на вашия работнически конгрессъ.

„Да живѣй социалистическа Франция!

„Да живѣй международната социалъ-демокрация!

„Да живѣй международния съюзъ на работническия классъ!

„За управителния комитетъ на нѣмската соц.-демократич. партия

„Секретарь: Едуардъ Фишеръ".

Една телеграмма се получи отъ социалистическото общество Блоомсбури—Англия (гледай „Б. Зора" брой 441.):

„Лондонъ.

„Скѫпи ни другари!

„Натоваренъ съмъ отъ социалистическото общество Блоомсбури, което е било инициаторът въ движението за добиванне 8 часовъ день въ Англия, да ви испратя най-искренни благопожелания въ преуспѣванието на конгрессътъ на Француската работническа партия, събрана въ Лионъ.

„Вашъ по работническото дѣло

Секретарь: H. Croesu".

Отъ Англия бѣше получено още и отъ синдикатътъ на газовщицитѣ. Нашитѣ приятели отъ Ромѫния сѫщо сѫ испратили телеграмма:

„Ромѫнскитѣ социалисти, като се обявяватъ за солидарни съ француската работническа партия, Ви испращатъ братскитѣ си поздравления.

Константинъ".

Конгрессътъ натовари управителния комитетъ на партията да отговори на всички телеграмми и адресси.

Слѣдъ това, конгресса прѣмина къмъ „резолюциитѣ, които сѫ взехѫ въ брюкселския международенъ социалистически конгрессъ", между прочемъ, и за основаванието на „националний секретариатъ", за когото ний ще говоримъ по-нататъкъ. Ний ще оставимъ на страна другитѣ въпроси, които се разискваха на конгресса и ще обърнемъ вниманието на читателя върху „програмата на незабавнитѣ искания", съ която „работническата партия" ще влѣзе въ агитационна борба по случай градскитѣ общински избори, които ще станѫтъ въ Франция на идущий 1 Май. (Тази дата се съвпада съ грамадната работническа манифестация, която сѫщо ще стане по цѣлия свѣтъ на 1 Май. Но француския законъ гласи, че изборитѣ за градскитѣ общински съвѣти ставатъ въ първата майска недѣля, която тази година е 1-ия день на Май. Една часть отъ буржуазната пресса искаше да се отложатъ изборитѣ за друга дата, прѣдъ видъ на манифестацията. Но правителството отговори чрѣзъ оффициозътъ си «Temps», че „да се отложи датата на изборитѣ, ще рѣче, да се дава голѣмо значение на работническата манифестация и че правителството въ този случай се бои......" Когато нѣкого го налѣгне рогатъ страхъ, той се мѫчи „искренно" да се обѣди, че не го е страхъ; сѫщо и съ честитото републиканско правителство.) Ето тая програма:

„Членъ I. Учрѣждаванието на училищни трапезарни, гдѣто дѣцата ще получаватъ, съ ниска цѣна или бесплатно, обѣдъ между сутрѣшнитѣ и вечерни часове, и два пѫти въ годината — въ зачалото на лѣтото и на есеньта — да имъ се раздаватъ обуща и дрѣхи.

„Чл. II. Да се направи задължителна за градскитѣ контракти

осемчасовния день и да се гарантира на работницитѣ извѣстна минимумъ плата, която ще се опрѣдѣля взаимно отъ градския съвѣтъ и работническитѣ корпорации, и да се запрети маршандажътъ, уничтоженъ съ законъ отъ 1848 г. Да се учрѣдятъ инспекции, които да бѫдѫтъ натоварени да бѫдѫтъ за строгото испълнение на тѣзи задължения.

„Чл. III. Администрацията на работническата борса да се повѣрина работническитѣ группи и синдикати.

„Чл. IV. Унищожението на октроата върху хранителнитѣ припаси.

„Чл. V. Да се освободятъ отъ емляци дребнитѣ наематели, а, наопъки, да се наложатъ съ прогрессивенъ налогъ *едритѣ*. Да се чистятъ и прѣправятъ ония кѫщи, които сѫ припознати за нездрави, за смѣтка на собственницитѣ имъ. Да се отчуждаватъ ония мѣста, на които сѫ направени кѫщи не пропорционално съ паричната стоимость на мѣстото и на ония кѫщи, не наемани пропорционално съ тѣхната стоимость за наемание.

„Чл. VI. Търсението и наемането слуги да става чрѣзъ градскитѣ съвѣти, работническитѣ борси или синдикати, сѫщо и оттеглюванието на наетитѣ вече.

„Чл. VII. Учрѣдяванието на „матернитета“ и прибѣжища за старцитѣ и неспособнитѣ за работа, нощни убѣжища и даванието храна на пѫтницитѣ и работницитѣ, които търсятъ работа и нѣматъ опрѣдѣлено мѣстожителство.

„Чл. VIII. Учрѣдяванието на „бесплатна медицинска помощь“, а сѫщо и на аптеки съ дѣйствителната цѣна на лѣковетѣ.

„Чл. IX. Учрѣдяванието на публични и бесплатни бани и перачници.

„Чл. X. Учрѣдяванието на Sanatorium за работническитѣ дѣца и испращанието въ сѫществующитѣ Sanatorium-и на градска смѣтка.

„Чл. XI. Градски бесплатни адвокати, къмъ които да се обръщатъ работницитѣ за разни дѣла.

„Чл. XII. Възнаграждаване на градскитѣ чиновници съ надница, която да не е по-долу отъ максималната работническа надница, тъй щото, да не се исключватъ отъ администрацията на общината цѣлъ классъ граждани, най-многобройния, на които единственъ източникъ за прѣпитание е трудътъ.

„Чл. XIII. Трѣбва да се сведе съгласно интереситѣ на работницитѣ юридикцията на прюдомитѣ, да се плаща на работницитѣ-прюдоми една надница, която да имъ усигорява независимостьта спрямо патронитѣ.

„Чл. XIV. Да се обнародватъ рѣшенията на градския съвѣтъ въ единъ оффициаленъ градски бюллетинъ“.

Тази е програмата, съ която Гедъ, Лафаргъ, Кретенъ, Делеклюзъ и др. агитатори на партията ще захванѫтъ агитацията си. Конгрессътъ прие задълженията, които *Националния работнически секретариятъ* (Le sécrétariat national du travail) налагаше на работническата партия, която проводи делегати въ неговия съставъ.

Националния работнически секретариятъ, окончателното основание на когото въ Франция станѫ на 9 Януарий (т. г.), е испълнението на едно отъ рѣшенията на Брюкселския интернационаленъ социалистически конгрессъ (гледай „Балканска Зора", брой 428): тъй като законитѣ въ разнитѣ страни (Франция и Германия) непозволяватъ възобновляването на Интернационалътъ, то се основаватъ Работнически национални секретарияти, които сѫ въ съобщение по между си.

Ето какво е съобщилъ по случай основаванието на Националния секретариятъ Жюлъ Гедъ на единъ корреспондентинъ на „Agence Dalsiel":

„Отъ всичкитѣ страни, които бѣхѫ прѣдставени на Брюкселския конгрессъ, Франция бѣше най-раздѣлена на разни социалистически фракции; но ний, француските социалисти, първи турнахми въ испълнение най-важното рѣшение на конгрессътъ.

„Основата на новия Интернационалъ, Работническия секретариятъ, отдѣлянъ за всѣка нация, е вече учрѣденъ при условия по-благоприятни, отколкото очаквахме, които гарантиратъ добрия му вървежъ.

„Но, прѣди да ви обясня какъ биде съставенъ, трѣба да ви кажа каква е задачата му.

„Неговата задача е трояка. Прѣди всѣчко, работата се касае до постоянното размѣнение на статистики, свѣдения и помощи между француските работници и работницитѣ отъ другитѣ страни.

„Статистикитѣ ще бѫдѫтъ направени отъ работническитѣ корпорации върху условията на трудътъ (надницитѣ, продължението на работния день, употрѣбението на жени и дѣца и пр.), които, сравнени съ условията на трудътъ въ Англия, Германия, Белгия и отъ всѣкѫдѣ другадѣ, ще послужѫтъ за опитна основа на незабавнитѣ искания на пролетариатътъ, сега безопасно разсцѣпенъ.

„Отъ друга страна, всѣко спрѣчкване, което би станѫло върху нѣкой си въпросъ между капиталътъ и трудътъ, може и трѣвба да бѫде разгледано отъ всичкитѣ национални другоземни работници. Ако стане нѣкоя грева, ще се попрѣчи по този начинъ на капиталиститѣ да си наематъ работници отъ другитѣ градове или земи и да заместятъ гревиститѣ. Съ една дума, конкурренцията, която отъ невѣжество си правиятъ изолиранитѣ работници въ борбата за работа въ полза на капиталиститѣ, ще бѫде, ако не прѣмахната, то смалена до минимумътъ си.

"Най-сетнѣ, въ борбата си работницитѣ отъ всички страни ще си помагатъ активно, ще проваждатъ на врѣме помощи на работницитѣ, отъ което се рѣшава и работническата побѣда. Не само съ пари може се сномога вслѣдствие на рационалната интернационална солидарность, но и въ случай на една грева, като тази на вѫглекопачитѣ отъ Па-де-кале, ще бѫде възможно, като се извѣстятъ организиранитѣ работници въ Англия, Белгия и Германия, да замедлятъ или ограничѫтъ производството.

"Въ заключение, дѣятелностьта на пролетариата, до сега расцѣпена и оставена на произвола на случая, ще се заякчи, централизира и ще бѫде направлявана по волята на самия пролетариатъ, който отъ не организовано състояние, минува въ организовано.

"Националний секретариятъ е съставенъ отъ делегатитѣ на всички корпоративни организации (работническитѣ борси, федерациитѣ на синдикалнитѣ камари, националната занаятчийска федерация) и отъ разнитѣ групи на социалистическитѣ партии (тритѣ фракции на работническата партия: гедисти (марксисти), алеманисти и бруесисти, централния революционенъ комитетъ (бланкиститѣ) и независимитѣ).

"Федерацията на работническитѣ борси има два пѫти по-вече делегати, за да се усигори по този начинъ болшинството на корпоративния елементъ, тъй като вотирането е по лице.

"Корреспонденцията на секретариятъ съ групитѣ на френцускитѣ работнически синдикати става посрѣдством секретаряита на всѣка отъ отдѣлнитѣ организации, къмъ които принадлѣжѫтъ и тѣзи групи или синдикати.

"Съ това ще се избѣгнѫтъ всѣкакви недоразумения между организациитѣ, които би причинили спрѣчквания и даже сблъсквания. Необходимостьта на това е налѣжаща по-вече и отъ това, че всичкитѣ тѣзи, които влѣзватъ сега въ съставътъ на секретарията, сѫ по-голѣмата часть вчерашни противници.

"Корреспонденцията съ странство сѫщо не ще е монополизирана. Тя ще бѫде подписвана и водена отъ секретаритѣ на засѣданията. (Секретаритѣ на вѫтрѣшнитѣ организации стават подъ рѣдъ и секретари въ засѣданията.

"Не ще съмнѣние, че съ такава една организация работническия секретариятъ въ зачалото си е поставенъ на височината на своето положение"

Голѣмо значение има за Франция изключително, както и самъ Жюль Гедъ забѣлѣзва, това—че въ работническия секретариятъ влѣзохѫ всичкитѣ работнически и социалистически организации. Много отъ тѣхъ по идеи, по срѣдства, по частни нѣкои, работи сѫ непримирими противници; но всички безъ исключение, на тази точка се показахѫ солидарни. Работническа Франция има сега единъ общъ каналъ, въ течението на който се сливатъ частнитѣ и отдѣлни искания. Нѣма съмнѣние, че тѣзи искания много по-скоро ще бѫдѫтъ удовлетворени, когато излизатъ отъ едно силно гърло, отколкото, ако излизахѫ отъ много слаби. Това не бърка на поссибилистътъ, марксистътъ и бланкистътъ, да си държи всѣкой своето и пакъ да бѫдѫтъ на едно. Първия може да казва, че само съ постепеннитѣ реформи, само съ „поссибилизмътъ" ще се освободи работническия класъ; втория може да настоява, че сериозното сблъскване на класоветѣ е неизбѣжно, че буржуазията не ще направи, както и не прави, отстѫпки, че само чрѣзъ една революция ще се дойде до реформи; третия може да обръща по-вече внимание на политическитѣ борби и случайни политически комбинации, отъ които да се възползува вслѣдствие на това да остава на заденъ планъ организацията на економическа почва; тѣ могѫтъ да гледатъ съ радость на усилванието на своята си фракция въ ущърбъ на противната, но всичко това, повтарямъ, не имъ прѣчи да се съгласятъ и да искатъ всички изедно 8 часовия работнически день, уничтожението на нощния трудъ за жени и дѣца, намалението му за мѫже и др. искания, които фигуриратъ на първитѣ рѣдове на економическитѣ имъ програми.

Прѣди да свършимъ обзорътъ си, ний ще си позволимъ да кажемъ и нѣколко думи за настоящето и скорошното бѫдѫще на социализмътъ въ Франция въобще.

Послѣ паданието на Парижската коммуна (1871 г.) въ Франция се захванѫ царството на реакцията. Старитѣ апостоли на социализма бѣхѫ въ изгнание. Слѣдъ паданието на Коммуната, членоветѣ ѝ се разбѣгахѫ въ Швейцария, Англия, Испания и др. Правителството най-строго слѣдеше всѣкиго, който би се осмѣлилъ да проповѣдва учението на Интернационалътъ — грозното страшилище за реакцията. И въ това врѣме, когато въ съсѣднитѣ страни кипеше борбата на социалистическитѣ идеи, Франция, тѣхното огнище, бѣше индеферентна. Едвамъ кѫдѣ 1877—78 г. се захванѫ едно работническо социалистическо движение. Скоро се обяви амнистия за коммунаритѣ-изгнанници, които се върнѫхѫ въ Франция: Лафаргъ, Гедъ и др. Тѣ наедно съ другитѣ се турнѫхѫ на чело на това движение и съ неуморимата си дѣятелность успѣхѫ да основѫтъ работническа партия. Въ началото на 1880 г. тази партия се расцѣпи на двѣ: *поссибилистическа и марксистска*, което расцѣпление попрѣчи на нарастванието ѝ. Въ продължение на периодътъ отъ 1880—1888 г. и двѣтѣ тѣзи партии водяхѫ силна борба. Поссибилистическата партия отиваше много далечь въ своитѣ компромиси съ буржуазията. Тя бѣще изгубила социалистическия си образъ. Марксистската или, както я наричатъ още, *гедистската* стоеше на висотата на положението си. Тя не правеше бързи успѣхи, но за това всѣка спечелена крачка оставаше спечелена и побѣдата дълготрайна. Като вземемъ прѣдъ видъ още и индивидуалистическо-метафизическитѣ традиции на француските работници (прудонисти най-вече), ще си обяснимъ още по-ясно причинитѣ за неуспѣването на научния социализмъ. Социалиститѣ трѣбваше не само да проповѣдватъ новото учение, но и да му расчистватъ пѫтътъ, като искорѣняватъ прѣдразсѫдъцитѣ на старото. Друго едно събитие попрѣче на успѣхътъ на социалдемокрацията въ Франция. Това бѣше *буланжизмътъ*. Буланже, който обѣщаваше незабавни социални реформи, подъ което обѣщание се крияше стрѣмлението къмъ диктатура, успѣ да привлече на страната си много работници. Една часть отъ бланкиститѣ сѫщо се присъедини къмъ него. Двѣ години Франция се намѣрваше въ прѣдвечерието на единъ държавенъ прѣвратъ. Впрочемъ, тази буря, която се вияше надъ француската република, отминѫ. Буланжизмътъ вече не сѫществува, защото и самия му прѣдставитель, жертва на нещастната си любовь, почива въ Изелскитѣ гробища въ Брюксель. Но прѣзъ двѣтѣ години на сѫществувание той бѣше една сериозна прѣчка на социалистическия прогрессъ въ Франция. Но важното за забѣлѣзвание днесъ е, че много буланжисти-депутати въ този моментъ се присъединяватъ къмъ социалиститѣ. Напримѣръ, на работническия конгрессъ въ Лионъ двама отъ присѫтствующитѣ делегати и депутати въ сѫщото врѣме—Журдъ и Емель сѫ буланжисти. Тѣ се присъединихѫ къмъ марксистската партия. Отъ друга страна въ Парижъ около редакцията на „L'intransigeant" тази година се организира централенъ социалистически комитетъ, почетенъ прѣдсѣдатель на който е Рошфоръ, бившия интименъ приятель на Буланже, и прѣзъ Мартъ т. г. въ едно събрание този комитетъ рѣшилъ да вземе участие въ манифестацията на 1-ий Май. За поддържницитѣ на буланжизма въ Франция, слѣдъ като послѣдния прѣстанѫ да сѫществува, имаше два пѫти: или да се хвърлятъ въ лоното на опортюнистическата републиканска партия, или да отидатъ въ рѣдоветѣ на социалиститѣ. Първото тѣ не можахѫ да сторятъ, защото бѣхѫ избрани именно благодарение умразата, която тѣ показвахѫ, че иматъ спрямо буржуазната република. Да направятъ второто, на мнозина липсваше куражътъ и смѣлостьта — това имъ се прѣдставляваше крайность. Но тѣзи, които не се побояхѫ отъ крайностьта и я прѣскочихѫ, пристанѫхѫ къмъ социалиститѣ, а другитѣ, безъ принципъ и программа, сѫ осѫдени на бездѣйствие, и тѣхнитѣ избиратели въ бѫдѫщитѣ парламентски избори, безъ съмнение, ще гласуватъ за противницитѣ (но не фалшиви, като буланжиститѣ) на днешната буржуазна република, единственни които сѫ социалиститѣ.

Поссибилистическата партия се расцѣпи на двѣ: Бруеситска и Алеманитска. Първата има на чело Полъ Бруеса, докторъ, бивши анархистъ; а втората — печатаря Алеманъ. Това расцѣпвание отъ една страна, подозрителнитѣ сношения на нейнитѣ шефове съ Констана и др., отъ друга, я дескредитирахѫ прѣдъ очитѣ на француските работници. Тя загуби довѣрието имъ. Тя загуби и себе си. Единственната партия, която бѣше въздигната на солидни основи, съ ясна и опрѣдѣлена программа, е марксистската (Le Paiti Ouvrier). Тя спечели все по-вече и по-вече довѣрието на работницитѣ и тѣхната поддържка. Бѫдѫщето принадлѣжи ней. Още по-вече, че на чело на тази партия стоятъ хора, несъмнѣнната честность, благородство и способности на които не отрича никой. И антисемитътъ Дрюмонъ въ книгата „La France Juive", и консерваторътъ de Wizewa въ етюдътъ си „Le mouvemeut socialiste", и много други признаватъ въ лицето на Геда и Лафарга агитатори съ високи качества и достоинства, които отъ день на день добиватъ по-голѣма популярность.

Който иска да се запознае съ социалистическото движение въ Франция по-подробно, ний му прѣпорѫчваме прѣкрасната статия на Жюлъ Геда, напечатана въ III-ия номеръ на русския „СоциальДемократъ" (1890 г., Декабрь), подъ заглавие: „Рабочее движеніе во Франціи со времени коммуны", прѣводътъ на която ний се надяваме да видемъ въ нѣкои отъ социалистическитѣ ни списания.

ИСПАНИЯ

Бунтътъ въ Хересъ. — Осѫждането на одушаване четирмата революционера: Бусики, Лабрижано, Царцуела и Ламела.

Въ Андалузия, южната топла испанска область, се разигра една грозна сцена: единъ бунтъ, когото послѣдва най-срамно потушение. Буржуазията въ Испания показа, до колко тя испълнява хубаво обществената си роль: прѣмахванието на всички, които ѝ прѣчѫтъ. Когато нѣкое правителство види, че го грози опасность, тогава то не се спира прѣдъ никакви срѣдства, биле тѣ и най-ужаснитѣ. Всичкитѣ диви инстинкти се пробуждатъ и убийствата, насилията и грубостьта взематъ широкъ просторъ. И съ испанското правителство бѣше сѫщото. Прѣди всичко, ний ще опишемъ движението, та че сетнѣ ще укажемъ на неговитѣ причини.

На 8-ий Януарий вечерьта (на 27-ий Декемврий н. с.) една тълпа селени, на брой около 1000 души, набрана отъ околноститѣ, навлѣзва въ гр. Хересъ съ викове: „да живѣе анархията!" Тълпата, въорѫжена съ вили, мотики, топори, брадви, пушки и всевъзможни други орѫдия, се отправила къмъ централната тъмница, съ цѣль да освободи затворницитѣ. Освобождението на затворницитѣ щѣше да бѫде първия актъ на въстание. Слѣдъ това революционеритѣ трѣбвало да завладѣятъ градътъ, да повдигнѫтъ на въстание неговитѣ жители, по-голѣмата часть отъ които не сѫ биле посвѣтени на въстанието, което на бърза рѫка бѣше приготвено. Революционеритѣ сѫ надявали, че, слѣдъ като въстане Хересъ, ще въстанѫтъ околноститѣ, и по този начинъ пламъкътъ отъ Андалузия ще се принесе изъ цѣла Испания. Но Херескитѣ власти знаяли всичкитѣ планове на революционеритѣ: тѣ още въ прѣдвечерието на въстанието арестували 50—60 революционера въ Хересъ, които трѣбвало да дадѫтъ помощь на въстаналитѣ и дошлитѣ отвънъ селени. Херескитѣ военни власти взели мѣрки. Градския гарнизонъ билъ събранъ въ казармитѣ и стоялъ на кракъ. Всичката полиция, всичкитѣ пеши и конни стражари биле распрѣдѣлени по-главнитѣ пунктове на градътъ. Кмета далъ распореждание да се въорѫжатъ всичкитѣ барперни чиновници по-октроата. Хереския народъ, неизвѣстенъ ни за самото въстание, ни за прѣдпазителнитѣ мѣрки, взети отъ властитѣ, спокойно слушаше увертюрьтъ на една опера въ театърътъ. Че въстанието по-вече приличаше на единъ бунтъ, отколкото на едно организирано въстание, свидетелствува самия този фактъ, че мадритскитѣ революционери, както и всичкитѣ други революционери въ Испания, незнаяхѫ нищо. Въ прѣдвечерието на въстанието, когато полицията въ Хересъ вземаше прѣдпазителнитѣ мѣрки, мадритскитѣ революционери държахѫ единъ голѣмъ митингъ на площада „Лисео Риусъ", гдѣто неуморимия Малатеста държеше една рѣчь, съ която описваше плачевного положение на пролетарията въ Испания и която завърше съ думитѣ, че друго спасение нѣма, освѣнъ социалната революция, безъ да знае, че въ Хересъ се готви нѣщо.

Първитѣ групи революционери навлѣзохѫ въ града малко прѣди свършванието на театърътъ. Първата схватка на революционеритѣ бѣше съ чиновницитѣ на октроата, които отстѫпихѫ въ градския домъ. Второто и рѣшително стълкновение на въстаницитѣ станѫ прѣдъ централния затворъ. Тамъ се притече и войската, и жандармерията, и нощната стража. Въстаницитѣ бидохѫ распръснѫти. Около 70 души бѣхѫ арестовани и много ранени. Единъ, който случайно се връщаше отъ театърътъ, биде убитъ. Войската гони въстаницитѣ на нѣколко километра далечь отъ града.

Ето цѣлата история на въстанието. Его неговия епилогъ и съдържание. Нека видимъ и послѣдствията му.

На 10-ий Януарий пристигнѫ въ Хересъ главния управитель на Анадалузската провинция. Съ него заедно пристигнѫхѫ и нови отряди войска. Населението на Хересъ (като много революционно) бламира поведението на херескитѣ власти, защото оставили въстаницитѣ да влѣзятъ въ градътъ.

На часътъ биде назначенъ воененъ сѫдъ, който да разгледа дѣлото. Засѣданията на сѫдътъ ставахѫ тайно. Процессътъ се продължава цѣлъ мѣсецъ. На 9-ий Февруарий излѣзе сѫдебния вердиктъ, който се отнасяше само до една часть отъ арестованитѣ. Полковникътъ Концалесъ обяви на арестованитѣ, че Бусики, Лабрижано, Царцуела и Ламела се осѫждатъ на смърть.

Осѫждението на смърть като гръмъ се разнесе изъ цѣла Испания. Между работницитѣ това особено се почувствува. Тѣзи, които ще умиратъ утрѣ, бѣхѫ тѣхни братя (и четирмата бѣхѫ работници) и умирахѫ за тѣхъ. Работницитѣ въ Мадритъ испратихѫ делегация до царицата да просятъ амнистия. Но тя я не прие. Работницитѣ въ Барцелона, Билбао, Кадиксъ, и Севиля, направихѫ шумни демонстрации за амнистия. А особено въ Барцелона, гдѣто работницитѣ отъ разни занаяти обявихѫ стачка. По улицитѣ се валяхѫ разни възвания, обкрѫжени съ траурни рамки — черно. Въ Барцелона полицията трѣбваше да се намѣси и распръсне тълпата, която се бѣше събрала на площадътъ прѣдъ университетътъ: произлѣзе стълкновение, имаше ранени и арестувани. Голѣма часть отъ народътъ, която, може би, и не съчувствуваше на социалистическитѣ идеи на осѫденитѣ, но отъ чувство на милосърдие и състрадание бѣше за амнистията. Но кралицата, по настояването на Канова, министъръ на вѫтрѣшнитѣ дѣла, и неговитѣ колеги, останѫ глуха на общия апелъ.

Слѣдъ като имъ прочетохѫ присѫдата, осѫденитѣ бидоха придадени въ рѫцѣтѣ на калугеритѣ отъ братството на Мирътъ и Благодѣянието, за да имъ улекчатъ страданията и приготвятъ грѣшнитѣ имъ души за свѣти петровия рай. Една отъ стаитѣ на тъмницата, въ която бѣхж въведени осжденитѣ, бѣше прѣобърната на капелла: стѣнитѣ покрити съ черенъ платъ и бѣло христово распятие срѣдъ стаята, до която горѣхж голѣми свѣщници. Но прѣди да ги въведжтъ въ капеллата, тъмничнитѣ пазачи имъ оковахж ржцѣтѣ въ вериги. Капеллата станж мѣсто на една сърдцераздерателна картина: Бусики плачаше съ горѣщи сълзи. Царцуела покъртенъ лежеше, падналъ на ржцѣтѣ на тъмничаритѣ. Ламела правеше усилие надъ себе си, да се показва смѣлъ, а Лебрижано мълчаливо пушаше цигаръ слѣдъ цигаръ.

Отъ десеть часътъ и половина вечерьта никой не се допущаше вече до осжденитѣ, въ капеллата, гдѣто тѣ прѣкарвахж послѣдната си нощь.

Но прѣди това Бусики биде посѣтенъ отъ баща си, комуто той остави пари, като ги прѣдаде на братята на Благодѣянието. Бусики сжщо биде посѣтенъ и отъ годеницата си. На нея той остави наслѣдство нѣколко мебели, които бѣше купилъ за прѣдстоящата си свадба.

Царцуела остави на генералътъ Кастилежосъ грижата за жена си.

Ламела, който най-стоически прѣнасяше всичко, прѣдаде на поповетѣ 5 дура (монета 5 л.) за майка си.

Още отъ срѣдъ нощь палачитѣ отъ Мадритъ, Севиля и Гранада захванжхж да приготвятъ ешефода. Той бѣше едно дъсчено възвишение около единъ метъръ и половина високо отъ земята, дванадесеть метра дълго и шесть широко. По дължината на това възвишение бѣхж издигнати четире стълба. На половинъ метъръ високо отъ основата на всѣки стълбъ имаше направено по едно сѣдалище, на което трѣбваше да сѣдне осждения. А още на половинъ метъръ високо отъ сѣдалището бѣше проврянъ на самия стълбъ желѣзенъ обръчь, който се завършваше въ обратната страна на стълбътъ съ единъ винтъ, съ който можаше да се свива и распуща желѣзния обръчь. Въ този желѣзенъ обръчь се пъхаше врата на осждения.... Винтътъ се притяга, свиваше се обръчьтъ, който постепенно притисваше мускулитѣ.... и, които сж близо до стълбътъ, слушатъ трошението на коститѣ.... осждения, по този начинъ удушенъ, трѣбваше да умрѣ...

Ешафода бѣше искаранъ напълно до три часътъ по срѣдъ нощь. Тълпата почнж да се събира на площада още отъ единъ часътъ, но сълдатитѣ я распръсвахж и не я допущахж близо до ешафода.

Въ това врѣме въ тъмнич. капелла се почнжхж приготовленията.

Въ петь часътъ единъ попъ отслужи литургия. Послѣ дадохж кафе на осжденитѣ.

Въ шесть часътъ влѣзохѫ палачитѣ отъ Мадритъ, Гренада и Севиля. Мадритския палачъ се отправи къмъ осѫденитѣ съ слѣдующитѣ думи: „Азъ съмь испълнитель на правосѫдието, простете ме!" Царцуела отговори, че той не прощава никому.

Слѣдъ това палачитѣ почнѫхѫ да обличатъ осѫденитѣ съ дългитѣ антерии, приготвени специално за тѣхъ. Послѣднитѣ указахѫ съпротивление. Бусики, Ламела и Лабрижано, слѣдъ малки съпротивления, се оставихѫ; но Царцуела се противи дълго.

Най-сетнѣ часътъ настанѫ. Тълпата бѣше нарастнѫла. Жандармитѣ, сълдатитѣ (пеши и конници) бѣхѫ обсадили тъмницата. Осѫденитѣ тръгнѫхѫ по слѣдующия рѣдъ: Бусики, Ламела, Царцуела и Лабрижано.

Въ шесть часътъ и половина осѫденитѣ, придружени отъ силни военни отряди, дойдохѫ до ешафоде. Палачитѣ, исправени до грознитѣ стълбове, чакахѫ. Въ това врѣме камбанитѣ на всичкитѣ херески църкви бияхѫ погрѣбаленъ звонъ и извѣстявахѫ цѣлий Хересъ, че четирмата работници умиратъ. Поповетѣ четяхѫ упокоителни молитви на осѫденитѣ; а послѣднитѣ съ распятие въ рѫка се искачваха на лобното мѣсто. Стълбоветѣ бѣхѫ отдѣлени единъ отъ другъ съ малки стѣни, за да бѫдѫтъ осѫденитѣ изолирани.

Бусики пръвъ се приближи до стълбътъ си. Той се обърнѫ къмъ народътъ и, слѣдъ прощалнитѣ думи: „збогомъ мои чада"! сѣднѫ на сѣдалището.

Слѣдъ него идеше Царцуела. Той говори по-вече. „Херески народе, каза той, азъ умирамъ мѫченикъ за работническото дѣло и съмъ една невинна жертва на буржуазията! Нека моята смърть послужи за примѣръ". И слѣдъ малко: „азъ се обръщамъ къмъ всички, а никой не ме слуша." Сѣднѫлъ на сѣдалището, той продължаваше: „за жалость, че защитницитѣ на социалната революция плащатъ съ живота си за нѣколко прѣзрѣни......." Тукъ палачътъ го накара да млъкне, като завъртя винтътъ!....

Третий успѣ да каже само: „херески граждани! азъ съмъ невиненъ......."

Въ това врѣме лицата на осѫденитѣ бѣхѫ взели не човѣшки образъ! Коситѣ настръхвахѫ на човѣка отъ тѣхния видъ!...

Палачитѣ хвърлихѫ по едно бѣло платно върху лецата имъ и силно завъртяхѫ винтоветѣ.....

Слѣдъ 5 минути четирмата работника не бѣхѫ вече между живитѣ.... Тѣхнитѣ тѣла, облѣчени въ дълги антерии, съ забулени лица и съ распятие въ рѫцѣ, стояхѫ на изложение прѣдъ хсрескитѣ граждани!?......

Мануелъ Фернандеу Рейна (Бусики) беше на възрасть 25 години; Мандел Силва (Лебрижано) на 45 години; Жозе Фернандеу Ламела на 25 години и Антонио Царцуела Гранжа на 35 години.

. . . .

Нека се опитаме сега да дадемъ една картина въ нѣколко черти на икономическото положение на Андалузия и на Хереската область въ частности.

Неоспоримо Андалузия е най-изобилната съ богатства, най-плодородната область въ Испания. Андалузия по право се нарича градина на Испания, а Анадалузската долина, напоявана отъ рѣката Гвадалквивиръ—житница на Испания. Околноститѣ на Хересъ се славятъ съ богатитѣ си лозя, а самъ Хересъ—съ прочутото си вино. Кой не знае и не е чувалъ Хереското бѣло вино? То се равни и съ француското бордо, и шампания и съ мадерата, и съ малагата.

Но тази плодородна земя, тѣзи изобилни богатства сѫ собственость на едно малко число владетели. За развитието на едрото земевладение въ Испания сѫ спомогнали много икономически и исторически обстоятелства, които ний нѣма да разглеваме. Особенно южната часть на Испания, гдѣто слѣдъ завладяването на Мавританското царство земитѣ минѫхѫ въ рѫцѣтѣ на Испанското благородство..... Населението на всичкитѣ тѣзи мѣста е обърнато въ голѣма масса земледѣлчески пролетариатъ, който, всрѣдъ този земянъ рай, гине въ най-дълбока мизерия. Производитель и на хубавитѣ платове, и на прочутото вино, и на жълтата като кехлибаръ пшеница, а осѫденъ като легендарния грѣшникъ въ адътъ на вѣчна нѣмотия. Ако той изяви претенции на собственникъ, капиталистътъ се обръща и му казва: „не, това не е твое, азъ съмь ти го заплатилъ съ надница!" и произведението се отказва да служи на производительтъ си, избѣгва отъ него, както крушата, която виси надъ главата на грѣшникътъ, се отдръпва, щомъ той се издигне да откѫсне нѣкой плодъ, или рѣката си снишава, щомъ се наведе да понакваси загорѣлитѣ си уста. И този грѣшникъ е осѫденъ на вѣченъ гладъ, на вѣчна жажда; и не му се дава възможность да умрѣ, защото той е нуждень да удовлетвори докачения законодателски авторитетъ на господаря. Тука етикетитѣ се промѣнуватъ: намѣсто християнския богъ, който наказва поданницитѣ си, като грѣшници, стѫпва могѫщественния богъ на нашето време—капиталътъ. Той осѫжда работницитѣ на гладъ, студъ, нѣмотия, за да удовлетвори стремлението си къмъ растение, натрупванне,..... Не отпуща и тази мизерия до тамъ, до смъртьта на жертвата, защото, ако умрѫтъ работницитѣ тъй скоро, той не ще има кого да експлуатира.....

Особенно зимно врѣме положението на земледѣлческитѣ работници става критическо. Вслѣдствие на особенното врѣме полскитѣ работи запиратъ, а съ това и единственния източникъ на прѣпитание—продаванието на работническата сила се исчерпва. Даже ако има и работа, надницитѣ биватъ много по-ниски зимно врѣме отколкото прѣзъ другитѣ годишни врѣмена. Надницата на земледѣлческитѣ работници около Кадиксъ, Хересъ и въобще изъ цѣла Анадалузия зимно врѣме е отъ 50 стот. до 1 левъ, 1 килограмъ и половина хлѣбъ, малко дървено масло и сегисъ тогисъ даватъ на работницитѣ едно особенно мѣстно ястие, наречено газпахо (gazpacho). Лѣтно врѣме, когато работата се усилва, надницата е лева 1—1·25 и сѫщото количество храна. Това *обикновенно* лошо економическо положение се улоши съ още едно обстоятелство, което играе голѣма и прѣголѣма роль въ економята на буржуазнитѣ общества—митарственнитѣ тарифи. Франция се загради съ една митарственна тарифа, която значително намаляваше вносътъ отъ странство. Мелинъ и неговата клика успѣхѫ да прокаратъ въ парламентътъ новитѣ митарственни тарифи съ ултрапротекционистически духъ. Слѣдствията отъ това най-злѣ се отразихѫ на Испания, а особенно на нейното виноделие, главния износъ на което бѣше отправенъ за Франция. Полскитѣ занятия се ограничихѫ още по-вече. Испанскитѣ виноделци и земледѣлци ограничихѫ производството, вслѣдствие на което биде распусѫта голѣма часть отъ земледѣлческитѣ работници, които, лишени отъ работа се лишавахѫ и отъ насущния........

Глухо неудоволствие се чуваше изъ цѣлата Андалузка долина...

Революционеритѣ поискахѫ да се възползоватъ отъ тѣзи изключителни обстоятелства и, както видяхме, тѣ се опитахѫ да подигнѫтъ всеобщо въстание.

Въ тѣзи мѣстности: Хересъ, Кадиксъ, Аргора, Лабрижа дѣйствуваше едно врѣме прочутото революционно тайно общество: „Черната рѫка". Революционеритѣ можахѫ да расчитатъ, прочее, още и на традициитѣ, които бѣхѫ се запазили въ мѣстното население. Но тѣзи традиции съ изключителнитѣ економически условия послужихѫ като условие на едно опитване за въстание, но далечъ тѣ не можахѫ да усигорятъ още побѣдата. За побѣда и успѣшния исходъ на социалната революция не се иска само врѣменно увлечение, а се иска организация и дълбоко съзнание въ цѣльта, която прѣдстои. Минутнитѣ увлечение водятъ само къмъ барикадитѣ, казва Карлъ Марксъ, но това не ще рѣче още—къмъ побѣда: а за послѣдната сѫ необходими и увлечения и классово съзнание. Но това классово съзнание не можаше да се добий изведнѫжъ. Тѣзи исключителни обстоятелства, за които ни бѣше горѣ думата, можахѫ да убѣдятъ работницитѣ още по-вече, че тѣ сѫ нещастни, че тѣ сѫ роби на капиталътъ, но не и да имъ дадѫтъ классово съзнание. Самото си положение, като „работникъ", като робъ на господарина, никой работникъ нѣма да ви отрѣче; но той много скептически ще се отнесе, ако му кажете: не, това положение може да се промѣни. Когато тѣзи нещастия излѣзатъ отъ мѣрката на вънъ, когато ножътъ дойде и даже пробий кокълътъ, тогава рефлексно, безъ никакво съзнание въ революционната си роль, той отива на барикадитѣ; но при първия неуспѣхъ, когато страститѣ позаглъхнѫтъ и се поуталожатъ, напротивъ — ударътъ го докарва отново въ нормалното му положение и сѫщото недовѣрие къмъ силитѣ си го обладава, сѫщия скептицизъмъ къмъ скорошния край на неговитѣ страдания намѣрва мѣсто въ разсъжденията му.

Задачата на истинския революционеръ е да прѣмахне това недовѣрие къмъ собственитѣ си сили, което става само съ организацията и политическата борба. Работницитѣ, организирани въ синдикати и разни еснафски дружества, съставлява аванъ-гвардията на революцията. Аванъ-гвардията на революцията въ 1848 г. бѣхѫ работницитѣ, които влизахѫ въ състава на дружествата „La société des Jaisons", „Les amis du peuple" и др.; аванъ-гвардията на Парижката Коммуна бѣхѫ работницитѣ, които влѣзваха въ прочутия Интернационалъ. Аванъ-гвардията на бѫдещата революция въ Франция и Германия ще съставляватъ работническитѣ синдикати. И това по много простата причина, че работницитѣ когато сѫ съединени, сѫ много по-силни. Най-напрѣдъ работницитѣ се съединяватъ и ставатъ солидарни въ извѣстни принципални пунктове; това съединение постепенно взема по-широки размѣри и най-сетнѣ висшата негова форма се проявлява въ едно такова движение, което обхваща цѣла страна, което расклаща основитѣ на обществото отъ дъно. Като че ли именно това бѣхѫ забравили и забравятъ испанскитѣ революционери. За тѣхъ мѣрката, съ която може да се мѣри единъ човѣкъ, да ли е революционеръ или не, е — колко по-вече той въ своитѣ си разговори и рѣчи повтаря думитѣ: революция, революция! А революцията е такова нѣщо, за което колкото по-малко се говори, толкова по-спазва сѫщинския си характеръ, казва Либкнехтъ.

Революционеритѣ трѣбва да се избавятъ отъ тази фразеология, която дава хубаво орѫжие въ рѫцѣтѣ на реакционеритѣ да умножи ареститѣ, гоненията и всѣкакъвъ родъ притѣснения.

Ето ний стоимъ лице съ лице прѣдъ въстанието или, по право да кажемъ, прѣдъ бунтътъ въ Хересъ и виждаме неговитѣ резултати. Какви сѫ тѣ? Първо и първо, испанското правителство иска да турне рѫка на по-важнитѣ революционери-дѣятели въ Испания, да ги арестува и екстернира. И това именно то прави. Второ, испанското правителство сега прѣпятствува да стане най-невинната работническа манифестация, прѣпятствува на гревитѣ, на митингитѣ и пр. и пр. Такова едно събитие, като хереското, което се ограничи съ една маневра до централната тъмница, бѣше една casus belli, което напраздно търсеше изнапрѣдъ испанската буржуазия. Такива частични бунтове сѫ въ интереса на буржуазията, защото, вземайки актъ отъ тѣхъ, тя туря рѫка на цѣлото движение. Или намъ не ни е извѣстна провокаторската политика на правителствата? Нима ний не знаемъ, че въ Германия, въ франция властитѣ, самитѣ власти, блюстителитѣ на законитѣ, се мѫчѫтъ да произведѫтъ такива движения между работническия класъ и съ единъ ударъ да се разправятъ съ него?..... Ний не сме партизани на тази теория, че революцията избухва отъ много частични бунтове. Противъ нея говори и историята на националното революционно движение, противъ нея говори и историята на иностраннитѣ революционни движения. Противъ нея говори и съврѣменната дѣйствителность, напр., послѣднитѣ стълкновения на работницитѣ безъ работа въ Берлинъ съ полицията. Тѣзи стълкновения бѣхѫ прѣдизвикани отъ самата полиция, защото въ германскитѣ реакционни крѫгове се забѣлѣзва едно течение за възстановляванието на бисмарковитѣ исключителни закони противъ социалиститѣ!

Може да претендира нѣкой, че такива бунтове подигатъ духа на массата? Това още по-вече не истърпява критика. Очевидно е, че работническия класъ, лишенъ отъ интелигенцията си, испозатворена въ тъмницитѣ и испѫдена задъ граница, се лишава отъ водители и става плячка въ рѫцѣтѣ на разнитѣ политически интриганти. Единъ положителенъ резултатъ, що може да има Хереския бунтъ, е измѣнението тактътъ на испанскитѣ революционери. Тѣ трѣбва да обърнѫтъ серьозно внимание на организацията, дисциплината и на социалистическата пропаганда, което до сега не сѫ правили. И веднѫжъ массата организирана, геройската самоотверженность на нѣколко апостола, единъ Седанъ, единъ остъръ финансовъ кризисъ, или една междуевропейска война е достатъчно да тикне массата въ рѣшителната борба.

Ний видяхме причинитѣ, които прѣдшедствуваха хереския

бунтъ, ний подложихме на анализъ самия него. Видяхме, до колко е ползотворенъ и своевръмененъ, съ една дума, удобрявахме или критикувахме това, което има да се удобрява или критикува. Но въ това цъло събитие има единъ редъ други събития, предъ които ний пазимъ най-строго благоговейно мълчание. Тези събития сѫ нъмите свидътели за величието на социалистическата идея и за самоотверженностьта на нейните апостоли. Ний можемъ да обвиняваме испанските революционери, че несвоевременно и неподготовени се заематъ за едно свъто дъло, съ което не тръбва да се постѫпва тъй ковърно и да се излага на такива примеждия; но, „всъкиму своето", казва латинската пословица: въ границите на тъхния анализъ и познавателни способности тъ сѫ прави. Ний не можемъ да не се плънняваме отъ героизмътъ на Царцуела и другарите му, които смъло умряхѫ на ешафода за своите идеи. И това бъхѫ работници, излъзли изъ средата на самия народъ, което показва, че една часть отъ него, колкото и минимална да е, съзнава ролята си. Голъмо значение има това, че на чело на движението е интелигенцията, набрана отъ средата на самите работници. Буржуазията постоянно обвиняваше, че нъколко пламнали глави и идеалози възбуждали работниците къмъ гражданска война, когато самите работници несъзнаватъ това; но Парижската Коммуна въ 1871 г., движението въ Белгия въ 1886 г., движението въ Испания сега показахѫ, че классовото съзнание на работниците отъ день на день расте. Волностьта и ръшителностьта, съ която умираха работниците по барикадите въ Парижъ презъ 71 г., примърътъ отъ безподобенъ героизъмъ, съ който измирахѫ руските, полските и др. революционери социалисти, всички тия възвишени качества сѫ достояние на работническото дъло, на социализмътъ: вънъ отъ него нъма истински идеални течения... И въ името на тъзи работнически идеали, които не се свинятъ да изповъдватъ сега милиони работници по цълия свътъ, умряхѫ и хереските революционери, и тъхната смърть беше обща загуба — тя се почувствува на вредъ. Въ Франция, Италия и Германия станахѫ митинги, съ които се протестираше противъ смъртното наказание на четирмата работника; но късно — тъ бъхѫ вече наказани и испанското правителство си беше изиграло джелатската роль. Неговата роль беше, както и ролята на всичките правителства, да защити господствующия классъ съ всички простими и не простими средства. Господствующия классъ изцъло представлява единъ организъмъ, който има силно развитъ инстинктъ за самосъхранение, защото има силни органи: полиция, сѫдилища, сълдати и пр.

Въ смъртьта на четирмата социалисти, въ начинътъ на испълнението й има въ същото време нѣщо страшно и жестоко. Тукъ виждаме да възкръсва предъ очите ни испанската инквизиция съ своите ужаси, съ лицемѣрно набожните си калугери — испъква ужасътъ на миналите вѣкове! Наполеонъ напразно мислѣше, че унищожава инквизицията (1809); не! само че сега, при новите условия, тя взема малко модеренъ характеръ, а пъкъ тази жестокость и безмилосърдность, която я характеризираше напредъ, я характеризира и сега: пакъ това незачитание на човѣшкия животъ, само че напредъ това ставаше по повелението божие, въ името на религията, а сега по повелението на капиталътъ, въ името на експлуатацията.

ГЕРМАНИЯ

Презъ мѣсците Декемврий и Януарий въ Германия бѣше обявена всеобща грева на работниците по печатниците. Работниците-печатари искахъ деветь-часовъ работенъ день. Още въ самото си начало гревата обхванѫ до 12,000 работника, а по-послѣ това число се увеличи. Макаръ че гревистите устойчиво продължавахѫ гревата си, капиталистите-печатари, книгоиздателите и пр. неотстъпихѫ на работническите искания. На гревистите бѣхѫ се притекли на помощь работниците-печатари отъ Англия, Франция и другаде. Въобще, за забѣлѣзвание е, че стачките на работниците печатари стаеатъ много често и биватъ винаги подпомагани отъ всичките работници. Напримѣръ, на стачката на печатарите-работници въ Виена бѣхѫ се притекли на помощь, като захванните отъ работниците-печатари въ Англия и Франция и свършите съ най-отдалѣчената Аржентинска република и България. Освенъ това, на печатарството, като индустриаленъ клонъ, който най-рано се развива отъ всички други въ назадничавите въ економическо отношение страни, въ последните социалистите обръщатъ най-напредъ внимание на него. Въ Ромъния, напримѣръ, тази година (Януарий) имаше обща стачка на словослагателите и др. работници по печатниците. Когато стачки по другите клонове на индустрията нѣма, у насъ също трѣбва социалистите да обърнѫтъ внимание на печатарите-работници, между които ще намѣрятъ благодарна почва за социализмътъ. Освенъ това, печатарите-работници, благодарение на самото си положение, сѫ по-просвѣтени и по-събудени отъ другите работници. Следъ неуспѣшния исходъ на тази грева въ Германия, въ Берлинъ на едно голѣмо работническо събране Бебелъ произнесе една рѣчь: „*Какво ни учатъ послѣднитѣ голѣми греви*", която ний прѣвеждаме тука:

„Буржуазното общество, казва Бебелъ, прѣди да е прѣживѣло още дълго врѣме въ Германия, дава такива признаци, се по-вече и по-вече многобройни, които турятъ въ съмнѣние по нататашното му сѫществувание. Къмъ тия признаци се отнасятъ и классовитѣ стълкновения, които ставатъ по-вече и по-вече интенсивни и на които ний бѣхме свидѣтели напослѣдъкъ. Истина е, че тѣ не ни учатъ на нищо ново и че още отъ старо врѣме сѫ извѣстни борбитѣ на робитѣ противъ господаритѣ.

„Въ срѣднитѣ вѣкове классовитѣ борби сѫ изпъквали, наистина; но никога не съ такава сила, както въ нашето модерно общество. Причината на това се крие въ економическитѣ условия на тогавашнитѣ епохи. Тогавашния начинъ на производството, сравняванъ съ днешния, бѣше съвсѣмъ примитивенъ, присѫщъ на дребната буржуазия. Работницитѣ можахѫ да водятъ още единъ самостоятеленъ животъ. Никога въ тогавашнитѣ борби классовия антагонизъмъ между труда и капитала не е билъ тъй остъръ, както днесъ (Тука ораторътъ прѣвежда примѣри отъ 17-то столѣтие).

„Но характеристично е, че и въ тази епоха правителственитѣ чиновници бѣхѫ на страната на патронитѣ. Правото на сдружване е дадено и прѣпознато отъ скоро врѣме насамъ, слѣдъ като господствующитѣ классове видяхѫ една часть отъ несправедливостьта, която извършвахѫ спрямо работническия класъ, и когато видяхѫ, че не бѣ нужно да се прибѣгва вече до такива притѣснителни мѣрки, слѣдъ като добихѫ това, което желаяхѫ. Сѫщо тъй, ако въ 1848 г. имаше до извѣстна степень едно работническо движение, това не може да се сравни съ работническитѣ движения, които станѫхѫ подирѣ.

„Колкото по-вече буржуазията заграбваше властьта въ рѫцѣтѣ си, толкова по-вече и въ работническия класъ се пробуждаше стрѣмлението къмъ независимость. Тогава именно се образувахѫ работническитѣ организации и съюзи, които отчасти сѫществуватъ още днесъ.

„Прѣди всички други, *словослагателитѣ* по-благоприятствувани отъ общественното си положение, захванѫхѫ да се организиратъ и създадохѫ единъ съюзъ, който сѫществува и днесъ. Словослагателитѣ, спрямо другитѣ работници, имахѫ най-много прѣмущества. Печатарското занятие всѣкога е било по-вече капиталистическо. Голѣмата часть отъ корпорацинтѣ не се надѣваше да се здобий съ по-голѣма независимость, тъй като за това бѣхѫ потрѣбни значителни суммы.

„Работата стоеше другояче въ другитѣ съюзи, и това се измѣни съ развитието на капиталистическия начинъ на производството. Вслѣдствие на тази еволюция между печатаритѣ-работници се разви по-голѣма солидарность. На това помагаше още и слѣдующето: че макаръ печатарското занятие и да почиваше на капиталистически основи, но то принадлѣжеше на *манифактурата*. Въпрѣки всичкитѣ усилия и днесь още не могѫтъ да изнамѣрятъ машини, които да набиратъ добрѣ.

„Между прочемъ, въ Англия невямъ се е изнамѣрила една машина за набиране, която по искуство надминава всички, които е имало до сега. Такова едно събитие е отъ естество да занимай за напрѣдъ работницитѣ-печатари, защото капиталистътъ всѣкога въ классовитѣ стълкновения се стрѣми да турне машини намѣсто человѣческитѣ работнически сили. Въ другитѣ съюзи револиюционното дѣйствие на машинитѣ бѣше една прѣчка на организацията, когато пъкъ, отъ друга една страна, вслѣдсвие раздѣлението на трудътъ и измѣнението начина на работянието старитѣ организации се разрушавахѫ. На никѫдѣ другадѣ съ исключение на Америка, този процессъ не е дѣйствувалъ тъй революционно както въ Германия.

„Ето защо, трудно е да се създадѫтъ на бързо организации, които да се противопоставятъ дълго врѣме на капиталътъ.

„Економическитѣ стълкновения отъ послѣднитѣ години могѫтъ да се раздѣлятъ на двѣ категории: на настѫпателни греви, които се правятъ, за да се извлѣче извѣстна полза отъ извѣстно благоприятно обстоятелство и на отбранителни греви за да се въспротивятъ на опитванията на патронитѣ, които искатъ да улошѫтъ положението на работницитѣ въ неблагоприятни условия. Истина е, че буржуазното общество даде правото на сдружаване; но въ такава една економическа борба трѣбва, както прави единъ генералъ въ сражение, да се притеглятъ всичкитѣ обстоятелства, които би помогнѫли за побѣдата. Въ настѫпателнитѣ греви важното за забѣлѣзване е това, че врѣмето, въ което се явяватъ благоприятни обстоятелства, е различно споредъ занятията. Това още по-вечѣ е за забѣлѣзване, защото, ако стълкновението, захванато отъ нѣкоя корпорация, която е обявила вече грева, прѣмине нормалното врѣме, тя трѣбва да търси поддръжка въ другитѣ корпорации.

„Въ този редъ на нѣщата нѣмскитѣ работници могѫтъ малко да се надѣятъ, защото общото положение е лошаво и работническитѣ организации сѫ естественно твърдѣ слаби. Английския работнически классъ се намѣрва въ едно по благоприятствувано положение. Той успѣ да си създаде голѣми организации и да събере средства за материална защита. Това станѫ благодарение на географическото положение на Англия, въ която, като отцѣпена и като имаше монополъ морето и търговията, работницитѣ можахѫ да искатъ и да получаватъ по-вече отколкото на континентътъ. А още по-вече, че Английската буржуазия бѣше по прозорлива отъ нѣмската — тя даваше на работникътъ по-голѣма свобода.

„Но това благоприятно положение, въ което се намѣрвахѫ английскитѣ работници се улошаваше, колкото по-вече едрата промишленость се развиваше върху континентътъ, колкото по-вече Германия, Франция и Америка добиваха характерътъ на индустриални държави и почнѫхѫ да конкуриратъ на Англия въ международния пазарь.

„Англия трѣбваше да се подчини на обстоятелствата. Тъй като трудътъ бѣше по ефтенъ въ Германия, а Америка бѣше испреварила Англия въ усъвършенствуваннето на машинната техника, английската буржуазия се видѣ принудена да вземе по строги мѣрки противъ работницитѣ.

„Но тѣ, работницитѣ, сѫщо разбрахѫ положението. Прѣди 10 години мѫчно би било да се накаратъ английскитѣ работници да взематъ участие въ единъ международенъ съюзъ; но днесь тѣ признаватъ, че работницитѣ отъ всички цивилизовани страни трѣба да си подадѫтъ рѫка. Доказателства за това имахме отъ Парижкия и Брюкселския конгресси.

„Въ послѣдната грева на нѣмскитѣ печатари-работници за прѣвъ пѫть английскитѣ работници испратихѫ съ ентусиазъмъ значителни помощи. Това явление е отъ капитална важность.

„Гревата на нѣмскитѣ работници-печатари доказа още, че срѣдствата за една економическа война сѫ недостатъчни да отговарятъ на работническитѣ искания. До днесь се вѣрваше, че печатаритѣ иматъ най-урѣдената организация. Тѣ бѣхѫ разбрали, че въ извѣстенъ случай, когато тѣ трѣбваше да дѣйствуватъ, нуждно имъ е да иматъ на расположението си материални срѣдства, и тѣ бѣхѫ си наложили, слѣдователно, голѣми пожертвувания. До сега въ Германия не се е срѣщало, щото една корпорация да влѣзи въ борба съ половинъ милионъ марки (625,000 лева). И при все това, ний видяхме, че, въпрѣки духътъ на солидарностьта и значителнитѣ помощи, печатаритѣ-работници бидохѫ побѣдени.

„Да видимъ сега кои сѫ причинитѣ на това поражение. Тѣ сѫ многобройни. Прѣди всичко, работницитѣ се излъгахѫ въ смѣткитѣ си относително упорностьта на патронитѣ. Тѣзи послѣднитѣ сѫ по-вечето твърдѣ богати и тѣ бѣхѫ поддържани отъ правителственнитѣ и граждански чиновници и отъ всичкитѣ капиталисти-

„Правителствата въ Саксония и Бавария имъ дадохж на помощь съдати. Когато правителството на лѣво и на дѣсно претендира, че е покровитель на бѣднитѣ и слабитѣ, още по-вече не трѣбваше то да дѣйствува противъ тѣхъ. Трѣбва още да прибавимъ и мѣркитѣ на правителствата противъ съюзътъ за помагание, враждебното отнасяние на либералната пресса противъ гревата. Работницитѣ видяха сега въ тази грева, на коя страна се намѣрватъ приятелитѣ или неприятелитѣ имъ. Този урокъ е поучителенъ не само за печатаритѣ-работници, но и за стотина хиляди работници, които не знаятъ днесъ къмъ коя страна трѣбва да се присъединятъ.

„Напослѣдъкъ трѣба да считаме като една причина за пораженнето на работницитѣ-печатари и злѣ избраното врѣме, защото, дѣйствително, въ този моментъ всичкия пролетариятъ се намѣрва въ едно плачевно положение, безъ да смѣтаме нѣманнето на работа за многобройни работници вслѣдствие на гревата, и най-сетнѣ периодътъ на економическия упадъкъ.

„Всѣки мислящъ човѣкъ трѣбва да е убѣденъ, че не може да се добий удовлетворителенъ резултатъ, ако стълкновението се продължи, и колкото по-вече трай гревата, толкова по малко има шансове за успѣхъ. Работницитѣ трѣбва да продължаватъ да се организиратъ въ синдикати и да опитватъ чрѣзъ организациитѣ си да създаватъ по-добри условия. Но тѣ трѣба да признаятъ, че *задъ тѣзи борби иматъ да достигатъ една по висока цѣль*, че не трѣбва да се задоволяватъ отъ малкитѣ отстжпки на днешното буржуазно общество, но тѣ трѣбва да трансформиратъ това общество и да го подобрятъ. Напослѣдъкъ, тѣ трѣба да дѣйстуватъ не само като синдикирани, но, прѣди всичко, да излѣзятъ на политическото поле, да употрѣбяватъ правата си и да замѣстятъ днешното капиталистическо производство съ социалистическото общество.

„Тъзи е обязанностьта на съзнателнитѣ работници и задачата на тѣхния классъ“.

К. Р.

ВѪТРѢШЕНЪ ПРѢГЛЕДЪ.

Отъ нѣколко години насамъ се забѣлѣзва едно мърдание въ областьта на нашето обществено развитие, което, като всѣко явление, не може да нѣма причини. Тия причини непрѣменно трѣбва да се криятъ въ крѫгътъ на тия граници, догдѣто се простира самото мърдание. Да се прѣдполага, че сѫществующето движение нѣма причини, е противонаучно, защото науката не допуща движение безъ сила. Въ областьта на физическитѣ явления тя дири физически причини, въ областьта на химическитѣ—химически, въ областьта на историческитѣ—исторически, въ областьта на общественнитѣ—общественни причини и т. н. Явлението въ нашия животъ е обществено, слѣд., и причинитѣ на това явление не се коренятъ другадѣ, освѣнъ въ основитѣ на самото общество, въ самитѣ насъ. Отъ всѣкѫде се обаждатъ за промѣната, която става прѣдъ очитѣ ни. И всѣкой отъ тия, които се обаждатъ, своеобразно разчепкватъ самото явление. Не е сега първия случай, отъ какъ се е заговорило за измѣненията въ живота ни. Много по-рано е имало хора, които сѫ указвали на това измѣнение, само че за тѣхъ е било трудно да опрѣдѣлятъ причинитѣ, поради които става то. Като не разбирали законитѣ, по които върви економическото развитие, като не допущали всеобщитѣ значения на това развитие, тѣ дохождали до досущъ ограничени заключения относително економическото подобрение на нашата страна. Тѣ забѣлѣзвали факта на това развитие въ другитѣ европейски напрѣднали страни, и указвали на влиянието му у насъ. Така, още въ 1883—84 год. г. Д. Наумовъ въ статията си: „Нашето економическо състояние" (в. „Земледѣлецъ", брй 1, стр. 2), ето какъ констатира общественното мнѣние относително положението на занаятитѣ и еснафитѣ: „Съ една рѣчь, всѣки се окайва, че не отива на добрѣ, поминакътъ отъ день на день ставалъ по несносенъ и по тѣжъкъ и кѫщнитѣ разноски мѫчно се посрѣщали". И когато си задава питанията за причинитѣ на тоя отпадъкъ, той счита за необходимо да се повърнемъ малко назадъ „и да видимъ, какво се е случило съ насъ и около насъ отъ 80—100 години време насамъ". Измененията, ще се рече, иматъ своето начало не въ изминалото десетилетие, а още въ по-отдалеченото минало. Като влиза въ ония времена, когато нашата страна не е била въ съобщение съ другите европейски страни, той расказва на съвременниците си, че „въ всеки градъ имаше съ хиляди такива ръчни станове и чекръци за предение и такание"..... „Всичко друго, отъ каквото имаше селенина нужда, доставяше си го самъ"..... „Такова беше състоянието на населението, до като цъвтяхж у него занаятите и земане-даваинието..." По-нататъкъ, когато Турция стани сцена на разни политически „размирия (бузгуни)", на които г. Наумовъ отдава причините за съсипвание на „земане-даваинието", той, безъ да иска, указва на истинските причини за отпадъка, като обръща погледите си къмъ економическата промена на западна Европа. „Въ Англия станжхж много изнамервания и открития, които спомогнжхж твърде много за забогатяваинието и усилваинието на тази държава. Изнамерихж се тоже и машини за предение и тъкание и тези машини идяхж да заместятъ человеческите ръце и человеческия трудъ, защото съ една машина захваня да се изработва толкова работа, колкото 20—40 человеци би било нуждно да работятъ съ ръка и да изработятъ същото количество работа". Както виждаме, г. Наумовъ указва, какъ капиталистическия начинъ на производството по другите страни е захваняхлъ да разсипва стария, чекръчния начинъ. Но капиталистическото производство дало излишъкъ, произвело се повече отколкото е било потребно за европейския пазарь и производителите биле принудени да търсятъ други пазарь, гдето едрото производство не е проникнало. Най-сгоденъ въ даденото време пазарь за английските стоки е билъ Турския, защото той представляваше благоприятни за производителите условия. Добре ама, съ внисанието на тия стоки ще се нанесе силенъ ударъ на хилядите чекръчни станове. „И действително, друго неможаше да се очаква".... Съ внисанието на английските стоки въ Турско „се нанесе съсипването на тукашните занаяти. Въ малко време английските стоки напълнихж всеки пазаръ, панаиръ и градъ". Но капиталистическото производство нахлу и отъ другите държави, гдето то стана въ късо време господствующе. И его ти въ непродължително време „цела България, Тракия и Македония се наводнихж отъ европейски стоки", казва г. Наумовъ се въ същата статия. Между едрото производство, машинното и чекръчното-дребното се почнж борба, въ която, не ще съмнение, едрото надви: „българския занаятчия трѣбваше да отстѫпи".... „Нашитѣ мастори и чираци занаятчии единъ по единъ затворихѫ кепенцитѣ на своитѣ дюкени и тръгнахѫ не мили не драги съ крѫстосани рѫцѣ."

Така г. Наумовъ ни описва положението на работитѣ прѣди *нѣколко десятки години*. Това сѫщото потвърдява и писаното по-рано отъ хора, които поради изключителното политическо положение—турското господство—като не сѫ имали потрѣбната възможность да се занимаватъ съ политическитѣ въпроси, ограничили своята литературна дѣятелность въ икономическитѣ работи на страната, въ която живѣли. Въ издаваемия тогава земледѣлческо-икономически вѣстникъ „Стопанъ", уреждванъ и издаванъ отъ г. Д. Хранова въ 1874 и 75 год., още въ първата книжка има посвѣтени нѣколко думи по икономич. положение на страната изобщо. Още на първата страница редакцията не може да скрие зараждающата се обществена промѣна и вижда, „че сиромашията и бѣдностьта отъ день на день сѐ по-вече и по-вече растѫтъ между народа", че „отпадаме материално!" Причинитѣ за туй „веществено" — разбира се материално, икономическо—отпадане сѫ нахлуванието на европейцитѣ (стокитѣ имъ), у които *индустрията, земледѣлието и търговията разцъвтели*, когато начина на производството се е измѣнилъ. Това сѫщото забѣлѣзва г. Михаилъ Георгиевъ въ статията си: „Какво правятъ хората и какво правимъ ние" (въ кн. 12, на стр. 95 отъ „Стопанъ"). Като забѣлѣзва икономическия отпадъкъ отъ влиянието на фабричното производство въ Европа и като вижда, че нашата индустрия е „*никаква*", той съвѣтва българитѣ да побързатъ и промѣнятъ начина на работянието въ индустриалната промишленость. Съ примѣри той посочва на ползата отъ фабричното производство по другитѣ страни. „Да имахме нужднитѣ фабрики и да знаяхме да приготвимъ сѣка година баремъ най-малко 10 милиона ведра вино...... както земледѣлието, така и търговията би у нази се развили много по-добрѣ".

Съ течението на врѣмето това влияние на капиталистическото производство сѐ по-вече и по-вече се усилваше. И колкото сухопѫтнитѣ и морски съобщения се развиваxѫ, ставаxѫ по-годни и бързи, толкова по-ясно и бързо ставаше икономическото ни поевропейчванне. Съ докарванието европейскитѣ стоки на нашитѣ пазари се явява и разсипающата конкуренция. Нашитѣ еснафски нарѣдби, рѫчнитѣ произведения неможаxѫ да ритатъ срѣщу рѫжена. Прѣдъ очитѣ на всѣкиго ставаше ясно постепенното пропадание на занаятитѣ и спиранието на дребната търговия. А всичко това най-ясно се почувствува слѣдъ освобождението ни, когато се създадохѫ още по благоприятни условия за успѣшния ходъ на капиталистическото производство. Наистина, че нищо не е въ състояние да спре неговия ходъ и да противостои на неговитѣ сили, но различнитѣ обстоятелства могѫтъ да го закъснятъ или ускорятъ. Слѣдъ освобождението всички ний обърнахме погледитѣ си къмъ Европа, отворихме обятията си на всичко европейско; а това е обстоятелство, което ускори поевропейчванието ни отъ къмъ всѣка една страна. Разбира се, че и безъ тия наши услуги капиталистическия начинъ на производството пакъ идеше да се промъкне, защото той си има неизменни закони, по които се рѫководи. Прѣди да пристѫпи капиталистическия начинъ на производството, ний ѣдохме отъ неговитѣ плодове. Най-напрѣдъ настѫпихѫ стокитѣ, които, поради ефтенията си, конкурирахѫ нашитѣ. Тогазъ чакъ се заприказва за отпаданието на занаятитѣ. Но туй отпадание вървеше постепенно. Когато по-рано се говореше „занаятитѣ пропадатъ", сега се пѣе съ по ясенъ гласъ: „занаятитѣ пропаднахѫ, алъшъ-веришитѣ спрѣхѫ и сиромашията станѫ голѣма". Това всѣки повтаря, а пъкъ се потвърдява и отъ вѣстницитѣ, и отъ официалнитѣ свѣдения на послѣднитѣ години. Разтворете „Разправа"-та за положението на Видинското окрѫжие и ще прочетете, какъ г. окр. управитель описва положението на занаятитѣ прѣдъ окрѫжнитѣ съвѣтници. Слѣдъ като изброява сѫществующитѣ занаяти, той продължава на стр. 19 така: „Всичкитѣ тия занаяти съставляватъ отдѣлни групи, наречени еснафи, но тия еснафи сѫ изгубили отдавна нѣкогашното си задружно значение". Още по-нататъкъ, на 20 стр... „занаятчиитѣ постоянно се оплакватъ, че неможали да се прѣхранватъ". „Тѣ се оплакватъ, че стоката имъ се некупува...." По надолу излага състоянието на всѣки занаятъ отдѣлно, така щото, много ясно личи присѫтствието на капиталистическото производство. Така, „нѣкои съвсѣмъ сѫ изчезнѫли, а нѣкои едвамъ се крѣпятъ." „*Табашкия* еснафъ, който нѣкога е броилъ 40 работилници, е останѫлъ само съ една". *Ножарския* пъкъ, който нѣкога си е *напрѣдвалъ добрѣ*, сега е *исчезнѫлъ*," освѣнъ останалитѣ 2—3 дюкеня, които произвеждатъ малки ножчета за поясъ". *Казаския* занаятъ „е съвсѣмъ исчезнѫлъ". Колкото за другитѣ занаяти, тѣ берели душа. Въ Трънското окрѫжие „по главни отъ занаятитѣ сѫ: скотовъдството, земледѣлството, грънчарството, кръчмарството, кожухарството, мутафчилъкътъ, кундураджилъкътъ, платнарство, шивачество, сапунджилъкъ, свѣщарство, дърводѣлство или дограмаджилъкъ, дюлгерство и бъчварство. Всички тия занаяти съ исключение на: скотовъдството, земледѣлството, грънчарството, кундураджилъкътъ, дюлгерството, кръчмарството и до негде бъчварството "отпадатъ постепенно". Всичкото отпадание се длъжало, споредъ изложението, на европейската конкурренция. Въ доклада на Бургазкия окр. управитель, който въ по-първото изложение исказалъ положението на занаятите по-подробно, въ смисълъ че отпадатъ, въ сегашния си "Докладъ" за презъ 90—91 год. ето що пише: „Тий сѫ сѫщите, както сѫ изложени въ минало годишния докладъ, само че *отпадванието имъ върви съ исполинска крачка*" (курсивъ нашъ). Ломския окр. управитель пише, че производжданието на „кожи, коприна, килими, олеви, шаекъ, платно, кожуси и други дърводелски изделия" е до толкова отпаднѫло, „щото едвамъ ли могѫтъ да възнаграждаватъ трудѫтъ на ступаните". Заместника на Силистренския Окр. Управитель, като изброява числото на занаятите, казва: „като се сравни числото на занаятите отъ миналата година съ онова презъ настоящата година, излиза, че..... занаятите се намалили съ 79." Татарпазарджишкия окр. управитель разглежда по отделно занаятите въ последното си за 1890—91 год. изложение. „*Папукчийския* занаятъ постоянно отпадва." „Съ намалението *рѫчната работа* (курсивъ нашъ) въ селските домакинства за платове и *бояджийството* отпадва." „*Кожухарството*, може да се каже, пропаднѫ." Положението на „шиварите" „не е завидно...." „числото имъ значително е намалено." „И положението на *Френкътерзиите* не е по-добро." „*Златарите* отъ день на день исчезватъ." „*Бакаржиите и казанжиите* съвсемъ пропаднѫхѫ." „Нема вече тукъ едновремешните *мутафчии*."

Това сѫщото и въ вестниците срещаме на всеки редъ, когато е думата за економическото положение, макаръ некакъ-си въ обща форма да е исказано. Въ 511 брой отъ 91 г. в. „Свобода", въ статията си: „Безпаричие и занаятите", ето какъ се провиква: „И отъ провинциалните вестници и отъ частни лица—отъ всички и отъ всека страна се чува се едно и сѫщо: *пари нема, търговията спи, занаятите не работятъ*. И това не е лъжа, това е цела истина." На стр. 3, сѫщия брой следва: „Въ таквозъ положение сѫ почти всичките български занаяти." Като хвали едновремешното цъвнало положение на индустрията, „Свобода" ето какъ се произнася, като го сравнява съ сегашното: „где останѫ и какво виждаме сега отъ тая неотдавна цветуща индустрия и толкова обширната свързанѫ съ нея вѫтрешна и външна търговия? Нищо друго, освенъ едни печални остатки и по-вечето отъ тия цветущи градове и паланки въ едно толкова късо време достигнѫхѫ близо до запустение и техното развито, трудолюбиво и заможно население сега, при всичкото си орѣдяване едвамъ успѣва съ най-голѣмъ трудъ и мѫки да си достави едно оскѫдно прѣпитание (бр. 553, стр. 3, год. 91)

Сѫщата участь постига занаятитѣ на всѣкѫдѣ у насъ. А това показва, че този начинъ на производството си е отживялъ вѣка, че той се намира въ прѣдсмъртни мѫки, причинени отъ новия начинъ на производството. Рѫчния трудъ отстѫпва прѣдъ машинния. Колкото и да е трудолюбива и яка рѫката, тя не може да устои срѣщу машината, която никога не се уморява, а, освѣнъ това, искарва въ едно и сѫщото врѣме хиляди прѣдмета повече отъ рѫката. Това послѣдното условие прави прѣдметитѣ много по-ефтени отъ рѫчнитѣ произведения. Това обстоятелство прѣдизвиква пъкъ конкурренцията, която води подирѣ си измѣнението начина на производството. Отъ освобождението насамъ твърдѣ много наводнихѫ нашия пазаръ европейскитѣ стоки и усилихѫ захванатата още по-отрано конкурренция. Като разсипа досущъ нашето производство, тя въспитателно подѣйствува на економическия ни образъ и ни застави да приемаме новитѣ начини на производството.

Ето, въ това направление отиваме ний. Това всѣки го разбира. Това измѣнение става отъ день на день сѐ по-ясно и по-ясно. Ето защо нѣкой отъ г. г. окр. управители, които съ по-сериозно око гледатъ на економическото сътояние, не заминали досущъ мълчаливо тази промѣна. Като съзнаватъ сами економическото ни загинвание, въ случай че се противятъ на това измѣнение, тѣ указватъ на това и прѣпорѫчватъ на окрѫжнитѣ съвѣти да побързатъ и испратятъ наши младежи въ странство, за да научатъ новитѣ начини на производството, и, слѣдъ като са завърнѫтъ, да ги популяризиратъ въ нашата страна. Тѣ прѣпорѫчватъ машинния начинъ на производството и въ областта на земледѣлието. Посочватъ на добритѣ плодовѣ отъ сгруппиранитѣ капитали, които прѣпорѫчватъ да се образуватъ „чрѣзъ сдружаване." Съ една дума, исказватъ мнѣние да ставатъ „улучшения въ начина на производството." Варненския окр. управитель въ изложението си за 90—91 г. ето що пише: „Що се отнася до сдружаванията, тѣ сѫ единственнитѣ срѣдства за събиране капитали за усилвание занаятитѣ, индустрията и търговията." Що се отнася до „подобрението" на „економическото положение", за което нѣщо ставатъ „полезни прѣпирни въ нашата пресса", г. Пловдивския окр. управитель ето що прѣпорѫчва: „Не трѣбва да приемаме туй, което хората сѫ вече изхвърлили, а трѣбва да введемъ тукъ само най-новото, най-усъвършенствуваното, което, за да достигнѫтъ европейцитѣ, имъ е струвало много жертви и скѫпи опити." На стр. 33 въ сѫщото „Изложение" четемъ: „Известно е, че земята, обработвана съ усъвършенствуванитѣ вече европейски орѫдия, става по производителна и прѣнася по-голѣма полза на земедѣлеца; първото нѣщо, прочее, което трѣбва у насъ да се введе, сѫ поменатитѣ орѫдия и азъ съ радость констатирамъ факта, че начало е вече дадено въ Пловдивския окрѫгъ, начало, което е най-трудното нѣщо въ всѣко прѣдприятие"... „Въ 16 села сѫ распродадени 43 плуга и 47 грабли, а за гр. Пловдивъ отдѣлно сѫ продадени 12 плуга." Слѣдъ туй, биле порѫчени у сѫщата желѣзарница 40 плуга и 10 чифта грабли. Въ Видинското окрѫжие, „освѣнъ общеупотрѣбителния одавна европейски плугъ, въ окрѫгътъ сѫ введени още 16 плуга отъ системата „Сокъ" и една Хавардова брана за заравяние сѣмената." Изобщо казано, което „Изложение" и да прѣлистите, се ще намѣрите, че заняятитѣ пропадатъ и пропаднѫхѫ, че земледѣлието иска нови срѣдства, нови машини за обработванието, така щото, „спромашията и бѣдностьта" да не расте отъ день на день. Разбира се, че съ введданието на машинитѣ спромашията нѣма да се прѣкрати, както разбиратъ г. г. авторитѣ на тия прѣпорѫки. Тѣ виждатъ, че въ Европа всичко е напрѣднѫло, безъ да земамъ прѣдъ очи, че въ сѫщата тая Европа и спромашията е напрѣднѫла, и поради туй си правятъ тая илюзия, че ще се спре спромашията.

Но, Изложенията не се ограничаватъ само съ прѣпорѫкитѣ. Окр. управители ни даватъ още по други свѣдения, отъ които се исчерпва истината, че капиталистическото производство не само че се прѣпорѫчва за въ различнитѣ отрасли на нашата промишленность, ами че то е влѣзло съ единия си кракъ въ кѫщи. Отъ всичкитѣ отрасли най-рано се е простила съ стария начинъ на производството такачната. Нека се обърнемъ и поглѣднимъ, какъ става производството на шаяци, сукна, платове и др. т. Тука Сливенския окр. управитель излага положението на най-промишлении окрѫгъ въ нашата страна, отъ което ний можемъ да си направимъ потрѣбното заключение. Споредъ него, тамъ никакви фабрики не е имало прѣди освобождението. Най-главния занаятъ е билъ искарванието на килими. „Сега, обаче, тоя занаятъ е прѣстанѫлъ." Производството на разни шеяци, аби, казмири, фасонета и пр. ставало съ машини, распрѣдѣлени въ 15 фабрики, които искарвали приблизително 380,000 метра стока. А пъкъ самия ходъ на това фабрично производство показва колко бързо влиза то у насъ. Така: първата фабрика е основана въ 1880 г., а послѣднята 1891 г. Всичкитѣ фабрики сѫ 15. Ще се рѣче, въ растояние на 11 години сѫ станѫли 15 фабрики и то по този рѣдъ:

прѣзъ 1880, 1882, 1884 сѫ основани по една фабрика, прѣзъ 87—три, прѣзъ 89—двѣ, прѣзъ 90—три и прѣзъ послѣдната 91 числото възраснѫло на 4 (Излож. 91 г., стр. 17). Само една отъ тѣхъ принадлѣжи на дружество—"Напрѣдъкъ", остаиалитѣ всички принадлѣжѫтъ на частни притежатели. Габрово, Казанлѫкъ, Трѣвна, Карлово и др. сѫщо тъй прѣдставляватъ таквизъ центрове на шаечената промишленность. Трѣвненската шаечена фабрика на Т. Бончевъ, Д. Златевъ и & "струва 150,000 л. и е една отъ хубавитѣ фабрики, съ европейски машини. Тази фабрика изработва 300,000 метра шаекъ" (гл. Изложението на Търнов. окр. управитель за 90 г., стр. 41). На стр. 42 това Изложение, за да потвърди факта, че капиталистическото производство нараства, казва, че това "се вижда отъ обстоятелството, че сѫщитѣ лица, които притежаватъ фабриката, прѣзъ настоящата година строятъ още двѣ такива фабрики въ сѫщия градъ." И наистина, знайно е, че тѣ сѫ построени вече.

Историята за основаванието и на другитѣ фабрики, макаръ да нѣмаме официални свѣдения, е бездруго сѫщата. Частнитѣ свѣдения идѫтъ да потвърдятъ това. Фабриката на акционерното дружество "Розова долина" въ Казанлѫкъ струвала 12,000 лири и имала за сега 10,000 лири капиталъ, който, прѣдполагало се, да се удвоялъ прѣзъ настоящата година, понеже работяла съ поусъвършенствувани машини. Дружеството имало 120 акции; но главното е, че 60-тѣхъ принадлѣжели на Д. Папазовъ, който по право, дадено отъ устава, по който се управлява дружеството, ималъ рѣшающъ гласъ по работитѣ на дружеството. Въ такъвъ случай, не може да се мисли за трайното сѫществуванне на това дружество. Единъ день ще видимъ Д. Папазовъ пъленъ притежатель на тая фабрика. "Бобовата" фабрика въ Габрово искарвала около 365,000 м. прѣжда, а акционерната фабрика искарвала 250 оки вълнена прѣжда на день, оката на която се продавала 8 лева.

По другитѣ клонове на индустриялната промишленность капиталистическото производство сѫщо тъй си пробива пѫть. Тютюня, сапуня, спирта, брашното и т. н. се произвеждатъ на едро, въ голѣмо количество. Това нѣщо се забѣлѣзва и отъ Окр. изложения. Фабрикитѣ за *брашно* постоянно се увеличаватъ. Освѣнъ въ Търновско, Видинско, Софийско, Бургазско, Севлиевско, Пловдивско, гдѣто се наброяватъ около 15 фабрики за брашно, въ послѣдно врѣме се е основала друга една *парна мѣлница* отъ една гръцка компания въ гр. Хасково. "Тази воденица грози въ скоро врѣме затварянието на воднитѣ и конски воденици, находящи се въ града и околностьта", казва Хасковския окр. управитель въ Изложението за истеклата година. Фабрикитѣ за брашно не струватъ малко. Напр., двѣ отъ тия, които се намиратъ въ Търновско, струватъ всѣка една „по 130,000 лева", споредъ поменатото горѣ Търнов. изложение на стр. 43. Дружеството „Изворъ" въ гр. Пловдивъ е турило вече „основния камъкъ на бѫдѫщата винарска фабрика" (гл. Изложение на Пловдивски окр. управитель). Дружеството „Гора", споредъ Изложението на Татаръ-Пазарджишкия окр. управитель, прави годишни операции „между 340,000 и 420,000 лева" (Изл. 90-91 г., стр. 112). Сѫщото дружество е построило фабрика за дървени издѣлия, като: врати, прозорци, дюшемета, паркети и др., постройката на която фабрика струвала около 2000 лири." Въ София сѫ основани работилници по желѣзарството, грънчарството, дограмаджийството, и др. Въ тамшния окрѫгъ г. окр. управитель въ Изложението си отъ 1890 г. наброява 1347 индустриални заведения. Има доста акционерни дружества съ голѣми капитали, часть отъ които сѫ вложили капиталитѣ си въ разни прѣдприятия. Така напр., застраховат. дружество „България" въ Руссе, което се протежира отъ правителството; сѫщо тъй параходното дружество „Черно море" въ Варна и др.

Могло ли е и може ли земледѣлието да запази старитѣ форми на обработването и владението? Економиста *Кери* уприличава отношенията между индустрията, земледѣлието и търговия на отношенията между основата, срѣдата и върха на една пирамида, на която основата е земледѣлието, срядата — индустрията, а върха — търговията. Съ развитието на едното върви развитието и на другитѣ — едно безъ друго не могѫтъ. Това потвърдява економическото развитие на всѣка страна. За насъ, напримѣръ, г. М. Георгиевъ ето какво мнѣние исказва въ врѣмето, когато индустрията е била „никаква." „Да бѣхѫ и у нази развити толкова индустриалнитѣ заведеная, както това виждаме у другитѣ народи, то никога не бихме се оплаквали отъ днешнитѣ лоши алѫшъ-вериши; но и у насъ би веднѫжъ цъвнала търговията и *се оправило земледѣлието*....." (курсивъ нашъ) (гл. въ „Стопанъ", кн. II, 1874 г., стр. 94). Но отъ тогава до сега сѫ се изминѫли 18 години. Освѣнъ това, „индустриалнитѣ заведения" значително се умножихѫ. Това, както видяхме, ни показватъ всичкитѣ почти г. г. окрѫжни управители въ своитѣ „Изложения", „Доклади" и „Расправи", потвърдява го пъкъ и самото фактическо положение. Това индустриално развитие повика слѣдъ себе си и развитието на земледѣлието. Тази промѣна въ земледѣлческото производство, макаръ да върви бавно, става се по-ясна и по-ясна. Каквито закони правятъ измѣнението въ йндустрията, сѫщитѣ закони тикѫтъ земледѣлието къмъ това измѣнение. Гдѣ останѫ старото, общинното владение на земята?—Да става дума за него, ще рѣче, да разгрѫщаме ония листове отъ архивата, въ които се приказва за незапомнени отъ насъ работи. Земята отдавна се е раздробила. Сега може да става дума само за измѣненнето равновѣсието на дребното землѣвладение. А какъ е станѫла тъзи промѣна?—Съ измѣнението срѣдата на пирамидата основата не може да остане сѫщата. Искарванието на много шаяци иска вълна, а това послѣдното иска отвъжданието на овцетѣ. Отглежданието на добритѣ породи овце изисква и сгодни условия, каквито условия виждаме по другитѣ земледѣлчески страни, като Америка, Англия и др. Тѣзи сгодни условия се създаватъ отъ най-новия начинъ на произвосдтвото земледѣлческитѣ продукти—машинния. А пъкъ този новъ начинъ прѣдизвиква събиранието на земята въ едно. Ето простора на капиталитѣ. И индустриалната коммиссия и окрѫжнитѣ управители и всички разбиратъ това. „Балканска зора" въ 387 си брой отъ 91 г. ето какво казва: „и наистина, до като нѣмаме голѣми имѣния, които способствуватъ да се группира по-голѣмъ капиталъ въ едни рѫцѣ и може да се прѣдприеме нѣщо по съвършенно, до тогазъ не ще може да се введѫтъ въ употрѣбление сложнитѣ земледѣлчески машини, нито да се мисли за обработванието въ голѣмо количество на фабрични произведения." Пловдивския окр. управитель въ Излож. си отъ 91 год., стр. 50 сѫщо тъй указва зависимостьта на земледѣлието и индустрията, гдѣто земята е вече группирана: „Ако притежателитѣ на чифлицитѣ въ Пловдивский окрѫгъ, които сѫ по-вечето хора заможни, образуватъ едно дружество по-между си и построятъ една фабрика за захарь, като введѫтъ и разработванието на цвѣклото въ чифлишкитѣ си земи за тъзи цѣль, възможно е да се удържатъ срѣщу конкурренцията на инностранний захарь. Този ще бѫде най-сполучливия способъ, мисля, понеже самитѣ производители на цвѣклото ще бѫдѫтъ и фабрикантитѣ, обстоятелство, което не малко помага за удържание конкурренцията." Указва се, освѣнъ това, че има много чалтишки земи, освѣнъ чифлицитѣ, които сѫ сгодни за сѣение цвѣкло. Слѣдователно „една захарна фабрика ще бѫде необхомимо....." „да се построи" и именно на горнитѣ мѣста отъ Пловд. окрѫгъ, гдѣто земята е сгруппирана и постоянно се сгруппирва въ едни извѣстни рѫцѣ. А пъкъ цвѣклото има добра почва у насъ. Въ западна България сѫ правени опити, които сѫ дали добри резултати.

И безъ да се прѣпорѫчва, группиранието на земята става

фактически. Въ Пловдивско, напр., „има 49 чифлика съ 17,550 дюлюмя земя (50 стр. на Изложението). Въ Овчехълмска околия 135 домакинства владѣятъ отъ 100—200 дюлюмя, а 65 отъ 200 дюлюмя нагорѣ (сѫщото Изложение, табл. № 7, стр. 18, 19). Въ Търновский окрѫгъ притежателитѣ на земя отъ 10 дюлюмя на горѣ има: въ Търновска околия 410 домакинства, въ Паскалевска 384, въ Горньо—Орѣховска 171. Ако и другитѣ г. г. окрѫжни управители обърнѫтъ по-сериозно внимание въ владението на земята, щѣхме да имаме много таквизъ статистически свѣдения. Въ брошурата „Що е социализъмъ" намираме такива факти: „Така, напримѣръ, извѣстния богатъ Евренш отъ Бургазъ е завладялъ вече много имущество въ Бургазско, Ямболско и Карнобатско. Извѣстния пѣкъ Дрѣновски богаташъ продалъ земя на селенитѣ на едно село (с. Букурово, р.) въ Севлиевска околия, на растояние 2 часа отъ Севлиево, на почекъ съ лихви; но подиръ нѣколко врѣме той везлъ назадъ земята си, и за лихвитѣ завладялъ и собственитѣ имоти на селенитѣ, които се обърнѫхѫ на негови роби. Сѫщото нѣщо имало мѣсто и въ Станимъшко. Извѣстния хаджия въ Станимъка въ 1890 г. купилъ нѣколко села, а въ 1891 г. още двѣ, земитѣ на които продалъ на селенитѣ отъ Станимъшката околия на почекъ съ лихви. Подиръ нѣколко врѣме, обаче, той взелъ обратно земитѣ си, а за лихвитѣ отнелъ и имотитѣ на селенитѣ. Сѫщото нѣщо виждаме и въ Тузлужско. Въ Кюстендилско пѣкъ, както се знае, още отъ турско врѣме голѣма часть отъ земята остава въ рѫцѣтѣ на нѣколко чифликчии, а другата е камениста и песачлива, та населението е обърнѫто или въ полунаемни или съвсѣмъ наемни работници" (стр. 88). Изобщо по положението на земевладението статистиката не дава подробни свѣдения, ето защо и отъ къмъ фактитѣ си ще бѫдемъ оскудни. Но, че земята се събира въ рѫцѣтѣ на нѣколко души, че малкитѣ ѝ притежатели не сѫ нейни собственници, можемъ да видимъ по-точно, ако разровимъ книжата на земледѣлческитѣ касси и на „безбожнитѣ лихвари." Капиталитѣ на земледѣлческитѣ касси всѣка година нарасватъ, а пъкъ отъ година на година се указватъ сé по-вече и по-вече недостатъчни да удовлетворятъ нуждитѣ на земледѣлческото население, което постоянно залага имотитѣ си. Това обстоятелство съглеждатъ почти всички г. г. окр. управители, макаръ числото на акционернитѣ лихварски дружества да нараства. Много отъ тия касси сѫ правили заеми и отъ Бъл. Нар. Банка. Истината, че нашитѣ земледѣлци сѫ си заложили земята въ земледѣлческитѣ касси, не ще никакви доказателства; това може да провѣри всѣки единъ въ своя градъ. Това можемъ да видимъ и въ Изложението на г. Драсова, едничкия, който съ по-сериозно око гледа на статистиката. Отъ 1329 полици и записи, 1139 полици сѫ земледѣлчески. Г. Братановъ, като се ползова отъ статистическитѣ свѣдения на Индустриялната Коммиссия, искарва, че до 1 Януарий 90 г. на единъ хектаръ земя се пада 12 л. и 50 ст. борчъ безъ лихвитѣ. „Освѣнъ това, пише той, откакто излѣзе законътъ, съ който се разрѣшава на Банката да дава заеми подъ ипотека на ниви, ливади и други земи, тия заеми порастнѫхѫ отъ 2,687,632 лева и 55 ст. въ Априлий 1889 г. до 11,832,777 лева и 73 ст., отъ които, като туримъ само 5 милиона, издадени подъ ипотека на земя и др., ще намѣримъ, че на единъ хектаръ земя се пада дългъ още 3·10 лева приблизително бдзъ лихвитѣ. Така щото, излиза, че на 1 хектаръ земя се пада дългъ едно връхъ друго 15—16 лева. Срѣдната цѣна на единъ хектаръ земя у насъ не надминува тая сумма, а отъ тука ясно е, че земята у насъ я иматъ земледѣлците само на име, а въ сѫщность тя не е тѣхна“ (стр. 86 отъ „Що е социализъмъ“).

Да влѣземъ въ положението между лихваритѣ и земледѣлцитѣ. Отстѫпваме на г. г. окрѫжнитѣ управители да говорятъ за това. И така: „Никѫдѣ лихварството не е толкова развито и въ такава лоша форма, колкото въ Т. Пазарджикското окрѫжие. Ако и на присмѣхъ, но справедливо наричатъ тукъ лихваритѣ „п о ж а р и“. И въ дѣйствителность, тѣ сѫ най-лошитѣ пожари. Който взема пари отъ тѣхъ, той не може да прокопса; той внася въ кѫщата си пожаръ и въ продължение на една или двѣ години може да остане безъ имотъ“. „По едно кило жито за всѣка една лира“ е било обикновенното условие на лихваритѣ въ тоя окрѫгъ (Излож. стр. 127). Свищовския окрѫженъ управитель пише, че зеленичаритѣ-лихвари до толкозъ *безбожно експлоатирали селенитѣ*, „щото, залѣкътъ на селенина се граби просто отъ устата му и той, при всичкото му неуморно стараяние и трудъ, при всичката си трѣзвенность и пестовность, при всичкото плодородие на земитѣ си, е останѫлъ и остава винаги бѣденъ и нуженъ, кога отъ храна, (която безбожно се исчерпва до зърно отъ хамбаря му още по хамранъ отъ кредиторина му зеленичаръ), кога отъ пари“. Така, „въ селата: Драгомирово и Яйджий отъ Свищовската околия, населението на които е задлъжняло до такава степень, щото исплашането е почти невъзможно, даже *ако заемодавцитѣ му зеленичари туряхѫ рѫка на всичкото му движимо и недвижимо имущество*“ (курсивъ нашъ). Да не помислимъ, че зеленичаритѣ сѫ бо' зна' колко, той ни разяснява понадолу: „тукъ му е мѣстото да Ви съобща, господа съвѣтници, че почти всичкитѣ недвижими имоти въ с. Драгомирово, щомъ станѫтъ притежание на прѣселцитѣ (Българи отъ Банатъ), срока за които ще настѫпи идущата 1892 година, то землитѣ имъ ще прѣминѫтъ въ рѫцѣтѣ само на *двама-трима* (курсивъ нашъ) търгующи въ това село експлуататори-зеленичари". (Изл. 91 г. стр. 11). Варненския окр. оправитель, както и въ миналогодишното си Изложение, констатира факта, „че срѣдната и долна класса земледѣлци сѫ станѫли вѣчни длъжници на такива лихвари, и само тогава сѫ се исплащали, когато лихваритѣ, чрезъ сѫдебнитѣ пристави имъ продадѫтъ добитъкътъ, кѫщи и земи, та ги оставятъ подъ открито небе въ мизерия. Не е само това зло, което разсипва нашия земледѣлецъ, има още и друго, което зема сѫщото положение спрямо земледѣлеца и то е *зеленицата*." Сев. окр. управитель не може да не констатира „едно голѣмо зло, което ще опропасти населението на нѣколко села въ окрѫжието"... „колкото и да плащатъ не могѫтъ се исплати, защото паритѣ отъ малко станали много"... „И дѣйствително, никой другъ, освѣнь правителството, не е въ състояние да помогне въ този случай" (гл. стр. 7, 91 г.). Прѣдставете си, че това става въ Сев. окр., гдѣто има акционерни лихварски дружества. Лихваритѣ сѫ 8 души (гл. стр. 19). Това сѫщото бихѫ исказали всичкитѣ хора, ако вникнѫтъ изъ книжата на лихваритѣ отъ различно качество. Къмъ исказаното мнѣние на Габе, „че земледѣлцитѣ владѣятъ земята фиктивно" всѣки човѣкъ би трѣбвало да се присъедини, стига да бѫде по сериозенъ отъ къмъ вниманието си.

Въ разсипванието на малкитѣ землевладѣлци и прѣхвърлянието на землитѣ имъ въ рѫцѣтѣ на капиталиститѣ много подпомага и бързонарастающия всѣки годишенъ бюджетъ на цѣлото княжество. Нашия народъ е земледѣлчески. Данъкътъ пада върху гърба му. Това нѣщо-си точно опрѣдѣля г. Габе въ брошурата си „По земледѣлческия въпросъ." На стр. 17 той прѣсмѣта, че „земледѣлцитѣ носятъ парична повинность 620 % повече отъ другитѣ данакоплатци." Съ нарастванието суммата на бюджета нараства и тяжестьта върху земледѣлческия гърбъ. Това е ясно като день. Всички тегоби се струпватъ върху земледѣлеца, въ живота на когото се отразяватъ най чувствително. Това е общо и за прямитѣ и за косвеннитѣ данъци.

Отъ всичко казано до тукъ относително землевладението се вижда, че дребната собственость, вслѣдствие на разнитѣ економически кризи, плека-лека губи своето сѫществуванне и постоянно се замѣня отъ едрата. Землитѣ прѣминаватъ въ рѫцетѣ и на чифликчиитѣ, и на лихваритѣ, и на касситѣ, и на банкитѣ, съ една дума, земята става притежание на капитала. Макаръ този процессъ да върви бавно въ земледѣлието, но въ индустриалното поприще това явление не стои така. Тамъ нашитѣ очи забѣлѣзватъ бързитѣ крачки на капитала. А пъкъ капитализирането на земята става толкова по-ясно, колкото по-бързо става капитализирането на индустриалното производство.

На този економически вървежъ подпомага усилено и самото правителство въ различни направления. Никое отъ досегашнитѣ Народни Събрания не се е занимавало така явно съ расчистването пѫтя на капитала, както сегашното. Настоящето министерство, което държи положението отъ нѣколко години насамъ, съ много малки исключения, да не казваме безъ изключение, се състои отъ такива членове, които сѫ биле водители на тая класса отъ нашия народъ, която питаяше силна умраза къмъ тъй нарѣченитѣ „чорбаджии." А пъкъ известно е, че тия чорбаджии съставляваxж тъй нарѣчената привиллегирована класса въ турското врѣме, и слѣдъ освобождението ни се прѣименува на „консерваторска партия", която се стрѣмеше да запази привиллегиитѣ си и слѣдъ освобождението ни. Оппозиционеритѣ на тая партия бѣхѫ тъй нарѣченитѣ „либерали," водители на срѣдната класса, която нѣмаше никакви опрѣдѣлени стрѣмления и на чело на която стояхѫ днешнитѣ управници. Намъ не ни е думата тукъ за политическото развитие; но направихме горнитѣ забѣлѣжки, за да разберемъ по-ясно дѣйствията на сегашното правителство. Тия водители знаяхѫ да искатъ това, което искахѫ либералитѣ по Европа. Всичкитѣ старания, всичкитѣ си сили употрѣбяваxж да запазятъ дадената безъ никакви съображения политическа свобода, безъ да съзнаватъ зависимостьта на тая свобода отъ економическото положение на страната. Сега вече, когато економическата голота на положението захванѫ да става се по-явна и по-явна, то нашитѣ либерали употрѣбихѫ сѫщата политика и въ економическото ни развитие. Сега, когато вече тѣ сѫ начело на управлението, ний по-вече отъ ясно виждаме направлението, въ което тласкатъ нашата страна, въ економическото й развитие. Още въ 1889 год. министерството на нар. просвѣщение се намѣри въ крайната необходимость да издаде „Кратко изложение по земледѣлието и занаятитѣ", брошурка, въ всѣкой листъ на която се забѣлѣзва желанието на министерството за подобрението на индустрията и земледѣлието. Въ тая брошурка се прѣпорѫчва устройванието на „образцови" работилници, въ които непрѣмѣнно да стане „приложението на науката къмъ индустрията" и замѣняванието на „рѫчната работа съ машини." Наредихѫ се "пѫтующи учители", които въ своитѣ си обиколки да работятъ за замѣняваннето старитѣ начини въ обработванието на земята съ европейскитѣ нови — машинитѣ. Освѣнъ това, правител. подпомага и на частнитѣ капиталисти. Тъй, напримѣръ, отпустнѫхѫ се 150,000 лева взаимообразно на акционерната фабрика въ Габрово. Сега постоянно отпущатъ разни крупнички сумми на българскитѣ младежи, които свършватъ въ Европа нѣкое техническо училище, за да основатъ работилници. Такива вече има по тъкарството, грънчарството и др. Независимо отъ туй, въ послѣдната сессия на Народното Събранне правителството внесе разни законопроекти, съ които то още по-вече уяснява дѣйствията си въ областьта на економическото развитие, съ които явно покровителствува капиталистическото производство въ нашата страна. Какво ще кажете по законопроекта за построяваннето на хартийна фабрика, ами относително законопроекта за изнасяние консервирани мѣстни произведение, ами концессията за произвеждание на бубеното семе, ами законопроекта по експлуатираннето на ископаемитѣ вещества отъ категорията на мишитѣ и т. н.? Въпроса за построяваннето на хартийната фабрика се отложи за въ слѣдующата сессия, тъй като капиталиститѣ, които не бѣхѫ малко въ Нар. Събранне, като прѣдставители, се скарахѫ и завидехѫ на Хр. П. Манафовъ за голѣмата печала отъ десет-годишното привиллегиране капиталистическото му производство на хартии. А концессията отъ 25 години за изнасяние на консервирани мѣстни произведения се узакони върху г. Хр. Н. Тъпчилещовъ съ всевъзможнитѣ привилегии. Концессията за експлуатацията на ископаемитѣ вещества е за 99 години и то съ всевъзможни привиллегии. Съ особенъ законъ се покровителствува вече крупното развъждание на овцетѣ и то главно за добивание на доброкачественна вълна, нуждата отъ която отдавна се е осѣтила. Съ една дума, Народ. Събранне узакони желанието на правителството, което не се състои въ нищо друго, освѣнъ да види нашата страна въ таквозъ положение, въ каквото се намиратъ "просвѣтенитѣ" държави. Това нѣщо-си забѣлѣзваме въ всѣкой редъ отъ мотивитѣ, на основанието на които сѫ създадени законо-проектитѣ. Като вижда, че другитѣ страни сѫ напрѣднѫли въ промишлено отношение, защото вървятъ по указванията на науката, споредъ най-новитѣ и усъвършенствувани начини на производството; като желае да види и нашата страна така усъвършенствувана отъ економическа страна и като съглежда, отъ друга страна пъкъ, че това производство има почва у насъ — "правителството се е мислило за длъжно да подаде рѫката си на подобни частни прѣдпрятия, както това става и въ другитѣ държави." То ни прѣпоръчва отвъжданието на мериносовитѣ овце, защото вълната имъ е потрѣбна за „фабрикацията" на разни шаеци, сукна и т. н.; указва ни за образци Аржентинската республика, Съединенитѣ Щати и др., които сѫ най-подходящи на нашата страна. Въ законопроекта за продаванието, обмѣняванието и експлуатиранието на държавнитѣ недвижими имоти се вижда, че до 1884 г. „има за сега изнамѣрени и записани въ списъка на държавнитѣ непокрити имоти всичко 26,415 парчета," като се захване отъ единъ дюлюмъ до 30 дюлюмя на горѣ. Само 1587 парчета сѫ съ по отъ 30 д. на горѣ. Ако прѣдположимъ, че срѣдното число дюлюми на едно парче е 15 дюлюмя, всичкитѣ парчета ще иматъ 396.225 дюлюмя. Тая земя правителството или ще я дава подъ наемъ отъ 1—15 години, или ще я продава, защото „разноскитѣ, които послѣдватъ по това, сѫ често пѫти по-вече отъ ничтожнитѣ наеми." Така щото, като правото е дадено на Минис., то безъ съмнѣние ще гледа да ги продава. Тука прѣимуществото е пакъ за тия, които иматъ: „справедливостьта изисква да се отстѫпятъ тѣмъ за регулация на мѣстата имъ." Забѣлѣжете, при това, че „тѣмъ" ще се отстѫпватъ не чрѣзъ търгъ, а „по оцѣнка." Всичо туй се прави, за да се съберялъ имота, така щото, експлуатиранието му да бѫдело „по-лесно и по-износно." Зеръ, ако я отстѫпятъ на селенитѣ, дрѣбни землевладелци, които нѣматъ усъвършенствуванитѣ машини, земитѣ ще останѫтъ безплодни.... Посочва на експлуатиранието на земнитѣ богатства въ Франция, Англия, Испания и т. н., и споредъ както то става тамъ, съ още по-голѣми привилегии го посѣва у насъ. На късо казано, правителството напряга всичкитѣ си сили, за да подпомогне на нашия народъ, за усилванието на капиталистическото производство въ всичкитѣ отрасли на нашия поминъкъ.

И така, въ економическото си развитие ний вървимъ по тоя сѫщия пѫть, по който вървятъ и другитѣ напрѣднѫли страни. Разликата се състои въ изминатото пространство. Тази разлика не може да остане постоянна, защото крачкитѣ, съ които ний крачимъ, сѫ отъ по-голѣмъ размѣръ, слѣд., ний въ много по-късо врѣме ще достигнемъ това, което другитѣ народи сѫ достигнѫли въ много десятки години. Съ пристѫпванието на капиталистическото производство, съ измѣнението на начинитѣ на производството, се захваща и измѣнението на самитѣ отношения. Едрото производство прѣстѫпваше много бавно прѣди освобождението: споредъ туй вървяхѫ бавно и самитѣ отношения обществени. Но, когато се усили нахлуванието на едрото производство слѣдъ освобождението, не можаше да се не забѣлѣжи създаванието на цѣла, съвсѣмь непроизводителна класса, членоветѣ на която станѫхѫ агенти на европейскитѣ капиталисти. Членоветѣ на тая непроизводителна класса не произвеждатъ нищо; тѣ само распродаватъ съ извѣстенъ процентъ нихилитата стока на европееца—фабрикантъ, която българския пазарь поглъщаше съ голѣма жадность. Европейцитѣ—фабриканти отъ всички страни захванѫхѫ удвоено и утроено да нахлуватъ съ произведенията си; а това усили пропаданието на българскитѣ занаятчии, които пълняхѫ рѣдътъ на непроизводителния классъ, защото тѣхнитѣ капитали нѣмахѫ образа и подобието на европейскитѣ, за да заловятъ нѣщо самостоятелно, производително въ крѫгътъ на индустрията или земледѣлието, та да запазятъ своето сѫществувание. Когато конкурренцията захванѫ да спѫва кракъ на по слабитѣ и да заплашва прѣднитѣ български капитали, нашитѣ хора захванѫхѫ да се замислюватъ върху положението си. Захванѫ се раздвижванието на промишленнитѣ отрасли; заедно съ образуванието на различнитѣ работници се захванѫ устройството и на фабрикитѣ. Въ всѣкой градъ, на мѣстото на старитѣ еснафи, виждаме устроени работилници. Това виждаме у кундураджиитѣ, панталонджиитѣ, желѣзаритѣ, дърводѣлцитѣ и т. н. Така щото, прѣживяваме тъй нареченния отъ К. Маркса **мануфактуренъ периодъ**. Но този период ще мине въ много късо врѣме, защото машинното производство усиленно се развива. Фабрикитѣ твърдѣ силно се умножаватъ. Въ растоянието на 10—12 години, както видяхме, числото на фабрикитѣ по шаяченото производство порастнѫ на около 28, по брашнарството около на 15—20. „Прѣди 10 години въ Южна България имаше само една сапунена фабрика, а сега ги има по-вече отъ 12" (гл. „Б. Зора" бр. 593, 92 г.). Фабричното производство се е настанило вече въ много отрасли на нашата промишленность. Спиртопроизводството, тютюнопроизводството и вълнарството сѫщо тъй не сѫ останѫли назадъ. „Напослѣдъкъ ни падна случай да разгледаме двѣ нови фабрики въ столицата: едната е за каляски и разни коля на Бр. Басмаджиеви, а другата за глинени издѣлия на г. Симидова", казва редактора на „Б. Зора" въ статията си: „Възраждающата се наша индустрия", въ 593 брой отъ 1892 г. За да не помисли читателя, че новитѣ фабрики сѫ само тия двѣтѣ, редактора казва, „че нови фабрики има на много мѣста."

Така щото, когато слѣдъ освобождението ни нашата сграна прѣдставляваше само шаяченото производство като поприще съ най-сгодни условия за българскитѣ капитали, то сега виждаме, че тя отваря вратитѣ на всички индустриални клонове почти. А това ще рѣче, че капитала прави сé по-голѣми и по-голѣми крачки. Капиталистическото производство сé по-вече и по-вече се расширява съ всичкитѣ си разрушителни способности на всичко старо, ржчно и дребно. Нашата страна измѣня декорациитѣ си—сцената е нова. Ний сме въ първото дѣйствие на новата драма, която е изработила историята на классовитѣ борби. Справедливостьта на туй положение трѣбва да признае всѣкой, който си даде поне малко трудъ да се замисли върху економическитѣ и общественни отношения. „Оня, който е притежатель на могжщественни материални срѣдства, е господарь на всички ония, които малко притежаватъ", казва единъ нѣмски ученъ. У насъ се захваща разграничението на таквазъ една класса, която да прѣбира въ ржцѣтѣ си всички материални срѣдства, и втора класса, отъ ржцѣтѣ на която постоянно се отнематъ всички елементи за производството, като ѝ оставатъ само силата на труда. Капитала отнема малкото отъ тия, които го иматъ, и дава на тия, които го иматъ по-много—по християнски. Поради туй сиромашията зема сé по-широки и по-широки размѣри. Капиталиститѣ—лихвари и капиталиститѣ—земледѣлци отнематъ полека-лека земитѣ отъ малкитѣ ѝ притежатели; капиталиститѣ—фабриканти ще причислятъ дребнитѣ занаятчии въ рѣдоветѣ на своитѣ си работници; а капиталиститѣ—търговци ще разсипятъ всички по-слаби непроизводители — агенти. За сиромашията у насъ всѣки говори, всѣки се вайка, всѣки вижда, че тя е въ кжщи. Това ний виждаме и въ Изложенията на окр. управители, гдѣто единъ казва: „трудно е да бждешъ селенинъ," други— „труда на земледѣлеца не се възнаграждава," трети— „земледѣлеца безбожно се граби", четвърти— че „цѣли села минаватъ въ ржцѣтѣ на 2—3-ма", пети—че по-голѣмата часть отъ населението се храни „най-лошо" и т. н. Дори и самото правителство е обърнжло внимание на сиромашията, та е захванжло да прави различни отстжпки. Така, въ послѣдната сессия се опростихж, по прѣдложението на г. министра на финансиитѣ „суммата 64,935 лева и 79 стотинки, и 169 кила и 3 крини разни храни", дължими „отъ несъстоятелни, умрѣли въ бѣдность", числото на които възлиза на 1652. Отъ тѣхъ 220 души „умрѣли по крайна бѣдность." Правителството прави на прѣселенитѣ отъ Кюстендилско въ Разградско семейства отстжпки отъ земи и кжща, прави имъ заеми и др. т. Въ всѣка сессия се гласуватъ прѣдложения за опрощаване сумми отъ недобори въ различни общини, на които длъжницитѣ сж крайно бѣдни. Въ послѣдно врѣме захванжхж да говорятъ за друго едно измѣнение въ отношенията на дребните и едрите земледелци. До преди няколко време всяка община си имаше мера, гдето всъкой гражданинъ и селенинъ си пращаше, кой кравата, кой овцетѣ, кой биволицата, кой козата на паша, за което плащаше нѣколко гроша само на говедаря или овчаря. Така щото, двѣтѣ-тритѣ добичета бѣхѫ значителенъ приходецъ за бѣдното семейство. Сега, обаче, когато тия мери полека-лека се унищожаватъ, селенина земледѣлецъ съ 5—10 дюлюма нива не може да стори друго, освенъ: или да не отвѫжда добитъкъ, или да пасе подъ незгодни за себе си условия въ мерата на голѣмия земевладѣлецъ. Въ други мѣста е билъ запазенъ и други обичай: до Георгевъ-день е било свободно пасението изъ всички ливади. Въ послѣдно време общ. управления захванѫхѫ да игнориратъ и тоя обичай, така щото, притежателитѣ по на 100—1000 овце трѣбва да си диратъ голѣма мера. По този начинъ се захваща централизирането и на земята въ рѫцетѣ на капиталиститѣ, което сѫ прѣпорѫчва аслѫ отъ надлежнитѣ бдители на народното благосъстояние.

Въ индустриалната промишленость най-добрѣ можемъ да забѣлѣжимъ дебелата чърта, която капитала начъртава между капиталиститѣ и работницитѣ. Наемния трудъ тамъ по-ясно се забѣлѣзва, отколкото въ другитѣ отрасли. За примѣръ нека земемъ нѣкой фабрики. Числото на работницитѣ въ фабриката на дружеството „Розова Долина" въ гр. Казанлъкъ възлизали на 64 мѫже и жени, които работяли отъ 3 часа сутринь до 6 $^{1}|_{2}$ вечерь, като не пропущали и празницитѣ, каквото сѫ Коледа, Нова година и т. н. Платата имъ е досущъ ниска. Като извадимъ двамата майстори и машиниста, на които гюндюлюкя нада повечко, на останалитѣ работници платата се захваща отъ 20 ст. до 1 левъ и 20 ст. най-много. Спиртната фабрика на Д. Папазовъ имала 25 души работници-мѫже, по-голѣмата часть отъ които живѣели при животните, които се намирали при фабриката. Работата въ тая фабрика се продължавала 15—20 часа. Въ Габровскитѣ фабрики: „Въ всички работятъ ежедневно отъ 200—300 работници. Едни отъ фабрикитѣ, при усилена работа, работятъ и нощно време съ промѣнение на работницитѣ." (Гл. Изл. на Сев. окр. управитель за 91 г., стр. 20). Споредъ частнитѣ ни свѣдения, работницитѣ сѫ отъ двата пола и отъ различна възрасть, преимущество има женския трудъ, като по-ефтенъ. Така, напр., въ „Бобовата" фабрика има 4 жени, отъ които 3-тѣ зематъ по 80 ст. на день,—26 моми и 3 дѣца, които получаватъ отъ 30 ст. до 80 ст. максимумъ. Въ Акционерната фабрика има 30 жени, отъ 10—18 год. възрасть, съ плата отъ 30 до 80 ст.

Такова е приблизително положението и въ другитѣ фабрики изъ българско. Работния день е минимумъ 14 часа. Ако земемъ една отъ печатарницитѣ, ще видимъ, че по-голѣмата часть иматъ срѣдно число 5—6 работника. А пъкъ печатарското искуство се настани въ всѣки почти градъ. Въ 761 брой на в. „Свобода" отъ 92 г., между другитѣ „вѫрѣшни новини," срѣщаме, че изъ българско имало 105 тютюневи фабрики съ 1652 работника. А всички работници отъ тютюневитѣ фабрики сѫ, просто казано, живи смъртници и работятъ при най-ниска плата. Такова е приблизително положението и въ другитѣ индустриални заведения.

Пропорцията на наемнитѣ работници въ земледѣлието ето какъ стои: на 529,779 самостоятелни производители се падатъ 727,782 наемни работника. (La Bulgarie. Leon Lamouche, стр. 306). Тъй щото, въ земледѣлието наемния трудъ е 23 %. Отъ този трудъ се хранятъ и 18 %. Ще се рѣче, сиромашията само въ земледѣл. промишленость възлиза на 41 %. Наемния трудъ въ земледѣлието не може точно математ. да се опрѣдѣли, понеже много отъ самостоятелнитѣ производители сѫщо тъй си продаватъ труда. Много селени-производители оставатъ земята да я работятъ другитѣ членове отъ семейството, а тѣ отиватъ другадѣ да работятъ. Въ Влашко работятъ на чокоитѣ, изъ Добруджа женятъ, а изъ други мѣста ходятъ по дюлгерство. Севл. окр. управитель, като указва на това, че селенитѣ въ повѣрения му окрѫгъ се занимаватъ и съ дърводѣлство, дюлгерлъкъ и кираджилъкъ, забѣлѣзва, че „мого отъ тѣхъ отиватъ пролѣтно врѣме задграница по печалба" (стр. 8, 91 г.). На стр. 19 показва, че има 1373 дюлгери, независимо отъ тия, разбира се, които отиватъ въ Влашко да работятъ на чокоитѣ. Тия дюлгери се експлуатиратъ отъ нѣколко души „мастори." Ходянието на селенитѣ—земледѣлци въ Влашко и Добруджа се констатира и въ нѣкой отъ другитѣ Изложения.

Както виждаме, ний не само че слушаме тропортията, грѣмътъ, трѣсъка отъ капиталистическата колá на Беллами изъ чуждитѣ страни, ами ний я виждаме отпрѣдѣ си, виждаме я въ нашата страна, гдѣто тя си намѣрила пѫтя. Колата сѫ пълни съ хора, когато пъкъ впрегнатитѣ поради несъзнаванието на положението си нѣматъ солидарность въ тѣглешнето: единъ гледа да измѣсти другиго, други тѣгли въ друго направление и т. н.; затова и колата върви много тѣжко. Но числото на впрегнатитѣ въ скоро врѣме ще се умножи, тъй като вънъ отъ тия, които сѫ въ колата и които сѫ впрегнати, изъ пѫтя сѫ нарѣдени и други хора, които чакатъ по-скорошното дохождание на колата, за да се прилѣпятъ при другаритѣ си и си заематъ опрѣдѣленото мѣсто.

Щомъ капитала налучка своя естественъ пѫть въ извѣстна страна, захваща се тогава пролетаризиранието на населението въ тая страна. Самото туй пролетаризиране си има своя история. „Пролетариатътъ прѣминава прѣзъ различнитѣ степени на развитието", казвалъ К. Марксъ и Фр. Енгелсъ въ „Манифеста" си, и „въ каквато степень се развива буржуазията, т. е., капиталътъ, въ таквазъ се развива и пролетариатътъ." Веднѫжъ почувствува ли се у насъ присѫтствието на капитала, бездруго се захваща и пролетаризацията на работницитѣ. Не може да се отрѣче това, че у насъ господствува още отдѣлната борба (конкурренцията) между самитѣ работници; но не може да се отрѣче и туй обстоятелство, че нашитѣ работници захванѫхѫ да се групиратъ въ отдѣлнитѣ си занаяти. Нѣка земемъ печатарското искуство. Работницитѣ въ печатницитѣ бездруго трѣбва да сѫ грамотни. Много отъ тѣхъ сѫ и доста развити. Съзнанието за положението, за мѣстото, което тѣ заематъ въ срѣдата на работническия класъ, у тѣхъ е възбудено: иматъ си вече дружества въ тия градища, гдѣто числото имъ е по-голѣмичко. Тѣ добрѣ разбиратъ експлуатирането на тѣхния трудъ. Въ София, напр., миналата година тѣ обявихѫ нѣкои свои скромни искания. Таквозъ съзнание ще да се развие въ работницитѣ и по другитѣ мѣста изъ провинцията, гдѣто печатарството се е развило, и слѣдъ малко врѣме още ний ще сме зрители на една печатарска работническа группа. Въ всичкитѣ други клонове на нашата промишленость работницитѣ не сѫ толкозъ грамотни, та да разбиратъ положението си; но, благодарение на силно развивающата се грамотность между населението, благодарение на силно ускоряющето се встѫпване на капиталистическото производство у насъ, благодарение на всеобщото въспитателно значение на различнитѣ исторически явления, каквито ставатъ по другитѣ страни — това съзнание скоро ще проникне и въ главитѣ на тая усиромашала и убѣдняюща масса, която всички отъ всички страни оплакватъ. Когато безсъзнателнитѣ работници изъ фабрикитѣ и другитѣ индустриални заведения, изъ работилницитѣ, изъ селскитѣ изби и „подземни дупки," поради индивидуалнитѣ стрѣмления се подкопаватъ единъ други въ борбата за сѫществуване; то економическата машина захваща да ги исхвърля единъ по-единъ на една камара, гдѣто всѣкой единъ гледа раната си, сравнява я съ раната на другитѣ, вижда еднаквитѣ чувствувания на болкитѣ, вижда еднаквостьта въ причинитѣ на тия болки, вижда еднаквитѣ страдания, вижда еднаквитѣ размѣри, които зема тая рана, съ една дума — вижда че всичко у тѣхъ е еднакво. Тази еднаквость ще ги сплоти въ отдѣлнитѣ работници, въ отдѣлнитѣ фабрики, въ отдѣлнитѣ окржжия, и тѣ ще почнжтъ явно за себе си борба противъ двигателитѣ на това колело. Еднаквостьта на условията въ борбата имъ противъ господаритѣ ще сплоти работницитѣ въ всичкитѣ отрасли и тѣ ще съставятъ армия, която ще развие *класовата* си борба.

Присжтствието на капиталистическото производство у насъ се чувствува и въ другитѣ страни на народния животъ. Капитала дава тонъ на всичкитѣ отправления въ народния бѫтъ. Той не остава ни религията, ни семейството, ни политиката, ни литературата, ни нищо.

Кой не е почувствувалъ и чувствува замѣнението на „вѣрата" въ религиозно учение съ вѣрата въ капиталистическото у насъ? Кой не чувствува замѣнението на религиозната нравственность съ капиталистическата? Тия, които се отличаватъ по най-голѣмитѣ си способности да експлуатиратъ, да лъжжтъ, да измамватъ, да грабятъ, които държжтъ въ ржцѣтѣ си капитала — отиватъ най често въ черква, като не испущатъ и най-малкитѣ праздници, безъ да ги обладава нѣкакво си религиозно въодушевление. Тѣ съзнателно отиватъ въ черква, като съ това си ходяние покриватъ съ дебело платно своитѣ нечисти работи прѣдъ очитѣ на невѣжитѣ свои, експлуатирани по всевъзможенъ начинъ, съграждани и съселени. Женидбата у тая пасмина хора става не по нѣкакви си човѣшки, естественни влѣчения, а по чиста смѣтка, за „парата." Това нѣщо-си захваща да прониква изъ всичкитѣ краища на страната ни. Самитѣ капиталисти развалятъ вѣрата. Така, тѣ каратъ работницитѣ, споредъ както видяхме, да работятъ и прѣзъ праздницитѣ, като не отпущатъ и Колада и Нова година и т. н. Селенитѣ лѣтно врѣме не обрѫщатъ никакво внимание на праздницитѣ, щомъ нивата или ливадата му е озрѣла и трѣбва да я пожене или покоси. Парчеджиитѣ — работници сжщо така постжпватъ: „праздника не дава хлѣбъ," казватъ. Зимѫсъ въ Казанлжкъ, когато момичетата-работници отивали една сутрина рано на работа въ фабриката, нападнжли ги съ злонамѣрена цѣль момчетата — работници. Когато съобщили на притежателя за станалото, той имъ отговорилъ: „каквото сте търсили, таквозъ сте намѣрили." Разводитѣ всѣка година се умножаватъ. Проституцията взема се по широки и по широки размѣри. Мѣркитѣ, които приспособяваxж въ различни врѣмена, се указахж безполезни. Съ една дума, стжпката на капитала измѣстя стжпката на религията и нейната нравственность. Разврата, като излиза отъ вратитѣ на капиталиститѣ, все-повече и по-вече прониква изъ най-затънтенитѣ кюшета.

Ами нещастната наша „интеллигенция," ржководителката на движенията у насъ, какво прави въ своитѣ си политически стрѣмления? Политическитѣ манифестации, които създаде магическата сила на либералната свобода слѣдъ освобождението ни, се изгубихж. Сега нигдѣ не се чува: „да живѣй княза и конституцията!" нигдѣ не се чува за „народнитѣ правдини," нигдѣ не се чува за „свободата." „Интеллигенцията" бѣше проста слуховата трѫба на Цанковъ, Каравеловъ и др., прѣзъ която тѣ исказвахж желания, не плодъ отъ добрѣ изученитѣ нужда на „народа," а плодъ на тая или оная господствующа висша политика въ Европа. Нашата политич. конституция ни се наложи; тя не бѣше плодъ на нашитѣ социални условия. Да, политическитѣ форми не се образуватъ изведнъжъ, защото и самитѣ обществении условия не вървятъ така. Ето защо нашата конституция не съотвѣтствуваше на тогавашното ни, слѣдъ освобождението, социално положение. Нашата „интеллигенция" не можаше да разбере това, и ето защо тя се показа такава. Тя прѣгрѫщаше ту Цанкова, ту Каравелова, а въ по подирни врѣмена—ту Радославова, ту Стамболова, чисто шовинистически. Сега, обаче, когато економическитѣ условия се изострихж, когато социалнитѣ, общественнитѣ отношения прѣвърнахж и претърпяватъ извѣстно измѣнение—за тая конституция дума не става, „народнитѣ правдини" се обърнахж на лични правдини и привиллегии, а „свободата" останѫ хубаво название само на единъ правителственъ вѣстникъ. Основнитѣ принципи на политическата свобода се обезобразихж и нашата конституция сжществува само на име. Правителството покровителствува само буржуазната класса, както видяхме, което не значи нищо друго, освѣнъ да ѝ утвърди и политическата власть. За тази цѣль правителството дава просторъ на централизацията. И администрацията, и духовенството, и просвѣщението, съ една дума, правителството се стрѣми да централизира. А централизацията е присжща чърта на буржуазията. Ами „интеллигенцията?" Тя прѣтърпя разнитѣ метаморфози, като не остави и тая, каквато ни прѣдставлява умственната и нравственна фигура на гороломовия авторъ. Но голѣмата часть отъ тая интеллигенция остава въ рѣдоветѣ на тия, които владѣятъ економическитѣ сили и които захващатъ организираннето си, а много малка часть отъ тѣхъ заема ново мѣсто. Че интеллигенцията е прѣтърпяла извѣстно измѣнение, иде да покаже и книжнината ни. Въ самата книжнина се забѣлѣзватъ двѣ тенденции въ послѣдно врѣме. Като оставимъ на страна „Свобода," „Бал. Зора" и тѣхнитѣ събрания и обърнемъ внимание на списанието

„Мисъль" — за което прѣди нѣколко врѣме се говори изъ колонитѣ на „Б. Зора", че е едничкото настолно списание въ българско — ще видимъ, че то напълно улицетворява економич. образъ на нашата буржуазия. Блънува за „национално богатство," каквато чърта можемъ да забѣлѣжимъ само у капиталиститѣ на Западъ. Съ сѫщото направление сѫ и другитѣ списания, само че въ по-нѣжна форма. А съ друга тенденция, противоположна на първата, сѫ разнитѣ книжки и брошюрки, издавани въ различни врѣмена отъ 4-5 години насамъ. Издаватъ се вече двѣ „Библиотеки", едната въ София, другата въ Търново, съ тенденцията на най-новата наука. Излѣзли сѫ вече по нѣколко книжки отъ тия библиотеки. Ползуваме се отъ случая да поменемъ и за списанието „День," издаваемо въ Шуменъ, което българскитѣ журнали прѣдставляватъ за социалистически органъ, което нѣщо много ясно личи.

Ето, това измѣнение се забѣлѣзва у насъ. Съ измѣнението основитѣ на общественното здание може ли да не се бута политическия му покривъ? — Не само покрива, но и цѣлото здание прѣтърпява извѣстно размърдване, на което указахме въ началото на тая си статия. Това е то общественното явление, което обърнѫ погледитѣ на всички; това е то явлението, което подигнѫ толкова злъчки у насъ; това е то явлението, което направи толкова шумъ въ колонитѣ на разнитѣ политически вѣстници, които единъ прѣзъ други се надварвахѫ да покажатъ своето невѣжество по въпроса, когото третиратъ. „Свобода" изля всичкия си ядъ върху нѣколко личности. „Пловдивъ" сѫщо така испущаше най-гнуснитѣ и улични изражения, които ясно характеризирахѫ неговия умственъ и нравственъ складъ. „Б. Зора" отначало се обяви опозиция на първитѣ два листа, въ смисълъ на вѣротърпимость къмъ различнитѣ учения, а подрѣ измѣни политиката. Както и да е, но и тритѣхъ вѣстника се съгласявахѫ по едно нѣщо-си: тѣ гледахѫ отъ „национална" гледна точка на това явление. А какво бѣше това явление? — *Економическото и социалното поевропейчване на нашия животъ, намѣствянието на капиталистическитѣ наредби у насъ.* Тѣзи наредби намиратъ „теоретическо изражение" въ буржуазната класса, въ „националното богатство", а за една часть отъ интелигенцията и младежитѣ, които се възмущавахѫ крайно отъ несправедливоститѣ въ новия животъ, тѣ намѣрихѫ „теоретическо изражение" въ *социализма*.

Като истичатъ отъ разнообразнитѣ си национални гледни точки, журналитѣ дохождатъ до туй заключение, че социализма е *утопическо учение*, че то е *заблуждение*. И тука се спиратъ. Безъ да вникнатъ по-дълбоко въ тия измѣнения, който прѣтърпява нашия животъ, тѣ бързо даватъ своитѣ резолюции, пълни съ противорѣчия. Заблужденията се коренятъ именно въ главитѣ на тия бездарни личности, които не виждатъ отъ носа си подалечь и поради това ставатъ проводници на най-ретроградните, назадничевитѣ мисли, които историята на прогресса е оставила много далече. Затлъстелия умъ на писачитѣ около „Свобода" и др. не-можалъ да излѣзе отъ това си положение, каквото сѫ имали съврѣменницитѣ на утопическото учение. Било е врѣме, наистина, когато социализма еималъ своята утопическа епоха, но то е *било*. Пъкъ и самото това утопическо учение не разбиратъ нашитѣ боси писачи. Санкимъ, какво нѣщо е утопия? Въ социалистическа смисълъ „утопията е идеаленъ общественъ строй, който прѣдполагатъ ди е сгоденъ за всичкитѣ народи, безъ да се гледа на историческитѣ условия въ тѣхното сѫществуване." Било е врѣме, когато не е имало строго изработено понятие за законитѣ, по които е вървяло общественното развитие. Историята ни показва това врѣме. Това врѣме е значително малко и отъ настоящи явѣкъ. Социалиститѣ въ ония врѣмена. като не можали да схванатъ наздраво историческитѣ закони, по които се развиватъ обществата, а отъ друга страна, като съгледали всичкитѣ противорѣчия, несправедливости, които пораждали хиляди и хиляди страдания въ срѣдата и основата на тия общества — ставали по този начинъ утописти, като си прѣдставлявали идеалния строй, несъотвѣтствующъ на жизненнитѣ условия. За буржуазнитѣ икономисти въ ония врѣмена, които сѫщо тъй сѫ имали горѣ-долу опрѣдѣлени взглядове по положението, не е била потрѣбна утопията. Пъкъ и защо имъ е тя, когато тѣ сѫ биле съгласни съ тогавашнитѣ нарѣдби? За социалиститѣ тя е била необходима. Тя ги е направила сапйори на тогавашното общество: отричали сѫ и сѫ подкопавали всичко. Тѣ сѫ хвърляли отровни стрѣли въ гѫрдитѣ на тия, които сѫ поддържали таквазъ система въ общественнитѣ отношения, въ основитѣ на която се гнѣздятъ всѣкакви заблуждения, несправедливости, измами, изобщо казано, всичко, освѣнъ истината. Таквозъ е било врѣмето. Тогава никой не е билъ запознатъ съ законитѣ на общественното развитие. А пъкъ съвсѣмъ си нѣма мѣстото да осѫждаме утописитѣ, че не сѫ знаяли това, което никой не е зналъ тогава. „До когато понятието за законосъобразностьта на общественното развитие не е санѫло крайѫгленъ камъкъ на общественната наука, до тогазъ всѣкой реформаторъ безъ друго трѣбва да бѫде утописть," казва русския общественъ дѣятель, Г. Плехановъ. Като е правилъ тази грѣшка, гдѣто не е можалъ да схване историческото развитие на условията въ живота, социализма не може да отрѣче на утопизма оная полза пъкъ, която оставила дѣятелностьта на тогавашнитѣ социалисти — *разрушението*. Да, утопизма е принадлежность на миналото. Допущанието на утопизма сега, когато законитѣ, по които върви икономическото развитие, сѫ станѫли общи, — това допущание на утопизма сега е прѣдумишленно, ако не друго. Нашитѣ патентовани си мисляхѫ, че щомъ кажатъ на нашитѣ българи, че социализма *сега е утопия*, веднага това учение ще издъхне. Не само думитѣ, но и дѣлата имъ: обиски, затваряния, исключавания на отдѣлнитѣ личности и пр., неможахѫ да спрѫтъ това движение, силата на което излиза изъ основитѣ на самия общественъ животъ. Г. Z. въ „Б. Зора“ напраздно ги увѣряваше въ статията си: „Нѣколко общи възражения на писаното противъ социализма у насъ,“ че социализма *сега* не е утопия. Като указва, че душата на социализма не е нито Фурйо, нито Сенъ-Симонъ и С-іе, той посочва автора на тоя социализъмъ, който занимава и обгрѫща цѣлия свѣтъ, Карла Маркса. Той имъ цитира тия негови мисли, послѣдни думи на науката, съ които най-красноречиво имъ показва, че социализма не е утопия, а „отдѣлна научна, историческа теория, основана върху политическата икономия и еволюцията на човѣческото общество, като взема въ внимание прогресса, длъжимъ на классовитѣ борби въ миналото и грижливо отбѣлѣзва мизерното и неизбѣжния антагонизъмъ на нашата настояща система на производството, а сѫщеврѣменно слѣди движението въ бѫдѫще, съ цѣль да запази вѣчно нарастающата сила на човѣка надъ природата за благото на цѣлото общество, а не само за благото на единъ незначителенъ капиталистически классъ.“ Социализма, като послѣдня дума на науката, не може да бѫде исключителенъ, т. е., да бѫде достѫпенъ само за тоя или оня народъ, защото въ такъвъ случай трѣбва да е възможно допущанието и на тия мисли: Географията могѫтъ да я изучватъ само Нѣмцитѣ, Ботаниката — Французитѣ, Италиянцитѣ немогѫтъ да изучватъ Историята и др. таквизъ. Социализма, като плодъ отъ классовитѣ борби и измѣнението системата на производството, *не може да бѫде сега за насъ утопия*, при такива измѣнения на общественнитѣ ни условия, каквото сме прѣтърпѣли въ послѣдно врѣме. „Съврѣменния промишленъ трудъ и съврѣменния яремъ на капитала сѫ еднакви, както въ Англия, така и въ Франция, както въ Америка, така и въ Германия, та сѫ уничтожили въ него всѣки националенъ характеръ." (Гл. „Манифеста" на К. Маркса и Фр. Енгелса, преводъ отъ русски, стр. 29). А какви сѫ условията, при които расте промишления трудъ у насъ, ний видяхме. Ето защо, не социализма е за у насъ заблуждение, а заблудителни сѫ мислитѣ на тия късогледи, които не разбиратъ историческото развитие на народитѣ, поради което, слѣдователно, наричатъ социализма „утопическо учение."

Ний, българскитѣ социалисти, като виждаме, че нашата страна стѫпи на капиталистическитѣ основи въ своя си животъ; като виждаме, че нашия народъ не може да избѣгне отъ общия порой, който е повлѣкалъ и влѣче слѣдъ себе си всичкитѣ други нации; като виждаме, че условията за пролетаризирането на нашитѣ работници се усилватъ отъ день на день—ний не можемъ да останемъ слѣпи прѣдъ това, което става прѣдъ очитѣ ни. Ний се обръщаме къмъ оная български младежи, които не сѫ потѫнѫли досущъ въ общественното блато, къмъ тия, които току що встѫпватъ въ общественния животъ, безъ да се приготвени да посрѣщнѫтъ крайнитѣ несправедливости, на които тѣ ставатъ прѣдметъ за играчка, съ една дума, къмъ подрастающето младо поколение, бѫдѫщата интелигенция, да упражни всичкитѣ си сили, за да може смѣло да развива и популяризира *научния социализъмъ*, единчкия сполучливъ лѣкъ противъ съврѣменната общественна болѣсть. Нѣка българския младежь и българския работникъ съзнаятъ своето положение, нѣка разбератъ, че тѣхнитѣ интереси сѫ явно противорѣчиви на интереситѣ на чифликчия, фабрикантина, лихваря, изобщо на капиталиста, и че туй противорѣчие става сé по-ясно и по-остро, и не е дълго врѣмето, когато тѣ, слѣдъ като бѫдѫтъ експлуатирани до крайность, ще се обърнѫтъ на хасълъ пролетарий, който ще води съзнателно политическата си класова борба и въ редоветѣ на когото ще се чуватъ громкитѣ думи:

Да живѣй социалната революция!

КРИТИКА И БИБЛІОГРАФІЯ

(Подъ тази рубрика ний ще помѣстяме критики, рецензии и библіографически указания за съдържанието и характера, както на отдѣлни статии, тъй и на цѣли книги и списания, било въ нашата, било въ чуждата литератури, които иматъ прямо или косвенно съотношение съ научния социализъмъ).

ХРИСТО БОТЙОВЪ

(Критическа студия отъ Ив. Вазовъ. Денница, година II. 6-та, 7-ма, 8-ма и 10-та книжки).

I

Всѣкой единъ, който е ималъ щастието или нещастието внимателно да прослѣди процессътъ на историческото развитие на човѣчеството, е забѣлѣзалъ, че *прогрессътъ* въобще е резултатъ на цѣла една верига отъ събития. Тая верига е проста на гледъ; но събитията, отъ които е образувана, сѫ тъй прѣплетени по между си, че е трудно да се произнесе човѣкъ: додѣ се свършва едно и отдѣ се захваща друго. Много умове сѫ се бъхтали, за да намѣрятъ *сѫщинския* ключъ на тази верига; но едвамъ, слѣдъ многовѣковенъ умственъ трудъ, въ втората половина на XIX вѣкъ сѫ достигнѫли това. Както е трудно да се произнесе човѣкъ положително за *точнитѣ* граници на всѣка една отъ тия сѫтавни части на веригата, за всѣко едно събитие; тъй е трудно и да се произнесе човѣкъ положително върху въпроса: кои сѫ сѫщинскитѣ изнамѣрвачи на тоя ключъ. Трудностьта на тоя въпросъ никому нѣма да се покаже страна, щомъ като си спомни общепризнатия вече законъ, че „нищо въ свѣта не става случайно и скокомъ." Които и да сѫ хората, които най-послѣ сѫ извикали: ето ключа на тая заплетена верига!— тѣ сѫ длъжни за това свое изобрѣтение на труловетѣ на свои-тѣ прѣдшественници, както и послѣднитѣ сѫ се възползували отъ трудоветѣ на още по-старитѣ умствени работници и т. н.

Ето защо, не е важно толкова, споредъ насъ, да се знаятъ собственитѣ имена на труженици върху историческия процессъ на човѣчеството, колкото — да се знае самия тоя процессъ, самата верига и нейния ключъ. Последния, въ възможната му простота и ясность, може да се искаже съ слѣдующитѣ думи: *борба за сжществувание*, която отначало е била единична, а по-сетнѣ се прѣвръща въ коллективна, въ классова борба: отначало тая борба се е водила инстинктивно, несъзнателно, по-сетнѣ — полусъзнателно и най-сетнѣ се прѣвръща въ съзнателна, въ систиматически организирана борба. Благодарение на многовѣковния умственъ трудъ на миналитѣ поколения, ний сега, съ помоща на тоя ключъ, лесно можемъ да си обяснимъ кое и да било историческо събитие отъ къмъ всѣка една страна; лесно е да видимъ, че, както всѣко едно събитие е резултатъ отъ тая борба, тъй и всѣко едно отъ тѣхъ (събитията) е послужвало за причина на друго събитие, което, отъ своя страна пъкъ, е послужвало за причина на трето и т. н. Тъй се е образувала веригата на историческия процессъ. Освѣнъ това, този ключъ, това материалистическо, економическо, положително, както щете го наречете, разбиранне на историята ни открива и друга една тайна, а именно, че слѣдъ рарушението на първобитния, на коммунистическия строй, при който личностьта е била всецѣло погълната отъ общината, и най-малкия прогрессъ се е свършвалъ на гъбътъ на массите. Историята ни показва, че отъ тази фаза ни единъ народъ вече не е сжществувалъ безъ классово раздѣление въ по-ясна или въ по-прѣкрита форма. Каквото и да е било това классово подраздѣление, на колкото и касти да е било — всѣкога сж сжществували, както и днесъ сжществуватъ, два ясно различаващи се класса съ право противоположни интереси: силни и слаби, привиллегировани и просто-смъртни, свободни и прѣтиснати, експлуататори и експлуатироеми. Тая классова борба е придизвиквала разнитѣ форми управления, учрѣждения и закони, ролята и смисъльта на които винаги и на всѣкждѣ сж биле сѣ едни: да защитятъ интереситѣ на силния, но малочисленъ классъ, противъ интереситѣ на слабия, но многочисленъ классъ. Благодарение на усигореното си економическо положение, винаги първия классъ, класса на силнитѣ, еималъ възможность да се развива умственно, и това срѣдство въ неговитѣ ржцѣ е било най-могжщото оржжие въ борбата му съ другия классъ. Наопъки, благодарение на дено-нощния физически трудъ за своето собственно прѣхранване и доставяние всичкитѣ срѣдства за удовлетворение нуждитѣ на другия классъ, класса на слабитѣ, прѣтиснатитѣ и измжченитѣ, абсолютно е нѣмалъ врѣме да се погрижс и за своето умственно развитие. Както не на всички отъ класса на силните е било еднакво усигорено икономическо положение, тъй и не на всички отъ класса на притиснатите е билъ еднакво усиленъ физическия трудъ. Ето защо и ний виждаме и улицетворяваме често пѫти причините на историческите събития въ отделни единици, въ отделни личности, въ главите на които най-напредъ се проявяватъ прогрессивните мисли за идеали, които те после пропагандиратъ на массите, догдето най-сетне последните ги съзнаятъ, възприематъ и усѫществятъ. Всеко завършено събитие е правило и прави превратъ въ разните области на човешкия животъ; всеко историческо събитие е било и е крачка напредъ. Ония пъкъ поврѫщания назадъ, както въ отделните личности, тъй и въ целите класси и народи, които срещаме въ историята, сѫ само отделни и временни крачки назадъ, а не общо поврѫщание на целото човечество. Тъй е текла човешката история, тъй тече и ще тече до тогава, догдето лошевите страни на днешния економически строй се съзнаятъ отъ мнозинството, догдето разрушающите елементи, които геометрически прогрессивно растѫтъ, не го разрушѫтъ, както разрушихѫ първобитния, патриархалния и феодалния строеве и дадѫтъ новъ тласъкъ, ново направление, нова посока на историята . . . .

Като всеки народъ, ний, Българите, си имаме своя отделна верига, която влиза въ състава на общата. Колкото единия край на нашата история е тъменъ и мраченъ, толкова другия ѝ край е светълъ и пъленъ съ по-ясно различающи се събития. Светлата страна на нашата история се захваща съ тъй наречената епоха *„възраждането на българския народъ,"* причините на която се криятъ въ общата верига на прогресса; блесъкътъ достига своята крайна точка въ по-новата епоха, въ епохата на *политическото ни освобождение*, отгдето вече съ голема скорость хваща да се губи. Измѫчени отъ тъмното, мрачно и безнадежно минало, едва още не успели да се понарадватъ на светлите зари на благотворното слънце—изново мракъ, непроницаема мъгла!.... Като неуспела още массата да съзнае източника и благотворностьта на *светлите зари*, отъ една страна, и като се свикнала съ многовековната мъгла, отъ друга—тя си не задава трудъ за отстранението ѝ; само отделни еденици, които, благодарение на своето привиллегировано положение, сѫ се издигнали въ умственно и правственно отношение по-високо отъ общата масса, само те испитватъ страшната мѫка на отъ три дни неелия, изъ устата на когото дръпватъ сомуня, който току що сграпчилъ въ ржка.... Макаръ и малцина да сѫ у насъ такивато личности, но фактъ е, че ги има. Подъ влиянието на това свое мѫчително положение, отъ името на общата борба за запазване своето си сѫществуване, естествено е слѣдствието: да будятъ полузаспалата масса, като ѝ посочватъ на онова свѣтло кюшенце, отгдѣто, още не успѣли да изгрѣятъ напълно, тутакси залѣзохѫ благотворнитѣ зари. И наистина, въорѫжени съ науката и подспомагани отъ самия икономически процессъ, отдѣлнитѣ еденици само по този начинъ могѫтъ събуди съзнанието на массата, могѫтъ я накара да разбере източника на злото и срѣдствата за прѣмахванието му; по този начинъ само тѣ могѫтъ подпомогнѫ на массата да разбере източника и благотворностьта на свѣтлитѣ зари, да изработи въ себе си насѫщна потрѣбность отъ тѣхъ, да ги залюби страстно и поиска да живѣе въ тѣхъ и съ тѣхъ; по този начинъ е възможно само по-скорошното облекчение мѫкитѣ на отдѣлнитѣ страдающи личности. Разумява се, че, колкото по-тѣсно се сплотени и колкото сѫ по-многочисленни тия страдающи личности—които вслѣдствие на своето собствено страдание, а не отъ нѣкакъвъ си измисленъ *дългъ*, отъ нѣкакво си исковано нарочно *патриотическо чувство*, се прѣобръщатъ на *истински* народни просвѣтители, макаръ и мнозина това да не съзнаватъ — толкова по-скоро ще се събуди массата, толкова по-скоро ще се дигне мрака и въсцари напълно свѣтлината....

Отъ тая гледна точка ний съ радость и възхищение посрѣщаме слабия и измѫченъ гласъ на всички ония страдающи, макаръ и да сѫ малцина, които искренно будятъ полузаспалата масса, като ѝ посочватъ на онова свѣтло жълче отъ нашата история, отгдѣто бѣ почнала да изгрѣва зарята; съ порива на юношеска любовь сме готови да се хвърлимъ въ тѣхнитѣ обятия и се присъединимъ до животъ къмъ тѣхния слабъ, но благороденъ зовъ; готови сме съ поклонъ да благодаримъ на всѣкиго, който се потруди да ни отнесе, макаръ и за нѣколко само часа, отъ настоящия безнадеженъ мракъ въ оная свѣтла и пълна съ кипящъ животъ и общечовѣчески идеали епоха, която е въ състояние да удвои биянието и на най-слабото сърдце, да пробуди и най-заспалия мозъкъ. Да, ний нѣмаме по-свѣтла, по-мила и по-чарующа епоха отъ нашето политическо освобождение; нѣмаме и дълго не ще имаме такива образци на „*животъ човѣшки,*" каквито сѫ били дѣятелитѣ прѣзъ тази епоха, на чело съ поета, публициста, апостола и героя—Христо Ботйовъ. Тѣ бѣхѫ носителитѣ на свѣтлитѣ идеали на своя народъ, носителитѣ на общечовѣшкитѣ идеали на тогавашната епоха. Да се разглежда живота на когото и да било отъ живитѣ дѣятели по онава врѣме, ще рѣче, да се разглежда самото врѣме, самата епоха. Особенно вѣрно е това по отношение къмъ най-видающия се поради своитѣ способности дѣятель Хр. Ботйовъ.

Обаче, за голѣмо наше нещастие, ний не можемъ да сторимъ това спрямо автора на прѣдметната студия за Ботйова; не можемъ да сторимъ това, защото, г. Вазовъ, автора на студията, ни отвлича къмъ това свѣтло жгълче на нашата история съ съвършенно друга цѣль, водимъ отъ съвършенно другъ родъ побуждения; защото неговия гласъ не е гласъ на страждующъ отъ общата задушлива атмосфера, а гласъ *партизански*, гласъ на влъкъ въ овча кожа; защото най-сетнѣ, между насъ, просто-смъртнитѣ, и него лѣжи цѣла една пропасть, която за винаги ще си остане. Да се обясннмъ.

Ний не познаваме лицето Ив. Вазовъ, познаваме стихотвореца, беллетриста Ив. Вазовъ. Отъ произведенията му знаемъ, че той е отъ рода на оная класа хора, които нѣматъ хаберъ отъ сѫщностьта на историческия процессъ на човѣчеството; които нѣматъ никакви принципи и убѣждения, изработени по пѫтя на научната критика; които, благодарение на своето привиллегировано положение, сѫ се поналапали съ туй-онуй, безъ да го е прѣмлялъ умственния имъ стомахъ; които плачатъ и охкатъ не затуй, че ги боли нѣщо, а защото и други нѣкои тѣхни братя плачѫтъ и охкатъ; които пѣятъ и се смѣятъ, защото и тѣхнитѣ братя пируватъ и тържествуватъ... Като чадо на привиллегированния классъ, г. Вазовъ е служилъ съ своето перо не на *народа*, а на своя само класъ, на класа на свободнитѣ. Разгърнете която щете отъ неговитѣ сбирки, прочетете което щете отъ стихотворенията му, който щете отъ разказитѣ му и която щете отъ повѣститѣ му, и вий на всѫдѣ ще забѣлѣжите сѐ едно: писано, за да развлече самъ себе си автора, за да развлече и подобнитѣ си привиллегировани и да спечели похвалитѣ имъ. Като исключите нѣколко стихотворения, които сѫ пълни съ чувства, защото сѫ плодъ на партизанското му чувство, каквото е стихотворението „*Четвъртата годишнина на Сливница*," прѣпечатването на което въ „Денница" подвигнѫ злъчката на партизанитѣ около в. Свобода" и чутъ ли не искахѫ убесването му — въ всичкитѣ други вий ще забѣлѣжите отсѫтствието на ония благородни чувства, които сѫ притежание само на такива личности, които иматъ строго опрѣдѣлена умственна физиономия; ще забѣлѣжите отсѫтствието на оная прогледна нишка, която води читателя въ умственния крѫгозоръ на автора. Благодарение на всичко това, ний виждаме г. Вазова да се възхищава ту отъ „нежнитѣ и румени устица" на младата мома, ту отъ „чернитѣ ѝ очи," ту отъ „златнитѣ ѝ коси"; ту пѣкъ го виждаме да въспѣва голитѣ рѫтлини и бездушни твари по земята и небето, безъ, обаче, да съзира „калната тълпа," безъ да чува нейния притистнатъ и измѫченъ гласъ. Та и може ли да се иска туй отъ него, когато той нѣма нищо общо съ „калната тълпа," съ массата? Той е пѣвецъ на ония, които сѫ му завѣщали „зевсовитѣ чертози въ ефирното пространство." Оттамъ той може да въспѣе почервенялата отъ слънцето жетварка за развлечения на своитѣ братя по привиллегия, и като гледа отъ високо, той не може да забѣлѣжи мъничкитѣ попукнатини на рѫцѣтѣ и краката ѝ, нито пѣкъ да чуе болѣзненното „охъ", когато тя си исправя кръста съ дѣсната рѫка. Сегистогисъ само, за разнообразие, той надниква въ нейния подземенъ и искъртенъ купторъ; но тутакси се отвръща, за да не развали естетическия си вкусъ. Пѣкъ и накърнява естетическото чувство на своитѣ обожатели, които винаги при такива негови волности му ръмжѫтъ и му се заканватъ.

Първата литературна дѣятелность на г. Вазовъ, до колкото знаемъ, се отнася къмъ епохата на нашето духовно и политическо възраждание. Притиснати отъ двойното робство, заградени почти съ китайски стѣни отъ европейската цивилизация, мѫчно бѣ за тогавашнитѣ по-събуденички младежи да проникнѫтъ и изучѫтъ нашия економически строй, който опрѣдѣляше и общественнитѣ ни отношения. За жалость, и до сега даже ний нѣмаме ни едно съчинение, което да опрѣдѣля економическия строй на Българитѣ прѣзъ оная епоха. Знае се само, че ний прѣживявахме остатъка отъ размѣсения патриархаленъ и феодаленъ строй, каквато *смѣсь* ни единъ отъ другитѣ свободни народи не е прѣживявалъ въ Европа: ний имахме особенъ родъ феодали—*чорбаджиитѣ*. Ако данъкъ „за царщината" се расхвърля—тѣхъ викахѫ, ако „*владичнина*" се расхвърля—пакъ тѣ имахѫ думата, ако нѣкой нѣщо стори—пакъ отъ тѣхъ зависяше да се опрости или накаже и т. н. Тѣ коляхѫ, тѣ бѣсяхѫ. Тѣ можахѫ да издѣйствуватъ даже прѣмѣстванието на *каймакамина* или на кой и да било турски чиновникъ, щомъ не имъ бѣше по угодата... Какъвто и да е билъ, обаче, економическия ни строй, а слѣдователно, и общественнитѣ ни отношения, тѣ не сѫ биле такива, каквито ги виждаме сега; тогава фабричното производство на Западъ бѣше чуждо за насъ; нѣщо по-вече даже: Запада не бѣше завоювалъ още източнитѣ пазари. А знае се, че крупното производство раскѫса булото, което обиваше разнитѣ класси въ едно и не позволяваше ясно да се видятъ и разгледатъ боричканията на тия класси съ противоположни интереси, плодъ на които е историята на отделнитѣ народи и оная на цѣлото човѣчество.

Обвити въ такова едно було и постоянно налѣгани и прѣстискани отъ двѣ силни пресси—политическата и духовната — естествено е всѣки събуденичекъ българинъ, вънъ отъ това було, да поиска прѣмахванието на тия *пресси*, които мжчжтъ изобщо неговитѣ братя. Обаче, ония български младежи, които съ интересъ слѣдяхж събитията на Западъ, не можахж да не знаятъ, че прѣмахванието само на двѣтѣ *пресси*, и раскжсванието булото отъ нахлуванието на западната цивилизация не можаше да бжде за тѣхъ цѣленъ идеалъ; не можахж да не знаятъ, че хората въ булото сж братя само поради общитѣ притѣснения отъ страна на двата вѣковни ярeми; че вънъ отъ това було живѣе цѣлъ классъ на гърба на всички; че, щомъ като се освободятъ, тутакси ще се обнаружи грабежа, насилието, подлостьта— въобще борбата на разнитѣ класси съ противоположни интересси. Тѣ знаяхж, че *политическата свобода, равенството прѣдъ закона* и др. такива фрази, измислени нарочно отъ привиллегированитѣ класси на Западъ, сж безсмислици при економическото неравенство; знаяхж, най-сетнѣ, не робството, насилието и грабежа сж еднакво тѣжки и гибелни за массит̀ѣ, биле тѣ причинявани отъ Турци, Гърци, Нѣмци или Българи. Тѣ искахж „не замѣнението на едно робство съ друго, а прѣмахванието *въобще на робството.*" Разумява се, че такивато личности бѣхж малцина, и че не всички имахж еднакво ясни прѣдставления за бждщия економически и политически строй на България; даже най-видния прѣдставитель на тоя типъ хора—Хр. Ботйовъ, не еималъ такива ясни прѣдставления за това, каквито ги иматъ сега-сега хората отъ неговия духовенъ родъ. Пъкъ и не можемъ да искаме това отъ него, защото политико-економическата и философско-историческата школа бѣхж току-рѣчи пелиначета. Фактъ е, обаче, че такивато събудени българи имаше прѣзъ онова врѣме, прѣдставитель на които е Ботевъ, та слѣдъ него други. За жалость, въ числото на този типъ дѣятели не влизаше г. Вазовъ. Той бѣше отъ рода на ония, които виждахж само пресситѣ, които прѣстискахж и измжчвахж неговитѣ братя. Той си не губяше ума да анализира сложнитѣ тогава тряскави събития, нито да крои планове за бждщето устройство на България. Той си знаяше своето: да плете стихове и да възпѣва „вѣрата си." Той бѣше отъ рода на разнитѣ Пишурковци, Пърличевци, Славейковци, Сапуновци и пр. Той бѣше прѣдставитель на привиллегированата класса, когато Любенъ се смѣташе за демократъ, а Ботйовъ — защитникъ на робитѣ, на притиснатитѣ и измѫченитѣ. Ето кое е прѣдизвикало написванието на ядната сатира по адресса на разнитѣ Пърличевци и Вазовци:

„Защо не съмъ и азъ поетъ, | Но защо не съмъ и Вазовъ,
Поетъ като Пишурката! | „Вѣрата си" да въспѣя:
Ехъ, че ода бихъ направилъ | Че ще стане вълкъ овцата,
На баба си на хурката! . . . | А пѣвеца като нея?!"
. . . . |

Ето отъ кѫдѣ по-сетнѣ произлѣзе кавгата между Ботева и Любена. Ботевъ умрѣ прѣди да дочака освобождението на България, Любенъ дочака и умрѣ демократъ, а г. Вазовъ и С-ие и до днесь си останахѫ сѫщитѣ — чада на привиллегированата класса.

Ний сме далечь отъ да критикуваме произведенията на г. Вазова и въобще неговата дѣятелность, като поетъ, беллетристъ, партизанинъ и пр., далечь сме отъ намѣрението да му опрѣдѣляме тукъ мѣстото въ историята и литературата. Ний исказахме горнитѣ нѣколко мисли само за двѣ нѣща: а) да въстановимъ прѣдъ читателитѣ по-нагледно пропастьта, която лѣжи между г. Вазова и Ботйова, и б), да покажемъ на читателитѣ, че г. Вазовъ по никой начинъ не може да критикува Ботйова и нему подобни *безпристрастно* и че неговитѣ увѣрения за това въ прѣдмѣтната студия, както и въ нѣкои и др. негови произведения, го искарватъ на пазарь, какъвто си е — вълкъ въ овча кожа. И възможно ли е, мислимо ли е, г. Вазовъ *безпристрастно* и *вѣрно* да укаже на читателитѣ онова „което е добро и достойно за уважение" и онова, което съставлява „тъмнитѣ пятна въ нравственния образъ на Ботйова," когато той принадлежи къмъ единъ класъ, а Ботйовъ къмъ другъ, когато г. Вазовъ и хаберъ нѣма отъ ония принципи и идеи, които сѫ съставлявали духовния миръ на Ботйова и които се залавя да анализира, когато, най-послѣ, тѣ сѫ били непримирими врагове още отдавна? Трѣбва да бѫде крайно наивенъ читателя, за да повѣрва думитѣ на г. Вазова.

Всичкитѣ труженици на историческия процессъ иматъ това прѣимущество прѣдъ другитѣ просто-смъртни, че, слѣдъ като измрѫтъ, тѣхния животъ, тѣхнитѣ идеи, тѣхната дѣятелность продължаватъ, по-вече или по-малко, да живѣятъ въ новитѣ поколения. Инъкъ казано, слѣдъ като прѣкратятъ своята жива дѣятелность, тѣ сѫ прѣвръщатъ въ таинственни, въ невидими духовни въспитатели на младитѣ поколения. Степеньта на тѣхното въспитателно значение се измѣрва: 1), съ здравостьта и научностьта на тѣхнитѣ идеи и убѣждения, 2), съ искуството да ги въплощаватъ въ живи образи и 3), съ енергията на живата имъ дѣятелность за тѣхното реализирание. Оттукъ пъкъ става явна длъжностьта на критика: той трѣбва, прѣди всичко, да запознае младото поколение съ епохата, къмъ която принадлѣжи критикуемото историческо лице, послѣ да го запознае съ идеитѣ и убѣжденията, съ живота и дѣятелностьта му, и най-сетнѣ—да посочи на здравото и научното, полезното и прѣкрасното, отдѣто младото поколение би могло да черпи матариалъ за своя си умственъ и нравственъ складъ. Разумява се, че, ако има нѣкои „тъмни пятна въ нравственния образъ" на критикуемото лице, или пъкъ нѣкои криви, лъжливи мисли и убѣждения, критика ще трѣбва и тѣхъ да посочи.

Христо Ботйовъ, ако не за цѣлото човѣчество, то поне за насъ Българитѣ е личность, принадлѣжаща на историята, труженикъ народенъ. Той отдавна е прѣкратилъ геройски, почти безпримѣрно, своята жива дѣятелность и си е заелъ приличното мѣсто въ новата ни история; но неговитѣ идеи и убѣждения, неговитѣ общечовѣшки идеали продължаватъ да живѣятъ въ главитѣ на свѣтното младо поколение. Неговитѣ съчинения и неговата биография, макаръ и окастрени и изопъчени на много мѣста отъ покойния З. Стояновъ, красятъ шкафоветѣ на всички побудни младежи. Рѣдко сѫ ония младежи, които да не сѫ прочели съчиненията и биографията му; нѣма ученикъ или ученичка, който да не знаятъ на изустъ нѣколко поне отъ неговитѣ огненни стихове, пълни съ чувства и идеи; нѣма градъ, даже и село, дѣто да се не пѣятъ неговитѣ прочувственни пѣсни.... Самитѣ тия факти показватъ, че Ботйовъ отдавна си е заелъ приличното мѣсто въ историята, че никакви студии, никакви критики, никакви злобни статии и агитации не сѫ въ състояние да го помръднятъ отъ това му мѣсто; самитѣ тия факти ни показватъ, какво мощно, какво силно въспитателно влияние е ималъ, има и ще има поета, героя и публициста Хр. Ботйовъ върху младото поколение.

Всичко казано по-горѣ автора на студията прѣкрасно разбира. Той казва даже, че това го е най-много подбудило, за да напише своята студия; че всичко това той се е мѫчилъ безпристрастно да извърши и то „въ интереса на истината, на моралното повдигание на новото поколение и на вѣчнитѣ начала на доброто, правдата и красотата." Ний видяхме, че г. Вазовъ не може *безпристрастно* да разгледа Ботйова. Колкото за послѣднитѣ цитирани фрази, ний вѣрваме автора; но това още не ще рѣче, че неговитѣ оцѣнки въ студията сѫ безпристрастни и научни: малко ли *зли* работи не сѫ се вършили и вършѫтъ се *отъ името и въ интереса на истината, правдата и красотата?* Колко човѣшки жертви, колко кръви сѫ се пролели се „*въ интереса*" на тия и тѣмъ подобни фрази, лишени отъ всѣка смисълъ и пълно съдържание, исковани съ злобни и коварни замисли? Имали нужда, да напомняме облѣнитѣ съ кръвь страници на човѣшката история? Имали нужда да разгръщаме тъмнитѣ страници на нашата найнова история? Не отъ името ли на тия истъркани фрази г. Вазовъ се распорѣждаше едно врѣме съ сѫдбата на хиляди хора? Не отъ името на сѫщитѣ ли тия фрази по-сетнѣ други пъкъ се распорѣдихѫ съ живота, честьта и имота на г. Вазова и др. негови съпѫртизани?.. Нѣма нужда, прочее, да се впущаме, защото всички сме съврѣменници, всички знаемъ това.

Както и да е, но г. Вазовъ е извършилъ своето: заелъ е длъжностьта на критикъ и е напечаталъ своитѣ лични оцѣнки, за Ботйова. Казваме *лични*, защото въ критическитѣ очерки въ критическитѣ изслѣдвания *обективностьта* е безсмислица: всѣки критикува по своему, отъ гледна точка на своитѣ чувства, мисли и убѣждения, съ своя умственъ и нравственъ складъ; всѣки възхвалява онова, което *споредъ него* е добро, научно здраво, полезно и прѣкрасно, а порицава онова, което, *пакъ споредъ него*, е зло, не научно, гнило, врѣдно и грубо. Но онова, което *за едни* е добро, научно, здраво, полезно и прѣкрасно, *за други* е зло, невѣрно, гнило, врѣдно и грубо. Въ това нѣма нищо за чудение. Тия термини сѫ отвлѣчени. Тѣ добиватъ смисълъ, само като се приспособяватъ къмъ реалностьта, къмъ нѣщата. Слѣдъ паданието на Хегеловата философия, която завърши и съ това заедно събори на вѣки метафизиката, идеитѣ вече не сѫ „*вѣчни*" и не сѫществуватъ вънъ отъ живота, вънъ отъ човѣшката дѣятелность, вънъ отъ историята, а сѫ плодъ на извѣстни економически отношения на разнитѣ класси. Напримѣръ: за г. Вазова и нему подобнитѣ е *добро, приятно* и *прѣкрасно* да бѫдѫтъ висши чиновници, да работятъ само по два-три часа на деня и то на зелената масса и мекото кресло, да получаватъ по 4-5 стотинь франка мѣсечно, да удовлетворяватъ даже и ония свои влѣчения, които етиката отрича; но това сѫщото за насъ и нашего брата хора е *зло, несправедливо, безнравственно*, тъй като то ни кара да бѫдемъ невѣжи, да работимъ 14-18 часа груба физическа работа въ меризливитѣ и задушни работилници, да нѣмаме възможность да удовлетворимъ и най-необходимитѣ си човѣшки нужди и пр. и пр. Инѣкъ казано, благодарение на противоположностьта на классовитѣ интересси, думитѣ: *добро, приятно, прѣкрасно, справедливо* и пр. и пр. сами по себе си сѫ думи безъ всѣко значение и съдържание, а по отношение къмъ разнитѣ класси тѣ иматъ различно значение и съдържание. Даже хора отъ единъ и сѫщи классъ, съ едни и сѫщи интересси, ний срѣщаме съ разни убѣждения и мисли. Това е пакъ работа на разнитѣ условия, за които загатнахме още въ началото на статията си. Благодарение на това различие въ условията на живота, не всички хора могѫтъ да бѫдѫтъ еднакво развити, не всички могѫтъ да иматъ едни и сѫщи убѣждения, не всички могѫтъ по една посока да мислятъ и работятъ. Едни сѫ се въспитавали изолирани отъ дѣйствителностьта: още отъ дѣца сѫ имъ вдъхвали, че тѣ сѫ родени за това и това, че за тѣхъ е недостойно да работятъ физически, че трѣбва да се пазятъ отъ „калната тълпа," както отъ огъня и пр. и пр.; по-сетнѣ сѫ черпили своитѣ убѣждения, своитѣ знания отъ тъй наречените кабинетни писатели, които сѫ строили своитѣ теории далечь отъ послѣдната, даже и отъ прѣдпослѣдната дума на науката, далечь отъ житейския опитъ, и най-сетнѣ, вѣрни синове на своето въспитание, тѣ прѣзиратъ грубата дѣйствителность. Други пъкъ, наопъки, родени клети синове на вѣчно-работящата и прѣтисната класса, въспитани още отъ малки посрѣдъ грубата мизерия, испитали всички лошевини отъ сегашния економически строй, който пъкъ отъ своя страна създава политическия и общественъ животъ, почерпили своитѣ знания, своитѣ убѣждения отъ реалнитѣ, отъ положителнитѣ писатели и житейския опитъ. У едни критическата мисъль едва що се събудила и замръзнала, а у други—благодарение пакъ на различието въ условията на живота—продължава да се развива и т. н. Но на думата си. Тъй или инѣкъ но г. Вазовъ е извършилъ вече своитѣ *лични* оцѣнки отъ своята чиста буржуазна гледна точка; слѣдователно, всичкитѣ негови оцѣнки не могѫтъ да бѫдѫтъ *вѣрни, научни* и *безпристрастни* за грамадното трудяще се мнозинство, както и за ония отъ интеллигенцията, които сѫ се наредили вече или се готвѫтъ да се наредятъ въ редоветѣ на тоя классъ. Отъ името и интереса на това мнозинство, отъ името и интереса на тая интеллигенция, отъ името на покойния, който не е вече въ състояние да се защити, отъ името, най-сетнѣ, на своитѣ си собственни убѣждения и чowѣшко достойнство —ние сме заставени да покажемъ: кои отъ оцѣнкитѣ на г. Вазова сѫ невѣрни, не научни, безнравственни, и защо. Па най-сетнѣ, нашитѣ бѣлѣжки ще сѫ полезни и на всички неразвратени още читатели, които дирятъ истината; ще сѫ полезни, казваме, защото отъ сблъскванието на разнитѣ мисли и убѣждения всѣкога се получва такъвъ резултатъ, който стои по-близко до истината и справедливостьта. Въ това се и заключава значението на критическитѣ изслѣдвания въ разнитѣ сфери на човѣшката дѣятелность. Още единъ пѫть заявяваме, обаче, че ний нѣмаме намѣрение да критикуваме нито г. Вазова, нито Хр. Ботйова; ще направимъ само нѣколко бѣлѣжки по поводъ на студията на г. Вазова, може би, въ свръска и съ нѣкои мисли на Ботйова биографъ. И тъй, да почнемъ.

II.

До тука ний исказахме въ общи чърти своитѣ взглядове на историята и историческия прогрессъ; очертахме накъсо и вѫтрѣшния складъ на автора и прѣдмета на студията, като показахме, каква голѣма разлика има между единия и другия. Сега ще подкачимъ по самата сѫщность на студията.

Г. Вазовъ е буржуа, но отъ тъй наречената *хуманитарна школа*. Като хвърля бѣглъ погледъ къмъ епохата на нашето освобождение, като я сравнява съ сегашната, той се мръщи, сърди, исказва своето неудоволствие, за дѣто се прѣсушилъ на вѣки "извора на юнашкитѣ вдъхновения," за дѣто отлетѣла почвата, която единственна само можала да роди "героитѣ и нравственнитѣ великани, като Раковски, Любена, Ботйова и пр.," която само е способна да "обогати историята ни съ славни имена"; сърди се и исказва своето неудоволствие, за дѣто е настаналъ "периода на дребнитѣ боричкания, на страститѣ, на партийнитѣ вихрушки, на газетарскитѣ героизми, съ една рѣчь—*на пошлата проза на парламентарния животъ*". И знаете ли кѫдѣ той намира причината на всичко туй?—*Въ нашето освобождение!* Но да оставимъ самъ той да говори: "И вината за това (за дѣто не можемъ да имаме славни имена и нравственни великани) не е въ днешното поколение, защото то въ голѣма часть е пакъ сѫщото, което дѣйствуваше въ прѣдидущата епоха: вината на това е въ самитѣ нови обстоятелства, които повлияхѫ на нашия народенъ характеръ и внесохѫ въ него много *несимпатични* черти"*) (стр. 274).

По нататъкъ той казва:

---

*) За краткость ний не цитираме точь въ точь цѣлия тоя пасажъ, а само нѣкои мѣста; тъй ще правимъ и въ другитѣ по-голѣми цитати. Обаче, запазили сме и ще запазваме главната смисълъ безъ никакво извъртане.

„Новото врѣме създаде нови интереси, ново общество, *нови хора*" (стр. 275).

А още по-нататъкъ продължава:

„Само една благоприятна почва сѫществува за такива цвѣтя: борбата за свободата. Наслаждение отъ свободата, *спечелена вече*, и отъ други, дава пища на съвсѣмъ другъ родъ знаменитости (стр. 275). Съ прѣставанието на робския животъ, прѣставатъ и смѣлитѣ борби противъ него, сирѣчь, присошаватъ се изворитѣ на юнашкото вдъхновение..." (стр. 277).

Както вижда читателя, г. Вазовъ чутъ ли не се въорѫжва противъ политическото ни освобождение! Зеръ, прѣсушилъ се „извора" отдѣто черпешь своето вдъхновение, за да въспѣва „вѣрата си!" Той не само че се мръщи, но и съзира въ настоящето друго нѣщо, нѣщо зло — „че тия *несимпатични чърти* (въ народния характеръ) *зематъ заплашителни размѣри*: широкия просторъ, отворенъ на всички честолюбия и широки размахвания, *пробуди и всичкитѣ алчности, неситни лакомии и груби ламтения за обезпечение личното благо въ врѣда на общественното....*"

Ако г. Вазовъ не бѣше писалъ и вършилъ нищичко, сирѣчь, ако той за пръвъ пѫть се явеше и нишшаше горнитѣ мисли, ний заедно съ всѣки читатель, безъ друго щѣхме да си помислимъ, че автора е недоволенъ отъ „пошлата проза на парламентарния строй," че той е противъ днешния капиталистически строй, че той е цѣлъ цѣленичъкъ социалистъ, съмишленникъ Ботйовъ; но понеже той е извѣстенъ съ своята литературна и житейска дѣятелность, то лесно ни е да си обяснимъ тия негови мисли: тѣ сѫ плодъ на неговото неразбиранние историческия ходъ на работитѣ. Като всѣки повърхностенъ човѣкъ, като всѣки късогледъ въ историческия ходъ на работитѣ, пъкъ въ сѫщото врѣме носи човѣколюбиво сърдце, той се възмущава отъ сегашното и, като не може да намѣри другъ исходъ, съвѣтва своитѣ братя по привилегия да бѫдатъ по-умѣрени въ своитѣ грабежи „въ *врѣдъ на общественното благо.*"

Като оставимъ на страна противорѣчието, дѣто той казва на едно мѣсто, че „вината не е въ днешното поколение, *защото то въ голѣма часть е пакъ сѫщото*," и по-нататъкъ, че „новото врѣме създаде *нови хора, ново общество*" — ний питаме автора: за каква *свобода* ни говори той, че е вече *спечелена* и че наслаждението отъ нея е именно причината на злото?—Безъ друго, за духовното и политическо освобождение на бългāр. народъ. Но това не е *истинско народно освобождение*, защото массата — народъ не само че нѣма възможность да вкуси отъ всичкитѣ блага на това освобождение, но, наопъки, тя търпи сега по-голѣми и по-многобройни тѣгла и лишения. защото това освобождение „пробуди всичкитѣ алчности, нескончаеми лакомии и груби ламтения за обезпечение личното благо въ врѣда на обществен= ното", защото, най-сетнѣ, истинско народно освобождение е немислимо безъ уничтожението на классовитѣ борби. Нашето духовно и политическо освобождение, може да се каже, е освобождение само на една малочисленна класса хора, въ която влизатъ чиновницитѣ и капиталиститѣ. Българския народъ мечтаяше за освобождение; но не за такова освобождение, не за освобождение отъ ногтитѣ на едни, за да попадне въ ногтитѣ на други: той мечтаяше не за новъ хомотъ, а за освобождението си отъ всѣкакъвъ хомотъ. Обаче, той самъ незнаяше, какъ може да се отърве отъ всѣкакъвъ хомотъ и се остави на своитѣ синове—водители. Но какво направихѫ тѣ?—Туй, което и тѣхнитѣ братя по привилегия направихѫ другадѣ: грабнѫхѫ властьта въ рѫцѣтѣ си и свършихѫ. Па и не можеше друго-яче. Тогавашната интеллигенция въ числото на която влиза и г. Вазовъ, мисляше и мисли, че идеала *народенъ* е постигнѫтъ вече. Тѣ не разбирахѫ, че слѣдъ освобождението политическо нашия народъ ще се изложи всецѣло но влиянието на Западъ, че и у насъ ще нахлуе и се развие крупното производство, че това послѣдното коренно ще измѣни общественнитѣ ни отношения, че классовата борба, борба за сѫществуванне или смърть, ще испѫкне въ всичкото си величие, че, най-сетнѣ, ще се породятъ всичкитѣ злини, отъ които автора на студията се възмущава сега. Да, тѣ не разбирахѫ това тогава, не го разбиратъ и сега. Друго-яче аслѫ и не може да се обясни негодуванието отъ сегашното на нѣкои отъ нашитѣ хуманитари, като автора на студията. Тѣ сѫ си прѣдставлявали, че, щомъ нарѣдятъ български чиновници вмѣсто турскитѣ, български владици и попове, вмѣсто гръцкитѣ, *българския народъ* вече ще блаженствува. Виждатъ сега, че не излѣзе тъй работата. Какво да се прави?—Да се проповѣдва „*любите другъ друга.*" Добрѣ, но това изрѣчение, както и много други, сѫ се проповѣдвали цѣли двѣ хиляди години и ни едно жѫлче по земното кѫлбо нѣма, дѣто да сѫ се приминили въ живота. Защо това? Този въпросъ никога, вижда се, не си е задвалъ автора; инъкъ, той не би проповѣдвалъ тия евангелски изрѣчения, които нѣматъ нищо общо съ грубата дѣйствителность; нѣщо по-вече: които сѫ противоположни на принципа, отъ който сѫ водятъ всичкитѣ хора и народи въ живота—*единъ противъ всички и всички противъ едного*. И наистѫа, можемъ ли ний да обичаме съзапаятчнитѣ си, когато тѣ ни сѫ врагове, конкурренти? Можемъ ли да искажемъ тѣмъ тайнитѣ си, когато тѣ ще се възползуватъ отъ тѣхъ и ний ще трѣбва да мремъ отъ гладъ? Можемъ ли, въ качеството си на търговци, да не лъжимъ, да не криемъ, да не мамимъ, да не крадемъ? Можемъ ли да обичаме съдругаритѣ си учители и разнаго сорта чиновници, когато тѣ гледатъ какъ-какъ да ни отнематъ хлѣба отъ рѫцѣтѣ? Можемъ ли, въ качеството си на сиромаси—работници, да обичаме капиталиститѣ, които ни крадатъ труда и по този начинъ сме осѫдени вѣчно да работимъ и вѣчно да гладуваме? Можемъ ли, въ качеството си пакъ на такива, да обичаме всичката оная сгань експлуататори, които се гоятъ на гърба ни и ни плетѫтъ нови букаи?...

Да, догдѣто общественния строй почива на принципа: *„единъ противъ всички и всички противъ едного,"* догдѣто сѫществува сегашния буржуазенъ, капиталистически строй, догдѣто трае сегашния начинъ на производството и размѣната на продуктитѣ, догдѣто сѫществува тоя бичъ човѣшки—конкуренцията, тая експлуатация на труда отъ капитала; до тогава евангелскитѣ проповѣди ще си оставатъ „гласъ вопиющи въ пустиня," до тогава ще сѫществува лъжата, кражбата и насилието, до тогава ще се трепятъ и убиватъ разнитѣ класси, до тогава ще сѫществуватъ човѣшкитѣ касапници—войнитѣ, до тогава ще сѫществуватъ всичкитѣ обществении злини и ще страда човѣчеството. Това трѣбва веднъжъ за винаги да разбератъ всички, които се интересуватъ за своята черга, а най-вече ония, които иматъ претенцията за списатели, народни поети, критици—въобще за „рѫководители на общественното мнѣние" и възпитатели на младото поколение.

И тъй, *българския народъ не е свободенъ.* Това освобождение искара на лице само извѣстна класса отъ народа, която замѣсти старитѣ чорбаджии и турски чиновници, която държи сѫщата власть въ рѫцѣтѣ си, която се распорѣжда съ сѫдбинитѣ на грамадното множество, на массата-народъ. Като тъй, нека не съжелява г. Вазовъ за това „освобождение"; нека не се безпокои, че *извора* за юнашкитѣ вдхновения е прѣсъхналъ, че почвата за *славни имена* и *нравственни гиганти* е отлетѣла на вѣки; нека се не беспокои, защото „единственната почва за такива цвѣтя —*борба за свобода,"* за *истинско* народно освобождение, сѫществува и сега и ще сѫществува до тогава, догдѣто не възтържествува *массата-народъ,* догдѣто не вземе тя властьта въ рѫцѣтѣ си и уничтожи всѣко классово подраздѣление, всѣка классова борба, всѣка борба на капитала съ труда. Инѫкъ затѫ е немислимо, защото трѣбва да приемемъ, че е дадено ново направление, ново движение, нова посока на нашата история; а ние виждаме, че тя си върви тъкмо по оная убита вече пѫтека, по която е минала и минува въобще историята на човѣчеството

Поменахме прѣди малко, че не можаше и друго-яче затѫ да стане политическото и духовното ни освобождение, защото тогавашнитѣ водители народни не разбирахѫ сѫщностьта на историческия вървежъ на работитѣ, както и сега даже не го разбиратъ, или се приструватъ, че го неразбиратъ. Обаче, длъжни сме да кажемъ, че имаше исключение отъ това правило. Това исключение съставляватъ Ботевъ и Любенъ. Толкова по-вече сме длъжни да се позапремъ върху тия двѣ личности, защото г. Вазовъ съ всичкото си невѣжество има нахалностьта да обвинява, както единия, тъй и другия, че тѣ сѫ биле до толкова невѣжи, та че „не биле способни да разбератъ значението на борбата за черковната независимость на българския народъ"; защото, въпрѣки фактитѣ, той, както и покойния З. Стояновъ, искатъ да ни ги прѣдставятъ, особенно Ботйова, като обикновенни либерали. Тѣ, като хора, принадлежащи къмъ единъ класъ, нагло изопѫчватъ истината и казватъ, че, ако Ботйовъ билъ днесъ живъ, щѣлъ да бѫде нѣкой министръ или висши чиновникъ, да подписва отчислението и зачислението на разнитѣ изѣдници и даромоѣдци. Особенно автора на студията до толкози се старае да ни убѣди въ това, че завижда, загдѣто „*Ботйовъ зная тъкмо на врѣме да умрѣ.*" Чутъ ли автора не обвинява Ботйова, че нарочно умрѣлъ, за да се прослави, за да земе лавровия вѣнецъ!?..... Ний нѣмаме прѣдъ себе си студията за Любена, печатана пакъ въ „*Денница,*" автора на която е второто лице на г. Вазова—г. Величковъ; но, до колкото си спомняме, автора привеждаше за фактъ туй обстоятелство за Любена, дѣто той, когато хората се мѫчели да освободятъ духовно българския народъ, пѣялъ:

...„Невѣрвамъ азъ, че калугеръ
    Ще спаси раята—
    Свободата не ще екзархъ—
    Иска Караджата"......

Колкото за Ботйова, автора не прѣвежда никакви факти, защото асѫ нѣма нужда: сѫщото това *невѣрие*, „че калугеръ ще спаси раята," се вижда въ всичката му дѣятелность, въ всичкитѣ му пѣсни и статии. Да видимъ сега тъй ли е истината.

Ботйовъ и Любенъ живѣхѫ и работихѫ прѣзъ оная епоха, когато въ Европа се свършвахѫ едно слѣдъ друго потрѣсающитѣ събития; когато класовата борба въ Франция, Германия, Руссия, Англия и на всѣкждѣ почти бѣше избухнала съ всичката си мощь; когато массите почнѣхѫ да разбиратъ, че никаква политическа *свобода*, никакво *равенство прѣдъ законитѣ*, никакви конституции нѣма да ги спасятъ; когато диряхѫ исходния пѫть въ усѫществението теориитѣ на разнитѣ кабинетни писатели—утописти, когато социалното положение въ Европа се готвеше да роди, или току що бѣше родило *научния социализъмъ*. Да, чуждитѣ народи бѣхѫ замѣнили вече деспотизма съ либералния монархизъмъ, монархизма съ конституционализма, конституционализма съ републиканизма— и пакъ бѣхѫ недоволни; а горкия български народъ пъшкаше, та се прѣвиваше подъ двойното вѣковно робство. Естествено е, слѣдователно, да се възмути всѣки българинъ, който виждаше всичко това; естествено е, да се прѣвърне въ апостолъ, въ бунтовникъ, да „буди брата си да не спава," а „вземе пушка на рамо и сабя змия въ ржка." Тъй бѣше и съ всички събуденички българи въ странство, представитель на които се яви Раковски, сетнѣ Любенъ и най-сетнѣ Ботевъ. Тѣ създадохѫ цѣла една школа, девиза на която бѣ: *освобождението на България*. Добрѣ, но всѣкой отъ дѣятелитѣ по онова врѣме по своему разбираше освобождението на България. Едни смѣтахѫ, че е достатъчно да се освободи България отъ гръцкитѣ владици и калугери, а политическото освобождение да се остави за друго по-благоприятно врѣме; други пъкъ—че трѣбва България да се освободи и политически заедно съ освобождението си отъ Гърцитѣ; трети пъкъ—че е недостатъчно да се отърве българския народъ само отъ гръцкитѣ владици и попове, а и отъ всѣкакъвъ видъ владици и попове; не да се освободи бълг. народъ само отъ чорбаджиитѣ и туркитѣ чиновници, а и отъ всѣкакъвъ видъ изѣдници. Отъ първата категория бѣхѫ всички ония готовановци и „мазни-гани," които, когато общия революционенъ духъ, расклати отоман. държава, испъкнѫхѫ на чело на народа, за да заематъ мѣстото на гръцкитѣ владици, попови и др. служебни около турскитѣ ефендета. Представитель на втората категория бѣше Любенъ съ своитѣ другари. Представитель пъкъ на третата категория, ако може тъй да се каже, бѣше самъ Ботйовъ съ своитѣ хашлаци. Като разгърнемъ всичкитѣ списания и вѣстници, които се издавахѫ тогава въ Турско и Влашко, ще видимъ, че тия три категории се скарахѫ още въ самото начало. Обаче, кавгата имъ не бѣше—да се не освобождава България отъ Гърцитѣ и Турцитѣ, а—*какъ да се освободи*. Че това е тъй, че Любенъ е разбиралъ значението на духовното освобождение, като новъ факторъ за постигание на цѣлния му идеалъ — и за политическото освобождение на бългap. народъ—може всѣки да се увѣри, като разтвори I-вия томъ отъ неговитѣ съчинения и прочете само пѣснитѣ подъ № №: 8, 10, 38, 64 и 74. Въ първитѣ двѣ пѣсни автора най-силно проявява своята умраза къмъ гръцкитѣ владици и тѣхнитѣ съюзници —чорбаджиитѣ; а въ останалитѣ три, които сѫ писани, когато *готованoвцитѣ* се настанихѫ на мѣстата на гръцкитѣ владици и почнахѫ да пишѫтъ и блѣятъ, че „народния идеалъ е вече постигнѫтъ," автора излива своята злъчка върху тия „народни прѣспивачи." По-сетнѣ езика на Любена се прѣобърнѫ па бичъ, който не оставаше на мира новитѣ изѣдници и развратници.

Относително Ботйова какво да кажемъ подиръ всичко казано до тукъ? Какво да кажемъ, когато въ всѣко негово стихотворение, въ всѣка негова статия, въ всѣка крачка на живота му, даже споредъ както ни го е прѣдставилъ противника му по идеи и убѣждения, Захарий Стояновъ, ний виждаме тъкмо обратното на туй, което биографа и автора на студията се мѫчѫтъ да ни прѣдставятъ?—Нищичко, освѣнъ едно: че, както г. Стояновъ, тъй и г. Вазовъ, безсрамно изопачватъ истината, ще кажатъ всички, които *добрѣ* знаятъ Ботйова. Но, възможно е да има такива читатели, които не знаятъ *добрѣ* Ботйова, възможно е пъкъ и автора на студията да доди до тамъ въ своята наглость, та че да ни обвини въ голословие. Ето защо ний сме заставени да кажемъ нѣколко думи—даже подъ страхъ, че ще повторимъ нѣкои нѣща—относително Ботйовитѣ идеи, убѣждения и взглядове на духовното и политическо освобождение на българския народъ, както и по взглядоветѣ му на социалното положение на тогавшната епоха.

Ботйовъ е билъ още отъ самото си начало „духомъ и тѣломъ" социалистъ, каквито сѫ били почти всички социалисти въ него врѣме; такъвъ си е осталъ той и до край. Като такъвъ, той е зналъ прѣкрасно, че духовното освобождение нѣма да намали ни на йота мѫкитѣ и страданията на неговия народъ— на сиромаситѣ, на угнетенитѣ; че, то е необходимо зло само въ едно отношение: да свърже въ единъ духъ цѣлия бългap. народъ; но че, ако духовната власть пъкъ попадне въ рѫцѣтѣ на разни чорбаджии, послѣднитѣ, като се настанятъ на мѣстото на гръцкитѣ патрици, владици и всѣкакъвъ родъ паразити, ще послужѫтъ като тормазъ на истинското освобождение на *народа* и пр. и пр. Но нека оставимъ самъ той да говори:

„Екзархията, повтарями ние, е потрѣбна само за това, за да прибере разпрѫснатитѣ части на народа и да ги свържи въ едно цѣло; а всичкото друго—не е за нейнитѣ уста лжица. Като учреждение, което е основано на власть, на лжа и на насилие, тя не може да привлича симпатиитѣ ни на единъ свѣсенъ човѣкъ"... (Гл. съчиненията му стр. 114).

Като хвърля единъ погледъ върху историята на християнството, като доказва, че то е имало смисълъ въ ония врѣмена, „когато ученицитѣ на Христа заедно съ чистото, но идеалното и неземното негово учение, сѫ проповѣдвали нѣкакъвъ си коммунизъмъ въ обществото," че по-сетнѣ то е било „единъ отъ отъ най-главнитѣ врагове на прогресса и на свободата," че сега то се е обърнало въ „анахронизъмъ," че духовенството е „на страната на враговетѣ на човѣческия родъ," защото принципа му е: „раби, покоряйте се началникамъ вашимъ, ибо нѣсть власть яже не отъ Господа"; че тѣхния прогрессъ се заключава именно въ туй, дѣто показахѫ, „че човѣкъ може, като се моли, да убива, като причистява да трови, и като проповѣдва чистота на нравитѣ — да развратничи съ дъщеритѣ си и съ сестритѣ си" и пр. — Ботевъ продължава по-нататъкъ въ сѫщата статия:

„И у насъ въ послѣднйо врѣме сѫ са появили паразити, които искатъ да сѣднатъ на врата на народа и за това употрѣбяватъ всевѫзможни срѣдства и усилия, за да зематъ въ рѫцѣтѣ си екзархийскитѣ работи и да направятъ нѣкаква си коалиция противъ свободата; но народа познава тия шарлатане и нѣма да се остави да го водятъ за носа..." (Стр. 116).

Въ статията: „*Рѣшенъ ли е черковния въпросъ?*" Ботйовъ, като хвърля единъ проницателенъ погледъ върху историческото развитие на човѣчеството; като доказва, че не Петко или Стоянъ сѫ причината за размърдванието на народитѣ въ Балкан. П-въ, а общия революционенъ духъ, плодъ на социалното положение на народитѣ; че не стрѣмленията за власть на нѣколкото „самозванни народни прѣдставители" извоюваxѫ черковния въпросъ, а сѫщия този революционенъ духъ, плюсъ „свѣтата кръвь на нашитѣ мѫченици," паднали въ 1868 година заедно съ своитѣ прѣдводители — Хаджи Димитъръ и Ст. Караджа; като доказва, какъ тия „самозванни народни прѣдставители" обърнаxѫ въпроса за духовното освобождение на бългaр. народъ, „*отъ въпросъ за освобждение отъ една власть, на въпросъ да се замени тѫзи власть*"; като доказва, че народа се тегли на страна, защото „видѣ, че не туй той искаше, не въ туй е неговото бѫдѫще, неговата свобода" — свършва най-послѣ съ тия думи:

„Въпроса (черковния въпросъ) са рѣши само за духовенството, а за народа ще са рѣши само кога остане той безъ духовен ство. Но до тогава колко-ли още врѣме ще се мине?! Колко ли още жертви ще трѣбватъ?!"

Ний бихме могле да приведемъ цѣли страници цитати изъ съчиненията на Ботйова; но мислимъ, че и това е достатъчно, за да разбере всѣкой Ботйовия взглядъ на черковния въпросъ. Както виждаме отъ горнитѣ само нѣколко рѣдушки, Ботйовъ е разбиралъ значението на духовното освобождение само като *необходимо зло*; но, въ сѫщото врѣме, той се е силно страхувалъ, да не би нѣколкото *готовановци* да дадѫтъ друго направление на въпроса, да станѫтъ съюзници на тиранитѣ, на изѣдницитѣ и хванѫтъ да „люлѣятъ" народа въ неговата вѣковна „робска люлка," като му напѣватъ: „Търпи, и ще си спасишъ душата!" Това страхувание можаше да се вмени за грѣшка на Ботйова, ако само се не бѣ оправдало—ако нашето „младо и раскошно духовенство" направяше, за чудо на цѣлия свѣтъ, исключение отъ духовенството въобще по земното кълбо, сирѣчь, ако то извършеше поне нѣкои само отъ ония работици, за които загатваше Ботйовъ въ уводната статия на 7 брой отъ своето „Знаме" прѣзъ 1875 година. Тия искания могѫтъ се свѣ горѣ-долу въ тия точки: 1), като прѣдставители на Българ. народъ, да протестирахѫ „противъ безчовѣчнитѣ притѣснения и скотскитѣ тѣглила, които испитваше българ. народъ отъ всѣко краставо псе, което носи название правовѣренъ мюслюманинъ"; 2), като по развитички, да урѣдяхѫ тъй училищата ни, та вмѣсто „да се приготовляватъ нови робове за държавата, нови паразити за народътъ," да приготвяхѫ ратници за истинското освобождение на българ. народъ, „спорѣдъ послѣдната дума на науката"; 3), като хора, които съзнаватъ брадатитѣ лъжи „на фанариотскитѣ св. безумци," които сѫ държели народа ни толкова години въ сънь и мъгла, като съзнаватъ лошото влияние на разнитѣ обрѣди и обичаи, останали още отъ езическитѣ врѣмена, като: „сборове," „черковища", „парастаси" и пр., се погрижяхѫ за тѣхното искоренение и т. н. Помѫчихѫ ли се новитѣ пастири да извършатъ поне едно отъ горнитѣ намеквания или нѣщо подобно на тѣхъ? Не само се не помѫчихѫ, а напълно оправдахѫ страха на Ботйова. Прѣди духовното ни освобождение съюза между нашитѣ феодали-чорбаджии и духовенството не бѣше така здраво закопченъ, а послѣ се закопчи: Турци, чорбаджии и „килимявки" станѫхѫ едно. Турцитѣ, като турци вече, мѫчахѫ сиромаща; чорбаджиитѣ—дважъ по-много, а духовенството незабравяше всѣка сутринь и зарань да наставлява своитѣ овци, че тѣ сѫ длъжни да се покоряватъ на властитѣ и богатитѣ, защото властьта и богатството и всичко отъ бога иде, и че, „който се не покорява тѣмъ, Богу се не покорява"; то не забравяше да прославя прѣдъ паството султана за неговата мѫдрость и милость къмъ раята, като му спомѣнуваше името при всѣка литургия. А училищата?—Тѣ бѣхѫ подъ прямия надзоръ на чорбаджинтѣ и духовенството. Само като подушехѫ нѣкой учитель, че той е „наджханъ съ *зълъ духъ,*" тутакси го прѣдавахѫ въ рѫцѣтѣ на властьта, или му казвахѫ: „да си вземашъ двѣтѣ пари, та че да те не виждаме вече изъ нашия градъ"! Ако вземяше да се противи много-много, или да иска да му заплатятъ, то той веднага осъмваше или замрѫкваше въ „магарешкия рай"! Да, такова бѣше положението на нашитѣ училища току до освобождението ни. Ний помнимъ като днесъ, а помнятъ и всички наши врѫстници, какъ ни учахѫ да пѣемъ химни при посрѣщанието на разни паши, каймакани, владици, дякони и „всѣкаго скота, елика сутъ на земли". Помнимъ, до какво дередже бѣхѫ докарали сиромаща и младежитѣ напослѣдъкъ: чорбаджийскитѣ и попски, а особенно економскитѣ кѫщи се прѣпълвахѫ съ сиромаси — кой съ гърне масло, кой съ куркой подъ мишсца, кой съ човалъ брашно на гърба... И се не срамувахѫ безобразницитѣ за *„олмайжѫкъ работа"* да взематъ и послѣдния залъкъ на сиромахѫ! Тоя грабежъ, „съ благороденъ" и неблагороденъ начинъ, бѣше достигнѫлъ до нечути размѣри. Рошветчилика и днесъ още сѫществува, макаръ и такива строги наказания да се прѣдвиждатъ въ нашитѣ закони. Неговото сѫществувание показва, до колко Турцитѣ, чорбаджиитѣ и чернокапцитѣ бѣхѫ деморализирали българския народъ. А младежитѣ?—Тѣхъ бѣхѫ скарали съ бащи, братя, сестри, чичовци, вуйчовци и пр. Бѣхѫ ги скарали, защото революционния вѣтъръ бѣше проникнѫлъ вече въ мозъка на младежитѣ, а тѣ постоянно дрънкахѫ на бащитѣ, братята, чичовцитѣ и вуйчовцитѣ имъ, да ги „*заптисватъ*," защото и тѣ ще идѫтъ съ тѣхъ барабаръ на вѫжето. Ний знаемъ даже такива факти, дѣто самитѣ бащи, братя, чичовци, и вуйчовци сѫ прѣдавали своитѣ чада и роднини на турскитѣ власти. Сѫществуватъ даже и пѣсни за това. Знае ли това нѣщо-си г. Вазовъ?... Ако той отрича или не знае това, защото е билъ, може би, далечь отъ българ. народъ, въ Румания или Руссия, то ще отрѣче ли, ще каже ли, че не знае и тая азбучна истина—че литературата е огледало на общественния животъ? А каква е била тя прѣзъ това врѣме? —Чисто революцнонна, насочена противъ съюзните врагове, мѫчители и безбожни експлуататори на българския народъ. Има ли нужда да посочваме на произведенията на тогавашнитѣ по-свѣстни писатели? Има ли нужда да изброяваме разнитѣ драми, трагедии и комедии, разнитѣ стихотворения и раскази, които рисувахѫ съ най-ясни краски безбожния грабежъ и развратъ на тогавашнитѣ Турци, чорбаджии и килимявки? Нѣма нужда, защото г. Вазовъ ги знае по-добрѣ отъ насъ, тъй като той самъ е билъ увлѣченъ отъ тогавашното литературно течение, фактъ за което служи неговия „Михалаки чорбаджи"... Кой „миже" тогава прѣдъ историята? Кой изопѫчва историята? Кой се прѣструва, че не разбира смисъльта и значението на тия Ботйови куплети:

> „И на общественъ тоя мѫчитель
> И *попъ и черква съ вѣра служѫтъ*...
> Граби (народа) *подълъ чорбаджия*,
> За злото търговецъ жадежъ
> И *попъ съ божа литургия*"?

Кой най-сетнѣ се „*самооплюва*": Ботйовъ ли, или г. Вазовъ?—Нека това рѣши безпристрастния читатель.

Ний помнимъ една полемика по тоя въпросъ въ „Б. Зора", въ която единия полемикъ искаше да прѣдстави работата тъй, че именно поповетѣ и чорбаджиитѣ сѫ главнитѣ двигатели на българ. народъ. За фактъ привеждаше туй обстоятелство, че мнозина чорбаджии помагали съ пари, а нѣколцина попове сѫ измрѣли заедно съ българскитѣ бунтовници. Това сѫщото се стрѣми да ни докаже и автора на прѣдметната студия. Ний нѣма да се простираме по-вече; ще кажемъ само, че паритѣ сѫ истръгвани изъ рѫцѣтѣ на чорбаджиитѣ насила, съ револверъ и сабя, насочени върху имъ, както това се вижда изъ запискитѣ на измрѣлитѣ и живи дѣятели по онова врѣме, и че всѣко правило си има своитѣ *исключения*, които само глупцитѣ и крайно развалените натури могѫтъ да приематъ и прѣдставляватъ прѣдъ другитѣ за *общо правило*.

Освѣнъ това, г. Вазовъ като се мѫчи да изопѫчи истината, като се мѫчи да ни прѣдстави Ботйова до толкова невѣжъ, та че не можалъ ужъ да разбере значението на духовното ни освобождение, значението на самостоятелностьта на българ. черква, като се мѫчи нѣкакъ да обезсили значението на Ботойова като въспитатель на младото поколение—нарочно се впуща да говори за *безбожничеството* на Ботйова, като по този начинъ размѣсва два съвършенно различни въпроса: въпроса за значението и дѣятелностьта на нашата черква или, по-право, на нашитѣ чернокапци, съ въпроса за безбожничеството на Ботйова. Тия сѫ два съвършенно различни въпроса. Ний, въ качеството си на *набожни*, можемъ да отричаме извѣстенъ факторъ въ историческото развитие на единъ народъ, когато другъ, въ качеството си на *безбожникъ*, може да го неотрича, и наопѣки. Ще се съгласи ли г. Вазовъ, да признаемъ всички ония, които не се съгласяватъ съ насъ по нѣкои чисто исторически въпроси, за безбожници? Има си хаза!... Ний ще поговоримъ по безжеството на Ботйова и въобще по безбожеството, но не тукъ, а другадѣ, дѣто му е мѣстото. За сега ний спираме вече да говоримъ по взгляда на Ботйова на черковния въпросъ, като мислимъ, че и отъ казаното до тукъ читателя ще може вѣрно да си разрѣши въпроситѣ, които погорѣ зададохме. Да додимъ сега на политическитѣ и социални взглядове на Ботйова.

Спомѣнахме по-напрѣдъ че биографа на поета и героя, както и неговия критикъ, искатъ да ни прѣдставятъ Ботйова като обикновенъ либералъ или радикалъ. Даже покойния Стояновъ на едно мѣсто въ прѣдговора на опита за биографията на Ботйова се впуща да увѣрява читателитѣ, че Ботйовъ е живѣлъ и работилъ, само да се изгонятъ турскитѣ и гръцки изѣдници и да заематъ тѣхнитѣ мѣста българитѣ.

„Прѣдставете си, че слѣдъ като се освободи България, Ботйовъ бѣше живъ и има честьта (?!) волею и неволею, да се покани да състави министерство и да нарѣжда новото управление на държавата? Сѣки ще се съгласи съ насъ, че той не би се обърналъ пакъ къмъ своитѣ любими хайдути и хашлаци, *на които дѣятелностьта и ролята бѣхж изиграни вече...* Каравеловъ и Ботйовъ бѣхж революционери противъ турската държава...“ (Стр. 18 и 19).

Това е по-вече отъ клѣвета, отъ изопѫчвание, отъ безбожество. Но да бждемъ послѣдователни. Биографа и критика на Ботйова по тоя въпросъ, сирѣчь, по въпроса за социално-политическитѣ взглядове на покойния поетъ, вървятъ паралелно, ржка за ржка; тѣ се различаватъ само по това, че единия удобрява срѣдствата, които Ботйовъ е упражнявалъ за достигание на своя идеалъ, а другия не. Нѣма рѣдъ отъ литературната дѣятелность на Ботйова, дѣто да се не проявяватъ неговитѣ дълбоки убѣждения на единъ социалистъ въ тогавашната епоха. Стихотворение ли зачетете, политическа ли статия, фейлетонъ ли нѣкой — врѣдъ ще го видите какъвто си е: *социалистъ-революционеръ*. При все туй, биографа и критика се не срамуватъ, като се мѫчжтъ да ни го прѣдставятъ като обикновенъ либералъ. Това тѣ правятъ, за да оправдаятъ, отъ една страна, собственитѣ си дѣла, като късогледи писатели и партизани, а отъ друга — дано нѣкакъ убиятъ социалистическия духъ, който е раздвижилъ вече мозъцитѣ на свѣстнитѣ младежи и който единъ день ще покаже на свѣта, че е дошло вече врѣме да настѫпи царството на любовьта, истината и справедливостьта. Тѣ не могатъ по никой начинъ да скриятъ Ботйовитѣ социалистически идеали, защото врѣдъ Ботевъ е билъ ясенъ и точенъ; за да направятъ това, тѣ трѣбва да скриятъ, да сторятъ *инкяръ* Ботйова и нагова животъ, да провъзгласятъ, че такава личность не е сѫществувала въ онова врѣме, че може и да е сѫществувала, но тя не е била отъ българско потекло—а това имъ е невъзможно. Тѣ признаватъ, че той не само е билъ социалистъ-революционеръ, но че е билъ и „талантливъ," „самобитенъ," „духовитъ," „майсторъ," „остроуменъ," „проницателенъ," „начитанъ" и пр. пр. качества и способности, които само единъ всестранно развитъ човѣкъ може да притежава. При все туй, още веднъжъ повтаряме, тѣ се не срамуватъ да казватъ, че, ако Ботевъ е билъ живъ, то той е щѣлъ да бѫде безъ друго нѣкой министръ или висши чиновникъ, да зачислява и отчислява разнитѣ паразити и сюрмашки изѣдници, противъ които се е борилъ току до смъртния си часъ. Ако да бѣ възможно нѣкакъ въскръсванието на Ботйова, то той би запротестиралъ противъ тая наглость съ такъвъ мощенъ гласъ, та че и шумата на дръвитѣ би улетела. Но и безъ да въскръсва, тѣлото, духа, ума и чувствата му сѫ живи и тѣ високо протестиратъ:

„*Не сядимъ мы на совѣтѣ злыхъ и нечестивыхъ и съ подлецами не пребудимъ, а примкнемъ къ свободнимъ и окружимъ олтарь бога нашего*". (Съчин. Хр. Ботйовъ, стр. 113).

А кой е тоя неговъ богъ—това ще видимъ по-нататъкъ; за сега ще се ограничимъ съ това, като кажемъ, че той не е оня, „*който е помазалъ царе, папи, патриарси, а въ неволя е оставилъ всички братя сиромаси,*" нито пъкъ оня „*на лъжцитѣ и безчестнитѣ тиране,*" нито пъкъ „*идола на глупцитѣ и човѣшкитѣ душмане.*"

„Боговете отъ Голгота смѫкнаха ония отъ Олимпъ, конституционния протестанизъмъ побѣди монархическия католицизъмъ; Златоусъ и Лайола, Лютеръ и Калвинъ онѣмяха прѣдъ „волнодумцитѣ" въ XVIII и мислителитѣ на XIX вѣкъ; язичеството падна прѣдъ християнството, *християнството се обърна на язичество, религията се замѣни съ разумтъ*....."

„Тъй и въ политическо отношение. Колко кръви, потъ и сълзи сѫ са пролѣли за да стане монархията на конституция, конституцията на република, *републиката на община!!*..." (Стр. 71)

Но защо да цитираме по-вече, когато автора на студията,

както и биографа на Ботйова, не отказватъ, че той до извѣстно врѣме е билъ социалистъ-революционеръ? Нека обърнемъ другия листъ, подъ който се заслянятъ тѣ, и да видимъ, колко сѫ ниски, безнравственни и подли тѣхнитѣ срѣдства и упори, съ които се мѫчѫтъ да приближѫтъ Ботйова къмъ себе си. Думата ни е за измислицата, че Ботйовъ се е заблуждавалъ (за заблуждения считатъ тѣ социално-политическитѣ му взглядове, изработени по пѫтя на научната критика и житейския опитъ) чакъ до 1874-та година, отъ което врѣме вече той ужъ се отказалъ отъ своитѣ „заблуждения" и стѫпилъ на „здрава почва". За това нѣщо биографа говори доста на дълго и широко въ биографията на Ботйова, прави и слѣдующата бѣлѣжка въ съчиненията му:

...„До 1871 година той е *социалистъ-патриотъ*, а въ 1874 та година — *патриотъ-социалистъ*. Нека сами читателитѣ забѣлѣжатъ това въ статиитѣ му до тукъ и отъ тукъ нататъкъ". (Стр. 75).

Автора пъкъ на студията казва:

„Само когато Ботйовъ стѣсни рамкитѣ на своята дѣятелность до ясната и опрѣдѣлена область на *чисто* народнитѣ въжделения, само тогава стана великъ и влѣзе въ лика на първостепеннитѣ дѣйци на емеграцията".

Между това, прѣлистяме нѣколко страници и се запираме чакъ на 104-та страница, сирѣчь, на оная статия въ 14 брой на в. „Знаме," която е писана прѣзъ Май *1875*-та и словомъ: *хилядо и осемстотинь и седемдесеть и петата година*. Ето какъ високо протестира Ботйовъ тамъ противъ наглата и безобразна измислица на тия свои „душмани:"

„Само разумниятъ и братскиятъ съѫзи между народитѣ е въ състояние да уничтожи тѣглилата, сиромашията и паразититѣ на човѣшкиятъ родъ и само този съюзъ е въ сѫстояние да вѫдвори истинна свобода, братство, равенства и щастие на земнито кѫлбо. Дордето народите бѫдѫтъ раздѣлени помежду си съ машинациите на своите всевъзможни империи, *конституции* и *републики* и дордето тия, изъ слѣпо едно нископоклонничество къмъ божиите помазанници, гледатъ единъ на други като на врагове, до тогава не ще да има щастие на земята, не ще да има бѣлъ день за човѣкътъ. Правителството и привилегированите классове у сѣки единъ народъ ще да мѫчѫтъ и притѣсняватъ сиромахътъ, ще да поядатъ неговътъ трудъ, ще да го дѫржатъ въ невежество, ще да увеличаватъ въ квадратъ и кубъ неговите исторически глупости и въ заключение на всичко това ще да го испровождатъ да бие и истрѣбва брата си или да бѫде битъ и истрѣбенъ отъ него. Разбира се, че ако би могле народите да разбератъ веднажъ за сѣкога дѣ лѣжатъ изворите на тѣхните страдания, то тия тутакси сѫ би убѣдили, че главните и единственните тѣхни врагове сѫ самите тѣхни врагове(?) и оня классъ паразити, които, за да могѫтъ да прѣкарватъ своятъ празенъ и вредителенъ животъ, сѫ стнали душа и тѣло съ тираните и подъ покровителството на законите упражняватъ принципите на лжата и кражбата. *Основата на сѣко едно господарство е кражбата, лжата и насилието.* «Divide et impera!" е била девизата на оная приснопамятна империя, която е станала идеалъ на всичките почти коронясани глави; Devide et impera!" е и сегашната девиза на всѣко едно господарство. „Раздѣляй и владѣй!" Но кого? Ето главниятъ въпросъ, когото не разбиратъ или не искатъ да разбератъ ония, на които е широко около шипте имъ и накоито е почти всѣкога пъленъ стомаха. Раздѣляй народите, раздѣляй поданниците си, раздѣляй семействата, раздѣляй братъ отъ брата, баща отъ сина и мѫжъ отъ жена и ти ще бѫдешъ пъленъ господарь надъ милиони живи сѫщества и ще плувашъ въ тѣхните сѫлзи и крѫви като сирене въ масло. И наистина, въ коя държава силните не държатъ слабите въ рѫцѣте си, богатите бѣдните, а управителите сичкия народъ? Прѣминете сичките меридиани и успорѣдни крѫгове и вижте ще можете ли да намѣрите исключение отъ това общо правило..."

По нататъкъ Ботйовъ, като ни посочва на притѣсненията и насилията, които румѫнското правителство упражнява върху избирателитѣ и народа си въобще, продължава:

„Чомагитѣ и байонетите показахѫ, че законътъ е напечатанъ само за робовете, и ний имаме пълно право да кажеме заедно съ Прудона, че сѣко едно правителство е заговоръ, сѫзаклятие противъ свободата на човѣчеството..."

Още по-нататъкъ, като разглежда въпроса за конфедерацията на южнитѣ славяни, Ботйовъ казва:

„И то, разбира се, (трѣбва да стане тая конфедерация) на такива начала, на каквито трѣбва да се основе *свободата на народитѣ, свободата на личностьта и свободата на трудътъ....*"

А какви сѫ тия начала, това се вижда отъ неговите проповѣди даже и между затворницитѣ, както и изъ много мѣста въ неговитѣ съчинения. Тъй, напримѣръ, въ една статия, писана въ в. „Знаме" пакъ прѣзъ 1875-та година, ний срѣщаме:

„Наистина, въ тая епоха е потрѣбно за него (за народа) наука и възпитание, но новата политическа педагогия за народите ни доказва, *че гладния се не учи, че възрастния се не воспитава и че бития не може да пѣе.*"

Дѣ се вижда тукъ, че Ботйовъ се е отказалъ отъ своитѣ социално-политически убѣждения или, както ги наричатъ, "заблуждения"? Не сѫ ли писани горнитѣ огненни рѣдове прѣзъ 1875-та година, сирѣчь, нѣколко само мѣсеца до геройската му смѫрть на Милинъ-Камѫкъ? Не е ли това по-вече нѣщо отъ наглость, изопѫчвание, подлость и пр. и пр.? Хармонира ли това съ исканията на оня богъ, комуто се кланятъ тѣ, сирѣчь, съ исканията на оногова, който е изрѣкалъ прѣди 2000 години: "любите другъ друга"?!..

Но на друмата си. Ний цитирахме горнитѣ рѣдове, за да покажемъ, отъ една страна, че Ботйовъ е умрялъ такъвъ, какъвто си е билъ, сирѣчь — твърдо убѣденъ *социалистъ-революционеръ*, а отъ друга, да "провремъ кука въ язика" на ония шарлатани, които се осмеляватъ да убѣждаватъ читателитѣ, че, ако Ботйовъ е билъ живъ, той е щѣлъ да се задоволи съ днескашното "буржуазно-конституционно управление, законитѣ на които сѫ писани само за робоветѣ", даже и нѣщо по-вече — щѣлъ е ужъ да стане изѣдникъ, като отхвърли всичкитѣ ония, за които е писалъ, пѣлъ и плакалъ, защото "тѣ сѫ си изиграли вече своята роль". Само отъ горнитѣ нѣколко рѣда ний виждаме, че Ботйовъ е разбиралъ историческия ходъ на работитѣ тъй, както сѫ го разбирали и всичкитѣ почти социалисти въ онова врѣме. Той е виждалъ, че ни конституциитѣ, ни републикитѣ могѫтъ да пълна свобода на народитѣ и отдѣлнитѣ личности; че това е възможно, само коренно като се прѣустроятъ обществено-икономическитѣ отношения между разнитѣ классове, сирѣчь, само когато се изравнятъ хората въ социално-икономическо отношение. Съ други думи казано, Ботйовъ е билъ *твърдо убѣденъ* социалистъ-коммунистъ, каквито бѣхѫ всичкитѣ социалисти по него врѣме. Какъвъ е билъ тогавашния социализъмъ — пълна утопия ли, или непълна наука — за това ний ще поговоримъ по-долу; сега ний питаме: възможно ли е, ако Ботйовъ бѣ живъ, да се задоволеше съ наредбитѣ, които наредихѫ разнитѣ готовановци слѣдъ освобождението ни? — По никакъвъ начинъ, ще отговори всѣки безпристрастенъ читатель, който прочете горнитѣ само нѣколко рѣда; по никой начинъ, отговаряме и ний, които мислимъ да познаваме добрѣ Ботйова. Но нека самия Ботйовъ да удари плѣсница на тия свои злобни критикари, които му приписватъ такъвъ мискинликъ и шарлатанлѫкъ. Въ статията си: "*Вчера, днесь и утрѣ*", като хвърля единъ погледъ върху мрачното минало на българския народъ, като прави оцѣнка на реформитѣ, които султана рѣши да провъзгласи по съвѣта на разнитѣ чужденци, той казва:

...„Турция и незваннитѣ водители народни му (на народа) поднасятъ на блюдо прѣобразования, дуализми, иерархии: но той (българския народъ) сé туй дума и ще дума: бѫдѫщето ми, бѫдѫщето ми!"

„Но какво е неговото бѫдѫще?... Или не видите *семето, за родиша въ неговитѣ общини безъ всѣка централизация, въ неговитѣ еснафи, дружества, мѫжки и женски и дѣтински?* Или не видите и това, що казваме по-горѣ?..."

Отъ всички цитати до тука ний виждаме, че Ботйовия социално-политически идеалъ за бългрр. народъ е билъ не конституционното, не „буржуазно-конституционното, не буржуазно-републиканското управление," а *социалистическото господарство* съ своитѣ свободни и независими по вѫтрѣшната си уредба коммуни или общини. Тозъ е билъ и неговия богъ. Слѣдователно, ако той беше живъ, щѣше да се бори до смърть за усѫществението на тоя си идеалъ, прѣфиненъ и очистенъ отъ всички противорѣчия и утопии отъ послѣдната дума на науката. Инакъ и не можаше да бѫде аслѫ. Друго нѣщо си е да бѫде човѣкъ увлеченъ отъ извѣстно учение, отъ извѣстно литературно течение, а друго нѣщо е да бѫде човѣкъ дълбоко убѣденъ въ истинностьта на извѣстни историческо-философски и общественно-економически положения; друго нѣщо е човѣкъ да се възхищава на канапето и зелената маса отъ извѣстни теории на кабинетнитѣ писатели, а друго е да доде до тѣхъ чрѣзъ едно дълбоко анализиране на ежедневнитѣ общественно-економически явления; друго нѣщо си е, най-сетнѣ, да краде човѣкъ чуждитѣ мнѣния и убѣждения, безъ да ги прѣмила умственния му стомахъ, а съвършенно друго е — отъ натрупания суровъ материалъ да си изработи свои собствени убѣждения и мнѣния по пѫтя на научната критика и, като намира тѣхното потвърждение въ ежедневнитѣ общественно-економически явления, да ги развива, пропагандира и прокарва въ живота. Както знаемъ, даже отъ самитѣ бѣлѣжки на биографа и критика, Ботйовъ е билъ „начитанъ", „проницателенъ", съ „остъръ умъ", съ „дълбока критич. мисъль" и пр.; слѣд., той не е билъ „увлѣченъ", та че послѣ да се е разочарева, а дълбоко убѣденъ въ тоя си идеалъ. Ако неговитѣ свѣтила: Чернишевски, Бакунинъ, Прудонъ, и пр. бѣхѫ сѫ отказали отъ своитѣ убѣждения, само тогава можаше да прѣдположе човѣкъ — и то само да прѣдположи — че и Ботйовъ щѣше да се откаже отъ своитѣ; а ний знаемъ, че всички негови свѣтила сѫ умрѣли за убѣжденията си. Пъкъ й защо да правимъ такъвъ родъ разсъждения? Ботйовитѣ социално-политически убѣждения, като всѣки убѣждения, бѣхѫ плодъ на обществено-економ. отношения въ нея епохѫ. Ако послѣднитѣ би се измѣнили съвършенно въ друго направление, само тогава е било възможно да се измѣнятъ и неговитѣ убѣждения. А пъкъ ний знаемъ, че обществено-економическитѣ отношения въ всѣка епохѫ се опрѣдѣлятъ отъ начина на производството и размѣната на продуктитѣ; тогавашния пъкъ начинъ на производството и размѣната е билъ капиталистическия, който е и сега, само че сега е по-развитъ, вслѣдствие на което се по-разви и разработи самия социалистически идеалъ. Съвършенно е другъ въпроса за другаритѣ на Ботйова, които не по-мѫлко сѫ възхищаваxѫ отъ сѫщия тоя идеалъ. Тѣ бѣхѫ именно „*увлѣчени*", както и З. Стояновъ се увлѣче прѣди съединението, когато редактираше своята „Борба." Тѣ бѣхѫ хора недоразвити, късогледи и орѫдия на „*обстоятелствата.*" Тѣ нѣмахѫ нищо изработено въ главитѣ си. И наистина, дѣ сѫ тѣхнитѣ съчинения или поне стиховце и статийки, въ които би могла да се види тѣхната самостоятелность? Въ кои стихове, въ кои статии, въ кои свои подвизи се виждатъ тѣхнитѣ *дълбоки и трайни убѣждения*? Дѣ сѫ ги пропагандирали, развивали, провѣрявали и дѣ сѫ се стрѣмили да ги прокаратъ въ живота? — Никѫдѣ и никога. Ето защо и отъ крайни либерали и радикали тѣ сѫ обръщахѫ и обръщатъ на крайни консерватори и реакционери... Но да додемъ сега до сѫщностьта на Ботйовия социално-политически идеалъ, сирѣчь, до ония негови убѣждения, които г. Стояновъ и г. Вазовъ наричатъ „заблуждения", за които му се сърдятъ и отъ които искатъ да прѣдпазятъ младото поколение.

Ботйовитѣ социалистически убѣждения бѣхѫ ни пълна утопия, ни пълна научно-философска теория. Тѣ не бѣхѫ пълна утопия, защото, както казахме, бѣхѫ плодъ на тогавашнитѣ обществено-економически отношения между разнитѣ класи; но не бѣхѫ и пълна научно-философска теория, защото буржуазно-економическия или капиталистическия строй, който опрѣдѣля обществено-економическитѣ отношения между разнитѣ класи и народи, едва що бѣше достигнѫлъ до онова стѫпало на своето развитие, отгдѣто вече социализма приема друго облѣкло. Ботйовъ, както казва биографа и критика му, е билъ ученикъ по-вече на Чернишевски. Послѣдния пъкъ, като възпитанникъ по-вече на Фейербаха, е билъ социалистъ материалистъ въ науката, но не и въ историята и политическата економия, споредъ както се вижда отъ критическата статия на г. Плеханова, помѣстена въ № № I, II, III и IV на русския „Социалъ—Демоктатъ". Като не запознатъ добрѣ съ движението на Западъ, което се свършваше въ него врѣме, Чернишевски е популяризиралъ политическата економия на английския философъ Дж. Ст. Милля, която е построена, какъ е извѣстно, не на чисто материалистическия начинъ на разглеждване нѣщата и явленията. Чернишевски е забѣлѣзвалъ нѣкои неястности и противорѣчия въ историко-економическитѣ взглядове на Милля, мѫчилъ се е да ги освѣтли и отстрани; но, при всичкитѣ свои трудове, той си е останалъ, току-рѣчи, утопистъ въ економията и историята. Безъ друго той е щѣлъ да се поправи, ако правителството не го грабна тъй младъ и затвори, а послѣ испрати тамъ, дѣто испраща и цвѣтето на русския народъ. Какъ и да е, а Чернишевски е защищавалъ цѣли осемь години общинното владѣние въ Русия, като е мислялъ, че послѣдната може да се спаси отъ капитализма и русскитѣ общини направо да прѣминѫтъ въ социалистически коммуни на социалистическото господарство. Ето отъ кѫдѣ ний виждаме и у Ботйова сѫщия идеалъ. Такъвъ бѣше идеала и на всички социалисти него врѣме, освѣнъ нѣколцината, що сѫ бѣхѫ сгрупирали около Карлъ Маркса и Фр. Енгелса. До появяването съчиненията на тия философи материалисти въ втор. полов. на XIX вѣкъ всичкитѣ социалистически теории бѣхѫ, току рѣчи, утопии. Бѣхѫ утопии, защото тѣхнитѣ автори не можехѫ да схванѫтъ добрѣ законитѣ на историко-економическия процессъ, вслѣдствие на което тѣхнитѣ искания за бѫдѫщето устройство се сблъскваахѫ и разбиваахѫ у дѣйствителностьта. Тъй станѫ, напримѣръ, съ *фаланстериитѣ* на Фурйо, съ *кредитнитѣ банки* на Прудона и общинитѣ на Чернишевски. Благодарение, обаче, на историческитѣ и економически ислѣдвания на Лассаля и на горѣпомѣнатитѣ двама философа, Социологията влезе въ рѣда на положителнитѣ науки и социализма стѫпи на чисто научна почва. „Както теорията на Дарвина направи прѣвратъ въ естествознанието, тъй и историческитѣ и економически ислѣдвания на Маркса и Енгелса направихѫ прѣвратъ въ историята и пол. економия", се изразяваше, непомнимъ дѣ, г. Георги Плехановъ. Безъ да се простираме по-вече, ний ще задоволимъ любопитството на читателитѣ си, като имъ кажемъ чакъ сега, че послѣднитѣ двама философа бѣхѫ именно ония велики мѫже, които извикахѫ: ето ключа на тая заплетена верига, която се казва исторически процессъ! Да, тѣ изяснихѫ смисъльта на историята и оттукъ извлѣкохѫ научния социализъмъ. Наистина тукъ не му е мѣстото да излагаме ни историята на социализма въобще, ни пъкъ теорията на научния социализъмъ; читателитѣ ще срѣщѫтъ разсѫждение по това, макаръ и на откъсляци, въ другитѣ статии на журнала; но ний не можемъ да минемъ току-туй, безъ да резюмираме поне исказанитѣ тукъ тамъ мисли, тъй като автора на студията, както и биографа на Ботйова, освѣнъ че наричатъ Ботйовитѣ убѣждения „*заблуждения*," но и сегашния социализмъ—„*утопия*".

„Термина „*Социология*", може да се каже, е вчерашенъ; но Социологията датира отъ много по старо врѣме, защото още Аристотелъ се е опитвалъ въ своята „*Политика*" да формулира законитѣ на общественната еволюция", казва парижския професоръ Д-ръ Шарлъ Летурно, въ статията си „Corsi e ricorsi". (Гл. стр. 64). Слѣдователно, и социализма изобщо, взетъ като учение за ново прѣустройство на обществата, е учение доста старо, макаръ и термина му да е по-новъ. Още прѣди хиляди години Аристотель е прѣдлагълъ чрѣзъ своята „*Идеална република*" на своитѣ съграждани едно коренно прѣустройство на тогавашния обществено-економически животъ. Но Аристотель и неговитѣ съврѣменници, както и по-сетнѣшнитѣ философи и учени, нѣмаше защо да прѣдлагатъ своитѣ теории, ако да не сѫ съзирали злини въ обществено-економическия животъ; ще се рѣче, социализма, като учение изобщо за ново прѣустройство на обществата, е плодъ на обществено-економическитѣ условия, плодъ на обществено-економическитѣ отношения на разнитѣ класси. Като тъй, теорията на социализма, ако може само тъй да се каже, постоянно се е измѣнявала съ измѣнението на обществено-економическитѣ отношения на разнитѣ класси. Послѣднитѣ пъкъ винаги сѫ се опрѣдѣляли и опрѣдѣлятъ отъ начина на производството и размѣната. Историята и политическата економия ни показватъ нѣколко фази, прѣзъ които е минало производството. Тъй, напримѣръ: било е врѣме, когато всѣкое семейство си е изработвало необходимото и никаква размѣна не е сѫществувала; било е врѣме, когато хората сѫ изнамѣрили разни сѣчева и дървени машини и сѫ хванали да произвеждатъ въ по-голѣмо количество разнитѣ продукти, които сѫ се замѣняли непосрѣдственно; благодарение най-сетнѣ на усъвършенствуванието на производителнитѣ срѣдства, хората хванали да произвождатъ въ много голѣмо количество разни продукти и да ги расхарчватъ на всѣкѫдѣ, като си служжтъ съ общото срѣдство за размѣна—паритѣ и т. н. Всѣка отъ тия фази е създавала пъкъ по една, по-дълга или по-кѫса, епоха въ историята съ своя особенна физиономия; отъ тукъ имаме епохата на първобитно-коммунистическия строй, епохата на античната цивилизация, епохата на феодалния строй и епохата на сегашния капиталистически строй. Тия отдѣлни строеве не сѫ плодъ на фантазията на разнитѣ историци, а на самото историческо развитие на човечеството. Тѣ сѫ падали единъ слѣдъ другъ не по *кефа* на тогова или оногова, а защото сѫ съдържали такива разрушителни елементи въ себѣ си, които расли и се умножавали заедно съ развитието на самия с.рой; съ други думи казано: понеже човечеството постоянно се е развивало и развива, то строя му е ставалъ вече тѣсенъ, съсипвало го е и го е замѣняло съ новъ. Тъй е било, напримѣръ, съ първобитния строй: въ него личностьта се е поглъщала всецѣло отъ общината; тя е нѣмала никакъвъ смисълъ като отдѣлна личность. Но по-сетнѣ, когато личностьта е достигнала до съзнание своитѣ индивидуални особенности, първобитния строй й става вече тѣсенъ и тя го разрушава. (Гл. Летурно, стр. 65.). Възниква другъ строй, да рѣчемъ феодалния: съ постоянното усъвършенствуваніе на срѣдствата за производство, съ постоянното откриване на нови пазари въ Индия, Америка и др. възниква манифактурния начинъ на производството, който се е стѣснявалъ отъ различнитѣ тогавашни ограничения, вслѣдствие на което третето съсловие обявява война на аристокрацията, раскѫсва рамкитѣ на феодалния строй и провъзгласява свободната конкурренция. Тъй е възникналъ днешния капиталистически строй. Слѣдъ разрушението на първобитно-коммунистическия строй, прѣзъ всички останали фази на човѣшкото развитие е имало бѣдни и богати, силни и слаби, свободни и роби, които сѫ се борили единъ другъ, защото интереситѣ имъ сѫ биле право противополжни. Ето отъ кѫдѣ възникватъ разнитѣ теории за ново прѣустройство на обществено-економическия животъ, на които по-сетнѣ дадохѫ терминътъ *социализъмъ*. Да се отрича това, значи да се отрича самата история. Социалистич. теории сѫ съдържали толкова по-голѣма доза отъ истината, или съ други думи, толкова по-добрѣ сѫ изразявали интереситѣ на прогрессивния классъ, до колкото развитието на производството въобще е позволявало да се опрѣдѣлятъ точно отношенията на разнитѣ класси, до колкото сѫ биле схванати законитѣ на обществено-економическата еволюция. Въ 70 години, когато е живялъ Ботйовъ, производството на Западъ бѣше достигнало до една такава точка, отгдѣто вече се съзираше несъстоятелностьта на днешния строй. Самитѣ буржуазни економисти, които спокойно се занимаваxѫ съ изслѣдванието законитѣ на обществено-економическата еволюция, се стрѣснахѫ отъ резултатитѣ на своитѣ изслѣдования, които ги доведохѫ до сѫщото. Ето защо и Ботйовъ почнѫ да проповѣдва неговото падание, макаръ и да не е разбиралъ научния социализъмъ той, както го разбирахѫ тогава полѣдователитѣ на Маркса и Енгелса, както го разбиратъ сега почти всички социалисти и учени на Западъ. Какво заблуждение има тогава въ Ботйовитѣ социално-политически убѣждения? Ако има нѣкои невѣрни, не научни мисли, то тѣ сѫ отнасятъ къмъ оная половина отъ неговия идеалъ, въ който той очертава бѫдѫщето социал. господарство. Слѣдователно, кой не разбира историята, кой не разбира обществено-економическитѣ явления, кой може и се „заблуждава", кой най-сетнѣ игнорира самата история: Ботйовъ ли или негова биографъ и критикъ?!... Това се вижда най добрѣ оттуй, дѣто тѣ наричатъ и днескашния наученъ социализмъ *утопия*. Каква утопия има въ него? Не е ли той продуктъ на историческото развитие на човѣчеството, на днескашния капиталистически начинъ на производството? Не е ли сѫществувала всѣкога, не сѫществува ли и днесь классова борба между капиталиститѣ и сиромаситѣ? Не явява ли се научния социализмъ като теоретическо изражение на интереситѣ на бѣдната класса? Не явяватъ ли се сиромаситѣ — продуктъ на капиталистическия строй — разрушающи елементи на сѫщия строй? Не ще ли се разруши той самъ по-себе си вслѣдствие на анархията, която сѫществува въ сегашното производство?... Но защо да задаваме тия питания на глухия? Защо да искаме отъ слѣпеца да гледа, а отъ нѣмия — да говори?... Колкото се отнася до читателитѣ, ний казахме, че нѣмаме намѣрение, нито му е тукъ мѣстото, да излагаме историята на социализма и теорията на научния социализмъ: това тѣ могѫтъ намѣри въ другитѣ статии и въ разнитѣ вече издадени книжки отъ българскитѣ социалисти. Сега нека минемъ къмъ другъ родъ разсѫждения, къмъ обвинението на Ботйова въ „подлость", „вагабонство", „авантюри", „кръвожадность", „безбожничество" и пр. и пр.

Както се вижда отъ студията, г. Вазовъ черпи материалъ за тия обвинения върху Ботйова отъ ония тъмни мѣста въ „Опита", които З. Стояновъ нарочно, „съ извънредна тщателность и религиозна точность", е изложилъ и не е пропусналъ нито една чертица, „която може да увеличи *нравственната грозота* на Ботйовия обликъ." Г. Вазовъ казва, че той билъ наклоненъ най-напрѣдъ да кори З. Стояновъ за това; но сега билъ на мнѣние, че биографа на Ботйова добрѣ постѫпилъ. Не може друго-яче затѫ и да постѫпи автора на студията, тъй като З. Стояновъ му е далъ тая сила, тоя материалъ, за да достигне цѣльта си — да помрачи Ботйовия образъ. Прѣди всичко, З. Стояновъ е изложилъ тия тъмни мѣста, за да оправдае, както своитѣ собствени авантюри и вагабонства, тъй и на всички свои другари, що сѫ извършили въ него врѣме—отъ една страна, а отъ друга—да оправдае и ония авантюри и вагабонтлуци, които извършихѫ по-сетнѣ и които лѣжѫтъ за сега подъ дебелото покривало на историята, но които скоро ще бѫдѫтъ искарани на пазарь.... Като тъй, не остава никакво съмнѣние, че биографа е прѣувеличилъ, изопъчилъ и прѣсъчинилъ много отъ дреболиитѣ изъ Ботйовия животъ и че, слѣдователно, много отъ материала, отъ който се ползува г. Вазовъ, е невѣренъ, тъменъ, каленъ. Може би, не ще се мине много, когато ще се оправдаятъ тия наши мисли; но, понеже за сега тѣ си оставатъ вѣрни и точни за всички ни, ний ще ги приемемъ за такива и ще ги разгледаме.

Автора на студията хвърля горнитѣ обвинения върху Ботйова по поводъ на срѣдствата, които е упражнявалъ Ботйовъ за достигание на своя *богъ-идеалъ*. Какви сѫ тия срѣдства, които критика намира за „ниски," „подли," „безнравственни" и т. н.? Тѣ могѫтъ се сведе горѣ-долу въ слѣд. точки: а) за дѣто Ботйовъ „въпрѣки общия прѣдразсѫдъкъ уважавалъ хайдутина"; б) за дѣто той е виждалъ, освѣнъ турцитѣ „и други неприятели на бъл. народъ въ лицето на чорбаджиитѣ и килимявкитѣ"; в) за дѣто „ратува за свободата на всичкитѣ народи, като защищтава париж. коммунари и обявява война на царетѣ, папитѣ и патриарситѣ"; г) за дѣто „забива топорътъ си въ стѫлповетѣ, на които стои човѣческото общество;" д) за дѣто „е гледалъ съ друго око на нѣкой дѣйствия, които християнството и цивилизацията и самата човѣшка совѣсть сматрятъ за позорни и прѣстѫпни"; е) за дѣто се е скиталъ „изъ мръснитѣ бордеи на Браила, Галацъ и Букурещъ и се сблъсквалъ съ полицията;" ж) за дѣто „сюблимнитѣ чувства на трабадуръ на свободата братуватъ съ най-безнравственнитѣ житейски правила," сирѣчъ, за дѣто у него „трошението на каситѣ е синонимъ на трошението на веригитѣ", и з) за дѣто обявява война на религията и провъзгласява сѫществующия богъ за богъ на царетѣ, калугеритѣ, папитѣ и сиромашкитѣ изѣдници, като му противопоставя „богътъ на разумътъ, защитникътъ на робитѣ, на когото щѫтъ празднува деньтъ скоро народитѣ".

Като оставаме на страна „безбожничеството", ний питаме: Ботйовъ можалъ ли е въ своето врѣме друго-яче да постѫпи, можелъ ли е да употрѣби други срѣдства за постиганието на своя идеалъ? Тоя въпросъ го задаваме, защото, когато се сѫди за една историческа личность, винаги се взема въ съображение туй, което е можала да стори тя, пъкъ не го е сторила, и обратното. Въ миналитѣ си разсѫждения ний очертахме горѣ-долу епохата, въ която е живялъ Ботйовъ. Като единственна най-даровита, най-развата, най-високостоящи въ умствено и нравственно отношение личность, нему е прѣдстояло да работи най-много - и съ разни срѣдства, които врѣмето и мѣстнитѣ условия сѫ му давали: ето защо ний го виждаме толкова разнообрзенъ въ своята дѣятелность. Ний нѣма да се спираме и разглеждаме по отдѣлно обвиненията, които му хвърля автора на студията, тъй като тѣ проистичатъ отъ изопѫчванието на дѣйствителностьта, отъ кривото и невѣрното разбиране сѫщностьта на тогавашната епоха, коете показахме. И наистина, ний видяхме, че не „безъ никакво управдание отъ страна на историята", а въ силата на самия исторически ходъ на работитѣ, въ силата на неговитѣ социално-политически убеждения, които сѫ плодъ на самия тогвашенъ ходъ на работитѣ, Ботйовъ не е можалъ да не въспѣва хайдутина, не е можалъ да не поставя на една дъска Турцитѣ, чорбаджиитѣ и килимявкитѣ, не е можелъ да не въстава противъ царетѣ, папитѣ и патриарситѣ, не е можалъ да се невъзмущава отъ насилията, експлуатацията и истрѣблението на масситѣ—сиромаси, биле тѣ Френци, Българи, Румѫни или Сърби, Русси и Поляци. Видяхме, че г. Вазовъ счита всичкитѣ тия дѣйствия на Ботйова за „заблуждения". за „безнравственни", за „низки и кални", защото гледа на свѣта въобще прѣзъ умственнитѣ очила на единъ краенъ реакционеръ, на единъ обикновенъ буржуа, на единъ силно бодихтъ и оскърбенъ честолюбецъ... При все туй, интересно е да ни убадеше г. Вазовъ, като всичко туй, споредъ него, не е трѣбвало Ботйовъ да върше, то какво е трѣбвало пъкъ да прави?... Безъ да ни каже, ний се сѣщаме. Сѣщаме се, защото познаваме умственния и нравственъ складъ на г. Вазова. Трѣбвало е да сгърне рѫцѣ, да си гледа даскаллъка, да не напада тогова и оногово, да въспѣва сегисъ-тогисъ „вѣрата си" въ майка България и то въ такива общи фрази, че всѣкиму да се харесатъ, даже и на дѣда владика; съ една рѣчь, трѣбвало е да не сѫществува такава личность—Ботевъ?!.. И хубаво, и приятно щеше да бѫде тогава за г. Вазовъ—разбираме го... Но нека се спремъ на най голѣмото обвинение, въ което влизатъ и всички други—на „кассотрошениего и нощнитѣ похождения на Ботева".

До колко е вѣрно това, ний не знаемъ; но, като приемаме, че Ботйовъ наистина е трошилъ касси и обиралъ разни търговски контори, питаме: безнравственно ли е това? ниско, подло и кално ли е? вагабонтлукъ ли е? Прѣди всичко, автора признава, че „всичкитѣ тия вагабонства на Ботйова не проистичахѫ отъ една развратна душа, а бѣхѫ продуктъ на горещо убеждение въ правотата на една *честна* идея, но утопия". Ний видяхме, до колко тая *идея* е утопия. Знаемъ сѫщо тъй, че Ботйовъ е билъ типъ на първитѣ христови послѣдователи: всичко, което е правялъ, правялъ го е за тая идея, за да нахрани, облече и приготви ония „хашлаци", въ мишцитѣ на които е виждалъ освобождението на България, сирѣчь, достиганието на една само часть отъ общия си идеалъ; ний знаемъ, че той е стоялъ по три дена гладенъ и съ мѣсци безъ гащи и горня дрѣха! — Но чиститѣ дѣла изискватъ и чисти срѣдства, ще ни каже г. Вазовъ. Но тукъ е именно всичката работа: кои сѫ тия *чисти* срѣдства, които е можалъ Ботйовъ да употрѣби за свѣтлия свой идеалъ? Защо г. Вазовъ не ни ги посочи?... Ний знаемъ, какви скѫперници и безбожни експлуататори бѣхѫ всички ония чорбаджии въ Румѫния и България. Па що ни трѣбва да ги знаемъ: самия фактъ, че Ботйовъ, подъ страхъ да изгние въ нѣкой затворъ, лишенъ отъ най-милото си, отъ възможностьта да работи за освобождението на своя народъ, се е рѣшавалъ на тия *крайности* самия този фактъ, казваме, ни доказва, че наистина едва ли е било възможно да се намѣрятъ други *чисти* срѣдства за това. Но да оставимъ това, което е очевидно за всѣкиго, който не „мижи" прѣдъ историята, а че да видимъ, сѫществуватъ ли въобще въ свѣта *чисти* срѣдства и кои сѫ тѣ.

Ний видяхме, че днешния строй почива върху принципа: единъ противъ всички и всички противъ едного, вслѣдствие на което и великия принципъ на Христа — „любите другъ друга" — е останалъ и до днесь само написанъ и говоренъ съ цѣль користна и егоистична. Самия строй не позволява да се не лъже, да се не краде, да се не мами, да се не подълствува и фарисействува. И наистина, кой е тоя въ свѣта, който не лъже, не краде, не подѣда и пр. и пр.? Търговецътъ ли? Занаятчията ли? Чиновникътъ ли? Попътъ ли? Кой е тоя, който съ *чисти* срѣдства прѣживѣва? Като единственъ по-правъ, по-честенъ и по-християнинъ човѣкъ цѣлия свѣтъ днесъ признава, безъ съмнѣние, извѣстния гр. Л. Толстой. За такъвъ го смѣтатъ почти всички отъ категорията на г. Вазова; безъ друго и той ще го смѣта за такъвъ. При все туй, и графъ Л. Толстой лъже и живѣе съ нечисти срѣдства, защото проповѣдва „Очистеното евангелие" на Христа, а въ разнитѣ европейски банки има милиони рубли, които сѫ добити чрѣзъ краденние труда на милиони сиромаси и пр. и пр.!?...

И тъй, колкото и да мразимъ тѣзи нечисти срѣдства, тѣ сѫ си сѫществували, сѫществуватъ сега и ще си сѫществуватъ въ живота до тогава, догдѣто общественната наредба се сложи на другъ принципъ, на принципа, който е въодушевявалъ Христа, който е проповѣдвалъ Ботйовъ и който проповѣдватъ умразнитѣ за г. Вазова и С-ие социалисти: *единъ за всички и всички за едного*. Добрѣ, но г. Вазовъ смѣта тоя принципъ за утопия; толкозъ по за съжеление е, че се явява пъкъ защитникъ на *нечиститѣ* срѣдства.

Като тъй сега, като не сѫществуватъ въ живота *чисти* срѣдства, то кое можемъ да имаме ний за критериумъ, за мѣрка, съ която да мѣримъ дѣлата на всѣка историческа личность и срѣдствата, които тя е употрѣбявала въ борбата, въ живота? — Само едно: *каквината на нейнитѣ дѣла, на нейния животъ*. Щомъ като е думата за *историческа* личность, то, разбира се, че нейнитѣ дѣла ще бѫдатъ не егоистични, въ тѣсния смисль на тая дума, а дѣла за благото на извѣстна часть отъ народа, за извѣстна класса, или пъкъ за благото на цѣлъ единъ народъ, ако не и за цѣлото човѣчество. Слѣдователно, длъжностьта на критика ще се състои въ туй — да укаже на благата, които се произлезли отъ нейнитѣ дѣла за обществото, да ги сравни съ срѣдствата, които сѫ исхабени за тия дѣла и, споредъ какъвто резултатъ добие, такова мѣсто ще й опрѣдѣли и въ историята. Освѣнъ това, щомъ е думата за историческа личность, то и дума не може да става за *частни* срѣдства: грамаднитѣ прѣврати, що сѫ направили и правятъ историческитѣ личности, не могѫтъ да се постигатъ освѣнъ съ общественни срѣдства. Историята и ежедневния животъ ни показватъ, че историческитѣ личности, както и неисторическитѣ, които, благодарение на властьта, разполагатъ съ общественнитѣ срѣдства, въ по-вечето случаи се употрѣбявали и употрѣбяватъ тия общественни срѣдства, безъ съзнанието, безъ знанието и често пѫти противъ желанието на самото общество, на самия народъ. Тъй, напримѣръ, всичкитѣ исхарчени общественни срѣдства за разнитѣ войни, за разнитѣ военни приготовления, за разнитѣ индустриални подобрения, за разнитѣ полезни и врѣдни здания и учрѣждения и пр. и пр., сѫ исхарчвани и се исхарчватъ безъ пълното съзнание, даже и противъ желанието на обществата и народитѣ. Това е не можало и не може да бѫде друго-яче затѫ, тъй като грамадната часть отъ обществата, които сѫ току-рѣчи единственнитѣ източници на общественнитѣ срѣдства, поради самата си нарѣдба сѫ биле и сѫ невѣжи и, слѣдов., не сѫ можали и не могѫтъ да цѣнятъ слѣдствията отъ извѣстно общественно прѣдприятие; тѣ даватъ само, а други ги харчатъ. И това даване отъ страна на масситѣ, макаръ и да е освѣтено отъ традициитѣ на много робски вѣкове, не винаги е ставало и става доброволно. Ний виждаме сѣки день, какъ се продаватъ мѣдницитѣ, чергитѣ и добитъка на сиромаща „за данъкъ"!?...

Да додимъ сега на прѣдмета си. Ботйовъ е трошилъ касси и обиралъ разнитѣ спекуланти, които сѫ натрупали богатствата си съ кражба, лъжа, измама отъ простото население, отъ массите. Прѣди всичко, това той е правилъ, защото оная часть отъ паритѣ на тия *законни крадци*, която е искалъ Ботйовъ, не сѫ били спечелени съ тѣхния собственъ трудъ, а сѫ биле крадени, сюрмашки пари, както ония мамини търговци, които откраднѫхѫ и сторихѫ *инкяръ* паритѣ, останали отъ Раковски... Друго, защото не сѫ се съгласявали да ги повърнѫтъ на Ботйова доброволно. Ако г. Вазовъ се възмущава отъ това и го счита за "подло", за „безнравствено", за „вагабонтство", то той трѣбва да се възмути наравно и отъ всѣко правителство минало и сегашно, което насила е истръгвало и истръгва общественнитѣ срѣдства и ги расхарчва за съзнателното поддържание на разнитѣ общественни злини. Даже нѣщо по-вече: той трѣбва да се възмути сто пѫти по-вече отъ сегашната въобще нарѣдба, отколкото противъ тия кражби на Ботйова, защото послѣдния е истръгвалъ насила *крадени сюрмашки* пари, а днескашнитѣ правителства истръгватъ насила кръвьта и потьта на сиромаситѣ!?.. Най-послѣ г. Вазовъ трѣбва да се сърди и възмущава противъ самия истор. ходъ на работитѣ; а такова сърдение кой знай до колко ще е умно и право!?... Ако Ботйовъ се облечеше съ своитѣ другари въ облеклото на властьта и истръгняше тия срѣдства, то пита се: не щѣше ли да е пакъ сѫщото?!.. Послѣ, Ботйовъ е зималъ тия срѣдства не за своя лична облага—боже пази—а за освобождението на милиони сѫщества, които сѫ се мѫчили цѣли петь вѣка. Ний помнимъ приключението му съ оня „подълъ чорбаджия," който не искаше да му даде поне една часть отъ паритѣ на Раковски. Не само че отказалъ, а го и наклѣветилъ, и го ръгнали въ дрънголника. Какво направи Ботйовъ? Подъ страхъ да изгуби за винаги най-милото си, той се прѣмъква една нощь въ кѫщата на тоя подлецъ; подлеца, оплашенъ, му позволилъ да си вземе колкото ще злато, но Ботйовъ се изхрацалъ върху златото и го изругалъ въ такъвъ смисълъ: трѣбва да знаешъ, че азъ не искамъ онова, което е твое, и го не искамъ за мене си частно"!*) и си отишълъ. Но защо сѫ тия примѣри? Самъ автора на студията, както и всѣки свѣстенъ човѣкъ, признава, че Ботйовъ е личность историческа; слѣдователно, не ни остава друго, освѣнъ да измѣримъ благата

---

*) Гледай стр. 181 и 182 отъ Биографията на Ботева.

отъ неговитѣ дѣла, общественнитѣ срѣдства, исхарчени за тѣхъ, да ги сравнимъ, да намѣримъ резултата и да опрѣдѣлимъ мѣстото на Ботйова въ историята. Но ний още въ началото споменахме, че нѣмаме намѣрение това да правимъ въ настоящата си статия. Изобщо ще кажемъ само, че общественнитѣ срѣдства, които сѫ исхарчени за въорѫжванието, както на Ботйовата чета, тъй и на по-първитѣ чети, въ сравнение съ общественното благо, бѣхѫ незначителни. Слѣдствията отъ тия движения, отъ тия доброволни жертви сѫ извѣстни: ускори се освобождението ни. Възпитателното пъкъ значение на тия рѣдки самопожертвувания за благото на единъ цѣлъ народъ, възпитателното значение на Ботйова частно, като човѣкъ, поетъ, писатель, революционеръ и герой—то е друго пъкъ...

И тъй, въ кассотрошението на Ботйова, въ нощнитѣ му похождения, въ стълкновението му съ полицията и пр. и пр. нѣма нищо „подло", нищо „безнравственно", нищо „вагабонтско". Такова нѣщо може да намѣри само оня, който *нарочно* дири, който нарочно изопѫчва дѣйствителностьта, който съзнателно си затваря очитѣ прѣдъ историята, или пъкъ, който хаберъ нѣма отъ писанието на критически студии за исторически личности. Това послѣдното го казваме, защо г. Вазовъ, като критикува Ботйова, изгубва почвата изъ подъ краката си; като всѣки поетъ, той отлита въ облацитѣ, прѣселва се въ другъ идеаленъ свѣтъ, усвоява всичкия неговъ умственъ и нравственъ складъ и прѣзъ умственнитѣ и нравственни очила на тоя идеаленъ свѣтъ той намира извѣстни „тъмни пятна въ образа на Ботйова," а това е противъ азбуката на всѣкакъвъ родъ критически студии. Да прѣминемъ сега къмъ безбожничеството въобще и къмъ безбожничеството на Ботйова.

Автора на студията вѣрва въ еволюцията на человѣчеството, сирѣчь, той вѣрва, че човѣчеството чрѣзъ постепенното си развитие е дошло до днешната цивилизация. И наистина, човѣчеството е еволирало и еволира. Въ своята еволюция то събаря и гради. Ако би било възможно да се устрои единъ физически урѣдъ, който да показва еволюцията на човѣчеството, както барометра, напр., показва измѣнението на врѣмето, то бихме забѣлѣжили, че човѣчеството се измѣня не прѣзъ сто, прѣзъ двайсеть, прѣзъ десеть години, а всѣки день, всѣки часъ, всѣка минута. Благодарение на тая еволюция, на това постоянно крачение напрѣдъ, което става по силата на неумолимитѣ исторически закони, ний виждаме човѣчеството да се усъвършенствува и да приема все понова, все по-хигиенична, все по-съобразна съ неговитѣ нужди умственна и нравственна *примѣна*. Тъй, напримѣръ, било е врѣме, когато е нѣмало днескашната форма на общежитие, спрѣчь, когато хората сѫ живѣли пръснати по горитѣ, року-рѣчи въ диво състояние, както и днесъ живѣятъ въ нѣкои затънтени краища на свѣта. Умственния и нравственния имъ складъ твърдѣ малко се е отличавалъ отъ оня на другитѣ животни. Цѣлия имъ животъ се е ограничавалъ въ борба съ природнитѣ стихии и съ другитѣ зверове. Съ течението на врѣмето, борбата за сѫществуване ги е сгруппирала въ отдѣлни купове. Тукъ, благодарение на изобрѣтението на разнитѣ каменни орѫдия, на изобрѣтението да си кладѫтъ огънь и пр. и пр., тѣхния умственъ и нравственъ складъ се е поиздигналъ до едно по-високо стѫпало. По-сетнѣ, по силата пакъ на сѫщата борба съ природнитѣ стихии и другитѣ диви зверове, отдѣлнитѣ купове се сливатъ по нѣколко въ единъ; числото на техническитѣ урѣди се е увеличило, изнамѣрило се е желѣзото, почнали се да правятъ разни орѫдия отъ него, да ги приспособяватъ въ живота, и тия голѣми купове или семейства сѫ хванали да си построяватъ жилища, да обработватъ земята и т. н. — човѣчеството приема нова примѣна, нова дрѣха: вмѣсто първия скитнически, чергарски животъ, заживява осѣдло, на извѣстно постоянно мѣсто.

Новия начинъ на живение поражда у него нови мисли, нови нужди, нови чувства и влечения. Тъй, напримѣръ, човѣкътъ-земледѣлецъ видялъ, че неговото сѫществувание като земледѣлецъ напълно зависи отъ природнитѣ стихии: отъ слънцето, дъжда, снѣга, вѣтъра, града и пр. и пр. Като не можалъ да си обясни тѣхното произхождение, тѣхната сѫщность, естествено сѫ възниквали у него разни прѣдставления за тѣхъ. Той хваналъ да ги убожава едно слѣдъ друго, да имъ се моли и приниса жертви. По-сетнѣ той забѣлѣжилъ, че тия необяснеми за него стихии сѫ капризни като дѣца: ту слѣдъ нѣкои жертвоприношения сѫ му помагали, ту пъкъ сѫ го разорявали. Поражда се у него ново прѣдставление — че свѣта се управлява отъ разни богове, отъ добри и зли, които се борятъ помежду си за първенство. Той хваналъ да си ги прѣдставлява като висши сѫщества, съ сѫщитѣ човѣшки образи потрѣби и инстинкти; хваналъ да си въобразява, че тѣ живѣятъ изъ облацитѣ, изъ високитѣ планински върхове, изъ горитѣ, подъ земята и т. н. — въобще тамъ, отгдѣто той е съзиралъ разнитѣ опасности за живота си. Тъй е възниквало идолопоклонството въ разнитѣ си форми, съ разнитѣ си варварски обрѣди и обичаи. Разумява се, че мѣстностьта, климата, природа въобще е указвала най-голѣмо влияние върху възникванието на разнитѣ религиозни мисли и чувства; оттукъ имаме и разни религиозни вѣрвания.

Минуватъ се години, голѣмитѣ семейства ставатъ още по-голѣми, земята се испълва съ тѣхъ — и ний виждаме, какъ тия блиски, съсѣдни семейства, родове, племена почватъ да се каратъ, да се сблъскватъ и воюватъ помежду си зарадъ извѣстни по-плодородни, по-сгодни за обработвание и защита мѣстности. Въ тия воювания по-силнитѣ физически и умствено сѫ стоели на чело. Хванали да имъ даватъ разни имена и привилегии. Благодарение на всичко това възниква частната собственность. Послѣдната коренно измѣня човѣчеството: подкачва се борба между самитѣ членове на едно и сѫщо семейство, на едно и сѫщо племе, за извѣстни мѣстности и орѫдия за обработвание. Явява се нужда отъ разни закони и учрѣждения. Разнитѣ врѣменни юнаци, прѣдводители, конунги, князе и прочее се прѣвръщатъ въ *постоянни*; тѣ взематъ грижата на законодатели и управници. Като най-много заинтересувани въ тая нова фаза на борбата — тъй като тѣ сѫ владели, благодарение на своето прѣимущество, било то физическо или умствено, най-голѣми пространства земи и най много орѫдия за обработвание — тѣ сѫ биле принудени, по какъвъ и да било начинъ, да запазятъ своитѣ си завладени вече имущества, своитѣ си привиллегии. Тукъ тѣ сѫ въсползували отъ невѣжеството на осталитѣ и при нарѣждането на разнитѣ учрѣждения, въсползували се отъ тѣхнитѣ вѣрвания, суевѣрия и пр., систиматизирали ги, събрали ги въ едно и ги облекли въ облеклото на *закона*, сирѣчь, направили ги задължителни за всички подъ страхъ на наказание. Съ течението на врѣмето класса на неимущитѣ расалъ и, за да се спаси отъ гладна смърть, се е прѣвърналъ въ роби на имущитѣ. Расалъ е сѫщо тъй и класса на имущитѣ, които дѣлили помежду си властьта, вслѣдствие на което възникватъ разнитѣ касти: военни, жреци, свободни роби и пр. и пр. Тъй сѫ възникнали първитѣ господарства, които расли и сѫ се развивали заедно съ развитието на хората.

Като економически осигуренъ, само класса на имущитѣ е можалъ да напрѣдва въ умствено и нравствено отношение; ето защо, слѣдъ изнамѣрванието на писмото, ний виждаме учението да е достояние само на жрецитѣ, а по-сетнѣ и на всичкитѣ имущи и прівиллегировани класси. Благодарение на това, възникватъ разнитѣ основатели на религиитѣ. Появява се Конфуций, Зороастръ, Будда, Христосъ, Мохамедъ и др. исторически личности. Тукъ не му е мѣстото да разглеждаме ученията на тия исторически личности, да ги сравняваме и да указваме на тѣхното значение. Ний ще се спремъ само на Христа и неговото учение. Колкото за другитѣ, ще се ограничимъ само съ туй, като кажемъ, че основателитѣ на всичкитѣ други религии до Христа сѫ чеда на привиллегированитѣ класси и, слѣдователно, тѣхнитѣ религиозни учения сѫ имали сé една обща цѣль: *да задържатъ развитието на неимущитѣ класси и запазятъ привиллегиитѣ на имущитѣ.*

Христосъ се е явилъ тъкмо въ онова врѣме, когато античната цивилизация, която е била основана на робството, достигнала до върха на своето развитие; когато александрийския и другитѣ университети сѫ биле на върха на своето развитие; когато сѫ живѣли най-знаменититѣ гърцки и арапски философи и математици, когато класса на имущитѣ се е наслаждавалъ отъ всичкитѣ блага на тогавашната цивилизация, а класса на бѣднитѣ е билъ въ най-окаяно положение; когато разнитѣ привиллегировани класси безбожно лъжели, мамяли и експлуатирали грамадното мнозинство бѣдняци; когато, най-сетнѣ, разрушающитѣ елементи, що е съдържала тогавашната цивилизация, сирѣчь, класса на огнетенитѣ и измѫчени робове сѫ почнали да я събарятъ. Роденъ отъ бѣдни родители, въспитанъ посрѣдъ тоя раскошъ, отъ една страна, и тая мизерия, отъ друга, изученъ въ най-знаменитото въ него врѣме висше училище, въ александрийския университетъ, надаренъ съ кротко сърдце и ораторски говоръ — Христосъ се явява разрушителъ на тогавашнитѣ обществени нарѣдби, носителъ на новия идеалъ, който смутно е хваналъ да се проявява въ главитѣ на многочисления бѣденъ класъ — защитникъ на сиромаситѣ. Той викналъ: „Елате всички обременени, азъ ще направя да улекне товара ви! Не мислете, че съмъ дошълъ да проповѣдвамъ *миръ* на земята — не *миръ*, а мечъ! Горко вамъ, богати, защото вий сте получили вече своето утѣшение! Горко вамъ, прѣситени сега, защото вий ще огладнѣете! Горко вамъ, смѣющи се сега, защото вий ще заплачите и възридаете! Горко вамъ фарисеи, сѫдукеи, лицѣмери и змии ехидни!...“ Тоя зовъ билъ зовъ тъкмо на врѣме; той намѣрилъ откликъ въ сърдцата и главитѣ на многочисления огнетенъ класъ, който напущалъ своитѣ господари, напущалъ своитѣ колиби и тичалъ жадно да чуе онова, което тъй много му се искало да чуе: да чуе, че скоро ще се прѣмахне економическото неравенство, че ще изчезне робството, а съ него заедно и лъжата, кражбата и насилието, че скоро ще настѫпи царството на равенството, царството на мира и любовьта.

Вдадени въ пиянство и развратъ, привиллегированитѣ отначало не забѣлѣзвали опасностьта отъ тоя смѣлъ проповѣдникъ; обаче, скоро тѣ почувствували това и го прѣмахнали изъ помежду живитѣ, като го осѫдили на смърть. Но това нищо не помогнало: почвата била отдавна готова и пръснатото семе растяло съ удивителна бързина. Почватъ се страшни гонения и прѣслѣдвания на христовитѣ послѣдователи: съ хиляди души въ единъ день разпѫвали на крѣстове, съ хиляди обливали съ катранъ и ги запалвали да горятъ, съ хиляди обвивали въ кожи и ги хвърляли въ клѣткитѣ на разнитѣ звѣрове да ги раскѫсватъ! Но и това не помогнало за изкоренението на христовитѣ послѣдователи. Най-сетнѣ, като видѣли привиллегированитѣ, че числото на християнитѣ расте бързо, че хрисиянството се вмѫква и въ тѣхнитѣ кѫщи, че то става прѣобладающъ елементъ и въ единственната тѣхна упора, армията— тѣ, на чело съ своитѣ царе, жреци и велможи, обърнали другия листъ: тѣ рѣшили да провъзгласятъ христовото учение за господстующе, а себе си за христови послѣдователи. Рѣшено и свършено: прѣработватъ, сглобяватъ, а най-главно, *изопачватъ* христовото учение и го провъзгласяватъ не само за господстующе, но го направятъ и задължително за всички свои поданници. По този начинъ, Христовото учение отъ опасно за привиллегированнитѣ класси се прѣврѫща въ полезно, въ ново орѫдие, за исковаванието на нови букаи за класса на огнетенитѣ и робитѣ. По-напрѣдъ сѫ мѫчили, лъгали и експлуатирали бѣдната класса само съ силата на властьта си, а сега—и въ името на Христа!?..

Да, христовото учение се е прѣвърнало въ такъвъ могѫщъ лостъ въ рѫцѣтѣ на привиллегированитѣ, че и до днесь експлуатиратъ съ него масситѣ. Една отъ привиллегированитѣ класси, която специално е държала тоя лостъ въ рѫцѣ, духовната класса, се е почувствувала тъй силна съ него, та че е поискала да господствува надъ другитѣ привиллегировани класси! Цѣлата срѣдневѣковна история е пълна съ борби между царетѣ и папитѣ. Сумма войни, сумма жертви, сумма общественни срѣдства и крѫви —и сѐ отъ името Христово!?... Нѣма нужда да спомняме нечутия развратъ, до който бѣхѫ достигнали тия ужъ христови намѣстници и послѣдователи; ще кажемъ само, че тия борби между духовната и свѣтска власть се свършихѫ съ компромисъ: направихѫ отстѫпки единитѣ и другитѣ и сключихѫ съюзъ прѣдъ видъ на опасностьта, която ги загрозяваше отъ измѫченитѣ и докарани до крайность бѣдняци.

Прѣзъ всичкото това врѣме, догдѣто нѣкои свѣтли и тъмни умове се бъхтяхѫ надъ богословскитѣ догмати, догдѣто се занимавахѫ съ изслѣдвания върху вѣрноститѣ и невѣрноститѣ на Евангелието, догдѣто се мѫчехѫ съ разрѣшението на чисто филосовски въпроси посрѣдствомъ мегафизиката—други свѣтли умове бѣхѫ сѫ увлекли отъ ново едно направление, бѣхѫ сѫ вдали въ другъ родъ изслѣдвания—въ изслѣдванне и разработванне на естественнитѣ науки. Привиллегированитѣ провъзгласихѫ и тѣхъ за „еретици", за „безбожници" и разрушители на „Христовата свята вѣра"; подхвърлихѫ ги на разни гонения и мѫчения, както гонянѫ, мѫчехѫ и убивахѫ едно врѣме първитѣ христови послѣдователи. Гонянѫ и ги прѣслѣдвахѫ, защото се осмѣлихѫ да обяснятъ на масситѣ нѣкои физически явления, нѣкои природни закони, незнанието на които до това врѣме ги държеше въ това окаяно положение. Обаче, и тукъ почвата вече бѣше готова и нищо не спомогнѫ за изкоренението на тия „волнодумци," на тия „еретици, на тия „безбожници"; тѣхното учение все по-вече и по-вече завладяваше свѣтлитѣ и чисти умове. Естествознанието се разви и въ късо врѣме направи цѣлъ прѣвратъ въ човѣчеството; то спомогнѫ и ускори развитието на сегашния капиталистически строй, който пъкъ отъ своя страна даде потикъ за новъ родъ изслѣдвания—върху обществено-економическитѣ явления, плодъ на които е сегашната *положителна* социология, що прѣдсказва падането на днескашната наредба и замѣнението й съ друга, която ще почива на другъ принципъ, на принципа на социално-екон. равенство, на братството, свободата и любовьта...

Ето съвършенно изкъсо историята на човѣшката еволюция, а най-вече въ религиозно отношение. Отъ казаното до тукъ става явно, че всичкитѣ религиозни вѣрвания сѫ били и сѫ плодъ на невѣжеството на масситѣ; че привиллегированитѣ класси, за да запазятъ своитѣ привиллегии, сѫ се ползували отъ това невѣжественно положение на масситѣ, като санкционирали, тъй да се каже, тѣхнитѣ вѣрвания и сѫ ги облекли въ облеклото на законъ; че основателитѣ на разнитѣ религии: Зороастръ, Будда, Конфуций, Христосъ, Мохамедъ и пр. и пр. сѫ обикновенни исторически личности, а не богове нѣкакви си; че Христосъ има туй прѣимущество прѣдъ другитѣ, дѣто той се е явилъ прѣдвѣстникъ за падането на античната цивилизация, разрушитель на тогавашнитѣ обществени отношения, защитникъ на робитѣ и огнетенитѣ и проповѣдникъ на ново обществено-економическо урѣждане, проповѣдникъ на ново царство—на царството на любовьта и братството; че, при все това, неговитѣ свѣтли идеали не сѫ можле да сѫ осѫществятъ, защото, „лицемеритѣ" и „змиитѣ ехидни" сѫ сѣтили на врѣме да го прѣмахнѫтъ и изопачатъ неговото учение, като най-подло сѫ измамили бѣднитѣ масси народъ; че, най-сетнѣ, това изопѫчено Христово учение пада, като нѣщо старо и отживѣло вече и се замѣстя съ новата всѣсвѣтска религия — научния социализмъ, който е на пѫтя на своето въстържествуване, на пѫтя на провъзгласяването и реализирането царството на свободата, братството и равенството, царството на човѣшкото щастие.

Като тъй сега, като автора на студията вѣрва въ еволюцията на човѣчеството, пита се: за какъвъ богъ ни говори? Безъ всѣко съмнѣние за оня, „който биде распнатъ на крьста, който проповѣдваше милостьта, любовьта, истината, който доде на земята *не за силнитѣ, а за малкитѣ и слабитѣ*", сирѣчь, за Христа. Добрѣ, но еволюцията ни показва: първо, че Христосъ *не е богъ*, а историческа личность, както е и Будда, и Конфуций, и Зороастръ, и Мохамедъ и пр. и пр.; а, второ, че тая историческа личность, Христосъ, е била прѣзъ живота си защитникъ на „малкитѣ и слабитѣ", а по-послѣ „той биде експлуатиранъ отъ силнитѣ на земята", за което, разумѣва се, „той не бѣше виноватъ, *а човѣшката подлость и невѣжество*"; сирѣчь, по-сетнѣ силнитѣ и богатитѣ го прѣвърнѫхѫ въ „богъ на царе, папи, калугери и глупци". Като тъй сега, пита се пакъ: на кой образъ на Христа се кланя г. Вазовъ: на чистия ли или маскирания? Той ни дава да разберемъ, че се кланя на чистия образъ на Христа, сирѣчь, на Христа — защитникъ на слабитѣ, на сюрмаситѣ, на робитѣ. Но защо пъкъ защищава и маскирания образъ на Христа? Защо защищава сегашното християнство? Защо защищава чорбаджиитѣ, килимявкитѣ и изѣдницитѣ? Защо се сърди на Ботйова, за дѣто той, на основание на сѫщата еволюция, прави разлика между чистия и маскирания образъ на Христа, за дѣто боготвори първия — *защитника на робитѣ*, а провъзгласява *втория, маскирания*, за богъ на царе, папи, чорбаджии? Защо се прѣструва, най-сетнѣ, че не разбира Ботйовия богъ?!...

Колкото и да ни увѣрява автора на студията, че той се кланя на истинския, на немаскирания Христа, не само ний, но и всѣки свѣстенъ човѣкъ не може да му повѣрва; защото той мрази въобще революционеритѣ, когато пъкъ Христосъ е билъ на своето врѣме цѣлъ цѣленичъкъ революционеръ; защото той подло се прѣструва, че богътъ, когото Ботйовъ порицава и нарича богъ на царе, папи и глупци, е сѫщия Богъ, който биде распнатъ и който дойде за малкитѣ и слабитѣ; защото той защищава сегашното изопѫчено христово учение; защото боготвори сегашнитѣ суевѣрия и прѣдразсѫдъци, сегашнитѣ лъжливи вѣрвания на масситѣ, които сѫ плодъ на грубото невѣжество; защото счита истинското Христово учение за „заблуждение" и „плѣвель" у младитѣ и крѣхки умове и пр. и пр. и пр.

И тъй, Ботйовъ е разбиралъ много добрѣ еволюцията. Той не само е вѣрвалъ въ нея — въ икономическата еволюция, но и облегнатъ на нея прѣдвѣщава крайния ѝ моментъ: „Ще викнемъ ние хлѣбъ или свинецъ!" И наистина, благодарение на тая еволюция, днесъ трудящитѣ се классове, измъченитѣ работници-социалисти по цѣлия свѣтъ правятъ единъ съюзъ, организиратъ се и се готвятъ да завършатъ тая еволюция, да облѣкатъ цѣлото човѣчество съ нова, съобразна съ неговитѣ нужди и потрѣби, примѣна, готвятъ се да раскъсатъ рамкитѣ на сегашнитѣ обществено-икономически нарѣдби, да провъзгласятъ принципитѣ на социално-икономическото равенство, принципитѣ на човѣшкото благуване, принципитѣ на новата религия — научния социализъмъ. Завършванието на тая еволюция ще стане съ едно коренно прѣустройвание на обществено-икономическитѣ отношения, сирѣчь, съ революция, която толкова много мрази автора на студията. Това коренно прѣустройвание, тая революция рано-късно ще се свърши... Благодарение на тая *еволюция*, благодарение на разработванието на науката, днесъ не сѫществуватъ освѣнъ два класса: богати и бѣдни; не сѫществуватъ освѣнъ два бога — богъ на разума, на науката, „защитникъ на сюрмаситѣ", и богъ на „тиранитѣ", на „лъжцитѣ", защитникътъ на експлуататоритѣ, на привиллегированитѣ. Колкото и да съжеляваме, колкото и да ни сѫ мили ония врѣмена, когато сѫществуваше само *единъ* богъ, но съ *двѣ* лица; колкото и да се сърдимъ и скачаме — всичко е безполезно: защото никой не е въ сила да спре колелото на еволюцията и да го повърне назадъ. Уви, „златната срѣдина" на вѣки изчезнѫ! Два пѫтя има сега за всѣкиго — единия води въ лагера на огнетенитѣ, въ царството на разума и науката, а другия — въ лагера на огнетителитѣ, въ царството на лъжата, подлостьта и разврата! Нека всѣкой си избере.

Отъ прѣди десятки години Ботйовъ е разбралъ това и си избралъ пѫтя, който го е завелъ въ лагера на огнетенитѣ, на робитѣ, на сюрмаситѣ. Той можаше да избере другия пѫть и да си живѣе прѣкрасно, като автора на студията и С-ие; можаше, вмѣсто да гладува и живѣй въ крайна мизерия, посрѣдъ грубитѣ „хашлаци", да блаженствува изъ раскошнитѣ палати; можаше, вмѣсто да си излага живота на разни опасности, да се расхожда баронски изъ градскитѣ градини и се удоволствува отъ всичкитѣ блага на днескашната цивилизация; можаше, най-сетнѣ, да се не самопожертвува и сега да е пръвъ министръ!... Всичко, всичко можаше; но той прѣзрѣ всички тия лични блага, почувствува се тъкмо на своето място посредъ окаянитѣ сюрмаси, страстно залюби тѣхния богъ и почнѫ да го въспѣва:

„О, мой Боже, правий Боже!
Не ти, що си въ небесата,
А ти, що си въ мене, Боже —
Менъ въ сърдцето и въ душата...

Не ти, комуто се кланятъ
Калугере и попове
И комуто свѣщи палятъ
Православнитѣ скотове;

Не ти, който си направилъ
Отъ калъ мѫжътъ и жената,
А човѣкътъ си оставилъ
Робъ да бѫде на земята;

Не ти, който си помазалъ
Царе, папи, патриарси,
А въ неволя си зарязалъ
Мойте братя сиромаси;

Не ти, Боже, на лъжцитѣ,
На безчестните тиране,

Не ти, идолъ на глупцитѣ,
На човѣшкитѣ душмане:

А ти, Боже, на разумътъ,
Защитниче на робите,
На когото щѫтъ празднуватъ
Деньтъ скоро народите!

Вдѫхни сѣкиму, о Боже!
Любовь жива за свобода —
Да се бори кой какъ може
Съ душманите на народа.

Подкрѣпи и менъ рѫката,
Та кога възстане робътъ,
Въ рѣдоветѣ на борбата
Да си найда и азъ гробътъ!

Не оставяй да истине
Буйно сѫрдце на чужбина,
И гласътъ ми да премине
Тихо като презъ пустиня!..."

Какво „подло, грубо и безсмисленно самооплювание" има въ тая пълна съ чувства, мисли и поезия пѣсень? Нѣма никакво „самооплювание", а има *заплювание* бога на „тиранитѣ, лъжцитѣ и човѣшкитѣ душмане"; има справедливо възмущение противъ оня измисленъ отъ изѣдницитѣ богъ, който ужъ „направилъ отъ калъ мѫжа и жената, а *човѣкътъ* е оставилъ робъ да бѫде на земята"; който е ужъ „помазалъ царе, паши, патриарси, а въ неволя е зарязалъ всички братя сиромаси"; който е ужъ установилъ властитѣ на земята и кара сюрмаситѣ да ги почитатъ и слушатъ; който е държалъ толкова вѣка въ невѣжество и мизерия по-вече отъ половината на човѣшкия родъ; който е причинилъ толкова нещастия на човѣчеството; който е погълналъ толкова човѣшки жертви, толкова кръвь и потъ сюрмашка, съ която би могло човѣчеството да обърне нашата планета въ райска градина; има плюение и рацание върху самото невѣжество, върху лицата на всички, които съзнателно и систематически сѫ го поддържали и поддържатъ...

Колкото се отнася до втората половина на тая пѣсень, въ която Ботйовъ въспѣва „Богътъ на разума, защитникътъ на робите, на когото щжтъ празднуватъ деньтъ скоро народите," автора на студията се преструва, че не разбира, кой е тоя богъ. Той казва:

„Тия думи сж тъмни и ние пакъ не можемъ да видимъ характера и сжщностьта на тоя Богъ. Дали не ще е оня Богъ, който удобряваше трошението на кассите, който му нашъпваше стихътъ: „Ще викнемъ ние хлебъ или свинецъ"? Да ли не ще е богътъ на сблъсъкътъ, богътъ на кръвьта, на ужасните човешки бедствия!—Очевидно, него разбира Ботйовъ и него тръси на помощь въ борбата. Но това не е богъ, а Ваалъ гладенъ за човешки жертвоприношения! Тоя богъ е мръсенъ, зверовитъ отвратителенъ ..."

Може ли да бжде нещо по-подло, нещо по-отвратително, нещо по-гнусно отъ тая ииска приструвка, отъ това нагло изопъчване?!... Богътъ на Ботйова билъ „кръвожаденъ," „зверовитъ," „отвратителенъ", а богътъ на автора и С-ие билъ, „кротъкъ", „смиренъ" и „милостивъ"!? Че кой богъ е държалъ въ такова окаяно положение массите? Кой богъ е истрилъ толкова милиони сюрмаси въ хилядите войни до сега? Кой богъ е причинявалъ и причинява хилядите ужастни разорения и бедствия? Кой богъ трепи сюрмасите работници, съ саба и свинецъ, когато тръгнжтъ изъ улиците съ черни знамена по десятки хиляди на веднжъ и викатъ: „хлебъ или работа!"?... Богътъ на Ботйова ли, или богътъ на търтеите?... O tempora, o mores! ще извикаме ний съ Ботйова, ще се потърсимъ и погнусимъ отъ день душа, на ще продължимъ.

Не е верно, че Ботйовъ не е вервалъ „въ принципите на науката, на светлината, чрезъ които ще сж избави човечеството отъ страданията." Наопъки, той се е отвръщавалъ, възмущавалъ и гнусилъ отъ грубото невежество на массите; бори се, живе и умре, най-сетне, за да достави възможность на тия невежественни масси да се проникнжтъ отъ тия принципи на науката, да се просветятъ и заживеятъ като хора. И наистина, за каква наука, за какво просвещение на трудящия се классъ може да се говори, когато те нематъ абсолютно никаква възможность за това? Какъ ще просветимъ единъ работникъ, единъ сиромахъ, когато той е принуденъ дено-нощно да работи и пакъ не може да се прехрани и облече, пъкъ не може да спаси отъ гладъ и студъ семейството си? Само фарисействующите могжтъ да бръщолевятъ за просвещението на массите безъ економическото имъ подобрение; само хората отъ хуманитарната школа могжтъ да верватъ и се надеватъ, че науката до тамъ ще облагороди затъпнените чувства на ситнитѣ и богатитѣ, та че ще кажжтъ единъ день: е, окаянни роби, сюрмаси-работници, ние до сега ви крадихме труда, мѫчихме ви и притѣснявахме ви, гонихме се и наслаждавахме се на ваша гръбъ—простете ни за това; забравете миналото, дайте да се побратиме—всички да работимъ и всички да се наслаждаваме отъ благата на живота! Подобно нѣщо никога не е бивало, нито ще стане. Това много добрѣ знаятъ трудящитѣ се масси; затуй сѫ си подали тѣ рѫцѣ въ цѣлия свѣтъ, организиратъ се и се готвятъ, не да посрѣщнѫтъ горното покаяние отъ страна и на силнитѣ и изѣдницитѣ, а да имъ го прѣдложжтъ за послѣденъ пѫтъ!..

Колкото се касае до поетическия талантъ на Ботйова, ний нѣма да се простираме хичъ, защото и най-върлия противникъ на Ботйова не би могълъ да каже друго, освѣнъ, че той е „природенъ, силенъ, симпатиченъ, мощенъ, оригиналенъ, самобитенъ, както и самата личность на поета". Ще кажемъ само, че и тукъ автора на студията се стрѣми да намали нѣкакъ силата на поетическия талантъ на Ботйова. Тъй, напримѣръ, той го намира за „едностранчивъ", защото „въ пѣснитѣ му не се зачува оня живъ откликъ на интимния животъ на сърдцето, който винаги е една струя отъ поезия", защото „не виждаме да говори езика на любовьта", защото не въспѣвалъ Ботйовъ голитѣ рѫтлини и младитѣ моми!?... Като го искарва прѣдъ сѫда на естетиката, обвинява го, за дѣто той немарливо се отнасялъ къмъ техническата страна на своитѣ пѣсни и стихове и заявява, при това, че „никакви смекчителни обстоятелства" не могжтъ намали тая негова вина!?... Заявява още, че Ботйовата поезия, като всѣка патриотическа поезия, би „изгубила отъ своя жизненъ интересъ за новитѣ поколения," ако „духътъ на поезията му, силата на таланта му и обстоятелствата на живота му не сѫ го поставили въ *привиллегировано* положение". Г. Вазовъ се страхува да се доискаже; страхува се, или не му се иска да признае, че Ботйовата поезия не спада въ тоя родъ „патриотическа поезия", че тя за дълго нѣма да изгуби значението и интереса си за новитѣ поколения, защото е пълна съ общечовѣчески чувства и идеали, съ прѣдсказания и пророчества за бѫдѫщото благуване на човѣчеството. Но да спремъ сега и резюмираме всичко казано до тукъ.

III.

Ний помѣнахме още въ самото начало, че нашата история до епохата на нашето духовно и политическо възраждание е тъмна и кална даже; тя е пълна съ тегла и мѫки на бѣдната масса, причинявани отъ нечутия византийски раскошъ и развратъ на нашитѣ честолюбиви царе до завоюванието ни отъ Турцитѣ, а по-сетнѣ, причинявани отъ дивитѣ и свирѣпи варвари, плюсъ ония подли и ниски душици изъ между бълг. народъ, които султана и разнитѣ турски голѣмци заслужено награждаваxж съ разни медали, титли и почести. Слѣдователно, безумно е да се търсятъ въ тия страници на нашата история какви-годѣ величави образи. Послѣднитѣ испъкватъ тогава, когато социално-економическото положение въ Европа породи страшната буря, която расклати основитѣ на обществено-економическитѣ отношиния, а съ туй заедно раздвижи и умоветѣ на всички слоеве, които до това врѣме прѣдставляваxж само димящъ се вулканъ, който сегисъ-тогисъ исхвърля лава, безъ никаква опасность за общото здание. Да, то бѣше такова вулканическо изригване, страшния и грозенъ ревъ на което, като се отрази на четиретѣхъ краища на свѣта, продължава да звучи още въ ушитѣ на всички. Оттогава числото на историческитѣ личности въобще хванx да се увеличава, оттогава хванxxx да се появяватъ и на тъмнитѣ страници на нашата история тукъ-тамѣ свѣтликави пятанца, които, колкото се доближаваме до епохата на нашето възраждание, толкова по-свѣтли и величествении ставатъ; а прѣзъ самата тази епоха страницитѣ на нашата нова история се прошерватъ, не вече отъ свѣтли и величави пятна, а отъ сѣяющи звѣзди и слънца, които образуватъ една цѣла слънчева система. Първо мѣсто въ тая слънчева система, както по обема си, тъй и по свѣтлината и топлината си, заема образа на Ботйова. И наистина, ако имаме историческа личность, която най-много краси страницитѣ на нашата история, съ която би могълъ да се гордѣе всѣки свѣстенъ човѣкъ, отъ която би могла да почерпи всѣка неразвратена душа примѣри отъ човѣшки животъ, отъ гранитни и непоколебими убѣждения, отъ ягка свръзка и пълна хармония между чувствата и мислитѣ, отъ една страна, и рефлекситѣ и дѣлата, отъ друга, отъ самобитна, но сгрята съ мощни чувства, съ жаръ и пламъкъ поезия—то тая историческа личность, тоя величественъ образъ е Хр. Ботйовъ. Роденъ въсрѣдъ общото движение, той още съвършено младъ разбра неговия смисълъ и значение, и безъ никакво колебание избра приличното си мѣсто, нарѣди се въ рѣдоветѣ на огнетенитѣ и почнx да работи съ такава ловкось и умение, та че очуди всички свои другари. Справедливо забѣлѣзва автора на студията, че въ неговото развитие, въ неговата дѣятелность, въ неговия животъ не може да се забѣлѣжи „никаква кулминационна точка, каквато трѣбва да се намира въ всѣко нормално развитие". Той разбралъ, че момента е такъвъ, та че не търси никакво помайване и усъвършенствуване въ какво и да било направление, а го зове на борба такъвъ, какъвто си е; разбралъ това и се впуща въ общия вихъръ. При все туй, неговия умственъ и нравственъ складъ, неговитѣ духовни способности, неговата ловкость и умение да се бори, да брани беззащитнитѣ сюрмаси и наниса смъртелни удари на „тиранитѣ" и „изѣдницитѣ", далеко надминуватъ всички негови съврѣменници, които щѫтъ-нещѫтъ му струватъ мѣсто, за да испъкне на чело. И наистина, кой отъ неговитѣ съврѣменници—българи е владялъ неговата широка начитаность, неговото огнено перо, неговото умение да въплотява идеитѣ въ живи образи, неговитѣ общечовѣчески идеали?—Вазовъ ли? Пърличевъ ли? Славейковъ ли? Любенъ ли? Кой?—Положително никой. Ето вече десятки години се минаватъ, отъ какъ живѣемъ при по-други обстоятелства, при по-згодни условия—и ни единъ още отъ сегашнитѣ обществени дѣйци не се е доближилъ коне до Ботйова! Разумява се, че причинитѣ на това се криятъ въ самитѣ нови обществено-економически отношения, които напослѣдъкъ увеличихѫ Ботйовитѣ послѣдователи, които продължаватъ и ще продължаватъ да ги увеличаватъ и приближаватъ до него; може би не ще се мине много, когато ще се родятъ Ботйовци и нѣщо по-вече даже. Това не е пророчество, а прѣдположение, основано на самата еволюция на човѣчеството... Впрочемъ, нека се доискажемъ.

Наскоро слѣдъ освобождението ни отъ Турцитѣ, до като малцина разбирахѫ значението на новия економически процессъ, който току-що бѣ почналъ да се развива, Ботйовъ бѣ идеалъ на всички почти класси: учителитѣ, чиновницитѣ, военнитѣ, богатитѣ и сюрмаситѣ еднакво се възхищавахѫ отъ него. Но съ течението на врѣмето економическия процессъ еволира и подраздѣля вече нашия народъ на два явни класса съ противоположни интересси—на богати и бѣдни, на силни и слаби, на експлуататори и експлуатируеми; съ това заедно възникватъ сѐ по-силни и по-силни гонения и нападки на Ботйова отъ единия классъ и сѐ по-силни и по-силни негови прѣвърженци и защитници отъ другия. Класса на силнитѣ, на привиллегированитѣ се по-ясно и по-ясно хванѫ да съзира въ образа на Ботйова свой върлъ противникъ, противникъ на классовитѣ му интереси; а класса на бѣднитѣ, на притиснатитѣ, на неразвратенитѣ още, наопъки, се по-ясно и по-ясно хванѫ да забѣлѣзва въ образа на Ботйова свой върлъ защитникъ, защитникъ на неговитѣ классови интереси. Ето откѫдѣ произлиза сблъсъка между цвѣтето на нашата интелигенция— учителитѣ, когато стане дума за нѣкои Ботйови стихотворения да се изучватъ отъ ученичкитѣ и ученицитѣ, като образци по словесността, или же да се декламиратъ на нѣкои литературни вечеринки; ето откѫдѣ произлиза негодуванието на привиллегированитѣ, когато се изненадятъ да чуятъ на сцената нѣкое пламенно стихотворение, или же нѣкоя пламенна пѣсень отъ Ботйова; ето откѫдѣ произлиза и възмущението и негодуванието отъ страна на автора на критическата студия за Ботйова. Съ течението на врѣмето, съ развитието на економическия процессъ, ще се усилятъ нападкитѣ и гоненията върху Ботйова отъ привиллегированитѣ; може би, ще забранятъ даже и най-мегкото негово стихотворение да се дава за образецъ на дѣцата въ училищата; но съ туй заедно пъкъ всичкия огнетенъ класъ, всички неразвратени младежи, сега и за въ бѫдще, ще виждатъ въ неговото лице родоначалникъ, тъй да се каже, на българскитѣ социалисти, източникъ, отъ когото ще черпятъ вдъхновение и сила въ борбата си за възтържествуване на общия идеалъ.

Да, Ботйовъ ще остане безсмъртенъ въ аналитѣ на нашата история; неговия вѣнецъ за винаги ще си остане зеленъ. Но не защото, „който падне въ бой за свобода, той не умира"; не защото „тамъ на Балкана лѣжи и пъшка"; не защото е „патриотъ, герой и пѣвецъ" — а защото е билъ носитель на общечовѣческитѣ идеали, прѣдставитель, борецъ и защитникъ на огнетенитѣ и сюрмаситѣ. Догдѣто сѫществуватъ огнетени и сюрмаси, неговия ликъ ще краси бѣднитѣ имъ и сюрмашки куптори, неговитѣ огненни стихове и пѣсни винаги ще цѣпятъ въздуха, а най-вече на 17, 18, 19 и 20-ий Май, сирѣчь, прѣзъ ония дни, въ които той показа, какъ е сладко да се мре за освобождението на робитѣ, за възтържествуването на истината и справедливостьта, въ които дни, казваме, като проклинаше изѣдницитѣ, завѣща на огнетенитѣ и младежитѣ своитѣ идеали, своята борба!...

Ний скърбимъ, че тъй младъ и зеленъ умрѣ Ботйовъ; но, отъ друга страна, ний се утѣшаваме съ туй, че неговитѣ съмишленници—българ. социалисти—се показватъ достойни носители на неговитѣ идеали, прѣчистени и разработени отъ съврѣменната критика; че, въпрѣки прѣчкитѣ, гоненията, заплашванията отъ страна на привиллегированитѣ, тѣ постоянно растѫтъ и дѣятелно пропагандиратъ общитѣ идеали; ний съ гордость, констатираме че една часть отъ нашата дѣятелна интеллигенция се е наредила вече въ 'редоветѣ на огнетенитѣ; че, въпрѣки строгата забрана четението на Ботйова и др. писатели—социалисти, въпрѣки ввежданието на новия прѣдметъ—богословската етика—въ висшитѣ классове на нашитѣ срѣдни училища, въпрѣки строгитѣ и несправедливи наказания на учащитѣ се—младежитѣ продължаватъ да се нареждатъ въ сѫщия лагеръ. За въ бѫдѫще числото на социалиститѣ геометрически прогрессивно ще се увеличава, както се и увеличава тѣхното число въ Германия, Франция, Белгия, Швейцария и врѣдъ—въ Европа и Америка; ще се увеличава и усилва заедно съ развитието на капитализма, заедно съ нахлуванието на европейската цивилизация, на която сме отворили вратитѣ и отъ четиретѣхъ крайща. И нѣма да се спре това растение, догдѣто не се спре и измѣни хода на самия обществено-економ. процессъ...

Пакъ повтаряме: Ботевъ ще си остане прѣдметъ на общо уважение и почитание отъ страна на всички свѣстни младежи, отъ страна на всички сюрмаси, притиснати и огнетени, отъ страна на умственния и рѫченъ пролетариатъ, сега и за въ бѫдѫще. Борцитѣ за въстържествуванието на научния социализъмъ, за реализиранието принципитѣ на социално-економическото равенство дълго врѣме ще черпятъ отъ него вдъхновение и примѣръ отъ непоколебимость въ убѣжденията си; неговия образъ и неговитѣ съчинения дълго врѣме ще красятъ частнитѣ и общественни библиотеки, а пѣснитѣ му ще се пѣятъ до тогава, догдѣто сѫществуватъ на свѣта силни и слаби, работници и дарамоѣдци!...

31-ий Мартъ 1892 год.   Z

Левъ Толстой. 1) *Три статийки* (за труда, раскоша и жената), прѣводъ отъ русски, Руссе, 1891 г.; 2) *Малката свѣщь*, расказъ, прѣводъ отъ русски, „Лѫча", брой 8; 3) *Богъ забавя, но не забравя*, расказъ, прѣводъ отъ русски, Руссе, 1891 г.

Безпорно може да се каже, че днескашния вѣкъ е вѣкъ на най-сериозното и тщателно разглеждание общественнитѣ въпроси. Никога общественнитѣ бѣдствия не сѫ се разглеждали тъй основно и тъй всестранно, при това поставени и на научна основа, както днесь. Всестранното развитие на науката, проявено въ всичкитѣ ѝ клонове, особенно въ областьта на социологията, дава възможность днесь да се разглежда всѣко едно общественно явление тъй добрѣ и тъй сполучливо, както никога.. Истина е, че още отдавна, въ по-пърѵитѣ вѣкове, социалнитѣ въпроси сѫ занимавали по-виднитѣ мислители, но тѣзи послѣднитѣ не сѫ можле да дадѫтъ правилно рѣшение почти нито на единъ въпросъ отъ помѣнатата категория, по тѣзи или онѣзи причини. Само въ II-та половина на настоящето столѣтие, когато, благодарение на Маркса и др. негови другари, социологията и историята се поставихѫ на равна нога съ всички други клонове на науката, когато господствующия методъ на разглежданието всички исторически и социологически въпроси и явления станѫ *диалектическия* (по материалистическата система), а не както по прѣди: метафизическия или идеалистическия, по отдѣлно, или и двата смѣсени, само тогава общественнитѣ въпроси почнѫхѫ да се третиратъ, упирайки се на науката, на миналото и настоящето, така сполучливо и очевидно вѣрно, както и сега. Въ днешно врѣме общественнитѣ въпроси тъй ясно и убѣдително се разглеждатъ, щото човѣкъ трѣбва да е слѣпъ, за да не види и разбере сѫщностьта имъ, или пъкъ да не признае за вѣрни разултатитѣ отъ това разглеждание.

Но не трѣбва да забравяме, че има и друга една причина за ясното разглеждание днесъ на явленията въ областьта на социологията; тази причина е изострюванието или, тъй да се каже, уформюванието на всички общественни злини. Днешния капиталистически начинъ на производството спомага до висша степень за ясното и убѣдително разглеждание на тѣзи въпроси.

Да, самитѣ економически условия спомагатъ за правилното разглеждание на общественнитѣ въпроси, и то не само спомагатъ, ами тѣ сѫ и които даватъ *потикъ*, прѣдизвикватъ, подбутватъ хората да се занимаватъ съ тѣхъ. Днесь човѣкъ, ще не ще, е принуденъ да говори, или, ако не да говори, то поне да слуша постоянно да му се дрънка сё за общественни злини, сё за економически бѣдствия и упропастявания. Днесь всѣки единъ добрѣ развитъ и образованъ човѣкъ счита за дългъ да каже нѣщо, устно или писменно, по положението на *нѣщата* въ днешно врѣме, като искаже, разбира се, своитѣ мисли по причинитѣ, които сѫ прѣдизвикали този порѣдъкъ на нѣщата, по слѣдствията отъ него днесь и по това—какъ може да се измѣни той (ако споредъ него трѣбва да се измѣни), за да се дойде до по-добро положение, въ което да хармониратъ въ своитѣ дѣйствия всички общественни сили. Съ една рѣчь, разглежданието на общественно-економическитѣ злини днесь като че ли ни се налага, безъ да се питаме ний, отъ самия исторически ходъ на нѣщата.

Това наложение е още по-силно за тѣзи личности, които сѫ, както ги наричатъ Русситѣ, „передовія" личности на врѣмето си.

Една такава личность, която минава въ днешно врѣме за „передовая", е и графъ *Левъ Толстой.*

Това име е вече добрѣ познато на нашитѣ читатели. Толстой, както се знае, е единъ отъ най-талантливитѣ русски беллетристи, но който отдавна е напусналъ беллетристиката и безуспѣшно и до днесь се бъхти надъ разрѣшението на най-налѣжащитѣ общес.-економ. въпроси. Толстой по своитѣ си идеи има вече доста послѣдователи не само въ отечеството си—Руссия—но и въ странство. Неговитѣ послѣдователи и съмишленници енергически сѫ се заловили за распространението на учителйовитѣ си идеи по всевъзможенъ начинъ: чрѣзъ устна проповѣдь, чрѣзъ примѣренъ животъ, нагласенъ по основнитѣ начала на Толстоя, или, най-сетнѣ, чрѣзъ печатното слово.

У насъ, въ България, има вече издадени нѣколко прѣводни съчинения на Толстоя. Ето защо ний сме сторили наетъ да кажемъ нѣколко думи за него по случай на книжкитѣ, които сме озаглавили въ началото на тѣзи си бѣлѣжки и които смѣтаме да разгледаме. Прѣдупреждаваме читателя, че ний нѣма да пишемъ специално етюдъ въобще по мировъзрѣнието и историко-философскитѣ теории на Толстоя. За да разгледа човѣкъ исказанитѣ възрѣния на Толстоя до сега по всички насѫщни въпроси на врѣмето—би трѣбвало да пише по цѣли коли, томове; но намъ туй не ни е възможно сега, за туй нѣма и да го сторимъ.

Толстой може да ни интересува не като такъвъ, който е намѣрилъ, слѣдъ дълги лутания, кореннитѣ причини на всички общест. злини и който е указалъ най-радикалнитѣ, най-вѣрнитѣ лѣкове за излѣкуванието на тѣзи сѫщи общественни язви, а като личность, която, както мислятъ и самитѣ му единородци-учени, съ такъвъ силенъ размахъ, съ такава мощна рѫка подига на разглеждание въпроситѣ отъ висшата нравственность при оцѣняванието на днешния общественъ строй. Съ силата на своя талантъ и авторитетъ той буди заспалата съвѣстъ, раскрива общественнитѣ недѫгавости и бичува лъжливитѣ и условни форми въ днешния общественъ животъ. — Тази е главната и при това *едничката* заслуга, която Толстой ни указва за сега, и поради тази си заслуга той именно има значение и важность за насъ. Но и туй само е важна услуга отъ страна на такъвъ единъ талантливъ писатель, който обладава такова влияние надъ умоветѣ въ днешно врѣме. Както виждаме, услугата е такава, каквато бѣше и на Жанъ Жакъ Руссо, и, като вземемъ актъ отъ случившето се съ послѣдния, лесно можемъ да разберемъ туй, което днесь се случава съ послѣдователитѣ и самитѣ идеи на Толстоя.

Толстой е успѣлъ до сега да се искаже *почти* по всичкитѣ въпроси, които се отнасятъ до благосъстоянието на обществото и до доброто съжителство на неговитѣ членове. Той е писалъ и по положението на жената, и по труда, и по религията, и по брака, и по материал. богатства, и по какво не щѣте... Но всички тѣзи въпроси той ги разглежда и разрѣшава, като се ржководи не отъ едно свое начало, не отъ единъ основенъ принципъ, а разбъркано, безпринципно, смутно... Ето отъ гдѣ проистичатъ противорѣчията, въ които той тъй често пада и помѣтанията му отъ по-първитѣ възрѣния върху разнитѣ нравственни, социални и пр. въпроси.

Като разрушитель на всички нравственни форми въ днешния строй—Толстой стои на висотата на положението си; сжщо и като гонитель на лошитѣ пороци, които, проявени въ разни форми, сж достигнали днесь до най-висшата степень на развратa. Но щомъ той напустне тази си дѣятелность и прѣмине къмъ творческата си дѣятелность, т. е., щомъ почне да указва на нѣкои начала, по които трѣбва да си нареди живота човѣчеството, за да живѣе щастливо — Толстой се явява безсиленъ, безпомощенъ, съ една рѣчь, заприличва на всички други хора, които сжщо тъй безуспѣшно се мжчатъ да помогнжтъ на страждающето човѣчество.

Нека провѣримъ туй съ нѣкои стати отъ произведенията му. Да вземемъ статийката му „*за труда и раскоша*". Като указва на живота, когото буржуазията води днесь, Толстой го намира за такъвъ, който нѣма да изведе на добъръ край народитѣ, намира го за безсъвѣстенъ и за туй иска неговото промѣнение по двѣ причини: „потрѣбность отъ лично благо за себе си и за ближнитѣ" и „потрѣбность за удовлетворяване гласа на съвѣстьта". Промѣнението ще стане само тогава, когато буржуазията „прѣстане, да лъже и признае труда не за проклятие, а за радостно дѣло въ живота". Послѣ това—уборва доводитѣ на буржуазията за свое оправдание и указва на ползата отъ труда и врѣдата отъ раскоша.—До тукъ Толстой, като указва на несъстоятелностьта на днешния животъ, въ който съ хиляди души работятъ за въ полза и благоденствие само на едного, а тѣ умиратъ въ крайна нѣмотия и нужди, като указва на необходимостьта да се измѣни този животъ, той е правъ, наблюдателенъ и съ вѣрни възгледове. Но щомъ почне да указва на причинитѣ, по които се крѣпи днешния не добъръ животъ и на начина, по който е възможно измѣнението му—той дохожда до нелѣпости, указанията му ставатъ пенаучни, не вѣрни, съ една рѣчь, такива, които не издържатъ критика. Като вижда ясно, че днешния строй, днешния човѣчески животъ „не произлиза отъ законитѣ на сѫдбата, или отъ Божията воля"*) той пада пѫкъ въ тая грѣшка, като смѣта, че той (живота) „не е неизбѣжна историческа необходимость, а едно суевѣрие" и че „потрѣбно е само да прѣстанемъ да вѣрваме на него, като на идолъ", „за да се освободимъ и като слаба паяджина мигновенно да го прѣмахнемъ". Тѣзи послѣдни възглядове сѫ очевидно невѣрни. Цѣлата история и социология идатъ да покажатъ каква доза отъ истина има въ тѣзи мисли. Когато днесъ историята и социологията ни казватъ, че всичко минало на човѣчеството е било една необходимость, че настоящето сѫщо тъй е плодъ на условията, въ които живѣемъ и, слѣдов., не е просто „суевѣрие", че всичко въ живота на едно общество се измѣня, като се измѣнятъ економическитѣ му условия, начина на производството, и пр. и пр.—Толстой ни казва, че днешния животъ не е историческа необходимость, че можемъ „като паяджина" да го прѣмахнемъ и пр. и пр.!... Но, читателю, азъ се напирамъ на науката да укажа на Толстоевитѣ нелепости, а пъкъ не ми дойде на умъ, че Толстой отрича и самата наука! Въ своята безсмисленность той дохожда чакъ до тамъ, та отрича самъ себе си... Каква по-голѣма нелепость отъ тази, да се отрича днесъ науката, когато знаемъ, че тя е, която помага и ще помага на човѣка въ живота му (било въ борбата му съ природата или другадѣ)? И има ли защо да се отрича тази наука? На какви нещастия е била тя (въображаемата отъ Толстоя) причина? Защото нѣкои недобросъвѣстници експлуатиратъ съ званието „наука" и подъ булото на „научни истини" сѣятъ заблуждения, мракъ и пр.? Или защото всичкитѣ расклонения на науката още не сѫ дошле до тамъ, щото да сѫ напълно въ състояние да помогнатъ въ всичко на човѣчеството? Но какво може да бѫде виновата *химията* или *физиологията*, ако *етиката* (тъй, както е поставена сега) е несъстоятелна въ своята помощь на човѣчеството?... „Не може да се мисли, че погрѣшностьта на отдѣлни нѣкои теории или възгляди, изложени отъ разнитѣ учени, или даже практическата недобросъвѣстность на отдѣлнитѣ прѣдставители на науката, правятъ цѣлата наука лъжовна. Подъ думата наука се разбира цѣлата область на човѣческото знание; никакви учения въ нея не се приематъ

---

*) Тукъ се забѣлѣзва пакъ умственната бъркотия на Толстоя: той ту се явява безбожникъ, който не съзира никаква свръзска между реалния ни животъ и измисленитѣ божества, ту пъкъ (на друго мѣсто, въ други свои произведения) се явява „вѣрующь", „набоженъ" до мистицизъмъ, испълнитель на Божия законъ" (гл. стр. 18 отъ „Тритѣ статийки") и пр.

на вѣра, и лъжата не може да се задържи за дълго, щомъ се подхвърле на анализъ и провѣрка; заблужденията отстѫпватъ винаги мѣсто на истината, и ако първитѣ сѫществуватъ, то такъвъ е человѣческия умъ: errare humanum est" (заблужденията сѫ присѫщи на человѣч. умъ)...

Но да се повърнемъ на първия си въпросъ. Много по оригиналенъ се явява Толстой въ разсѫжденията си, какъ може да се измѣни днешния животъ. Спорѣдъ него, достатъчно е само, щото тѣзи единици, които съзнаватъ, че днешната собственность „за която се мѫчатъ другитѣ хора, не е потрѣбна, за да бѫдѫтъ щастливи, че тя стѣснява свободата на човѣка и че тя не е нищо друго, освѣнъ суевѣрие: че истинската собственность на всѣки човѣкъ е неговата глава, неговитѣ рѫцѣ, неговитѣ крака; и че за да може съ полза и съ радость да се експлуатира тази хасъл собственность, трѣба да отхвърлимъ лъжливото представление за собственностьта вънъ отъ тѣлото ни, за което нѣщо ние харчимъ най-добритѣ сили на живота си"— достатъчно е тѣзи единици да се отдѣлятъ отъ калното общество, като заживѣятъ съ своя собственъ трудъ: „да орѫтъ, да шиятъ обуща", „да градятъ кѫщи, да мажатъ" и пр. и пр.— и всичко ще си тръгне по медъ и масло, цѣлата днешна нарѣдба ще падне и хората ще заживѣятъ щастливо, ще бѫдѫтъ блаженни!... Какви мамяния, каква наивность!.... Тукъ Толстой отрича принципално законосъобразностьта въ живота и развитието на човѣческитѣ общества. Той исказва възгледове, които сѫ присѫщи на идеалиститѣ; послѣднитѣ казватъ, че „вървежа на обществото и неговото направление зависятъ отъ вървежа и направлението на духовния миръ на човѣка, отъ вървежа и направлението на человѣческитѣ идеи, които ни се представляватъ като нѣщо независимо, възвишено, годсподствующе надъ материалния животъ". Но ний вече знаемъ, че този възглядъ на *нѣщата*, ако не е окончателно падналъ, пада вече, че днесъ сѫ и за въ бѫдѫще ще бѫдѫтъ най-ползотворни *материалиститѣ*, защото материалистическия начинъ на разглеждането е най-правия, който искарва истинитѣ на лице. Материалиститѣ ни обясняватъ вече, че „развитието на обществата, тѣхното видоизмѣнение въ туй или онуй направление и появяванието на самитѣ идеи се обуславя отъ икономическитѣ условия на живота, отъ начина на производството", че никакви крупни скоци въ развитието на обществата сѫ невъзможни, че *никакви единични личности не сѫ въ състояние да измѣнятъ живота на цѣло общество, ако това измѣнение се недопуща отъ економическ. условия, и че измѣнението е възможно само* тогава, *когато самитѣ тѣзи условия прѣдизвикатъ това измѣнение*. Но това е право противно на туй, което исказва Толстой. Послѣдния, като идеалистъ—утопистъ (па нѣкадѣ е и цѣлъ метафизикъ), мисли, че общественнитѣ наредби се измѣнятъ, кога се измѣни общественното мнѣние, „когато въ понятията на хората се прѣмахнѫтъ ония съблазни, които сѫ скривали отъ тѣхъ истината" (стр. 19-та, „Три статийки": за труда и раскоша). Той съзира даже, че такова промѣнение става и, слѣдователно, ний сме въ прѣдвечерието на едно прѣубразуване въ общественния режимъ у по-напрѣдналитѣ, въ всѣко отношение, народи. Но кои сѫ причинитѣ на това промѣнение на общественното мнѣние, на понятията на хората?—Толстой не ни обажда нищо; нему не иде на умъ даже за туй, като на всѣки идеалистъ. А тукъ е именно всичката неясность, всичката заплитня на понятията у Толстоя.

Но нека минемъ къмъ другитѣ статийки.

Да разгледаме статийката му; „Къмъ женитѣ". Какво да кажемъ за мислитѣ въ тази статия... незнаемъ. Мислитѣ на Толстоя по „женския въпросъ" сѫ достигнали вече до такава бъркотия, щото човѣкъ не може да знае положително какво иска той и какво не. Въ горнята статия той искарва, че едничкото назначение на жената е да ражда *колкото се може по-вече* дѣца, 15—20 даже (стр. 31—„Къмъ женитѣ"). Въ послѣдното си произведение *(„Крейцеровата соната")* пъкъ иска отъ женитѣ безусловно отричание отъ всѣкакво полово сношение съ мѫжетѣ, т. е. женитѣ да не раждатъ нито едно дѣте, замъ да се уничтожи свѣта, да се отърве отъ тегла и мине къмъ блаженство!?... Иди, че разбирай сега отъ философията на Толстоя!... Да говоримъ за „самоуничтожението" на човѣчеството тука не му е мѣстото. До колко е на мѣсто това връщание на Толстоя въ древнитѣ вѣкове, като взема и поставя за идеалъ учението на Будда за „нирвана"—небитието—ний оставяме на читателя самъ да размисли и, ако се интересува, да се запознае съ този въпросъ другадѣ, гдѣто специално е писано по това. Ще кажемъ тука само, че „самоуничтожението" не е радикалния лѣкъ за прѣмахването на човѣшкитѣ тѣгла, че това срѣдство е не научно, абсурдно.

Но да оставимъ това противорѣчие на Толстоя, което не е едничкото въ неговитѣ съчинения. Поменатия казва, че женския въпросъ „е изникналъ и може да изникне само помежду мѫжетѣ, които сѫ отстѫпили отъ закона за истинския трудъ". Това не е вѣрно. Днесь женския въпросъ се подига и третира най-много отъ социалиститѣ, едничкитѣ, които не сѫ отстѫпили и не искатъ никой да отстжпва отъ закона за истинския трудъ. Като прокарва въ цѣлата си статия мисъльта, че жената трѣбва и е длъжна *само* дѣца да ражда, на стр. 38 пъкъ Толстой казва, че жената, освѣнъ гдѣто „по направата на снагата си" е повикана да отхранва бждщо поколение, но тя „може да служи още на хората съ всички ония страни отъ живота, съ които служи и мжжътъ". Както вижда читателя—явно противорѣчие. Хемъ жената може и трѣбва да служи на хората съ всичко, което е възможно и на мжжа (а послѣдния може да „служи на хората и съ физическа работа, като изнамѣрва срѣдства за прѣхрана, и съ умствена работа—като изучава законитѣ на природата, за да може да я побѣждава, и съ обществена работа—като туря формитѣ на живеенето и полага отношенията между хората"—стр. 37-ма), хемъ тя не трѣбва съ нищо друго да се занимава, освѣнъ съ раждание на дѣца...

„Идеална жена, спорѣдъ мене, казва Толстой, ще бжде оная, която, *като усвои най-високото миросъзерцание на врѣмето*, въ което живѣе, се отдава на своето женско, непрѣодолимо вложено въ нея призвание: да ражда, да отхранва и да въспитава *най-много дѣца*, способни да работятъ за доброто на хората, спорѣдъ усвоеното отъ нея миросъзерцание".

„А за да си усвои човѣкъ най-високото миросъзерцание, струва ми се, нѣма нужда да посѣщава курсоветѣ; а трѣбва му само да прочете Евангелието и да не затваря очитѣ си, ушитѣ си и сърдцето си".

Първата половина отъ този цитатъ Толстой исказва по тѣзи съображения, че и жената, като човѣкъ, трѣбва да исплъни дълга си спрямо другитѣ хора. Но може ли да се иска отъ жената да ражда само дѣца и съ друго нищо да се не занимава? Нима този е единичния пжть, по който е възможно жената да „служи на хората"?—Не; защото ний видяхме, че, както и самъ Толстой се исказва, тя може и по други пжтища да „служи на хората". Тогава, значи, безсмислено е да искаме отъ жената да ражда само дѣца. Като казваме това, ний не искаме да отричаме природното назначение на жената, не; ний само мислимъ, и зат ж си е тъй, че раждането на дѣца отъ страна на женитѣ не може и не трѣбва да се поставя за идеалъ. Толстой нарича „идеални жени" тѣзи, които раждатъ много дѣца, по тѣзи съображения, че тѣ, като „въспитаватъ дѣцата си въ името на истинната и за благото на хората, т. е. като въспитаватъ дѣцата си така, щото тѣ да станжтъ най-добритѣ хора и най-добритѣ работници за доброто на другитѣ хора"— ще спасятъ човѣчеството, ще го **извадятъ отъ тинята**, въ която се върдала сега; значи, само и само да се помогне на човѣчеството, Толстой възвежда въ идеалъ раждането на дѣца отъ страна на женитѣ. Но тукъ е всичкото недоразумѣние. Толстой никакъ не си задава питанието: може ли днесъ, при тѣзи условия, въ които живѣемъ, да се въспита такова поколение отъ женитѣ (всички, разбира се, безъ разлика на положение умст., нравст. и материал.), което да бѫде едно прѣраждание на човѣчеството, което да мине отъ днешния убийственъ животъ въ животъ хармониченъ, въ който всички да работятъ за едного и единъ за всички? Възможно ли е при днешнитѣ условия такова нѣщо? — Очевидно, че *не*. Ето кореннoто неразбиранне, заблуждение, отъ което проистичатъ по-послѣ всички противорѣчия и абсурди на Толстоя по този въпросъ. Нека знае Толстой и неговитѣ послѣдователи, че само слѣдъ социалната революция, прѣдизвикана отъ економ. условия, отъ капиталистич. начинъ на производството, ще може човѣчеството да заживѣе животъ, какъвто трѣбва да живѣе, и че тази социална революция нѣма да я произведе други никой, а днешния *пролетариатъ*, едничкия, носитель на общечовѣческитѣ идеали: свобода, братство и равенство. Слѣдователно, много ще се лъжемъ, ако вѣрваме на Толстоя, че днешния економ. животъ ще се измѣни, щомъ женитѣ почнатъ да раждатъ по 10—15 дѣца, като ги въспитаватъ въ горнитѣ идеали (което, както казахме по горѣ, е подъ никой начинъ невъзможно днесъ).

Ний разкрихме тука само основната грѣшка на Толстоя по прѣдназначението на жената. Ами колко други нелѣпоси ти лъжливи мнѣния исказва той сé по поводъ на това! Той смѣта, напр., че само въ раждането на дѣца се състои „обезпечението и благото на живота" (стр. 35). Каква насмѣшка надъ дѣйствителностьта! Какво обезпеченние и какво благо докарва на живота си тази майка—бѣднячка (а тѣ сѫ най-многото въ сегашното общество), която наплодява 5—6—10 дѣца, а нѣма възможность 2 отъ тѣхъ да прѣхрани, облече, задоволи? Не сѫ ли испрѣчва въ този случай прѣдъ насъ ужасната картина на мизерията, която кара всѣка такава майка да проклина минутата, въ която се е родила и въ която е станала майка на тѣзи нѣщастни дѣчица? Или Толстой смѣта, че *всички* днешни майки сѫ като неговата жена, та разполагатъ съ хиляди рубли изъ разнитѣ европейски банки и могатъ да удовлетворяватъ и най-дребнитѣ прищевки на дѣцата си?....

А какво да кажемъ за втората половина на горѣпомѣстения цитатъ? Толстой право смѣта, че, за да се въспита младото поколение въ общечовѣческитѣ идеали, трѣбва да се усвои отъ майкитѣ *висшето миросъзерцание на врѣмето*. Но какъ може да се усвои това висшо миросъзерцание? — За това не е нуждно да се посѣщаватъ курсоветѣ, а трѣбва само да се прочете Евангелието и да се не затварятъ очитѣ, ушитѣ и пр., отговаря Толстой. Но може ли да заключава Евангелието въ себе си „висшето мпросъзерцанне" на това врѣме, въ което ний живѣемъ, когато то сѫществува вече отъ прѣди хиляда и по-вече години? Може ли Евангелието да се счита за книга, отъ която може да се извличатъ знания за правилното въспитание на младото поколение и въобще всичко друго, необходимо за добрия животъ на хората? Ако е възможно, тогава излишни сѫ и всички статии на самия Толстой по религията, морала и пр. и пр. Но човѣкъ трѣбва да бѫде крайно невѣжъ, за да повѣрва това. Толстой се явява просто смѣшенъ въ тази си оргиналность. Той не признава за необходимость никакви курсове, никаква наука въ живота на човѣчеството. Послѣднйото не може го спаси ни науката, ни никакви жени, които „ходятъ въ разнитѣ курсове и расправятъ за психомоторнитѣ центрове и за диференцияцията"; то ще бѫде избавено отъ мизерното си днесъ положение само отъ тѣзи майки, които раждатъ по 10-15 дѣца и четатъ само Евангелието! Зерь „такава майка *всичко ще знае* и отъ нищо нѣма да се страхува" (стр. 35)... Чудно и смѣшно!...

И тъй, като разгледахме и тая статия на Толстоя, „Къмъ женитѣ", виждаме пакъ, че Толстой тъй разбъркано и криво третира разнитѣ въпроси, щото никакви истини въ резултатъ не могатъ да се очакватъ, никакво вѣрно срѣдство за прѣмахванието на нещастията въ нашето общество не можемъ да научимъ отъ него. И тука Толстоевата заслуга е само въ повдиганието принципално въпроса: за длъжноститѣ на всѣки човѣкъ (мѫжь или жена) спрямо цѣлото человѣчество, за въ интереса на послѣдно, а съ това — и на първия. Само въ отричанието на днешната хишническа нарѣдба, само въ искането *обязателность* на труда за всички, безъ разлика на полъ и положение, Толстой е правъ, съ вѣрни взглядове и мисли. Но щомъ той почне да разглежда по нататъкъ въпроса, щомъ почне творческата си дѣятелность — пада въ противорѣчия и нелепости, става ясна неговата запутаность въ възрѣния по разнитѣ въпроси и той се явява некадъренъ въ разрѣшението на социалнитѣ проблеми.

Но най сѫществена часть отъ учението на Толстоя се явява учението му за „*непротивянието на злото*". Самъ той смѣта тази часть отъ учението си за ключъ, съ помощьта на който може да се разрѣшатъ всички насѫщни въпроси, въ живота на човѣчеството. Този свой принципъ той разглежда най-много въ съчинението си „*Въ чемъ моя вѣра*"; но, понеже ний не разглеждаме това съчинение сега, за туй и нѣма да говоримъ надълго по него, тъй като тамъ се закачатъ сумма въпроси, по които сумма нѣщо би трѣбвало да се пише. Но, за да си уяснимъ добрѣ, какъ разбира Толстой „непротивянието на злото", ще разгледаме разказа му „*малката свѣщь*", прѣведенъ на български и напечатанъ въ списанието „Лѫча", бр. 8, стр. 8, 9, 10 и 11.

Прѣди всичко, считаме за нуждно да споменѣемъ, че помѣнатия расказъ, помѣстенъ въ „Лѫча", не е точенъ прѣводъ отъ русски: прѣводача му го е окастрилъ, както намѣрилъ за добрѣ, безъ, обаче, да яви това на читателитѣ си. А това не е добро. Но за туй—по-послѣ.

Съдържанието на расказа горѣ-долу е такова:

Въ врѣме на крѣпостничеството живѣлъ единъ управитель на едно голѣмо господарско земевладение. Този управитель мѫчилъ много селенитѣ; послѣднитѣ се гласели често да погубятъ този си мѫчитель, та да се оттърватъ отъ неговитѣ звѣрства, но не се наемали; а управителя се по-вече и по-вече взелъ да мѫчи селенитѣ. Въ угнетението на селенитѣ той отишалъ чакъ до тамъ, че тъкмо на 2-ия день отъ Великъ-день ги пратилъ да орѫтъ господарското му имение. Селенитѣ, като имъ извѣстили по-отрано за туй, пакъ взели да се заканватъ да го погубятъ. Но единъ отъ тѣхъ, Петръ Михѣевъ, имъ казалъ:

— „Голѣмъ грѣхъ е да говорите така. За насъ, ний трѣбва *само да страдаме и да търпиме*". (Лѫча, бр. 8 стр. 9, колона 2). Както и да е, но селенитѣ отишле; щѫтъ-нещѫтъ, да орѫтъ.

Управителя пратилъ *старейшината си* да иде и нагледа работницитѣ-селени. Послѣдния като се върналъ, управителя го распиталъ за селенитѣ: какъ работятъ, какво приказватъ за него и пр. и пр. Старейшината, заставенъ, му расправилъ всичко. Между другото, казлъ му, че селенитѣ го ругаятъ, кълнѫтъ и пр. Така: единъ отъ селенитѣ исказалъ желание „да се прѫсне корема и да истекѫтъ чървата" на управителя. Но, за голѣмо чудо, имало единъ (пакъ П. Михѣевъ), който нищо не думалъ противъ управителя, а само си орялъ съ оралото, на дървото на което билъ залѣпилъ една восъчена свѣщь, като при това пѣялъ пѣсеньта на въскресението. Михѣевъ орялъ, обрѣщалъ ралото, изтривалъ го отъ пръстъта, а свѣща, подета отъ вѣтъра, сѐ си горяла, безъ да може да угаснѣе нѣкакъ. Другитѣ селени се смѣяли на Михѣева, като му казвали, че съ молитва нѣма да се отърве отъ работата, която го карали насила да работи; а Михѣевъ имъ отговорилъ: „на земли миръ, въ человѣцѣхъ благоволение", и пакъ почналъ ораньта си, а свѣщьта сѐ си гори... Като изслушалъ този расказъ, управителя се замислилъ, станало му мъчно, тежко, заохкалъ, запъшкалъ, като казвалъ: „Побѣди ме! нѣщо ме хванѫ; мой рѣдъ е сега". Най-послѣ, по съвѣта на жена си, той се рѣшилъ да иде на полето и да распусне селенитѣ, което нѣщо не искалъ по-напрѣдъ. (Тукъ господата „Лъчисти" намѣрили за добрѣ да дадѫтъ друга форма на този *моралъ за обществото*—да измѣнѭтъ самия расказъ). Но тукъ именно се случила съ него бѣдата: коня му се подплашилъ и той падналъ врьхъ плета, гдѣто имало единъ по-високъ заостренъ колъ, намушилъ се на този колъ, пръсналъ му се корема и му истекли чървата. Селенитѣ го заобиколили, разбрали каква е работата и повѣрвали, че не трѣбва на злото да се противимъ, а трѣбва „да страдаме и търпимъ", ако искаме да се отървемъ отъ мъкитѣ, да благоденствуваме...

Такова е на късо съдържанието на расказа. Мислимъ, че лесно се разбира тенденцията на автора, съ която е писалъ расказа.

Първото нѣщо, което бие въ очи, сѫ противорѣчията въ самия расказъ. Напр., Толстой иска да прокара въ расказа си това, че само въ *покорението* е силата, че защото имало „смирение", „търпение", затуй и управителя погиналъ така мъчително. А ний мислимъ, че отъ расказа излиза друго: че не въ доброто е силата, а въ злото, грѣха; доброто се възвисило чакъ до тамъ, та се обърнало въ чудо (не угасванието на свѣщьта), и сѐ недостигнало желанието си, а *грѣха* само една дума казалъ, едно желание—и това желание се испълнило съ поразителна точность!?... Значи—право противоположно на основната Толстоева мисъль...

Друго. Въ по-голѣмата часть на Толстоевитѣ народни раскази, както напр. въ „малката свѣщь", господствува елемента на чудесното, тайнственното, фантастичното. Защо Графъ Толстой, кога пише за тъй нарѣченитѣ цивилизовани и образовани хора, има работа се съ най-крайния реализмъ, а на народа дрънка и расправя се за разни дяволщини, за разни тайнственности, които не сѫществуватъ ни най-малко въ дѣйствителния животъ? Съ какво може да се оправдае това? Кому е потрѣбно то? И това ли пакъ въ интереса на човѣшкото благоденствие се върши? Или само на образованото общество трѣбва да се показватъ горчивитѣ истини на живота, а народа да се залъгва и заблуждава съ най-фантастически нелепости, лъжи? Защо намъ, интеллигентнитѣ, живота се прѣдставлява както си е, съ всичката сложность, съ всичката приплетеность на доброто и злото, въ който ту тъмата, ту свѣтлината, ту полусвѣтлината прѣодоляватъ, а на народа да се даватъ само такива картини изъ живота, въ които *винаги* сѐ добродѣтельта да възтържествува, спорѣдъ Толстоя, а порока всѣкога да бѫде наказванъ? Нима това е високата, дълбоко обхващающа душата на нравственната личность, правдивость на живота?!...

Що за свѣтлина пръска Толстой съ това, гдѣто свѣщьта, залѣпена на ралото на П. Михѣева, неизгасва, макаръ и вѣтъра да духа, ралото да се обръща, истръсква и пр. и пр., когато ний знаемъ, че такова едно явление е невъзможно подъ никой начинъ, е неестественно, противозаконно на природата?... Ами какъ не се е позамислилъ Толстой, когато му е дошло на умъ тъй безсмисленно да свърже злощастната случка съ управляющия Семеновичь съ попскитѣ пѣсни, запалената свѣщь и „злому не противи ся" въобще на селенитѣ! Кой разуменъ човѣкъ може да допустне за причина на първото послѣднитѣ дѣйствия, когато науката не допуща никаква връска между едно явление и нѣкакви си случайности или причини, които, спорѣдъ самата пакъ наука, никакъ е невъзможно да създаватъ или пораждатъ явления, подобни на даденото? Какви сѫ тѣзи таинственности, заблуждающи „фалши" отъ страна на Толстоя? По такъвъ начинъ ли се прокарватъ „убѣждения" въ името на общечовѣческото благо?..

Но да се не спираме на тѣзи не толкова важни и сѫществени дреболии изъ Толстоевитѣ раскази. Нека прѣминемъ къмъ самата сѫщность на расказа, къмъ самото „злому не противи ся".

Като съглежда несправедливоститѣ на днешния строй, като вижда около себе си милионното мнозинство да пониса най-ужасни тѣготи, потънало до шия въ мизерията и невѣжеството, като вижда, че всички тия нещастия се понисатъ отъ мнозинството само и само за распуснатия, развратния и до безумие алчния буржуазенъ классъ — класса на търтеитѣ, на готовановцитѣ, експлуататори — капиталисти, които удовлетворяватъ и най-малкитѣ си прищѣвки, най-нискитѣ си страсти и пороци — крайна противоположность на бѣдняцитѣ, които не могѫтъ, не сѫ въ състояние да удовлетворятъ и най-необходимитѣ си нужди; като вижда всичко туй — Толстой дохожда до заключение, че днешния режимъ е крайно несправедливъ по отношение къмъ цѣлото човѣчество и затуй трѣбва да се измѣни. И до тукъ само Толстой се отличава съ дълбока наблюдателность, съ далбокъ анализъ на разнитѣ форми, въ които се проявява цѣлата днешна нарѣдба на живота. До тукъ е той ползовитъ съ повдиганието на всеобщо разглеждание и раскритикуване на най-важнитѣ и належащи за разрѣшение въпроси. Но какъ тия въпроси трѣбва да се разрѣшатъ? Какъ да се измѣни днескашната нарѣдба, днескашния рѣдъ на нѣщата? — „Злому не противи ся", казва Толстой, и всичко ще се измѣни, всичко ще се поправи и подобри. „Злому не противи ся" е единчкото срѣдство, чрѣзъ което е възможно спасяваниено на човѣчеството и пропаданието, проваляванито на всичко несправедливо, грубо, мръсно, безнравствено. И това трѣбва да бѫде алфата и омегата на всѣки човѣкъ, който има желание и твърдость да се стрѣми къмъ „уничтожаванието на неправдитѣ въ живота". А уничтожението на послѣднитѣ Толстой смѣта за дългъ на всѣка нравственна, неразвратена, съзнателна личность.

Но може ли съ непротивление на злото да се прѣмахне послѣдното? Можемъ ли, като „страдаме само и търпимъ", да се ощастливимъ?

Нека по този въпросъ дадемъ думата на г. П. Лавровъ.

Подъ думата зло обикновенно се разбира извѣстна принесена врѣда, извѣстно страдание, което заслужва нравственно порицание въ името на нашитѣ убѣждения. Човѣкъ пониса малко или голѣмо страдание, когато мисли, че то трѣбва да се понисе, за да се избѣгне по-голѣмото. „Убѣдения човѣкъ принася и физическо страдание и съзнателно поставя себе си въ физически вредна обстановка, подхвърля на опастность своето благосъстояние и своя животъ за въплощение въ живота своитѣ убѣждения: за него физическото страдание отстѫпва на заденъ планъ прѣдъ нравственното страдание, което той испитва при вида на тѣзи явления, които сѫ противни на неговото убѣждение; за него живота е скѫпъ до толкова, до колкото въ него е въплотено това убѣждение". Но, ако ли убѣдената нравственна личность се увѣри, че извѣстно дѣйствие врѣди на околнитѣ хора, че извѣстна обществена форма причинява нравственно прѣтѫпение въ самото общество, може ли тази личность да участвува въ извършванието на това дѣйствие или да поддържа врѣдната обществена форма? — Не! нравственно убѣдената личность не само нѣма да направи това, ами ще прибѣгне и къмъ друго: тя ще почне да *дѣйствува* и говори противъ тѣзи врѣдни дѣйствия и лоши форми. „Ако ли тя постѫпи иначе, ако ли не прѣпятствуваа на извършванние на зло, това значи, че тя или не признава това за зло, или че не се е проникнала въ дѣйствителность отъ своето убѣждение, не е разбрала, че смисъла на живота се заключава въ общото дѣйствие съ хората за въплощение на *доброто* въ тѣхния животъ и на отстранение на злото. Да допустнемъ даже, че тая личность пониса нѣкакво зло, лично неи направено, безъ да чувствува ни гнѣвъ, ни желание да отмъсти; но ще бѫде ли съгласно съ нейнитѣ убѣждения, ако тя не се потруди да спре непрѣкѫснатото распространение на подлитѣ влечения, лъжливитѣ мисли, безумнитѣ дѣйствия, което въ нейнитѣ очи развращава дѣцата, разваля възрастнитѣ, въобще докарва до нравственно отпадание цѣлото общество? Постѫпва ли съгласно своитѣ убѣждения даже и тогава, когато позволява безпрѣпятственно да се извършва надъ нея нѣкое зло, като приучва другитѣ къмъ товя, щото тѣ да смѣтатъ безпрѣпятственното тържество на злото за нѣщо естественно, като изгубватъ съзнанието какво нѣщо е злото? Нѣма ли безусловно противорѣчие между прѣдставлението за злото, особенно за нравственното зло, и допущанието безпрѣпятственно да се извърше това зло"?

„Насилието е дѣйствие, което се извършва надъ нѣкой личность противъ нейната воля. Само по себе си се разбира, че всѣки разсѫдливъ човѣкъ ще се мѫчи да избѣгва насилието въ тѣзи случаи, гдѣто цѣльта може да се достигне съ вразумение, убѣждение, което може да накара увлечения човѣкъ да се окопити и др. т. Но въпроса за насилието се явява особенно сѫщественъ въ тѣзи случаи, когато безъ него (насил.) не може да се мине, безъ отказване отъ непосрѣдственната цѣль. Когато азъ истръгвамъ изъ рѫцѣтѣ на нѣкого, който иска да се самоубие или да убие другиго, ножа, то азъ извършвамъ насилие. Когато утървамъ отъ пияната развратна тълпа нѣкоя жена, която тѣ сѫ искали да изнасилятъ, азъ пакъ извършвамъ насилие. Но туй насилие не би ли го оправдалъ и самия учитель на непротивлението на злото? Даже той самъ не извършва ли всѣки день такива насилия? Напримѣръ: азъ се обръщамъ къмъ читателитѣ си съ горѣща рѣчь, съ убѣдителна статия, като указвамъ на хората това, че съ еди-кои и еди-кои книги се распространяватъ безнравственни начала между дѣцата, че еди-кои си лица вършѫтъ безнравственни работи относително ближнитѣ си, че еди-кое си учение е лудость. И да кажемъ. че азъ само расправямъ, убѣждавамъ, безъ да се залавямъ самъ да горя врѣднитѣ книги, или другого нѣщо. Но моята рѣчь нѣма ли да подѣйствува поне на нѣколко души, които ще се заловятъ направо съ насилие противъ врѣднитѣ, споредъ тѣхъ и менъ, нѣща? Тогава, моята книга или рѣчь не е ли важенъ елементъ въ насилственното дѣйствие? Или, като безусловенъ противникъ на насилието, азъ трѣбва да мълчѫ и да не указвамъ на злото, отъ страхъ да не би да прѣдизвикамъ нѣкого къмъ насилственно дѣйствие? Но ако азъ мълчѫ и не изобличавамъ злото, то въ какво се състои смисъльта на моя животъ, ако азъ съмъ човѣкъ съ извѣстни убѣждения? Нѣма ли явно противорѣчие между порицанието на насилието, въ обширна смисълъ на думата, и обязанностьта да служимъ на хората, като прѣдаваме истината, която ни е внушилъ разума и която трѣбва да служи за достигание на общечовѣшското благо?"

Не е ли явно отъ това, че и самъ графъ Толстой не само не се намира „въ миръ" съ всичкитѣ си околни, но и „твърдѣ рязко се отнася къмъ тия личности и писатели, дѣятелностьта на които той счита за безнравственна, а самитѣ личности—за най „ничтожни по характеръ"? „Нима той не произниса най-жестоката дума, като казва: ти лъжишъ, а азъ казвамъ правото—което той самъ осжжда? Нима той не иска *съзнателно*, въ името на истината, да нанесе врѣда—слѣдователно, да направи *зло*—на прѣдставителитѣ на „лъжливото учение"? Нима той признава за *братя* тѣзи хора, които распространяватъ между дѣцата разни молитвенчета и катихизиси, пълни съ най-възмутителни за него учения? Нима той не указва най-енергическо съпротивление на злото, като ни расправя, че черковното учение е „лъжлива вѣра", „глупешки измислици", „тъма"? Нима самъ Толстой не проповѣдва „*противление* на злото" и не го извършва самъ, когато признава, че „всичката разумна дѣятелность на челочѣчеството" трѣбва да е стрѣмлението да се *разруши* тази връзка отъ лжи и несправедливости, сплотностьта на която е именно, „злото на свѣта"?

„Или други хора, които виждатъ не само въ черковата, но и въ свѣтското политическо и економическо общество лъживи учения, развратъ, тъма и пр., нѣматъ основания сжщо като Толстоя да не оставатъ въ съгласие съ всичкитѣ, да не признаватъ за „*братя*" съзнателнитѣ проповѣдници на лъжата и разврата, да врѣдятъ—слѣдов., да нанасятъ *зло*—на прѣдставителитѣ на тѣзи учения, като вѣрватъ на успѣха на тѣхнитѣ проповѣди и учения, на късо, да се *противятъ* на злото толкова енергически и рѣшително, колкото имъ позволяватъ силитѣ? Не принадлежжтъ ли именно тѣзи протестующи и противящи се на злото личности къмъ тѣзи „добри" хора въ наше врѣме, сжществуванието на които Л. Т. нарича „щастие" за насъ? Не беше ли самия Толстой, който се отнесе съчувствено къмъ „уничтожението на несправедливоститѣ въ живота", което извършихж „сектантитѣ" и „свободомислящитѣ"?

Не казва ли самъ Толстой, че „въ душата на всѣки човѣкъ лѣжи борба между стрѣмлението къмъ животински животъ и стрѣмлението къмъ разуменъ", и че тази *борба* „съставлява сжщностьта на живота на всѣки единъ човѣкъ"? Самата дума *борба* не изразява ли ясно понятието „противление на злото"? Тогава, значи. спорѣдъ самия Толстой, насилието е не само позволително, но и *обязателно* въ борбата на „свѣтлината" и „мрака".

Науката ни казва, че, догдѣто на едно явление не се прѣмахнатъ причинитѣ — явлението ще си сѫществува. Това утвърждение на науката се потвърдява и отъ всѣкидневнитѣ случки изъ обществото. Напр., никѫдѣ ний въ живота не знаемъ да е ставало нѣщо такова, каквото ни расправя Толстой въ „малката свѣщь"; напротивъ, виждаме всѣки часъ противни нѣща. Ако кажемъ, че нѣкой капиталистъ, лихварь или другъ паразитъ измѫчва и експлуатира до крайность извѣстно число работници, трудящи се, и послѣднитѣ му търпятъ волски, не указватъ никакво съпротивление — нѣма ли първия да си продължава експлуатацията и притѣснението прѣзъ цѣлия си животъ, защото е въ интереса на негова джобъ? Ами, ако работницитѣ почнѫтъ да указватъ отпоръ на притѣсненията, направятъ грѣха или др. съпротивление — можемъ ли да се надяваме за отслабване на злото спрямо работницитѣ или не? Разбира се, че само въ този случай можемъ да очакваме промѣнение или исчезване на злото, а не въ другъ. Ще се рѣче, безсмислено е да мислимъ, че, като се непротивимъ на злото и стоимъ равнодушни къмъ него, то само току ще исчезне. Това самъ Толстой, както видяхме, разбира негдѣ (за туй самъ е встѫпилъ въ борба), но вдругъ пъкъ ни проповѣдва противното — безсмислици и нелепости!?...

Ако нѣкой иска да приложи учението на Толстоя „не противи ся злому", той слѣпо трѣбва да се подчинява на господствующето учение, на господствующитѣ общест. форми въ живота, като не подире смисъла на собствения си животъ; съ една рѣчь — да остави всичко да си върви тъй, както си е вървяло и до днесь, защото безъ дѣйствие, противно на причинитѣ на сѫществующитѣ явления, послѣднитѣ вѣчно ще си сѫществуватъ. А тозъ, който е разбралъ смисълта на живота си, който знае какъ трѣбва да се води разумния животъ, упирайки се на науката, трѣбва да се бори съ всичкитѣ си сили за въстържествуванието на истината и да се противи съ всичкитѣ си сили на злото, за да може послѣдното да се прѣмахне.

По поводъ на Толстоевото „злому не противися" може много и много да се каже, особенно, ако се разгледа въ свръска съ другитѣ въпроси, съ които го скопчва самъ Толстой. Но ний не искаме такова нѣщо да правимъ, защото не пишемъ специална статия по този неговъ принципъ пъкъ и безъ да щѣхме се распростряхме коджемкитѣ по този въпросъ, толкова важенъ изобщо въ Толстоевата философия. Затуй нека го оставимъ вече.

Въ началото на тия си бѣлѣжки бѣхме поставили заглавието и на другъ единъ Толстоевъ расказъ: „Богъ забавя, но не забривя". Но какво да кажемъ за него? Вѣрваме, че, ако бихме попитали и самия му прѣводачь на български, и той не би зналъ какво да ни каже. Защо е написанъ този расказъ? Какъвъ приносъ, какви истини е искалъ да поднесе на народа (защото за него е писанъ) Толстой съ него? — Никаква! Тенденцията на расказа е толкова глупава, щото ний се просто чудимъ, какъ тъй Толстой се е рѣшилъ да изѣлзе на свѣтъ съ него. Ето защо ний не считаме за нуждно даже да говоримъ по този расказъ.

Още отъ начало, прѣди да почнемъ да разглеждаме Толстоевитѣ статии и раскази, ний указахме, какво значение може да има Толстой за насъ и какъ трѣбва да гледаме въобще на него. Спомѣнахме, че Толстой е единъ отъ най-виднитѣ беллетристи въ Руссия. Неговия художественъ талантъ никой не може да отрѣче. Дълбокия анализъ, съ който се отличава той въ разглеждане на всичко заобиколяюще го, е неоспоримъ. Но той е немощенъ тамъ, кждѣто иска да създаде нѣщо ново; безуспѣшно се мжчи да създаде направление, посрѣдствомъ което би могълъ да се прѣустрои сегашния животъ.

И запутаностьта и противорѣчията въ социологическитѣ и философски съчинения на Толстоя проистичатъ главно отъ неговата *религиозна* точка зрѣние на всички въпроси, защото всички религиозни вѣрвания сж антипатични на логиката, защото въ всичкитѣ врѣмена тѣ сж съдържали въ себе си най-поразителни противорѣчия. Толстой се набляга на религията, черпи отъ нея материалъ за творчество, а науката игнорира, счита я за вѣтъръ, за заблуждение. А тукъ е всичката работа. Днесь не може безнаказанно никой да стори туй, което прави Толстой спрямо разнитѣ клонове на науката.

Но въпрѣки присжщитѣ на Толстоя качества въ неговата творческа дѣятелность — противорѣчията, бъркотиитѣ, мистическитѣ нелепости и пр. — той има сумма съмишленници и въ литературата и въ обществото. Това се обяснява ето какъ: днесь всѣки съвѣстенъ, нравственъ и разуменъ човѣкъ не може да се не потърси отъ днешнитѣ лоши нарѣдби. Той иска на дѣло да покаже това. И, ако не еималъ възможность да се запознае съ научния социализъмъ, той се хваща у *Толстоизма*. Съмишленници на Толстоя се намиратъ и вънъ отъ прѣдѣлитѣ на неговото отечество. У насъ, въ България, сжщо тъй той нѣма да мине безъ влияние.

Издаванието на нѣкои отъ съчиненията му показватъ това. Ний не искаме да кажемъ, че всѣки, който е издалъ или прѣвелъ на български нѣщо отъ Толстоя, е съмишленникъ на послѣдния. Ний допущаме възможностьта да се популяризиратъ извѣстни съчинения, само да се запознае обществото съ основнитѣ мисли, прокарвани отъ тѣхъ. Но ний не можемъ да допуснемъ, че съ сѫщо такава цѣль се распространяватъ статии, пълни съ бъркотии, противорѣчия, нелепости, безъ всѣкакви оговорки отъ страна на популяризаторитѣ. Да се прѣведатъ и распространятъ, напр., „Три статийки: за труда, раскоша и жената" или „Малката свѣщь", безъ оговорки отъ страна на прѣводачитѣ, когато тѣ поднисатъ този моралъ на обществото, може: или отъ хора съгласни съ мислитѣ и направленията на тѣзи статии, или отъ хора не толкозъ съгласни, но пъкъ безъ твърдо убѣждение, безъ направление, които сѫ готови ту за туй да говорятъ и пишатъ, ту за онуй, макаръ и първото да исключава послѣдното.

Първото допущание, ако е вѣрно, показва, че у насъ сѫществуватъ вече „Толстоисти". Но, за да не би могло учението на Толстоя да зашемади главитѣ на нашата интеллигенция или на нашитѣ работници, необходимъ е подробенъ разборъ на неговитѣ съчинения. Водими отъ туй, ний направихме горнитѣ си критически бѣлѣжки, като оставяме подробния разборъ другиму, който ще има възможность да направи това.

Когато разглеждахме „Малката свѣщь", ний казахме, че тя е прѣведена не точно отъ Русски. Това не говори за въ полза на прѣводача, толкозъ по-вече, че той е заминалъ расказа безъ никаква бѣлѣжка за нѣговото измѣнение. Ний мислимъ, че, когато се запознава обществото съ чуждо нѣкое учение, послѣдното трѣбва точно, вѣрно и безъ измѣнение да се прѣдава. Иначе, обществото криво усвоява това учение, т. е., не се запознава съ туй, което самия авторъ-учитель е създалъ и проповѣдва. Друго. Измѣнението на расказа „Малката свѣщь" показва, че прѣводача му го е измѣнилъ съгласно своитѣ взглядове на нѣщата, съгласно своитѣ убѣждения. Излиза, че списанието „Лѫча", което е дало мѣсто на този расказъ въ колонитѣ си, е за „непротивлението на злото". Иначе не може да се допусне съдѣйствието за неговото распространение... Но какъ можемъ да си обяснимъ това, когато знаемъ, че „Лѫча" е по-вечето „научно" списание, а автора на горното учение—най върлъ противникъ на науката? Какъ е възможно другаруванието въ колонитѣ на едно и сѫщо списание на статии чисто научни, обясняющи най-важнитѣ въпроси по битието на човѣка и всичко околно въ природата, съ раскази пълни съ груби суевѣрия, безсмислици, неестественности, очевидни за всѣки единъ, горѣ-долу запознатъ съ науката!...

Нека читателя си отговори както ще на тия въпроси.

Напослѣдъкъ, нека свършимъ съ думитѣ на русския даровитъ критикъ, г-нъ Н. Михайловски, които могѫтъ да се отнасятъ до всички тѣзи статии и раскази на Толстоя, въ които той е проявилъ своето творчество:

„Каква е, между прочемъ, тази удивителна бъркотия! Какво е туй възмутително прѣзрѣние къмъ живота, къмъ най-елементарнитѣ и неизбѣжни движения на човѣческата душа! Какво е туй студено, резонерско отношение къмъ хорскитѣ чувства и постѫпки! И на това съ съчувствие се вслушватъ и го проповѣдватъ хора млади, у които „кръвьта кипи" и „силитѣ изобилствуватъ"!... Азъ не разбирамъ това. Туй е едно колосално недоразумѣние, възможно само въ такива мрачни и скръбни врѣмена, каквито прѣживяваме ний"...

„Нека ви разбиватъ жилището, нека избиватъ вашитѣ бащи и дѣца—така трѣбва, убийцитѣ спасяватъ вашитѣ близки и кръвни роднини отъ тежки грѣхове; но тежко ви, ако вий сами се допрете съ пръстъ до убийцитѣ!... (Почтенния критикъ говори по поводъ на „злому не противи ся"). Уви, графъ Толстой се явява въ този случай даже не учитель: той отъ улицата е взелъ своето учение, защото на улицата постѫпватъ именно тъй, както е желателно на гр. Толстой"!...*)

X. М—нъ.

Социаль—Демократъ. Трехмѣсечное литературно-политическое обозрѣние. № 1, 2 и 3, 1890 год., Женева.

Озаглавеното списание е продължение на напечатания въ 1888 г. първий № отъ литературно-политическия сборникъ „Социаль—Демократъ".

Слѣдъ една 20-30 годишна усилена, напряжена дѣятелность, русското революционно движение въ послѣднитѣ 6 години като че ли се поспира, като че ли се изгубва даже отъ обществената арена. Днесь всичката русска задгранична революционно-оппозици-

*) „Критическіе опыты Н. К. Михайловскаго; Л. Н. Толстой".—стр. 177.

онна периодическа литература, освѣнъ озаглавеното списание, се състои отъ вѣстника „Freit Russie" (свободна Руссия), издаванъ въ Лондонъ и направлението на който е либерално, и отъ вѣстника „Прогрессъ", който захвана да излиза отъ прѣди 3-4 мѣсеца въ Ню-Йоркъ, издаванъ отъ русскитѣ тамъ социалисти. Направлението му като да е социалъ-демократическо, но отъ излѣзлитѣ до сега нѣколко номера не може да се види, дали редакторитѣ му разбиратъ принципитѣ на социалъ-демократизма и какъ съпоставятъ тѣзи принципи съ русския общественъ и економически животъ. Отъ друга страна, и практическата, непосрѣдственна дѣятелность на русскитѣ революционери, като че ли не сѫществува, като сѫдимъ поне отъ факта, че тя въ нищо вънкашно осязаемо не се проявява: вѣстницитѣ не ни донасятъ вече интереснитѣ радостни или печални новини, че на тогозъ генерала стрѣляли, тогова убили, оногова ранили, че полицията е открила нѣкакъвъ си конспиративенъ домъ, че 20-30 души млади революционери и революционерки сѫ арестувани, че еди-кой си е осѫденъ на смърть и обѣсенъ, а еди-кой си заточенъ въ Сибиръ и др. таквизъ. Тишина и спокойствие, както въ литературата, тъй и въ самия животъ. Кои сѫ причинитѣ на това смълчаване, на този застой, на даже и реакция? Не сѫ ли причинитѣ чисто физиологически? Не извънмѣрното напрягание ли, не безмѣрното харчание на енергия ли докара днешното уморено, отслабнало състояние?—Който е запознатъ съ русското революционно движение, който е слѣдилъ за неговото развитие и е забѣлѣзалъ фазитѣ, прѣзъ което то е минало, лесно ще си обясни и появяванието и необходимостьта на днешното му положение.

Величающи, идеализирующи русския селенинъ съ неговата община и невѣжество и опирующи се въ борбата единствено на него, русскитѣ революционери трѣбваше да се разочероватъ, като то видятъ, че народа, за осѫществление идеалитѣ на когото тѣ се боряхѫ, не ги разбираше и че самитѣ народни идеали, или по-добрѣ, тѣхната материална основа бърже се измѣнява подъ влиянието на европейската цивилизация. Идеалната русска община, отъ която до социализма, спорѣдъ тѣхъ, имаше само една стѫпка и съ която за туй трѣбва да се гордѣе русския народъ, се разлага и изчезва подъ влиянието на немилостивия и грозния капитализмъ. А съ разложението и изчезванието на общината изчезва и основата, изчезва и материалната подпорка на народническия социализмъ. Нѣма нищо по-плачевно, нищо по-болѣстно отъ туй, да видишъ самъ несъстоятелностьта, фалшивостьта на туй, което та е въодушевявало, което та е тласкало съ гигантска сила въ разярената борба. Какво по-силно разочарование отъ туй, да видишъ въ срѣдъ разгорената борба, че този, за когото се боришъ, отива по съвършенно други пѫть, прави съвсѣмъ противното на това, за достиганието на което ти се боришъ? Русския революционеръ въ послѣднитѣ години се намѣри въ таквозъ положение. Той се разочарова, прѣстана да вѣрва въ магическото свойство на общината, защото самата община изчезваше. Но разочаровани, невѣрующи вече въ своитѣ стари идеали, тѣ не бѣхѫ и не сѫ си още изработили нови. Като видяхѫ, отъ една страна, че не можѫтъ да се облягатъ на „крестянството", отъ друга страна тѣ не знаяхѫ на кой другъ общественъ елементъ би могли и трѣбва да се надѣятъ. Положение по-вече отъ плачевно; положение, което често се срѣща въ развитието на разнитѣ общества и нации. Обаче, тамъ, гдѣто се свършва единъ животъ, захваща се другъ новъ, прѣсенъ. Въ тѣзи застойчиви на гледъ моменти мисъльта въ тайкомъ силно работи и търси новъ исходъ, нова обвивка; търси да улови духътъ на врѣмето си. Материалнитѣ условия, които сѫ подкопали старитѣ идеали, й се притичатъ на помощь. Тѣ й раскриватъ сѫщностьта и й показватъ, какво трѣбва да се прави, какви трѣбва да сѫ новитѣ идеали, на каква обществена сила трѣва да се опиратъ тѣ. И когато по този начинъ мисъльта открие духътъ, тенденцията на ново-настѫпалото врѣме и, споредъ туй, и изработенитѣ идеали, съ една дума, живота пакъ закипява, движението пакъ се захваща съ твърда и рѣшителна стѫпка.

„Социалъ-демократъ" е проявление именно на тази усилено работяща русска революционна мисъль. Неговитѣ редактори (Г. Плехановъ, В. Засуличь, П. Акселродъ и др.), както въ своитѣ порано издадени брошури, оригинални*) и прѣводни**), тъй сѫщо и тукъ, като отъ една страна излагатъ прѣдъ русската младежь общитѣ господствующи днесъ въ науката философски и економически принципи; като показватъ на интеллигенцията, че формата на всички обществени, политически и юридически учрѣждения, че състоянието на науката и искуствата въ дадено врѣме, съ една дума, че цѣлия общественъ животъ, въ всичкитѣ му проявления, на пълно зависи и се опрѣдѣля отъ економическитѣ условия, отъ начина на производство, отъ стѣпеньта на производителностьта на труда и че, слѣдователно, въ първитѣ може да стане промѣ-

---

*) „Наши разногласия".—Г. Плехановъ. „Соціализмъ и политическая борьба," отъ сѫщий, „Чего хотятъ соціалъ-демократы?". „Рабочее движеніе и соціальная демократія" отъ Акселрода и пр.

**) «Развитіе научнаго соціализма» отъ Фр. Енгелса, «Нищета философіи» и «Наемный трудъ и капиталъ» отъ Карла Маркса, «Программа работниковъ» отъ Лассаля и др.

нение, само когато се изменятъ послѣднитѣ, които пъкъ отъ своя страна се развиватъ и видоизмѣняватъ по логиката на самата своя сжщность, механически, по строго опрѣдѣлени закони,-тѣ, отъ друга страна, прилагатъ тѣзи общи принципи къмъ русския общественъ и икономически животъ. Тѣ показватъ, че исчезванието на руската община, която по своята примитивность не може по никой начинъ да служи за основа на едно социалистическо общество, е било неминуемо. Че, както навредъ, тъй и въ Руссия, капиталистическото производство, основано на размѣната, експлуатацията и конкурренцията, истиква отъ общественната сцена първобитния начинъ на производството, билъ той индвидуаленъ или общественъ и го замѣня съ новъ, по усъвършенствуванъ, по-раціоналенъ. Но прѣдъ това неминуемо разложение на общината ний не трѣбва да плачемъ, а да се радваме, казватъ тѣ; на капитализма у насъ да не гледаме като на реакционно развращающе явление, а напротивъ, като на нѣщо прогрессивно, тъй като той, отъ една страна, като разлага общината, като експроприира дребнитѣ собственници, като съсрѣдоточава богатствата въ сѐ по-малко и по-малко ржцѣ, приготвя материалнитѣ условия за бждщето социалистическо общество, а отъ друга, като обрѣща селенитѣ и занаятчиитѣ въ пролетарии и като ги организира, той приготвя и революционната сила, която ще извърше социалната революция. Прочее, въ Руссия, както и въ Западна Европа, може да има дума за социализъмъ до толкозъ, до колкото е развитъ капитализма, до колкото има пролетариатъ. Пролетариата е единственния общественъ елементъ, който може и ще направи социалната революция. Всичкото внимание на руската младежь, на рускитѣ революционери трѣбва да бжде отправено къмъ тази точка. А има ли въ Руссия капитализъмъ, има ли пролетариатъ? —Има го, отговарятъ редакторитѣ на *Социалъ-демократъ*. Руссия е взела и отъ день на день се по-вече и по-вече взема видъ на западно-европейска буржуазна държава. Задачата на руската революционна интеллигенция е—да се слѣе съ русския пролетариатъ, да му разясни (като прѣдварително сама го разбере, разбира се) начина, по който ще се освободи отъ експлуатацията на капитала; да му покаже историческата роль, която положението му налага да играе при трансформацията на днешния общественъ и икономически строй; съ една дума, да го поведе на борба съ капитализма въ всичкитѣ му проявления, на борба съ буржуазията. Но тази борба е немислима при сжществующия днесь въ Руссия абсолютизмъ, слѣдователно, тя трѣбва да го поведе, прѣди всичко, на борба съ деспотизма.

Такава горѣ-долу е программата на „Соц.-Демократъ". Колкото за съдържанието на всѣка статия отдѣлно, ще кажемъ по нѣколко думи само за по-главнитѣ. На първо мѣсто стоятъ статиитѣ: „Н. Г. Чернишевский" отъ Г. Плеханова (№ I, II, III, и IV), които по обема (300 ст.) и съдържанието си съставляватъ едно прѣвъсходно критическо съчинение въ областьта на политическата економия.

Въ първата си статия за Чернишевски, Плехановъ разглежда философскитѣ взглядове на Чернишевски, неговото отношение къмъ литературата и искуството, неговото участие въ приготовляющата се въ петдесетитѣ и въ началото на шестдесетитѣ години реформа въ Руссия. Ученикъ на Фейербаха, Чернишевски е материалистъ въ крѫга на биологията, диалектикъ до нѣйдѣ въ искуството и литературата. Но благодарение на обстоятелството, че въ врѣмето, когато сѫ се образували неговитѣ взглядове, гениалнитѣ наслѣдници на Фейербаха — Марксъ и Енгелсъ *едви току що бѣхѫ* захванали да продължаватъ наченатото отъ него дѣло: да снематъ диалектиката на Гегеля отъ облацитѣ и да я поставятъ надъ реалнитѣ материални условия на живота, което Фейербахъ бѣше почти направилъ въ биологията и въ особеность въ психологията, но което на Маркса и Енгелса прѣдстоеше да направятъ въ социологията и историята, Чернишевски, както и всичкитѣ социалисти утописти, си остава идеалистъ по своитѣ взглядове върху философията на историята. Подобно на Фурио, на Овена, въобще на социалиститѣ-утописти и на философитѣ въ XVIII-я вѣкъ, Чернишевски гледа на всичкитѣ сѫществующи обществени и економически отношения, а тъй сѫщо и на тѣзи, които прѣзъ всичкото си сѫществувание до днесъ човѣчеството е имало, като на неимеющи никакъвъ смисълъ, „неотговоряющи на здравата теория", и които хората търпятъ, защото не сѫ били достатъчно просвѣтени, защото не сѫ имали никаква разчетливость, за да могѫтъ да видятъ и разберѫтъ, че не тъй, а друго-яче, „съобразно съ трѣбванията на разума" трѣбва да урѣдятъ живота си. А щомъ като сегашнитѣ економически и обществени учрѣждения сѫ недобри, неразумни, то нѣма защо и да изучаваме тѣхната сѫщность, тѣхнитѣ отличителни свойства, тѣхния характеръ. Главната ни работа трѣбва да е насочена да покажемъ какви трѣбва да бѫдѫтъ тѣзи учрѣждения съгласно съ разума и да дадемъ на всички да разбератъ, че тѣ до сега сѫ се лъгали и че е врѣме вече да устроятъ живота си разумно, рационално. Чернишевски е социалистъ-утопистъ. Въ втората и третата си статии Плехановъ, слѣдъ като излага въ общи чърти принципитѣ на научния социализъмъ, на материалистическия взглядъ въ историята, на Марксизма, пристжпя къмъ изложението и критикуванието на економическитѣ взглядове на Чернишевски. Поласканъ отъ мѫтнитѣ и неопрѣдѣлени съчувственни фрази, които Милль тукъ-тамъ исказва по адресса на експлуатираното работническо население, Чернишевски се заема съ прѣвеждението и допълнението на политическата економия на Милля. Но вѣренъ на своя идеалистическо-утопически взглядъ на историята, Чернишевски не обръща внимание на туй, дали Милль излага вѣрно или не законитѣ, по които се опрѣдѣлятъ взаимнитѣ отношения на разнитѣ общественни елементи при капиталистическото общество. Що се относя до критиката на разнитѣ економически категории при съврѣменното производство, той просто излага Милля, като се почти напълно съгласява съ него, но бърза да прибави, че ако всичко казано отъ Милля и да е вѣрно т. е. че дѣйствително такава е сжщностьта на днешнитѣ економически отношения, но това не е достатъчно, че сжществующия порядъкъ не е съгласенъ съ разума, че начина на днешното производство не отговаря на „трѣбванията на теорията", и той захваща да допълва, т. е. да расправя, какъ трѣбва да бжде устроено едно разумно производство, какви трѣбва да бждатъ общественнитѣ и економическитѣ отношения на хората и пр. Вѣренъ на своитѣ утопически взглядове, Чернишевски е постжпвалъ въ този случай най-логично. И наистина, щомъ веднажъ знаемъ, че човѣкъ не трѣбва да бжде наеменъ работникъ—стока, що ни трѣбва да знаемъ дали по такъвъ или онакъвъ начинъ се опрѣделя работническата плата? Важното е да видимъ какъ трѣбва да се устрои човѣкъ, като прѣстане да бжде наеменъ работникъ. Чернишевски не критикува, а допълня Милля. Тъй щото, Плехановъ, като критикува економическитѣ взглядове на Чернишевски, въ сжщность критикува Милля, а съ туй трудътъ му придобива общъ всесвѣтски характеръ и прѣдставлява интереси не само за русситѣ, но и за всички, които познаватъ Милля. И наистина въ цѣлата економическа литература сега за пръвъ пжть*) се появя-

---

*) »Още въ 1866 г. въ английския журналъ „Common Wealki" сж напечатани рѣдъ статии отъ работника Георга Еккариуса, който си турилъ за цѣль подробно да раскритикува економическитѣ учения на Милля. Еккариусъ билъ дѣятеленъ членъ на Международното Дружество на работницитѣ и дълго врѣме се намиралъ подъ силното влияние на Маркса. По негово отношение къмъ Милля може да се сжди какъ се относятъ къмъ този писатель днешнитѣ социалисти, т. е. Маркксиститѣ. Главния недостатъкъ на книгата на Милля се заключава, по мнението на Еккариуса, въ туй, че автора ѝ не съумѣлъ да се постави на историческата гледна точка, погледнати отъ която всичкитѣ категории на буржуазната економия ни се прѣдставляватъ като прѣходящи, исторически категории. Еккариусъ се старалъ да освѣтли реакционнитѣ стремления на Миллевата економия отъ работническа гледна точка".

Г. П.

ва сериозна и обстоятелственна критика на Милля, въ особенности пъкъ отъ Марксистска гледна точка. Ето защо ний виждаме, че, едноврѣменно съ печатанието имъ на русски, статиитѣ на Чернишевски се печататъ и на нѣмски. Тритѣ излѣзли до сега на русски статии сѫ напечатани въ германското социалистическо списание „Neit Zeit", а слѣдъ напечатванието на четвъртата статия ще бѫдѫтъ издадени въ отдѣлна книга.

Плехановъ, като слѣдва рѣдътъ, по който послѣдователно сѫ третирани въ „Капиталътъ" на Маркса разнитѣ категории на политическата економия, т. е., като захваща съ *стойностьта* и продължава за *паритѣ*, капиталътъ, работническата заплата, печалата, рентата, кризиситѣ и най сетнѣ за народонаселението (Малтусъ IV №), съпоставя економическитѣ взглядове на Маркса съ тѣзи на Милля. По този начинъ Плехановъ ни дава, отъ една страна, едно кратко, но прѣвъсходно резюме на „капитала", а отъ друга, ни показва, че Милль недостойно носи името ученикъ на Рикардо, тъй като той е извъртилъ и затъмнилъ най-важнитѣ пунктове отъ теорията на Рикардо най-вече за стойностьта и за работническата заплата. Плехановъ още веднъжъ слѣдъ Еккариуса ни показва, че недостатъкътъ на Миля се състои не въ това, „че малко говори за бѫдещето общество, а въ туй, че съвсѣмъ не разбиралъ законитѣ на съврѣменния буржуазенъ строй. Милль, който, кой знае защо минува на врѣдъ за единъ отъ великитѣ умове на XIX вѣкъ, ни се прѣдставлява съ поразителна ясность въ всичката си голота.. Той не можалъ даже да разбере и повтори това, което Смитъ и Рикардо отколѣ бѣхѫ казали.

Въ статията си: „*Наши беллетристи-народники*" г. Плехановъ разглежда нѣкои отъ произведенията на днешнитѣ русски литератори-народници: Успѣнски, Каронинъ и Златовратски. Народници по своитѣ литературни убѣждения, прѣдадени всецѣло въ изображението на просто-народния животъ (отъ гдѣто носятъ и името си) тъй, какъвто си е той, безъ никаква искуственность, безъ никаква прѣправка—тѣ по своитѣ социални взглядове сѫ сѫщо народници. Тѣ величаятъ русския мужикъ за неговата простота, за неговата искренность и чистосърдечие (и невѣжество!?), въ противоположность на срѣднитѣ и висшитѣ общественни слоеве, а сѫщо и на градскитѣ работници—изгнили отъ развратъ, развалени до коститѣ, лицемѣрни, надути. Но, за тѣхна слава и честь, тѣхнитѣ социални убѣждения не имъ бъркатъ да останѫтъ вѣрни на литературнитѣ си убѣждения и да изобразяватъ народния животъ вѣрно и точно такъвъ, какъвто си е въ сѫщность, а не какъвто е въ тѣхнитѣ глави. Това имъ прави толкозъ по-вече честь, слава, че, както ни показва г. Плехановъ, често пѫти изобразенитѣ отъ тѣхъ вѣрни дѣйствителни типове прѣдставляватъ картини съвършенно противоположни на тѣзи, каквито авторитѣ сърдечно би желали да ги прѣдставятъ. И наистина, г. Плехановъ, като взема изобразенитѣ отъ Успѣнски и Каронина селски типове, нагледно и съ поразителна ясность ни показва, какъ всички „идеални" страни въ живота на селенина, какъ и, общината и патриархалната фамилия малко по малко исчезватъ. Той ни показва, какъ общината подъ влиянието на капитализма, на огромнитѣ данъци постоянно се распада; какъ селенина е доведенъ до положението да захвърли земята си, която нищо не му ражда, та да не ѝ плаща поне данъка, и като оставя и фамилия, и братя, и сестри, отива въ града да си търси хлѣба. Но какво става той въ града? Хж, той не е вече първия простодушенъ, чистосърдеченъ, ни пъкъ и заспалъ, убитъ селенинъ. Той сега е „разваленъ", на голѣмо се държи, много знае, постоянно бъбри, и да го убиешъ не се връща вече въ село, да живѣе тихо и спокойно, по старому; той е фобриченъ работникъ.

Въ статията: „*Политическая роль соціальной демократіи и послѣдніе выборы въ германскій райстагъ*" П. Акселродъ ни показва грамаднитѣ успѣхи, които е направилъ и които прави социалната демокрятия въ Германия и че въ скоро врѣме сѫдбата на Германия ще бѫде въ нейни рѫцѣ. Въ изборитѣ прѣзъ Февруарий 1890 г. за социалиститѣ въ Германия вотирахѫ 1,427,298 отъ всичкитѣ избиратели, които сѫ 10 милиона. „Въ изборитѣ на 1895 година ний можемъ да расчитаме на 2 ¹⁄₂ милиона гласа, които кѫдѣ 1900 г. ще достигнѫтъ до 3—4 милиона, сирѣчь, почти половината отъ гласующитѣ ще бѫдѫтъ за социалиститѣ" — Фр. Енгелсъ. А при таквазъ грамадна материална сила на германскитѣ социалисти не остава, освѣнъ да поискатъ и да зематъ въ рѫцѣтѣ си господарственната власть, съ помощьта на която да извършатъ експроприацията на буржуазията. Ако Англия, грамаднитѣ организувани работнически маси на която на послѣдъкъ захващатъ да се увличатъ отъ политическата борба, и които скоро ще се прѣобърнѫтъ въ силна работническа боряща се на политическата арена партия; ако Англия, казвамъ, не испривари, то Германия ще бѫде авангарда на социалната революция.

Въ „Вѫтрѣшното обозрѣние" редакторитѣ съ многобройни факти на рѫка ни показватъ още веднѫжъ, че капитализма съ бързи крачки кръстосва изъ Русския и отъ день на день я обгръща цѣла. Стотина хиляди дребни занаятчии „кустарники" се разоряватъ и се прѣобръщатъ въ фабрични работници. Стотина хиляди селени всѣка година напускатъ селата и на тълпи, на тълпи, гладни, измъчени, скитатъ се отъ едина край на Руссия до другия, да търсятъ работа. Отъ друга страна, русската буржуазия отъ день на день става по-силна и налага своя печатъ на абсолютизма. Правителството зема буржуазенъ образъ. То прокарва желѣзници, свързва търговски договори, налага мита на вноснитѣ стоки, съ една дума — прави всичко за да угоди на буржуазията.

Останалитѣ статии само ще ги изброимъ безъ да говоримъ нѣщо за тѣхъ, тъй като и безъ туй коджа се поразпростряхме и рискуваме да ни се каже знаменитата пословица: „за пара работа, за грошъ кръчма".

„Иностранная политика русскаго царства", Фр. Енгелса I, II. — „Революционеры изъ буржуазной среды", В. Засуличь I. — „Столѣтіе великой революціи" I. — „Международній рабочій социалистическій конгрессъ въ Парижѣ" (14-21 Юля 1889), новаго товарища I. — „Отреченіе буржуазій" (Переведено съ нѣмецкаго „Социалъ-демократа"), Фр. Енгелса I. — „По поводу стачки лондонскихъ докахъ" (Писмо въ редакціи), Елеоноры Марксъ-Евелингъ. I. — „Уличная торговка", разсказъ Поля Ези, переведено съ французскаго. I. — „Отрывокъ съ романа Степняка „*Андрей Кожуховъ*" II — „1-ий Мая 1890 года", Г. Плеханова VI. — „Французское правосудіе и русское шпіонство", Г. П. II. — „Русскій рабочій въ революціонномъ движеній", Г. Плеханова. III, IV. — „Литературныя замѣтки", В. И. Засуличь III. — „Робчее движеніе во Франціи со времени коммуны", Ж. Геда. III — „Иностранное обзрѣніе". III.

„Социалъ-Демократъ" има за насъ, Българитѣ, голѣмо значение, отъ една страна по общитѣ философски и економически истини, които той съдържа, и съ които ний тъй малко сме запознати, а отъ друга страна, по прѣвъсходния и дълбокъ анализъ, който прави на русския общественъ и економически животъ. Нашия общественъ и економически животъ е въ много отношения съвършенно подобенъ на русския и ний би могли много да се научимъ у нашитѣ русски опитни учители.

———

Die Neue Zeit. Revue des geistigen und offentlichen Lebens Dahrgang X. 1891. „Ново врѣме", умствено и общественно обозрѣніе, година X.

Марксъ и Енгелсъ, както и всички велики гении, които първи извършватъ коренешъ прѣвратъ въ нѣкой отъ клоноветѣ на науката, не сѫ могли да остановятъ освѣнъ главнитѣ, общитѣ принципи на своето учение, безъ да се впускатъ въ подробности оносително приложението му къмъ отдѣлни обществено-икономически исторически явления. Въ економическитѣ си учения, надъ изработването на които е работилъ прѣзъ цѣлия си животъ, Марксъ е направилъ нѣщо по-вече; той е направилъ всичко, каквото може да се иска. Той е схваналъ всички обстоятелства, условилъ всички сѫществующи и прѣдвидѣлъ всички възможни случаи въ съврѣменния и миналитѣ общественно-економически строеве, тъй щото, едва ли може, едва ли има нужда да се прибави нѣщо къмъ „Капитала" му. Обаче, не е тъй и съ тѣхнитѣ философски възгляддове на историята, и тѣхния, тъй нарѣченъ, *економическски материелизъмъ*. Тукъ тѣ, както казахъ, сѫ установили само общитѣ принципи и сѫ влѣзли въ подробности само до толкозъ, до колкото това е било необходимо при критиката на буржуазната политическа економия — тѣхното главно дѣло.

Днесь въ литературата нѣма още нѣкое обширно, цѣло съчинение, което да разглежда цѣлата человѣческа култура, отъ най-първобитнитѣ врѣмена — до днесь, отъ марксиска гледна точка. Може би, самъ Енгелсъ, който е направилъ вече много въ туй отношение за нѣкои отдѣлни епохи, готви подобна една история на человѣческата култура. Но, както и да е, на днешнитѣ млади, пълни съ енергия и животъ учени социалисти прѣдстои да продължатъ дѣлото на учителитѣ си, да се покажатъ достойни тѣхни ученици и испълнятъ това колосално но безсмъртно прѣдприятие.

„Die Neue Zeit", въ което сѫ съсрѣдоточени силитѣ на цѣлия образованъ социалистически свѣтъ, се явява като прѣлюдия, като приготвитель на гигантското дѣло. Основано още въ 1882 година съ сътрудничеството на Маркса, Енгелса, Либкнехта, Бебеля, Зилгера, Бернщейна, Лафарга, Геда, Плеханова, Елеонора Марксъ, Цеткина, Каутски и пр., „Die Neue Zeit" до 1889 год. (конгресса въ Хале) бѣше списание строго теоретично, отвлечено. То излизаше веднъжъ въ мѣсеца и въ него се третирахѫ различни економически или обществени въпроси, които малко или много бѣхѫ свързани съ Марксизма. Въ 1890 год., на конгресса въ Хале биде рѣшено, да се измѣни малко характера на „Die Neue Zeit", като отъ отвлечено теоретическо списание се обърне въ популярно и като му се даде по-дневенъ характеръ, т. е. да се занимава и съ събитията, които се извършватъ прѣдъ очитѣ ни въ разнитѣ страни, гдѣто социализма е развитъ и се развива. Тъй щото, „Die Neue Zeit" днесь е обективенъ, философски органъ на Марксизма, и теоретическо изражение на съврѣменното всесвѣтско социалъ-демократическо движение.

„Die Neue Zeit" се издава въ Щутгардъ подъ редакцията на германския ученъ социалъ-демократъ и популяризаторъ на Маркса— К. Каутски. Цѣната му е: за година 14 ф., за 3 мѣсеца 4 л. 50 стот.

„Le Socialiste". Organe centrale du parti ouvrier 3-em. ennée.

„Социалистъ" е централенъ органъ на француската работническа партия. Въ него пишжтъ главно Гедъ и Лафаргъ. Като всѣкой вѣстникъ, той има чисто агитационенъ характер. По него човѣкъ може много добрѣ да слѣди за работническото движение въ Франция, а до нѣйде и за движението вънъ отъ Франция. Въ миналогодишното течение се печата въ подлистникъ прѣвода на съчинението на Маркса: „18-й Брюмеръ на Луи Напалеона", въ което Марксъ разглежда прѣврата на 2 Декемв. 1851 година отъ Марксистска гледна точка.

„Социалистъ" излиза веднъжъ въ недѣлята. Цѣната му е за въ Франция и въ странство: 6 фр. за година, 3 фр. за 9 мѣсеца. Адресса на администрацията му е този: Administration du Socialiste, Rue du Ruisseau 73, Paris.

Хр.

Българска Социалъ-демократическа Библиотека:
№ 1: *„Що е социализмъ и има ли той почва у насъ?"* — отъ Д. Братановъ; № 2: *„Какво искатъ социалъ-демократитѣ?"* — Прѣвелъ Н. Хр. Габровски; № 3: *„Първий Май"* отъ Г. Плехановъ. Прѣвелъ отъ русски Др. Гергановъ; № 4: *„Коллективизмътъ"*. Рѣчь произнесена огъ Ж. Геда. Прѣвелъ отъ френски Н. Хр. Габровски.

Българска Социалистическа Библиотека: № 1: *„Новата Етика или религията на социализма"* — Е. Б. Баксъ. Прѣвелъ отъ английски Саминъ. № 2: *„Критика на философскитѣ прѣдразсжждъци противъ общинното владение на земята"* — отъ Н. Г. Чернишевски. Прѣвелъ отъ русски Д. Бойкиновъ; № 3: *„Введение къмъ критиката на философията на правото отъ Хегеля"*. Статия отъ Карла Маркса. Прѣвелъ отъ русски Д. Бойкиновъ; № 4 „*Мѫченицитѣ на Парижската Коммуна*" отъ Артуръ Арну. Прѣвелъ отъ френски Д. Бранъ.

Не намъ първи се пада да се отзоваваме за цѣната и значението на горѣ-озаглавенитѣ книжки, които сѫ дѣло на наши другари социалисти. Появяванието на тия двѣ *социалистически библиотеки* иде да докаже, че е настѫпила нова фаза въ нашето социалистическо движение, фаза на сериозното изучване и пропагандиране идетѣ на *научния социализъмъ*. Тѣхното значение, като таквозъ, ще имъ запази приличното мѣсто въ аналитѣ на движението, а тѣхното благотворно-освѣтляюще влияние върху нашата жадна за сериозни знания младежь сега вече се чувствува. За забѣлѣзванне е, че откакъ се появихѫ тия рѣдъ книжки по научния социализъмъ, а особенно откакъ излѣзе на свѣтъ брошурата на г. Братанова: „Що е социализъмъ и има ли той почва у насъ?"—ни единъ отъ тия, които прѣди толкова много викахѫ, че у насъ социализма нѣма почва, че социализма въобще е утопия и разни други глупости, не си отвори устата да продума поне двѣ думици. Само г. Прокопиевъ, за голѣмо негово нещастие, се убади чрѣзъ „Лѫча", но, за да потвърди своитѣ измислеши теории, които прѣписва на *марксиститѣ*, той трѣбваше да си измисли и факти, като този, че отъ революцията насамъ дребното земевладѣние въ Франция се увеличило (!). Пъкъ и за какво да си отварятъ устата днешнитѣ наши журналисти, когато имъ е по-лесно и по-отрѫки да прѣспиватъ народа? Съ малки едни исключения, тѣ мразятъ сериозното и научното, тъй като то прави човѣка да бѫде винаги замисленъ, безпокоенъ, недоволенъ..... Едно остава сега на нашитѣ *прѣспивачи* и *доволни* отъ днешното си положение, благодарение на което се радватъ на всички блага отъ днескашната цивилизация, безъ да ги смущава нѣщо: да почнатъ да прѣписватъ на социалиститѣ всевъзможни лъживи и кални до безобразие мисли и дѣла, само и само да ги поставятъ на „*нелегална почва*", за което нѣщо се направи вече опитъ, като се исказахѫ цѣлъ купъ глупости и гнусотии. Но и това ще си замине безъ никакъвъ резултатъ.......

ОТГОВОРЕНЪ РЕДАКТОРЪ: Савва Мутафовъ.

По-важни печатни погрѣшки.

Стр.	Рѣдъ	Напечатано	Чети
2	12 отгорѣ	нипияше	напияше
2	16 „	синова	синове
3	8 отдолу	въстържестванието	въстържествуванието
5	20 „	Майка	Марийка
6	19 „	ризбираше	разбираше
„	13 „	дъги	дълги
8	18 отгорѣ	Келя	Коля
11	8 отдолу	само	сама
13	10 „	На знаешъ?!....	Не знаешъ?!....
16	16 „	прѣмахнѫтъ	прѣмахнѫтъ
17	15 отгорѣ	Г те	Гете
17	18 „	на думата	на думата,
18	15 „	съ това, че социализма	съ това, и социализма
24	11 „	както	като
30	1 отдолу	Nei	Neue
36	1 отгорѣ	небесното царство	Небесното Царство
37	2 „	вадата	водата
45	7 „	ни страни	нитѣ страни
45	2 отдолу	шовинизма не	шовинизма нийдѣ не
50	15 „	които	когато
51	4 отгорѣ	Нац. классич.	Напр. классич.
54	18 „	двѣ нации	двѣтѣ нации
55	3 отдолу	стигнѫ	стига
58	9 отгорѣ	починѫтъ	погинѫтъ
63	18 отгорѣ	римската нация	римска нация
64	8 отдолу	Шатобриана	Шатобрианъ
65	3 „	солидаренъ	солиденъ
75	17 „	дребна	дребни
76	11 отгорѣ	църь	царь
77	2 „	сѫ	се
78	1 отдолу	революция!“	република!“
79	3 отгорѣ	Редакротитѣ	Редакторитѣ
„	10 отдолу	Ракенъ	Роленъ
96	11 „	древ-	дреб-
97	11 отгорѣ	Земи	Земя
103	5 отгорѣ	Вайлинга,	Вайтлинга,
„	13 „	1849 год.	1848 г.
107	13 „	Общия	Главния
108	6 „	лъжатъ	мразятъ

Стр.	редъ	напечатано	чети
108	19 отдолу	ня	на
117	18 „	оцѣнени	уцѣлѣли
124	15-16 „	твари	товари
146	20 „	делегата	делегатитѣ
147	4 „	tâshe socialistes	tâche socialiste
153	16 отгорѣ	кимпактно	компактно
156	11 отдолу	кане	кале
156	3 „	станитѣ	станите
157	1 отгорѣ	г. Фанера	Фаиера
„	15 „	съдитѣ	съдите
„	17 „	отъ какъ търпите	отъ какъ я търпите
„	21 „	прочететѣ	прочетете
159	18 отдолу	„насъ"	„носъ"
„	14 „	западнитѣ гробници	западнитѣ гробища
„	7 „	финансиитѣ	финансиститѣ
163	22 „	срѣдното	вѣрното
„	10 „	три часа	тозъ часъ
164	15 отгорѣ	„L' Aclivu	„L' Action"
165	4 „	„Koix de Peuple"	„voix du Peuple"
„	14 „	признавтъ	признаватъ
„	20 „	Декамврий	Декемврий
166	15 „	Ивъ Гюло	Ивъ Гюио
„	8 „	довеодохѫ	доведохѫ
167	5 „	допутатъ	депутатъ
166	1 отгорѣ	1892	1891
„	3 „	бѣ исхода на цѣлата грева въобще	е бивалъ исходътъ на всичкитѣ греви въобще
169	17 отдолу	маиката	шайката
„	21 отгорѣ	не Реинъ;	на Реинъ;
171	14 отдолу	години	година
„	2 „	раздваатъ	раздаватъ
172	20 „	мѣстожиталство	мѣстожителство
173	1 „	правиятъ	правятъ
175	6 „	сациалистическо	социалистическото
181	14 отгорѣ	ешафоде	ешафода
„	6 отдолу	лецата	лицата
182	7 „	тои	той
184	21 отгорѣ	съставлява	съставляватъ
186	13 отдолу	коити	които
„	9 „	проривъ	противъ
189	16 отгорѣ	вслѣдсвие	вслѣдствие
„	9 отдолу	по-вечѣ	по-вече
190	3 „	упортностьта	упоритостьта

ЗАБѢЛѢЖКА—Понеже по независящи отъ насъ причини не можихѫ да се прегледатъ и поправятъ печатнитѣ погрѣшки отъ «Вѫтрѣшния прѣгледъ» нататъкъ, то молимъ читателитѣ да ни извинятъ, ако би да срѣщнѫтъ такива.

www.ingramcontent.com/pod-product-compliance
Lightning Source LLC
Chambersburg PA
CBHW080239170426
43192CB00014BA/2492